CINEMA FOR FRENCH CONVERSATION

Le cinéma en cours de français

Fourth Edition

D0025468

CINEMA FOR FRENCH CONVERSATION

Le cinéma en cours de français

Fourth Edition

Anne-Christine Rice
Tufts University

focus an imprint of
Hackett Publishing Company, Inc.
Indianapolis/Cambridge

Cinema For French Conversation, Le cinéma en cours de français
Fourth Edition
© 2013 Anne-Christine Rice

Previously published by Focus Publishing/R. Pullins Company

Focus an imprint of
  Hackett Publishing Company, Inc.
P.O. Box 44937
Indianapolis, Indiana 46244-0937

www.hackettpublishing.com

Library of Congress information is available.
ISBN: 978-1-58510-636-3

Table des matières

Préface   vi

Vocabulaire du cinéma   viii

Comment exprimer votre opinion?   ix

Carte de France   x

Chapitre 1: *Inch' Allah dimanche* – Yamina Benguigui   1
Chapitre 2: *Jean de Florette* – Claude Berri   21
Chapitre 3: *Manon des sources* – Claude Berri   39
Chapitre 4: *Ressources humaines* – Laurent Cantet   61
Chapitre 5: *Joyeux Noël* – Christian Carion   81
Chapitre 6: *Le fabuleux destin d'Amélie Poulain* – Jean-Pierre Jeunet   101
Chapitre 7: *L'esquive* – Abdellatif Kechiche   119
Chapitre 8: *Ridicule* – Patrice Leconte   141
Chapitre 9: *La veuve de Saint-Pierre* – Patrice Leconte   161
Chapitre 10: *Les femmes du 6ᵉ étage* – Philippe Le Guay   181
Chapitre 11: *Welcome* – Philippe Lioret   205
Chapitre 12: *Au revoir les enfants* – Louis Malle   225
Chapitre 13: *8 femmes* – François Ozon   245
Chapitre 14: *Cyrano de Bergerac* – Jean-Paul Rappeneau   269
Chapitre 15: *Le hussard sur le toit* – Jean-Paul Rappeneau   291
Chapitre 16: *Molière* – Laurent Tirard   313
Chapitre 17: *Le dernier métro* – François Truffaut   337
Chapitre 18: *Le dîner de cons* – Francis Veber   359

Index culturel   377

Index des acteurs   379

Crédits   380

Preface

La première édition de *Cinema for French Conversation* offrait une vision différente et nouvelle de l'enseignement du français. Le but de la méthode était d'utiliser le film comme tremplin pour amener les étudiants à s'exprimer et les ouvrir à la culture française. La deuxième édition complétait la première en proposant des lectures qui enrichissaient l'étude des films. La troisième édition apportait de nouvelles rubriques pour approfondir l'étude du film et enrichir la pratique de la langue, notamment "L'analyse détaillée d'une scène", "Le coin du cinéphile" et "Affinez votre esprit critique". Les changements dans la quatrième édition sont largement basés sur ma pratique de classe, ainsi que sur les recommandations de mes étudiants et de collègues qui utilisent le manuel depuis plusieurs années.

Ce qui est nouveau dans la 4e édition:

- 4 nouveaux films:
  - *Joyeux Noël* de Christian Carion
  - *Les femmes du 6ᵉ étage* de Philippe Le Guay
  - *Welcome* de Philippe Lioret
  - *Molière* de Laurent Tirard
- De nombreuses boîtes pour guider les étudiants dans les activités : objectifs de l'activité, conseils pour la réussir, exemples d'usage pour le vocabulaire
- Mise à jour des données économiques, politiques et sociales
- Réorganisation des questions de la partie "L'histoire" pour structurer l'approche du film et rendre l'activité plus attrayante
- Exemples pour les exercices de langue afin de clarifier l'activité
- Une iconographie plus ciblée, notamment pour aider les étudiants dans la discussion du film
- Réactualisation des lectures pour certains films :
  - Nouveaux extraits littéraires tirés des œuvres de Molière (*Le bourgeois gentilhomme, Tartuffe, Le misanthrope, L'avare, Les précieuses ridicules*) qui accompagnent des extraits de Marivaux (*Le jeu de l'amour et du hasard*), Beaumarchais (*Le mariage de Figaro*), Rostand (*Cyrano de Bergerac*), Aragon (poèmes), Giono (*Le hussard sur le toit*), Pagnol (*Jean de Florette* et *La gloire de mon père*)
  - De nombreux articles de presse (*L'Express, Le Figaro, Le Monde, Le Nouvel-Observateur, Télérama*)
  - Des témoignages
  - Des entretiens
- Mise en place d'un site web pour accompagner le manuel : lectures complémentaires, interviews, iconographie, documents audio-visuels, suggestions de films sur le même sujet. L'objectif est d'enrichir, d'approfondir et de prolonger l'étude du film.

Tout en restant fidèle au succès des éditions précédentes, *Cinema for French Conversation, 4th ed.* répond aux besoins et aux goûts des étudiants et aux attentes de leurs professeurs. Cette méthode innovante et efficace continue d'utiliser la richesse des films pour offrir de nombreuses activités d'approfondissement des connaissances linguistiques et culturelles.

Acknowledgments

I would like to express my gratitude to those who inspired and encouraged me along the way:

My students at Tufts University: a young, energetic and enthusiastic group, a bright pool of ideas, and a constant source of amusement. Their spontaneous and candid participation in class discussions helped shape the book and they suggested many of the changes I made in this edition.

The team at Focus Publishing : Ron Pullins has believed in me and my ideas from the start. His openness and intuition have shaped Focus into the kind of forward-thinking publisher that authors want to write for. I also feel quite lucky to work with a professional and dynamic support team. Allen Cooper, Ann Droppers, Jenny Putnam and Cindy Zawalich have done a wonderful job editing and producing the book.

The following individuals for the time given, the advice and the thoughts shared :

Robert Poignant, my grandfather Pierre Legendre, Renée Bernis and Jean Ménochet for their insights on life in the 1920s and 1930s ; Bella Goldstein-Belbéoch and Andrée Anglard for their willingness to share painful memories of the war ; Gabriel Houdebine, Bernadette Gaillard, Philippe Séjourné, Lucienne Miège and Joseph Séchet for their memories as youths during World War II ; Vicenta Carmeiro and Marie-Annick Legendre for sharing their experience of life in the 1960s ; Thomas Sertillanges for his generosity and his enthusiasm in opening his rich collection on *Cyrano de Bergerac* ; Tom Block for his computer wisdom ; Michael Melford for valued advice and André Lafargue for his photographs of Saint-Pierre-et-Miquelon.

My husband Terry, my daughters Caroline and Aliénor and my parents for their love, support, understanding, and never-ending enthusiasm. They have discussed topics with me, offered suggestions, proofread chapters, encouraged me and been patient!

The reviewers : Eileen Angelini, Canisius College; Karen Casebier, Saint Francis University; Caroline Jumel, Oakland University; Deborah Nelson-Campbell, Rice University; Salwa Sheibany, Virginia Commonwealth University

ACR

Vocabulaire du cinéma

"le septième art" : le cinéma

Les films:

un film   *a movie*
une comédie   *a comedy*
un drame   *a drama*
un (film) policier   *a detective movie*
un film d'aventure   *an adventure film*
un film de cape et d'épée   *a cloak-and-dagger film*
un film d'action   *an action movie*
un film à suspense   *a thriller*
un film d'épouvante   *a horror movie*
un western   *a Western*
un film de science fiction   *a science fiction movie*
un documentaire   *a documentary*
un dessin animé   *a cartoon*
un film d'animation   *an animation film*
un film muet   *a silent film*
un film en noir et blanc   *a black and white film*
un long métrage   *a full-feature film*
un court métrage   *a short*
un film à succès   *a box office hit*
un échec   *a flop*

L'équipe:

un cinéaste   *a film director*
un(e) réalisateur (-trice)   *a director*
un metteur en scène   *a (stage) director*
un(e) scénariste   *a screenwriter*
un(e) producteur (-trice)   *a producer*
un distributeur   *a distributor*

Les acteurs:

la distribution   *casting*
un(e) acteur (-trice)   *an actor / actress*
une vedette   *a star*
un rôle principal   *a starring role*
un second rôle   *a supporting actor*
tenir un rôle   *to play a role*
interpréter un rôle   *to interpret a role*
le jeu d'un(e) acteur (-trice)   *the acting style (of an actor)*
un personnage   *a character*
un héros   *a hero*
une héroïne   *a heroine*

Les étapes:

écrire un scénario   *to write a screenplay*
tourner un film   *to shoot a film*
réaliser un film   *to make a movie*
jouer dans un film   *to appear in a film*

produire un film   *to produce a film*
distribuer un film   *to distribute a film*
la sortie du film (en salle, en DVD)   *its release*
la bande-annonce   *the trailer*
une critique   *a film review*

La technique:

la caméra   *the camera*
un zoom   *a zoom lens*
une scène   *a scene*
un gros plan   *a close-up*
un plan d'ensemble   *a long shot*
un travelling   *a tracking shot*
le décor   *set, scenery*
un costume   *a costume*
le maquillage   *make-up*
les accessoires   *props*
le son   *the sound*
le bruitage   *the sound effects*
la bande son   *the sound track*
la voix off   *the voice over*
une musique de film   *a score*
un trucage   *a special effect*
les effets spéciaux   *special effects*
un cascadeur = une doublure   *a stuntman, stuntwoman*
le générique   *the credits*
le montage   *editing*
les sous-titres   *the subtitles*
un film sous-titré   *a film with subtitles*
en version originale = en v.o.   *in the original language*
doubler   *to dub*
un film doublé   *a dubbed film*

Note culturelle

En France les cinémas ne sentent pas le popcorn! Les hôtesses vendent des glaces et des barres chocolatées mais en général les gens ne mangent rien.

Au cinéma:

un cinéma   *a movie theater*
une salle de cinéma   *a movie theater*
une affiche de cinéma   *a movie poster*
un billet   *a cinema ticket*
bénéficier d'un tarif réduit   *to pay a reduced price*
l'écran   *the screen*
une place   *a seat*
un siège   *a seat*
les spectateurs   *the audience*

un cinéphile   *a movie buff*
un critique de cinéma   *a film critic*
passer un film   *to show a movie*
projeter un film   *to show a movie*
aller au cinéma   *to go to the movies*
faire la queue   *to wait in line*
regarder un film   *to watch a movie*

Les festivals de cinéma:
la première   *the opening night*
une récompense   *an award*
un(e) nominé(e)   *a nominee*

Le Festival de Cannes: Il a lieu tous les ans en mai depuis 1939. Le prix principal est la Palme d'or.

Les César: L'Académie des arts et techniques du cinéma décerne les César chaque année depuis 1976 . Cette distinction est comparable, en France, aux Oscars américains. Le nom de ce prix vient du sculpteur César qui a réalisé les statuettes remises aux vainqueurs (c'est la raison pour laquelle le mot ne se met jamais au pluriel).

Le Prix Lumière: Ce prix est décerné par 200 correspondants de la presse étrangère. Les frères Lumière étaient des pionniers du cinéma à la fin du XIXe siècle.

Le Prix Méliès: Il est décerné par le Syndicat français de la critique de cinéma et récompense le meilleur film français de l'année. Georges Méliès était un cinéaste au début du siècle.

Le Prix Louis-Delluc: Ce prix (décerné tous les ans depuis 1937) couronne le meilleur film français de l'année. Louis Delluc (1890-1924) était un cinéaste et est considéré comme le fondateur de la critique cinématographique.

L'Académie Nationale du Cinéma a été créée en 1982 et compte 40 membres (tous des personnalités du cinéma) qui décernent leur prix chaque année.

Comment exprimer votre opinion?

je pense que   *I think that*
je crois que   *I believe that*
je trouve que   *I find that*
j'estime que   *I consider that*
je suppose que   *I suppose that*
il me semble que   *it seems to me that*

j'aime   *I like*
j'adore   *I love*
je déteste   *I hate*
je préfère   *I prefer*
cela m'est égal   *I don't mind*

à mon avis   *in my opinion*
personnellement   *personally*
je suis d'avis que   *I am of the opinion that*
je suis du même avis que   *I am of the same opinion as*
je partage l'opinion de   *I agree with*
je partage le point de vue de (qq)   *I share (someone)'s point of view*

je suis d'accord avec   *I agree with*
je ne suis pas d'accord avec   *I disagree with*
j'aimerais ajouter que   *I would like to add that*
je voudrais expliquer   *I would like to explain*
j'ai changé d'avis   *I changed my mind*

en ce qui me concerne   *as far as I am concerned*
j'ai l'impression que   *I am under the impression that*
il me semble que   *it seems to me that*
j'ai dans l'idée que   *I have an idea that*
je suis persuadé(e) que   *I am convinced that*
je suis convaincu(e) que   *I am convinced that*
je me demande pourquoi…   *I wonder why*
j'aimerais savoir pourquoi…   *I wonder why*
je doute que   *I doubt whether*
je mets en doute   *I question*
cela me fait penser à   *this reminds me of*
cela me rappelle   *this reminds me of*

Carte de France

Inch' Allah Dimanche

1974 — A savoir

Valéry Giscard d'Estaing (droite modérée) est élu président. Jacques Chirac est premier ministre. Quelques réformes importantes:
- la majorité passe de 21 à 18 ans
- légalisation de l'IVG (avortement)
- suspension de l'immigration de travailleurs non-européens
- création d'un secrétariat d'Etat à la condition féminine

Présentation du film

1974 – Zouina quitte l'Algérie avec ses trois enfants pour rejoindre son mari qui vit en France depuis 10 ans. Dans une culture étrangère où elle vit en recluse, Zouina doit faire face à un mari méfiant, une belle-mère tyrannique et méprisante et des voisins racistes. Pourtant, elle est forte, courageuse et déterminée et attend le dimanche pour braver les interdits.

Carte d'identité de la réalisatrice

Yamina Benguigui est née en 1957, en France, de parents algériens.

Son père est arrivé en France en 1950. Il n'était pas ouvrier mais militant politique et réfugié. Ses activités l'ont mené en prison et il a ensuite été assigné à résidence à Saint-Quentin pendant la guerre d'Algérie. Il travaillait dans la restauration, était musicien, et donnait des cours d'arabe et de solfège à ses enfants. Il a toujours rêvé de rentrer en Algérie mais ne l'a jamais fait.

La mère de Yamina est venue en même temps que son mari, en laissant derrière elle sa mère effondrée. Elle était berbère, donc n'a jamais porté le voile et elle pouvait sortir. C'était une femme rebelle mais attachée aux traditions. Elle a vécu longtemps avec son mari, puis a divorcé.

Yamina Benguigui a écrit le rôle de Zouina en pensant à Fejria Deliba. Elle avait le talent et l'expérience nécessaires au rôle.

Yamina Benguigui est la première femme française d'origine algérienne à réaliser un long métrage. Dans un métier où les femmes sont peu représentées et où les femmes arabes sont très rares, son travail a été remarqué et applaudi. Elle a néanmoins été obligée de rompre ses liens avec son père pour pouvoir réaliser son film. Il est finalement revenu vers elle après l'accueil très chaleureux que le film a reçu. Yamina est l'auteur de documentaires remarquables, entre autres *Femmes d'Islam* (1994), *Mémoires d'immigrés – L'héritage maghrébin* (1997), et *Le plafond de verre, les défricheurs* (2006). Elle a ensuite réalisé *Aïcha*, une série très appréciée diffusée pendant 3 ans (2009-2012) à la télévision. Elle est aussi écrivain (elle a reçu le Prix de la Paix en 2003 pour son œuvre littéraire) et femme politique (depuis juin 2012 elle est ministre déléguée à la Francophonie).

Carte d'identité des acteurs

Fejria Deliba a commencé sa carrière par le théâtre et a joué des rôles classiques. Son premier rôle au cinéma était pour *La bande des quatre* en 1988. Elle a ensuite eu de beaux rôles dans *Marie-Line* (2000) et *Inch' Allah Dimanche* (2001). Elle a aussi joué dans des courts-métrages et des films pour la télévision. Après une pause jusqu'en 2008 on a revu Fejria Deliba dans de petits rôles au cinéma et à la télévision.

Zinedine Soualem était mime et acteur de théâtre avant d'avoir de nombreux seconds rôles au cinéma. On l'a notamment vu dans *La haine* (1995), *Un air de famille* (1996), *Mademoiselle* (2000), *Inch' Allah Dimanche* (2001), *L'auberge espagnole* (2001), *Le démon de midi* (2005), *Le scaphandre et le papillon* (2007), *Paris* (2008) et *Rien à déclarer* (2011).

Rabbia Mokeddem n'est pas une actrice professionnelle mais est très crédible dans le rôle de la belle-mère. **Amina Annabi** est avant tout une chanteuse et compositrice appréciée et elle a joué dans quelques films. **Mathilde Seigner** est aimée pour sa franchise et son naturel. Elle peut être fière de sa filmographie dont on retient *Vénus Beauté Institut* (1999), *Harry, un ami qui vous veut du bien* (2000), *Une hirondelle a fait le printemps* (2001), *Palais royal!* (2005), *Camping* (2006), *Danse avec lui* (2007) et *La guerre des boutons* (2011). Enfin **Jalil Lespert**, d'origine franco-kabyle, a eu des rôles magnifiques depuis sa révélation dans *Ressources humaines* en 2000. Il a joué dans *Pas sur la bouche* (2003), *Le promeneur du Champ de Mars* (2005) et *Le petit lieutenant* (2005) et a réalisé *24 mesures* en 2007 et *Des vents contraires* en 2011.

Rabbia Mokeddem et Fejria Deliba

L'heure de gloire

Inch'Allah dimanche a remporté deux prix au Festival International du Cinéma au Féminin: meilleur film et meilleure actrice et Yamina Benguigui a reçu l'étoile d'or au Festival International du Film de Marrakech. Enfin le film a été distingué au Festival International du Film de Toronto: la réalisatrice a reçu le prix de la critique internationale pour sa sensibilité, son humour et sa capacité à traiter des conditions de vie des femmes du tiers-monde, du racisme au quotidien et des tensions entre les cultures.

PREPARATION

1 Vocabulaire

Vocabulaire utile avant de voir le film:

> Vous connaissez déjà certains des mots de la liste. Ils sont notés pour que vous les révisiez. Vous devez savoir ce vocabulaire par cœur, avec les genres pour les noms, les prépositions pour les verbes et les orthographes difficiles. Observez bien les exemples, ils vous aideront à vous exprimer correctement.

Les noms

les années 70: *the 70s**

une loi: *a law*

la main d'œuvre: *the workforce / workers***

le mari: *the husband*

la belle-mère: *the mother-in-law*

une camionnette: *a van*

le/la voisin(e): *the neighbor*

l'épicerie: *the grocery store*

un billet de 10 francs: *a 10 francs bill*

le chauffeur de bus: *the bus driver*

la liberté: *freedom*

la radio: *the radio****

une émission de radio: *a radio program*

une usine: *a factory*****

du maquillage: *make-up*****

un aspirateur: *a vacuum cleaner*

un cimetière: *a cemetery******

> *Attention! On ne dit jamais "les 70s". Pour dire " in the 70s ", on dit " dans les années 70 ".
> **C'est un nom singulier, même s'il a un sens pluriel. Attention à bien conjuguer le verbe au singulier. Ex : Plus de main d'œuvre a été embauchée.
> ***Souvenez-vous que le verbe "écouter" n'est pas suivi d'une préposition comme en anglais. On dit donc : écouter la radio.
> ****Quand on les combine, c'est "une usine de maquillage".
> *****Attention à l'orthographe de ce mot !

Les verbes

obéir à qq'un: *to obey s.o.*

surveiller qq'un: *to keep an eye on s.o.*

frapper qq'un: *to hit s.o.*

être frappé(e) par qqch: *to be struck by sth*

humilier qq'un: *to humiliate s.o.*

mépriser qq'un: *to look down on s.o.*

permettre / autoriser: *to allow**

avoir le droit de faire qqch: *to have the right to do sth***

sortir: *to go out*

rejeter qq'un: *to cast s.o. out*

avoir peur de: *to be afraid of*

sourire à qq'un: *to smile to s.o.*

souffrir de qqch: *to suffer from sth*

manquer à qq'un: *to be missed by s.o.****

braver: *to defy*

porter plainte contre qq'un: *to press charges against s.o.*****

se perdre: *to get lost*

> *Comparez : Permettre à qq'un de faire qqch: Il permet à Zouina d'aller à l'épicerie.
> Autoriser qq'un à faire qqch: Il autorise Zouina à aller à l'épicerie.
> **Ne confondez pas "le droit" et "la droite" !
> ***Ex: Zouina manque à sa mère (*her mother misses Zouina*). Zouina lui manque.
> L'Algérie manque à Zouina (*Zouina misses Algeria*). L'Algérie lui manque.
> ****Ex : Il a peur que les voisins portent plainte contre eux.

Les adjectifs

Algérien(ne): *Algerian*
étranger (-ère) : *foreign*
déraciné(e): *uprooted*
musulman(e): *muslim*
isolé(e): *isolated*
malheureux (-se): *unhappy*
angoissé(e): *anxious, worried sick*
injuste: *unfair*
dominateur (-rice) / autoritaire: *domineering*
intransigeant(e): *uncompromising*

possessif (-ve): *possessive*
maladroit(e): *awkward*
méfiant(e): *suspicious*
hostile: *hostile*
interdit(e): *forbidden*
révélateur (-trice): *telling, revealing*
divorcé(e): *divorced*
célibataire: *single*
veuf (-ve): *widowed*

Traduisez!

1. In the 70s a law allowed the Algerian workers to have their families come.

2. Zouina is anxious because her mother-in-law keeps an eye on her, her husband hits her and she misses her mother.

3. She has two neighbors: one is divorced and works at the make-up factory, and the other is suspicious and presses charges against her.

4. Since she does not have the right to go out she feels isolated and uprooted but she listens to the radio and she smiles to the bus driver.

2 Repères culturels

1. Les personnages du film viennent d'Algérie. Pour comprendre leurs origines, faites des recherches et répondez aux questions suivantes:

   a. Quel était le statut de l'Algérie de 1830 à 1962?
   b. Que s'est-il passé en 1954?
   c. L'Algérie a-t-elle obtenu son indépendance facilement?
   d. Qui vivait en Algérie, en plus des 8 millions d'Algériens?

2. Le film se passe à Saint-Quentin, en Picardie. Situez la ville et la région sur une carte de France.

> L'histoire de l'Algérie est complexe. Passez du temps à faire vos recherches pour bien comprendre ce qui s'est passé. Faites vos recherches en français et notez vos sources pour les partager avec la classe.

Campagne près de Saint-Quentin

A savoir: L'histoire de l'immigration

En France: La France accueille des immigrés depuis le début du XIXe siècle mais la première grande vague d'immigration date du début du XXe siècle, avec l'arrivée des Belges et des Italiens. Pendant les années 30, ce sont les Polonais et les Espagnols qui s'installent en France. La deuxième guerre mondiale a un impact considérable sur l'économie du pays. Il faut reconstruire. La France encourage alors une très forte immigration, surtout des hommes d'Afrique du nord, d'Espagne et du Portugal. La crise économique des années 70 met un terme à cette immigration de masse. Depuis, les nouveaux arrivants
viennent dans le cadre du regroupement familial ou sont des demandeurs d'asile. La France doit aussi faire face au problème de l'immigration clandestine.

En Picardie: La Picardie est une région qui attire les immigrés depuis longtemps, car ils y trouvaient du travail dans les mines, l'industrie textile et l'agriculture. Beaucoup d'Italiens et de Polonais sont arrivés dans les années 20 et 30, et ont été suivis par des Maghrébins et des Portugais après la guerre.

3. Observez les documents suivants sur l'immigration et répondez aux questions.

Part (en %) des étrangers en 2006 par région

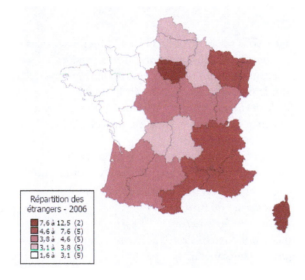

Répartition des
étrangers - 2006

7,6 à 12,5 (2)
4,6 à 7,6 (5)
3,8 à 4,6 (5)
3,1 à 3,8 (5)
1,6 à 3,1 (5)

Source : INSEE, recensement de la population 2006.

Répartition des étrangers par nationalité en 2007 :

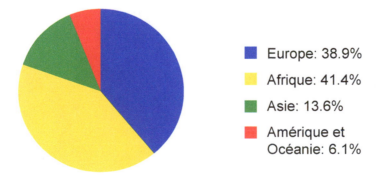

Europe: 38.9%

Afrique: 41.4%

Asie: 13.6%

Amérique et Océanie: 6.1%

Nationalités les plus représentées en France (par continent) :
Europe :
Portugais : 13.3%
Italiens : 4.8%
Britanniques : 4.0%

Afrique :
Algériens : 12.9%
Marocains : 12.3%
Tunisiens : 3.9%

Asie :
Turcs : 6.1

Source : INSEE.

Population immigrée vivant en Picardie, par sexe et selon l'année d'arrivée en France (en %)

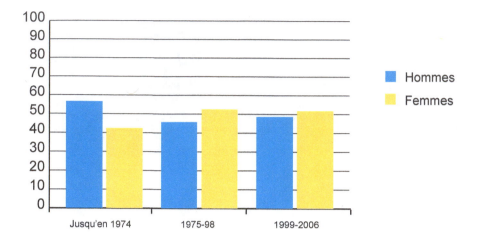

a. Que remarquez-vous sur la carte de France? Quelles sont les régions avec la plus forte concentration d'immigrés?
b. Quels sont les continents les plus représentés en Picardie? Quels pays ont le plus de ressortissants en France ?
c. Qu'est-ce que le dernier tableau nous montre? Pourquoi y a-t-il autant de femmes maintenant? Qu'est-ce que cela change à long terme pour la société française?
4. En 1974, le gouvernement français a voté une loi appelée "le regroupement familial". A qui s'adressait cette loi? A quoi servait-elle?
5. Un des personnages du film est une femme divorcée. Observez le graphique et répondez aux questions:
   a. Que s'est-il passé de 1950 à 1970?
   b. Que remarquez-vous à partir de 1975? A votre avis, comment peut-on expliquer ce phénomène?

> Cette question est extrêmement importante pour comprendre le film. Assurez-vous que vous comprenez bien cette loi.

Pourcentage de divorces en proportion des mariages : 1950-2009

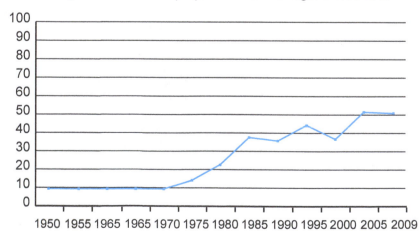

Sources : Statistiques de l'état civil et Ministère de la Justice.

6. Les personnages vont célébrer l›aïd, une grande fête musulmane. Quelles sont les traditions associées à cette fête?

7. Dans le film les personnages écoutent à la radio ("France-Inter") une émission qui s'appelle "Le jeu des mille francs", présentée par Lucien Jeunesse. Créée en 1958, l'émission existe toujours. Faites quelques recherches: Quel est le but du jeu? Qui sont les candidats? L'émission a-t-elle toujours du succès?

3 Le contexte

Dans le film Zouina quitte l'Algérie pour aller s'installer dans une petite ville du nord de la France. Elle est accompagnée de ses trois enfants et de sa belle-mère autoritaire. Elle va rejoindre son mari qui est installé depuis 10 ans. Essayez de vous mettre à sa place.

1. Qu'est-ce qui va la frapper en arrivant?

2. Comment va-t-elle être reçue par son mari?

3. En quoi sa vie va-t-elle être différente? Qu'est-ce qu'elle va regretter? Qu'est-ce qui va lui manquer? De quoi va-t-elle souffrir?

4. Parlera-t-elle bien français? Saura-t-elle lire et écrire?

5. Pourra-t-elle sortir librement, aller faire ses courses et aller chercher ses enfants à l'école?

6. Qu'est-ce qui pourra l'aider à s'adapter?

7. Pensez maintenant aux conditions de vie des femmes françaises à l'époque. Etait-il facile d'être divorcée ou mère célibataire? L'avortement a été légalisé cette année-là. Etait-ce pour autant bien accepté par la société?

4 Bande-annonce[1]

Regardez la bande-annonce plusieurs fois et répondez aux questions suivantes:

1. Qu'apprend-on sur Zouina en lisant l'écran?

2. Décrivez les activités de Zouina sur la bande-annonce.

3. Que voit-on de la ville et de la campagne?

4. Qu'est-ce que la musique évoque? Comment peut-on la décrire?

5. Observez les autres personnages. Pouvez-vous deviner qui ils sont?

5 A savoir avant de visionner le film

- Durée: 1h38
- Genre: Biographie / tragi-comédie
- Public: Adultes et adolescents.
- Notes: *Inch'Allah Dimanche* est en partie autobiographique. Yamina Benguigui a basé son histoire sur les souvenirs de sa mère, sur les siens (pour le point de vue des enfants), et sur ceux des nombreuses femmes qu'elle a rencontrées pour son documentaire *Mémoires d'immigrés* en 1997.

---

1 Disponible sur le DVD

- Le film contient quelques scènes de violence conjugale. C'est une chronique, parfois tendue, parfois drôle, souvent émouvante, de la vie quotidienne d'une famille immigrée en 1974.
- Le film est en arabe (puisque les personnages sont algériens) et en français.

PREMIERE APPROCHE

1 **L'histoire**

Le but de cette activité est double:
- Vérifier que vous avez bien compris l'histoire
- Vous préparer à la discussion en classe
Répondez à chaque question en une ou deux phrases. Utilisez le vocabulaire que vous avez appris.

Les personnages

Zouina
(Fejria Deliba)

Ahmed, son mari
(Zinedine Soualem)

Ali, Rachid at Amina

Aïcha, sa belle-mère
(Rabia Mokeddem)

M. et Mme Donze,
les voisins

Nicole Briat, la voisine
(Mathilde Seigner)

Mme Manant,
la veuve de colonel
(Marie-France Pisier)

Le chauffeur de bus
(Jalil Lespert)

Malika, l'autre Algérienne

Comment est-il possible qu'Ahmed soit en France depuis 10 ans, et que le couple ait de jeunes enfants?
Les hommes travaillaient beaucoup mais ils bénéficiaient des mêmes vacances que les employés français, qu'ils prenaient en général l'été. Certains en profitaient pour aller voir la famille en Algérie. Les enfants devaient avoir des anniversaires très proches...

1. **L'arrivée en France**
    - Observez les retrouvailles à la gare de Saint-Quentin. Qu'est-ce qui vous frappe?
    - A quoi la camionnette fait-elle penser?
    - Comment chaque personne réagit-elle en arrivant dans la maison? Que font Ahmed, Zouina, la belle-mère et les enfants?

2. **La belle-mère**
    - Comment Zouina est-elle traitée par sa belle-mère? Qui commande? Qui domine?
    - Qu'est-ce que la conversation entre les enfants et leur grand-mère révèle et nous apprend?
    - Comment voit-on que la belle-mère a une faille? Son caractère épouvantable peut-il s'expliquer?

3. **Voisins et amis**
    - Pourquoi a-t-on envie de rire quand on voit les Donze pour la première fois?
    - Pourquoi Zouina se met-elle dans une telle furie contre Mme Donze?
    - Qu'apprend-on sur la femme que Zouina rencontre au cimetière?

4. **Différences culturelles**
    - Pour quelles raisons Mme Donze porte-t-elle plainte? Qu'est-ce qui choque la belle-mère au contraire? De quoi est-ce révélateur?
    - Qu'est-ce que Nicole comprend en rendant visite à Zouina? Qu'est-ce qu'elle va avoir envie de faire pour Zouina?
    - Que ressentiez-vous pendant la scène où Ahmed déchire les pages du livre et détruit le maquillage?

5. **Adaptation difficile**
    - Comment Zouina est-elle traitée à l'épicerie? Etait-il prévu qu'elle achète de la viande? Comprend-elle qu'elle achète à crédit?
    - Qu'est-ce que l'incident impliquant l'aspirateur révèle sur Zouina?

6. **Rencontre avec Malika**
    - Comment voit-on dès le début que Malika est très différente de Zouina? Pourquoi la chasse-t-elle?
    - Qu'est-ce qui rend la scène qui suit (quand Zouina crie et frappe à la porte) dramatique?

7. **Recherche de liberté et émancipation**
    - Comment comprend-on rapidement que Zouina ne va pas se laisser faire?
    - Pourquoi les enfants rentrent-ils seuls de l'école? Pourquoi Zouina ne va-t-elle pas les chercher?
    - Zouina est angoissée en rentrant chez elle, de peur que son mari ne découvre qu'elle est sortie. Comment les spectateurs ressentent-ils cette angoisse? Que fait la caméra pour renforcer cette impression?

- Qu'est-ce que le billet de 10 francs représente pour Zouina?
- Qu'est-ce que Zouina découvre grâce à Nicole et la radio?
- Pourquoi choisit-elle de prendre le bus alors que Mme Manant et le taxi l'attendent?

8. **Ahmed**
   - Pourquoi Ahmed frappe-t-il sa femme après l'incident avec les Donze? Quelle raison donne-t-il?
   - A votre avis, que s'est-il passé entre les personnages avant l'arrivée du bus? Pourquoi Ahmed change-t-il d'attitude?

2 Analyse d'une photo

1. Où Zouina et Rachid sont-ils?
2. Pourquoi Zouina sourit-elle?
3. Que tient-elle, à part son fils et son sac à main? De quoi est-ce révélateur?
4. Comment peut-on décrire les couleurs dans cette scène?

3 Analyse de citations

Analysez les citations suivantes en les replaçant dans leur contexte:

1. Madame Donze: "Mais qu'est-ce qu'elle fait avec son chaudron?"
2. Nicole: "C'est quoi votre petit nom?" "Zouina" "Hum, ça sent le sud, hein!"
3. Ahmed: "On a les papiers en règle."
4. Zouina: "Demain, c'est moi. Je vous emmène à l'école."

APPROFONDISSEMENT

1 Vocabulaire

Enrichissez votre vocabulaire!

Le but de cette deuxième liste est d'élargir votre champ lexical. Ce vocabulaire ciblé sur des thèmes du film va vous permettre d'enrichir votre style.

L'immigration

émigrer: *to emigrate*
un(e) émigrant(e): *an emigrant*

un(e) immigré(e) de la deuxième génération:
a second-generation immigrant

un(e) réfugié(e) (politique): *a (political) refugee*
demander l'asile politique: *to seek political asylum*
s'expatrier: *to leave one's country*
un(e) expatrié(e): *an expatriate*
s'exiler: *to go into exile*
immigrer: *to immigrate*
une vague d'immigrants: *a wave of immigrants*
l'immigration clandestine: *illegal immigration*
un passager clandestin: *a stowaway*
un(e) clandestin(e): *an illegal immigrant*

une langue étrangère: *a foreign language*
un passeport: *a passport*
un visa: *a visa*
un permis de séjour / une carte de séjour:
    a residence permit
un(e) résident(e) permanent(e):
    a permanent resident
une seconde patrie: *an adoptive country*
prendre la nationalité française: *to become a French citizen*

L'intégration

s'habituer à qqch: *to get used to sth*
s'adapter: *to adapt to*
être bien/mal accueilli(e): *to be well/badly received*

une politique d'intégration des immigrés:
    a policy favoring the integration of immigrants
bien intégré(e): *well-assimilated*

Mise en pratique du vocabulaire:

Ecrivez 5 phrases dans lesquelles vous utilisez au moins 10 mots de la liste ci-dessus.

2   Réflexion - Essais

Ces questions vont vous permettre d'approfondir l'étude du film. Ecrivez un paragraphe pour chacune, en utilisant le vocabulaire du chapitre et en soignant votre expression (vérifiez votre orthographe et votre grammaire). En faisant ce travail, vous vous préparez à la prochaine composition.

1. Que pensez-vous d'Ahmed? Est-il foncièrement méchant? Qu'est-ce qu'il essaie de faire? La vie est-elle facile pour lui? Pourquoi ne veut-il pas que Zouina ait des contacts avec l'extérieur?

2. Le jardin est source de conflits. Que représente-t-il pour les Français? Comment les Algériens l'utilisent-ils?

3. Quel rôle la radio joue-t-elle?

4. Analysez le rôle des personnages secondaires. Qu'est-ce que les Donze, Nicole, Mme Manant, le chauffeur de bus et Malika apportent à l'histoire et/ou à Zouina?

5. Qu'est-ce qui et qui est-ce qui l'aide à surmonter les difficultés liées à l'immigration et à s'adapter?

6. De quelle façon Zouina évolue-t-elle? Qu'est-ce qu'elle a découvert, appris et compris à la fin?

7. Pourquoi la réalisatrice a-t-elle choisi de faire mourir le mari de Mme Manant en Algérie? Elle aurait pu être veuve pour une autre raison. Qu'est-ce que le lien avec la guerre d'Algérie apporte au film?

8. Imaginez la famille dans 5, 10 ans.

9. La loi adoptée en 1974 semblait juste à l'époque: il était normal que les Algériens qui travaillaient en France depuis longtemps puissent faire venir leur famille. Qui n'avait pas été pris en considération? Pour qui cette loi a-t-elle souvent été très dure?

10. Est-ce un film féministe? Qui est la pire personne? Comment les femmes, les mères, la petite fille (Amina) et la jeune fille (la fille de Malika) sont-elles traitées?

11. Finalement, qui rejette Zouina le plus: son nouveau pays ou sa propre culture?

3 Analyse d'une scène: Le maquillage (1:13:10 à 1:16:40)

> ### Vocabulaire spécifique à cette scène
>
> un sac en plastique *(a plastic bag)* • la farine *(flour)* • risqué(e) *(risky)* • être conscient(e) de qqch *(to be aware of sth)* • être en tête-à-tête *(to be alone together)* • se maquiller *(to put make-up on)* • du rouge à lèvres *(lipstick)* • du parfum *(perfume)*

A. Ecoutez

1. Qu'est-ce qui montre que Nicole a compris certaines choses, mais pas tout, sur la situation dans laquelle Zouina se trouve?

2. Qu'est-ce que Nicole essaie de faire en disant qu'elle ne veut plus avoir de mari ou de belle-mère? Est-ce qu'elle est consciente que Zouina n'a pas les mêmes choix?

3. Nicole veut prêter un livre à Zouina, mais elle en a oublié le titre. C'est sans doute *Le deuxième sexe* de Simone de Beauvoir. Faites quelques recherches: de quoi ce livre parle-t-il?

4. Il nous semble évident que Zouina ne peut pas se joindre aux amies divorcées de Nicole. Pourquoi Nicole n'en est-elle pas consciente?

B. Observez

1. Comment chaque femme est-elle habillée?

2. Zouina ne parle pas beaucoup mais ses expressions sont faciles à lire sur son visage. Quelle est sa première réaction en découvrant le maquillage? Que ressent-elle ensuite en "jouant" avec les produits?

3. Qu'est-ce que Zouina a sur les mains quand elle ouvre le maquillage? De quoi est-ce révélateur?

4. Comment la caméra filme-t-elle le moment où Zouina cache le sac?

C. Cette scène dans l'histoire

1. Qu'est-ce qui fait que cette scène est unique?

2. Pourquoi est-elle importante pour Zouina?

3. Qu'est-ce que Nicole découvre?

4. Quelles vont être les conséquences de la scène?

D. Langue

1. Tout

Complétez les phrases avec la forme correcte de "tout".

Ex :   La belle-mère contrôle _____ ce que Zouina fait.
La belle-mère contrôle <u>tout</u> ce que Zouina fait.

a.   Zouina est _tous_ contente de parler à Nicole car elle n'en a pas l'occasion _toutes_ les jours.

b.   Zouina ne sait pas quelle couleur elle préfère. Elle les aime _toutes_ .

c.   Comme elle est divorcée, Nicole essaie de faire _tout_ ce qui l'amuse.

d.   Elle est _toute_ étonnée que Zouina ne puisse pas sortir avec ses amies.

e.   Zouina fait _tout_ ce qu'elle peut pour être une bonne mère.

f.   Comme elle ne pouvait pas garder les rouges à lèvres, elle les a _toutes_ jetés.

2. Conjonction ou préposition?

Reliez les deux phrases en choisissant la conjonction ou la préposition donnée entre parenthèses. Faites les changements nécessaires. Attention aux verbes!

Ex :   Le dimanche, Zouina peut sortir. Son mari ne le sait pas. (sans/sans que)
Le dimanche, Zouina peut sortir <u>sans que</u> son mari le <u>sache</u>.

a.   Nicole a apporté le maquillage. Zouina est contente. (pour/pour que)

b.   Elle peut se reposer. Sa belle-mère n'est pas là. (à condition de/à condition que)

c.   Elle sent le parfum. Elle range la bouteille. (avant de/avant que)

d.   Elle cache le sac. Elle a peur d'être battue. (de peur de/de peur que)

e.   Les deux amies peuvent parler. La belle-mère ne les entend pas. (sans/sans que)

f.   Zouina ne pourra jamais mettre le maquillage. Elle est seule. (à moins de/à moins que)

3. Hypothèses

Formulez des hypothèses sur l'histoire en conjuguant les verbes suivants. Faites bien attention à la concordance des temps !

Ex :   Si la porte était fermée, le mouton ne _____ (s'échapper) pas.
Si la porte était fermée, le mouton ne <u>s'échapperait pas.</u>

a.   Si Zouina _____ (ne pas quitter) l'Algérie, elle aurait pu fêter l'Aïd avec sa famille.

b.   Si Ahmed avait l'esprit plus ouvert, il _____ (laisser) sa femme sortir.

c.   Si les Donze soignent bien leur jardin ils _____ (gagner) le premier prix.

d. Si la belle-mère _____ (traiter) mieux Zouina, elle serait plus gentille avec elle.

e. Si Zouina et Mme Donze étaient amies, elles _____ (pouvoir) écouter la radio ensemble.

f. Si les enfants _____ (aller) chez Mme Manant, ils pourront jouer dans le jardin.

g. Si Nicolas n'était pas venu, Zouina _____ (ne pas savoir) le nom de la famille algérienne.

h. Si elle revoit le chauffeur de bus, elle lui _____ (sourire).

E. Comparaison avec une autre scène

Comparez cette scène avec les deux autres visites chez Zouina: la première visite de Nicole (33:20) et la visite de Mme Manant (1:02:35).

Quelle est la différence frappante entre la scène du maquillage et les deux autres? Quelle attitude Zouina a-t-elle? Est-elle à l'aise? Peut-elle dire la vérité?

F. Sketch

Imaginez que la belle-mère soit entrée quand Zouina et Nicole regardaient le maquillage. Comment aurait-elle réagi? Qu'aurait-elle dit? Quelle attitude Nicole aurait-elle eue en comprenant que son cadeau allait causer des problèmes à Zouina?

LE COIN DU CINEPHILE

1 Première / dernière scène

Vous allez comparer la première et la dernière scène. Comment Zouina et la belle-mère sont-elles présentées? Qu'est-ce qui annonce le drame? Dans quelle situation les deux femmes sont-elles à la fin? Comment le comportement et le regard de Zouina ont-ils changé?

2 La lumière

Comparez la lumière dans le port d'Alger, celle dans les rues de Saint-Quentin, et celle dans la maison de Zouina.

3 Le comique

Le film traite d'un sujet difficile, mais n'hésite pas à inclure des moments comiques qui dédramatisent et détendent l'atmosphère. Quels sont les personnages qui apportent un élément comique? Pouvez-vous penser à certaines scènes qui sont drôles?

4 Sous-titres

Les dialogues suivants sont extraits de la scène du cimetière. Zouina rencontre Mme Manant. Comparez le texte français et les sous-titres, et répondez aux questions.

1	Il ne faut plus verser de larmes. Cela fait de la peine aux défunts.	*No more tears. It hurts the dead.*
2	Bonjour! Je vous présente Simca.	*Hello! This is Simca.*
3	Ecoutez Madame. Je suis perdue.	*Madame, please. I am lost.*
4	Avec les enfants je cherche la famille Bouira. La famille Bouira de l'Algérie.	*We are looking for the Bouiras. Bouira, from Algeria.*
5	Je vois, l'Algérie. Vous aussi, alors?	*I see… Algeria. So, you too?*
6	Est-ce que je peux prendre le chien?	*Can I play with the dog?*
7	Mais bien sûr!	*Yes, of course!*
8	[…] Il s'est fait écraser.	*[…] The dog was hit.*

a. 1ère réplique: Comment Mme Manant s›exprime-t-elle? Les sous-titres sont-ils du même registre de langue?

b. 4ème réplique: Comment "Avec les enfants" est-il traduit? Cette différence est-elle gênante?

c. 4ème réplique: Remarquez-vous une faute de grammaire dans la 2ème phrase? Est-ce qu›on l›a toujours en anglais?

d. 6ème réplique: Montrez que l›anglais interprète le français.

e. 8ème réplique: La phrase anglaise est au passif. Quelle structure a-t-on en français?

AFFINEZ VOTRE ESPRIT CRITIQUE

1 Titre

Pourquoi le film s'appelle-t-il *Inch' Allah Dimanche* ("Dimanche, si Dieu le veut")? A quoi cela fait-il référence?

2 La fin

La fin est-elle plausible? Certains aspects sont-ils trop optimistes? Qu'est-ce que la réalisatrice cherche à faire avec cette fin "conte de fée"?

3 Modernité de l´histoire

Cette histoire vous semble-t-elle toujours d'actualité?

4 Les critiques

1. Frédéric Strauss écrit dans *Télérama* (26 mars 2003) que "Face à cette ogresse [la belle-mère], face à son mari, Zouina est une femme-enfant privée de toute liberté." Etes-vous d'accord? Pensez-vous aussi que Zouina est une femme-enfant?

2. "Yamina Benguigui passe à la fiction, avec toujours au cœur le souci de marier travail de mémoire et esprit de réconciliation."

C'est ce que conclut Michel Guilloux dans un article de *l'Humanité* (5 décembre 2001). Pouvez-vous expliquer ce qu'il veut dire par le "travail de mémoire" accompli par la réalisatrice, et citer des exemples de son "esprit de réconciliation"?

POUR ALLER PLUS LOIN

1 Parallèles avec d'autres films

1. **Autobiographie:** *Inch' Allah dimanche* et *Au revoir les enfants* sont des films en partie autobiographiques. Les réalisateurs ont écrit une histoire basée sur leurs souvenirs. Qu'est-ce que ces deux autobiographies ont en commun? En quoi sont-elles différentes?

2. **Point de vue de la femme immigrée:** Maria *(Les femmes du 6ᵉ étage)* a émigré d'Espagne en 1962, Zouina *(Inch' Allah dimanche)* a quitté l'Algérie en 1974. Comparez leur expérience. Pourquoi ont-elles quitté leur pays ? Qui a pris la décision ? Avec qui vivent-elles en France ? Ont-elles l'objectif de s'intégrer ou de retourner au pays ?

3. **Femmes:** Plusieurs films font le portrait de femmes qui se battent: Zouina (*Inch' Allah Dimanche*), Mme La (*La veuve de Saint-Pierre*), Pauline de Théus (*Le hussard sur le toit*) et Maria *(Les femmes du 6ᵉ étage)*. Contre qui et quoi se battent-elles? Qu'espèrent-elles? Réussissent-elles à obtenir ce qu'elles veulent?

4. **Accueil des étrangers:** Dans *Les femmes du 6e étage*, *Inch' Allah dimanche* et *Welcome*, des étrangers arrivent en France d'Espagne, d'Algérie et d'Iraq. Comment sont-ils accueillis ? Quelle attitude la population française a-t-elle envers eux?

5. **Intégration:** Dans *Inch' Allah dimanche* et dans *Jean de Florette* on voit deux familles arriver et s'installer dans une ville où elles ne connaissent personne. Comment les deux familles sont-elles accueillies? Les voisins, les gens de la ville ou du village les aident-ils à s'intégrer?

6. **Films multilingues:** *Inch' Allah dimanche*, *Joyeux Noël*, *Welcome* et *Les femmes du 6ᵉ étage* sont en français mais aussi en arabe, anglais, allemand, kurde et espagnol. Quels problèmes particuliers cela pose-t-il au réalisateur ?

2 Les personnages secondaires

On ne sait pas grand-chose des personnages secondaires, de leur vie, de leur passé. Choisissez deux personnages dans la liste suivante et écrivez (en inventant) l'histoire de chacun. D'où viennent-ils? Qu'ont-ils vécu avant qu'on ne les rencontre dans le film? Il faut que cela ait du sens avec ce que l'on sait d'eux dans le film !

Mme Donze	M. Donze	Nicole
Mme Manant	le chauffeur de bus	Malika

3 Lectures

Les articles qui suivent sont tirés de l'excellent site de la Cité nationale de l'histoire de l'immigration (www.histoire-immigration.fr).

1. Dans quels secteurs économiques sont employés les travailleurs immigrés ?

Une population traditionnellement employée dans l'industrie et la construction

Depuis la deuxième moitié du XIXᵉ siècle, les travailleurs immigrés ont généralement occupé des emplois peu qualifiés dans les secteurs économiques qui connaissaient des pénuries[1] de main-d'œuvre. Après les deux Grandes Guerres,[2] ils ont répondu massivement aux besoins de reconstruction du pays tout en alimentant les secteurs de la mine, du textile, du bâtiment et de l'industrie sidérurgique[3] et métallurgique. Employés majoritairement dans l'industrie et la construction, ils étaient également présents dans une moindre mesure dans le secteur agricole comme travailleurs saisonniers.

À partir des années 1970, le déclin de ces industries a entraîné des nombreux licenciements[4] et/ou mises en préretraite[5] qui ont particulièrement touché les travailleurs immigrés.

… et qui est aujourd'hui de plus en plus présente dans le secteur tertiaire

De nos jours, les travailleurs immigrés restent toujours présents dans les secteurs industriels comme celui de la construction (près de 14 % des actifs en 2002), qui constitue selon l'Insee une "spécialisation sectorielle" des hommes immigrés, mais aussi dans le bâtiment et travaux publics, l'industrie automobile ou des biens intermédiaires. Néanmoins ces secteurs sont peu attractifs en raison de la dureté des conditions de travail et de la faiblesse des rémunérations.[6] Un peu plus de 3 % des actifs immigrés travaillent en 2002 dans le secteur agricole.

Par ailleurs, la croissance[7] du secteur tertiaire[8] dans l'économie française a eu des effets plus marqués sur l'emploi des travailleurs immigrés qui y étaient moins représentés. Ainsi, comme le reste de la population active en France, ils travaillent désormais principalement dans le secteur tertiaire (plus de 66 % des actifs immigrés en 2002) : dans l'hôtellerie et la restauration, dans les services aux entreprises qui ont externalisé certaines tâches comme le secteur du gardiennage,[9] du nettoyage[10] et de la sécurité (plus de 16 % des actifs immigrés) ou dans les services aux particuliers (dont les services domestiques) où ils sont plus de 15 % des actifs contre 7,8 % des actifs non immigrés en 2002.

Leur présence augmente également dans les secteurs de l'éducation, de la santé et de l'action sociale (plus de 11 % des actifs immigrés en 2002), en raison de la progression constante du niveau de formation des immigrés depuis une vingtaine d'années.

Sources : INSEE, Les Immigrés en France, édition 2005, Paris, pp. 116–117.
www.histoire-immigration.fr©Cité nationale de l'histoire de l'immigration, 2007

1 shortage
2 1914-18 et 1939-45
3 steel
4 lay-offs
5 early retirement
6 pay
7 growth
8 the service sector
9 caretaking (of a building)
10 cleaning

   a. De 1950 à 1970, dans quels domaines les immigrés travaillaient-ils ? Pourquoi ?

   b. Que s'est-il passé dans les années 70 ?

   c. Quelles sont les tendances actuelles ?

2. Les migrations de femmes sont-elles différentes de celles des hommes?

Un phénomène peu connu

Si les femmes ont de tout temps émigré à l'étranger, parfois seules comme les Espagnoles dans les années 1950, plus souvent pour accompagner leur conjoint[1] dans l'exil, et plus massivement pour rejoindre leur conjoint, comme à partir de l'arrêt de l'immigration de travail salarié décidé par l'État en 1974, dans le cadre du regroupement familial, la question des migrations de femmes est restée une réalité peu connue en France, comme dans la plupart des pays occidentaux.

L'image de l'homme seul, migrant pour des raisons économiques ou politiques, est restée prégnante[2] dans les représentations de l'immigration et elle a fait de la migration féminine un phénomène marginal ou de second rang.

Mais de plus en plus important

Pourtant, la migration des femmes ne cesse de croître depuis plusieurs décennies et marque ainsi un changement conséquent[3] dans le profil de l'immigration dans le monde. De plus en plus de femmes, jeunes célibataires, ou ayant déjà une famille à charge,[4] partent seule à l'étranger pour trouver du travail et s'installer plus ou moins durablement. C'est une des nouvelles particularités des migrations d'aujourd'hui.

Cette réalité s'explique principalement par deux facteurs : l'aspiration des femmes à gagner plus d'indépendance à travers la migration, le fait que les femmes sont parfois plus qualifiées que les hommes pour répondre à certains emplois dans des secteurs où les pénuries de main d'œuvre sont fortes, comme les services aux particuliers,[5] ou dans l'éducation, la santé et l'action sociale.

Les femmes sont aussi les premières victimes de guerres ou de conflits politiques, de déplacements liés à des catastrophes écologiques, des famines ou des épidémies. Elles sont aussi des victimes des violences, réelles ou symboliques, faites à leur encontre[6] dans certains contextes culturels. C'est pourquoi leur pourcentage augmente parmi les populations réfugiées ou déplacées.

Enfin, la part des femmes migrant à l'étranger pour y faire des études augmente sensiblement depuis la fin des années 1990. En France, elle atteint plus de la moitié des effectifs étudiants en 2005 selon les nationalités.

www.histoire-immigration.fr©Cité nationale de l'histoire de l'immigration, 2007

Services aux particuliers
En France, les services aux particuliers sont très développés. Ils incluent les gardes d'enfants, les aides aux personnes âgées, le ménage et le repassage, le soutien scolaire et les cours particuliers, le jardinage, le bricolage, la cuisine, la livraison de courses, les soins aux animaux, etc.

1 spouse
2 powerful
3 substantial
4 with a dependent family
5 domestic help
6 against them

a. Dans quelles circonstances les femmes ont-elles surtout émigré ?

b. Pourquoi est-ce que de plus en plus de femmes partent seules aujourd'hui ?

3. Les Français ont-ils émigré?

Les différentes vagues d'émigration

L'émigration française a toujours été faible au regard de[1] celle d'autres pays européens comme l'Italie, la Grande-Bretagne ou l'Allemagne. Les raisons sont liées à la fois à la précocité du déclin démographique de la France, amorcé dès la fin du XVIIIe siècle, et aux migrations de Français vers les nouvelles terres coloniales, qui n'étaient pas comptabilisées en tant qu'émigration. Certains disent aussi que le bien-être de la vie en France explique cette faible mobilité.

On compte néanmoins des îlots d'émigration française à diverses périodes :
* le peuplement du Québec au XVIIe siècle ;
* l'émigration française au Mexique (les Barcelonnettes, anciens colporteurs de tissu) à la fin du XIXe siècle ;
* l'émigration basque vers l'Argentine et l'Uruguay ;
* l'émigration bretonne à Terre-Neuve ;
* celle du Maine et de l'Anjou au Canada ;
* les vignerons en Californie ;
* les Alsaciens aux États-Unis ont exporté les savoir-faire français, comme ce fut le cas plus généralement pour la mode, la cuisine, le vin, les boutiques de luxe, etc.

Toutefois l'émigration française était principalement destinée aux colonies en Indochine, en Afrique de l'Ouest et surtout en Algérie, seule véritable colonie de peuplement.

Les Français à l'étranger aujourd'hui…

On compte aujourd'hui 2 millions de Français à l'étranger, essentiellement au Royaume-Uni[2] (300 000 à Londres), en Allemagne, aux États-Unis, au Canada, dans les pays d'Afrique et d'Asie. Il s'agit essentiellement d'une émigration jeune et qualifiée sans vocation définitive à l'installation.

Les Français de l'étranger sont représentés au Parlement et contribuent à faire vivre la francophonie sur les cinq continents. Certains d'entre eux y entretiennent des réseaux[3] culturels et mémoriels très actifs, comme les Barcelonnettes du Mexique, les Cajuns de Louisiane, les Acadiens du Canada ou quelques îlots de population plus isolés.

www.histoire-immigration.fr©Cité nationale de l'histoire de l'immigration, 2007

1 compared to
2 UK
3 networks

a. Pourquoi les Français ont-ils moins émigré que d'autres Européens ?

b. Quelle est la caractéristique principale des Français expatriés aujourd'hui ?

Jean de Florette

Présentation du film

Provence, années 20. Jean s'installe avec sa femme et sa fille Manon dans une ferme dont il vient d'hériter. Il veut y faire un élevage de lapins et cultiver des légumes. C'est sans compter sur la convoitise de ses voisins, le Papet et Ugolin, qui ont bouché la précieuse source de Jean avant son arrivée...

Carte d'identité du réalisateur

Claude Berri (1934-2009) est à la fois réalisateur, producteur et acteur. Il a commencé par de petits rôles au cinéma, puis a réalisé des courts-métrages. La consécration est venue comme réalisateur avec *Le vieil homme et l'enfant* en 1966. Depuis, il a reçu de nombreux prix, en particulier pour *Tchao Pantin* (1983) et avec des films de patrimoine : *Jean de Florette* et *Manon des sources* (1986), *Uranus* (1990), *Germinal* (1993), et *Lucie Aubrac* (1997). Il a aussi produit de grands succès, comme *Astérix et Obélix contre César* (1999). *La graine et le mulet* (2007) et *Bienvenue chez les Ch'tis* (2008).

Carte d'identité des acteurs

Yves Montand (1921-1991) a commencé comme chanteur avec l'aide d'Edith Piaf. C'est *Le salaire de la peur* (1953) qui a lancé sa carrière au cinéma. Il a ensuite été remarqué dans *Let's make love* (1960) (où il avait Marilyn Monroe comme partenaire), *Z* (1969), *César et Rosalie* (1972), *Garçon!* (1983), et enfin *Jean de Florette* (1986) et *Manon des sources* (1986) qui ont couronné sa carrière.

Daniel Auteuil (né en 1950) a d'abord été un acteur comique. C'est *Jean de Florette* et *Manon des sources* qui l'ont fait changer de registre, et il est alors devenu très demandé par les plus grands réalisateurs. Polyvalent, il est aussi à l'aise dans la comédie dramatique (*Un cœur en hiver*, 1992, *Le Huitième jour*, 1996, *La fille sur le pont*, 1999), le drame historique (*La Reine Margot*, 1994, *Lucie Aubrac*, 1997, *La veuve de Saint-Pierre*, 2000), le drame (*L'adversaire*, 2002), la comédie (*Le placard*, 2001, *La doublure*, 2006) et le film policier (*36, quai des Orfèvres*, 2004, *MR73*, 2008). En étant grave, comique, subtil, poignant, pudique, et surtout humain, Auteuil est devenu incontournable. Il a été nommé 12 fois aux César et a remporté le prix d'interprétation en 1987 pour *Jean de Florette* et en 2000 pour *La fille sur le pont*. En 2011 il est passé à la réalisation en adaptant *La fille du puisatier* de Pagnol.

Daniel Auteuil at Gérard Depardieu

Gérard Depardieu (né en 1948) est l'un des plus grands acteurs français de tous les temps. Energique, travailleur, généreux, excessif, il est capable de tout jouer. Il s'est imposé en 1974 dans *Les valseuses*, puis nombre de ses films ont été de très grands succès: *Le dernier métro* (1980), *Le retour de Martin Guerre* (1982), *Danton* (1983), *Camille Claudel* (1988), *Cyrano de Bergerac* (1990), *Le Colonel Chabert* (1994), *Astérix et Obélix contre César* (1999), *Bon voyage* (2002), *Les temps qui changent* (2004).

Ces dernières années on l'a vu dans des rôles nombreux et variés, notamment en amant de Catherine Deneuve dans *Potiche*, en analphabète ami d'une vieille dame dans *La tête en friche*, en retraité à moto dans *Mammuth*, en malade d'Alzheimer dans *Je n'ai rien oublié*, et en Obélix dans *Astérix et Obélix : Au service de sa majesté*.

Il a été nommé 16 fois aux César et a reçu la Palme d'Or à Cannes pour *Cyrano de Bergerac*.

L'heure de gloire

Jean de Florette a été récompensé aux César (meilleur acteur pour Daniel Auteuil, nomination pour le César du meilleur réalisateur, du meilleur film, du meilleur scénario, de la meilleure musique) et l'Académie Nationale du Cinéma lui a décerné le prix du meilleur film. Il a aussi été nommé aux Golden Globes comme meilleur film étranger.

PREPARATION

1 Vocabulaire

Vocabulaire utile avant de voir le film:

> Vous connaissez déjà certains des mots de la liste. Ils sont notés pour que vous les révisiez. Vous devez savoir ce vocabulaire par cœur, avec les genres pour les noms, les prépositions pour les verbes et les orthographes difficiles. Observez bien les exemples, ils vous aideront à vous exprimer correctement.

Les noms

un œillet: *a carnation*
un verger: *an orchard*
une source: *a spring*
un(e) paysan (-ne): *a farmer**
un(e) héritier (-ère): *an heir*
un bossu: *a hunchback*
un nouveau-venu: *a newcomer*
une cucurbitacée: *a type of gourd*
une récolte: *a crop*
une sécheresse: *a drought*

un orage: *a thunderstorm*
une colline: *a hill*
un mulet: *a mule*
un puits: *a well***
un notaire: *a notary*
l'intrigue: *the plot*

> *Attention à la prononciation : le " y " se prononce séparément du " a ". On dit " pay-i-san ".
> **Ce mot prend un " s ", même au singulier.

Le saviez-vous?

Œillet: Au XIIIᵉ siècle un œillet est un petit œil, une petite ouverture, une petite tache ronde. Au XVᵉ siècle c'est une sorte de fleur.
Cucurbita: nom latin de la courge (*squash*).

Les verbes

hériter qqch de qq'un: *to inherit sth from s.o.**
boucher une source: *to block a spring*
faire pousser qqch: *to grow sth***
élever des lapins: *to breed rabbits*
faire peur à qq'un: *to frighten s.o.*
avoir peur de qq'un: *to be afraid of s.o.*
avoir des soucis: *to worry*
louer: *to rent*
se moquer de qq'un: *to make fun of s.o.*
avoir pitié de qq'un: *to pity s.o.****

s'enrichir: *to grow rich*
creuser: *to dig*
pleurer: *to cry****
pleuvoir: *to rain****
se taire: *to keep quiet*

> *Ex : Jean a hérité la maison de sa mère.
> **Comparez: Jean fait pousser des légumes. Les légumes poussent.
> ***Ex: On a pitié de Jean. On a pitié de lui.
> ****Ne confondez pas ces deux verbes quand vous les conjuguez! Il pleure ≠ il pleut.

Les adjectifs

sec (sèche): *dry*
pluvieux (-euse): *rainy*
fertile: *fertile*
travailleur (-euse): *hard-working*
confiant(e): *confident*
obstiné(e): *stubborn*
fier (-ère): *proud*
calculateur (-trice): *calculating*
riche: *rich*

cupide: *greedy*
implacable: *unrelenting*
coupable: *guilty*
sensible: *sensitive*
rusé(e): *shrewd*
bête: *stupid*
influençable: *susceptible to influence*
émouvant(e): *moving*
passionnant(e): *gripping* (story)

Traduisez!

1. Who is the newcomer? He is a hard-working and confident hunchback.
2. I know how to grow rich: I will grow carnations and I will breed rabbits.
3. We haven't had a single thunderstorm since June. If only we had a spring and a large well!
4. The old man is calculating and greedy, and the young one is stupid but sensitive.

2   Repères culturels

1. Le film est basé sur un roman de Marcel Pagnol. Qui était Pagnol? Pourquoi était-il connu? Qu'est-ce que *L'eau des collines*?
2. Le film se passe en Provence. Pouvez-vous répondre aux questions suivantes sur la Provence?
   a. Où se situe-t-elle?
   b. Quelles en sont les villes principales?
   c. Comment est le climat?
   d. Quelles sont les principales cultures?
   e. Pouvez-vous nommer d'autres écrivains célèbres de Provence?
3. Cherchez la définition exacte (pas la traduction) du mot "source" dans le dictionnaire.
4. Les villageois du film jouent à la pétanque. Quel est ce jeu? Où et comment est-il joué?

5. Jean de Florette est bossu. Comment les bossus étaient-ils considérés à l'époque? Comment la société les traitait-elle?

3   Le contexte

Réfléchissez au lieu et à l'époque pour mieux comprendre l'histoire et les personnages du film. A votre avis, en 1920, en Provence…

1. Les gens faisaient-ils des études ? Etait-ce nécessaire ?
2. Les villageois sortaient-ils souvent de leur village ? Dans quelles circonstances ?
3. Les gens avaient-ils des voitures ? Comment se déplaçaient-ils ?
4. Quel était l'état des routes ?
5. Les maisons étaient-elles confortables ? Avaient-elles l'eau, l'électricité ?
6. Les gens mangeaient-ils comme aujourd'hui ? Qu'est-ce qui était différent ?
7. Comment étaient-ils habillés ? Avaient-ils beaucoup de vêtements ?
8. Comment communiquaient-ils avec leurs proches (famille et amis) qui n'habitaient pas dans le même village ?
9. Avaient-ils une vie sociale ? A quels moments de la journée les gens se parlaient-ils ? Dans quelles circonstances s'amusaient-ils ?
10. La messe du dimanche était-elle importante ? Pour quelles raisons ?

Marché des primeurs et terasse de café. Cabannes (Bouches-du-Rhône), 1929.

4   Bande-annonce

Faites une recherche sur Google. <u>FR</u> en tapant " Jean de Florette bande-annonce vf ".

1. Ecoutez les premières notes de musique. Quelle impression donnent-elles ?
2. Que font les premiers personnages que l'on voit ?
3. Que voit-on de la campagne ?
4. Que comprend-on sur les personnages ? Qui sont-ils ? Que font-ils ? Qui sont les bons et les méchants ?
5. Quel est le ton général de la bande-annonce ?

5   A savoir avant de visionner le film

- Durée: 2h00
- Genre: Drame (ne vous attendez pas à une histoire où tout se termine bien!)
- Public: PG
- Tournage: Le film a été tourné dans de nombreux lieux différents, notamment dans le Massif de la Sainte-Baume (montagne des Bouches-du-Rhône et du Var) pour les collines et à Mirabeau (dans le Vaucluse) pour les scènes de village.
- Note: L'intrigue est complexe et intéressante mais l'histoire se développe lentement et le film est assez long. Il faut être patient! Vous trouverez peut-être que le Papet et Ugolin sont plus difficiles à comprendre que les autres personnages. Ils ont en effet un accent provençal assez marqué. Si vous aimez ce film, vous pouvez regarder *Manon des sources* pour savoir ce qui se passe 10 ans plus tard.

Massif de la Sainte-Baume

Mirabeau

PREMIERE APPROCHE

1   **L'histoire**

Le but de cette activité est double:
- Vérifier que vous avez bien compris l'histoire
- Vous préparer à la discussion en classe

Répondez à chaque question en une ou deux phrases. Utilisez le vocabulaire que vous avez appris.

Les personnages

César Soubeyran = le Papet
(Yves Montand)

Ugolin
(Daniel Auteuil)

Jean Cadoret
= Jean de Florette
(Gérard Depardieu)

Aimée
(Elisabeth Depardieu)

Manon

1. **Les Soubeyran**
   - Comparez la maison du Papet et celle d'Ugolin. Où Ugolin vivra-t-il quand le Papet sera mort?
   - Quel projet professionnel le Papet a-t-il pour Ugolin?

A savoir

La maison choisie par le réalisateur pour être celle de Jean de Florette était parfaite mais il n'y avait pas d'oliviers dans le jardin. Il a donc fallu en faire venir, ce qui a été un travail énorme. L'équipe du film a trouvé 12 très vieux oliviers à 150 km du lieu de tournage. Leur transport a pris 4 jours et 4 nuits à cause de la distance, de la fragilité des arbres et de l'état des routes menant à la maison.

2. **Les œillets**
   - Comment le Papet réagit-il en voyant les œillets d'Ugolin? Qu'est-ce qui le fait changer d'avis?
   - Quel est le premier projet du Papet et d'Ugolin pour obtenir l'eau nécessaire à la culture des œillets? Leur projet réussit-il? Que se passe-t-il?

- A la fin, le Papet baptise Ugolin "Roi des œillets". Pensez-vous qu'Ugolin va réussir dans sa culture d'œillets?

3. **Le Papet et Florette**
   - A votre avis, quels sont (et quels ont été) les sentiments du Papet pour Florette? Sont-ils restés en contact? Cette liaison le rend-il plus ou moins sympathique à nos yeux?
   - Pourquoi le Papet et Ugolin ne veulent-ils pas dire au village que Jean est le fils de Florette? Est-ce que la famille Soubeyran est aimée au village? Pourquoi à votre avis?

4. **Jean**
   - Quelle est la définition du bonheur d'après Jean?
   - Quel est le grand projet de Jean?
   - Comment cela marche-t-il au début?

> **A savoir**
> Les "coucourdes" de Jean étaient en polystyrène et étaient peintes!

5. **Machination et drame**
   - Que pressent-on quand le Papet dit: "S'il pleut le jour de l'Ascension, tout s'en va en perdition"?
   - Pourquoi Jean commence-t-il à boire?
   - Quelles sont les hésitations d'Ugolin à propos du mulet? A-t-il envie de le louer à Jean? Quelle est l'opinion du Papet?
   - Comment Jean meurt-il?
   - Pourquoi Ugolin pleure-t-il?

6. **Manon**
   - Qui est la dame italienne? Que fait-elle avec Manon? La revoit-on après?
   - Qui Manon regarde-t-elle avec insistance à la mort de son père?
   - Qu'est-ce que Manon observe à la fin? Pourquoi part-elle en criant et en pleurant? Qu'a-t-elle compris?

2   Analyse d'une photo

1. Où et à quel moment cette scène se passe-t-elle? Que demande Jean?
2. Comparez leur habillement.
3. Comment la scène est-elle éclairée?
4. Quelles expressions lisez-vous sur leur visage? Ont-ils l'air d'être amis?
5. Observez bien la position de leurs corps. Se tiennent-ils de la même façon? Qu'est-ce que cela révèle?

3   Analyse de citations

Analysez les citations suivantes en les replaçant dans leur contexte:

1. Le Papet: "Qui aurait cru que Florette ferait un petit bossu?"
2. Ugolin: "Tu m'as demandé de devenir son ami, alors petit à petit, à force de boire le vin blanc et de l'appeler M. Jean, eh bien, il est devenu mon ami."
3. Un villageois: "Ça n'a jamais rien rapporté de s'occuper des affaires des autres."

APPROFONDISSEMENT

1   Vocabulaire

Enrichissez votre vocabulaire!

> Le but de cette deuxième liste est d'élargir votre champ lexical. Ce vocabulaire ciblé sur des thèmes du film va vous permettre d'enrichir votre style.

L'agriculture

une ferme: *a farm*
un fermier: *a farmer*
un champ: *a field*
labourer: *to plow*
une charrue: *a plow*
un tracteur: *a tractor*
une graine: *a seed*
planter: *to plant*

un engrais: *a fertilizer*
le foin: *hay*
la paille: *straw*
la moisson: *the harvest*
la terre: *the soil*
une grange: *a barn*
les mauvaises herbes: *weeds*

L'eau

arroser: *to water*
la pluie: *the rain*
une averse: *a shower*
irriguer: *to irrigate*
un arrosoir: *a watering can*
une inondation: *a flood*
inonder: *to flood*
humide: *damp*
mouillé(e): *wet*
la mer: *the sea*
un océan: *an ocean*
un lac: *a lake*

un étang: *a pond*
une rivière: *a river*
un ruisseau: *a brook*
un torrent: *a mountain stream*
une cascade: *a waterfall*

> ### Le saviez-vous?
>
> En latin il y avait deux mots pour "eau":
> 1. *aqua*: eau, considérée comme élément (ex. en français moderne: eau, aquarelle, aqueduc, aquarium)
> 2. *unda*: eau en mouvement (ex. en français moderne: onde, micro-ondes, inondation)

Mise en pratique du vocabulaire:

Ecrivez 5 phrases dans lesquelles vous utilisez au moins 10 mots de la liste ci-dessus.

2 Réflexion - Essais

Ces questions vont vous permettre d'approfondir l'étude du film. Ecrivez un paragraphe pour chacune, en utilisant le vocabulaire du chapitre et en soignant votre expression (vérifiez votre orthographe et votre grammaire). En faisant ce travail, vous vous préparez à la prochaine composition.

1. Ecrivez un paragraphe sur chacun des personnages principaux: Jean, Aimée, le Papet et Ugolin. Posez-vous les questions suivantes:
   - Quels sont leurs qualités et leurs défauts?
   - Sont-ils 100% bons ou 100% mauvais?
   - Eprouvez-vous de la sympathie ou de l'antipathie pour eux?
   - Votre opinion sur chacun d'eux a-t-elle évolué pendant le film?
   Vous pouvez utiliser le vocabulaire suivant:

enthousiaste • cupide • traître • patient(e) • bête • naïf (naïve) • sensible • influençable • intelligent(e) • obstiné(e) • implacable • crédule • trop idéaliste • autoritaire • encourageant(e) • perfide • pas réaliste • compatissant(e) • impitoyable • bon cœur • cynique • travailleur(-euse) • trop confiant • vulnérable

2. Quelles sont les motivations du Papet et d'Ugolin?

3. Qui est le pire? Le Papet ou Ugolin? Justifiez votre réponse.

4. Analysez l'attitude des villageois. Que font-ils quand on les voit? De quoi parlent-ils? Quels sont leurs principes? Ont-ils l'esprit ouvert au modernisme?

5. Qu'est-ce qui oppose Jean au village en général?

6. Qui est responsable de la mort de Jean ?

7. Pourquoi est-ce important que Jean soit bossu? A quel point l'histoire aurait-elle été différente s'il n'avait pas eu cette bosse?

8. Donnez des exemples qui montrent que le Papet est fier d'être un Soubeyran, et que la famille est très importante pour lui.

9. Pourquoi l'histoire est-elle si passionnante? (Pensez aux thèmes, à l'intrigue, et aux personnages).

10. Le film accorde une grande place aux paysages et à la nature. Que voit-on de la Provence? Qu'entend-on? Quel rôle la nature joue-t-elle dans l'histoire?

3   Analyse d'une scène: Les hommes au café (19:13 à 21:42)

> ## Vocabulaire spécifique à cette scène
>
> l'héritage *(inheritance)* • s'énerver *(to get worked up)* • éclairé *(lit)* • un figuier *(a fig tree)* • avoir droit à qqch *(to be entitled to sth)* • pas grand-chose *(not much)*

A. Ecoutez

1. Qu'est-ce que les hommes viennent de faire ?
2. Que font-ils maintenant ? Quel est le sujet de leur conversation ?
3. Pourquoi Ugolin ne connaît-il pas Florette ?
4. Pourquoi Anglade pense-t-il que l'héritage a de la valeur ? Les autres sont-ils d'accord ?
5. Quels arguments les hommes avancent-ils pour prouver l'existence de la source ? Que répond le Papet ? Pourquoi s'énerve-t-il à la fin ?
6. Ugolin est-il convaincant ?

B. Observez

1. Décrivez l'intérieur du café.
2. Comment cette scène est-elle éclairée ? D'où la lumière vient-elle ?
3. Comment les hommes sont-ils habillés ?
4. Quelle expression lit-on sur le visage du Papet quand Anglade parle de Florette ?
5. Qu'est-ce qu'Anglade a l'air de penser quand il dit " Tu crois que ça peut se perdre, une source comme celle-là ? " Sait-il que le Papet ment ?
6. Qu'est-ce que le visage du Papet indique quand l'homme au bar parle du figuier ?
7. Qui le Papet regarde-t-il à la fin de la scène ? Pourquoi ?

C. Cette scène dans l'histoire

1. Qui est le personnage central dans cette scène ?
2. Qu'est-ce que cette scène nous apprend ?
    • Qu'est-ce que les villageois savent ?
    • Comment le Papet se comporte-t-il ?
    • L'opinion d'Ugolin est-elle importante ?

D. Langue

  1. **Synonymes**

  Ecoutez attentivement les dialogues de l'extrait et trouvez les
  synonymes des expressions suivantes (entre parenthèses) :

  a. " _____ (donc) tu dois avoir droit à quelque chose "

  b. " Je suis _____ (rentré) un an après "

  c. " Elle hérite de _____ " (presque rien)

  d. " Je ne suis pas _____ " (d'accord)

  e. " Oui, mais c'est un _____ (lieu) que la pluie ne veut pas
       connaître "

  f. " Tu _____ (étais sûrement) bien petit alors "

  g. " C'était _____ (certainement) après un orage "

  2. **L'expression du temps**

  Dans ce passage il y a beaucoup d'adverbes et d'expressions de
  temps :

  > avant • aujourd'hui • puis • un an après • jamais • encore • l'année dernière
  > • il y a 30 ans

  Remplissez les blancs avec l'une de ces expressions.

  Ex : _____ Manon a vu les deux hommes déboucher la
        source, elle est partie en courant.
        Quand Manon a vu les deux hommes déboucher la source, elle
        est partie en courant.

  a. Le Papet habitait déjà dans cette maison _____.

  b. Au début Ugolin n'aimait pas Jean mais _____ c'est son
      ami.

  c. _____ Ugolin était au service militaire.

  d. Manon n'oubliera _____ son père.

  e. Est-ce que Pique-Bouffigue est _____ vivant ? Non, il
      vient de mourir.

  f. Quand Jean s'est installé dans les collines il ne savait pas
      _____ il souffrirait de la sécheresse.

  g. _____ de rentrer chez lui Ugolin a acheté des œillets.

  h. Le Papet a réfléchi, _____ il a aidé Ugolin à boucher la
      source.

  3. **L'argumentation**

  Les personnages expliquent leurs points de vue de façon très
  argumentée. Pour cela, ils utilisent des expressions :

  > de cause (parce que, puisque) • de conséquence (alors, par conséquent) •de
  > but (pour) • de concession (mais, même si, pourtant)

  Remplissez les blancs avec l'une de ces expressions.

  Ex : Jean ne réussit pas ses cultures, _____ il y a une source
        sur sa terre.
        Jean ne réussit pas ses cultures, pourtant il y a une source sur
        sa terre.

a. Jean a acheté des outils _____ cultiver la terre.

b. _____ Florette est morte, Jean hérite de la ferme.

c. Il ne pleut jamais, _____ les légumes ne poussent pas.

d. Manon n'aime pas Ugolin _____ il est laid.

e. Jean va construire un puits _____ Aimée n'est pas d'accord.

f. Ugolin n'est pas cultivé, _____ il ne comprend pas ce que Jean lui raconte.

g. Florette était belle, _____ elle a donné naissance à un petit bossu.

h. Le Papet est intelligent, _____ il est froid et calculateur.

E. Comparaison avec d'autre scènes

Comparez cette scène avec les trois autres ayant aussi lieu au café

1. " les pois chiches " (de 51 mn 19 sec à 52 mn 24 sec)
    a. De qui les villageois parlent-ils ?
    b. Quel est le ton général de la scène ?
2. " le mulet " (de 1h 23 mn 11 sec à 1h 24 mn 41 sec)
    a. De quoi les villageois parlent-ils ?
    b. Pourquoi le Papet et Ugolin ne sont-ils pas d'accord ?
3. " la source " (de 1h 36 mn 34 sec à 1h 37 mn 13 sec)
    a. Qui est absent de cette scène ?
    b. Qu'est-ce que les villageois ne comprennent pas ?

F. Sketch

Imaginez que cette scène ait été interrompue par l'arrivée de Jean de Florette. Il se présente, et vante les intérêts de la campagne, de la maison et de ses projets. Ecrivez et jouez le dialogue. N'oubliez pas qu'en se présentant il va mentionner sa mère. Comment le Papet va-t-il réagir ? Quelle attitude les villageois vont-ils adopter ?

LE COIN DU CINEPHILE

1 Première / dernière scène

A quel moment de la journée se passent-elles? Pourquoi? Comment la première scène introduit-elle les lieux? Quels personnages voit-on dans la première et la dernière scène? Qu'est-ce qui a changé entre les deux? Quelles expressions lit-on sur le visage des personnages à la fin?

2 Le point de vue

Où se situe-t-on en tant que spectateur? Voit-on les événements à travers un personnage de l'histoire, ou reste-t-on en dehors, comme un arbitre?

3   La musique

Elle est composée d'après *"La force du destin"* de Verdi. Qu'en pensez-vous? Vous plaît-elle? Trouvez-vous que le film aurait pu s'appeler *"La force du destin"*? Quel était le destin de Jean et de sa famille?

4   Sous-titres

Comparez ce dialogue entre Jean et Ugolin et les sous-titres en anglais, puis répondez aux questions:

1	Vous vous demandez, cher voisin, pourquoi je suis venu m'installer ici.	*You're wondering why I decided to settle here.*
2	Ah ça oui, je me le demande!	*Yes I'm wondering!*
3	Eh bien parce que j'en suis arrivé à la conclusion irréfutable que le seul bonheur possible c'est d'être un homme de la Nature.	*It's because I've decided that my happiness lies in returning to nature.*
4	Je suis venu ici pour cultiver l'authentique.	*I'm here to cultivate the authentic!*
5	"lotantique"?	*the "othentic"?*
6	Oui, je veux manger les légumes de mon jardin, recueillir l'huile de mes oliviers, gober les œufs de mes poules, m'enivrer du vin de ma vigne.	*Yes, I want to eat vegetables from my garden, collect oil from my olive trees and eggs from my hens, and drink wine from my vineyard.*

a.   1ère réplique: Pourquoi "cher voisin" n'est-il pas traduit?

b.   3ème réplique: Comparez "j'en suis arrivé à la conclusion irréfutable" et "I've decided". Pourquoi est-ce si court en anglais? Est-ce le même registre de langue?

c.   3ème réplique: Comparez "le seul bonheur possible" et "my happiness."

d.   4ème réplique: "cultiver" et "cultivate" ont-ils le même sens?

e.   5ème réplique: Que pensez-vous du mot "othentic"? Est-ce bien choisi?

f.   6ème réplique: Comparez les verbes "recueillir", "gober" et "s'enivrer" à leur traduction ("collect" et "drink"). Lesquels sont courants? Lesquels sont poétiques?

AFFINEZ VOTRE ESPRIT CRITIQUE

1   Titres d'articles

"La gloire de Marcel"
Le Nouvel Observateur,
22 août 1986

Vous voyez ci-dessus les titres de trois articles de journaux. Réfléchissez et répondez aux questions suivantes:

"L'opéra Pagnol"
Les Cahiers du Cinéma, septembre 1986

"A la recherche du thym perdu"
Revue du Cinéma, septembre 1986

1. A quel livre de Pagnol "La gloire de Marcel" fait-il référence?
2. Que veut dire le journaliste avec ce titre?
3. "A la recherche du thym perdu" fait référence à un livre de Marcel Proust. Lequel?
4. Que cherche à faire le journaliste en associant "thym" et "temps"?
5. Pourquoi les *Cahiers du Cinéma* parlent-ils d'"Opéra Pagnol"? Qu'est-ce que cela veut dire?

2 Parallèle avec les Etats-Unis

Jean de Florette se passe à la campagne dans les années 20. Est-ce que cette histoire est purement française, ou aurait-elle pu se passer aux Etats-Unis? Imaginez une ferme dans une région rurale des Etats-Unis à la même époque. Elaborez votre réponse en réfléchissant aux aspects suivants:
• Le problème de l'eau se serait-il posé de la même façon aux Etats-Unis? Pourrait-on imaginer autre chose comme objet de convoitise?
• La cupidité du Papet serait-elle la même ailleurs?
• Il est primordial pour les Soubeyran de préserver la famille. Est-ce typiquement français?
• Jean symbolise la naïveté du citadin qui a fait des études et qui n'y connaît rien à la campagne. Est-ce que c'est la même chose aux Etats-Unis?
• Qu'en est-il de la méfiance vis-à-vis de l'étranger? Est-ce que des villageois américains auraient mieux accueilli Jean?

3 Les critiques

a. "Ce qui m'a intéressé dans *Jean de Florette*, c'est la progression, l'alternance entre l'eau et le feu, l'opposition entre l'eau et la sécheresse, jusqu'à la fin tragique". (Claude Berri dans un article des *Cahiers du Cinéma* de février 1986). Sous quelles formes l'eau et le feu apparaissent-ils dans le film?
b. Dans une interview accordée aux *Cahiers du Cinéma* (avril 1989), Auteuil parle de son rôle dans *Jean de Florette* et dit: "C'était un rôle à la fois comique et émouvant". Donnez des exemples de scènes comiques et de scènes émouvantes dans le film.

POUR ALLER PLUS LOIN

Paysage de Provence

1 Parallèles avec d'autres films

1. **La Provence:** Trois films se passent en Provence (*Jean de Florette*, *Manon des sources* et *Le hussard sur le toit*). Est-elle filmée de la même façon? Quels aspects de la Provence voit-on?

2. **L'alcoolisme:** Comparez l'alcoolisme de Jean dans *Jean de Florette*

et celui de Neel dans *La veuve de Saint-Pierre*. Pourquoi ces personnages boivent-ils et quelles sont les conséquences de leurs excès?.

3. **Accueil des étrangers:** Dans *Inch' Allah dimanche* et dans *Jean de Florette* on voit deux familles arriver et s'installer dans une ville où elles ne connaissent personne. Comment les deux familles sont-elles accueillies? Les voisins, les gens de la ville ou du village les aident-ils à s'intégrer?

2 Les bossus

Les bossus ne sont pas nombreux au cinéma, pourtant certains sont célèbres. Faites quelques recherches sur Quasimodo, le bossu de *Notre-Dame de Paris* (roman de Victor Hugo dont il existe plusieurs adaptations au cinéma), et sur Lagardère, le héros du roman de Paul Féval (*Le bossu*), adapté en 1959 par André Hunebelle et en 1999 par Philippe de Broca. Comparez les trois bossus.

3 Lectures

Le passage suivant est extrait de *Jean de Florette*. Après avoir présenté les personnages importants du village, Marcel Pagnol fait le portrait du Papet, César Soubeyran, et de sa maison.

César Soubeyran approchait de la soixantaine. Ses cheveux, rudes et drus,[1] étaient d'un blanc jaunâtre strié[2] de quelques fils roux; de noires pattes d'araignées sortaient de ses narines[3] pour s'accrocher à l'épaisse moustache grise, et ses paroles sifflotaient entre des incisives verdâtres[4] que l'arthrite avait allongées.

Il était encore robuste, mais souvent martyrisé par "les douleurs",[5] c'est-à-dire par un rhumatisme qui chauffait cruellement sa jambe droite; il soutenait[6] alors sa marche en s'appuyant[7] sur une canne[8] à poignée recourbée, et se livrait[9] aux travaux des champs à quatre pattes, ou assis sur un petit escabeau.[10]

Comme Philoxène, mais depuis plus longtemps, il avait sa part de gloire militaire. À la suite d'une violente querelle[11] de famille — et peut-être aussi, disait-on, à cause d'un chagrin d'amour[12] —, il s'était engagé[13] dans les zouaves, et il avait fait la dernière campagne d'Afrique, dans l'extrême Sud. Deux fois blessé, il en était revenu, vers 1882, avec une pension, et la médaille militaire, dont le glorieux ruban ornait son veston[14] des dimanches.

Il avait été beau jadis,[15] et ses yeux—restés noirs et profonds—avaient tourné la tête à bien des filles du village, et même d'ailleurs... Maintenant, on l'appelait le Papet.

Le Papet, d'ordinaire, c'est le grand-père: Or,[16] César Soubeyran ne s'était jamais marié, mais il devait ce titre au fait qu'il était le plus vieux survivant de la famille, en somme un pater familias,[17] détenteur[18] du nom et de l'autorité souveraine.

Il habitait la grande vieille maison des Soubeyran, au plus haut des Bastides, près de l'aire[19] éventée qui dominait le village.

1 thick and rough
2 streaked with
3 nostrils
4 greenish front teeth
5 pains
6 supported
7 leaning on
8 a walking stick with a curved handle
9 worked in the fields on his hands and knees
10 stool
11 family feud
12 unhappy love affair
13 he had joined
14 jacket
15 long ago
16 and yet
17 patriarch (Latin expression)
18 keeper of
19 windy area

C'était un mas[20] à longue façade, séparé de la route des collines par un terre-plein[21] que soutenait un mur de pierres bâties, et qu'on appelait "le jardin", parce qu'une bordure[22] de lavande conduisait[23] de la route à la porte. Les volets,[24] selon la tradition de la famille, étaient repeints en bleu clair chaque année. De plus, la réputation bourgeoise des Soubeyran était solidement établie sur le fait qu'au lieu de déjeuner dans la cuisine, comme tout le monde, ils avaient toujours pris leurs repas dans une pièce spéciale, la «salle à manger», où l'on pouvait admirer une petite cheminée citadine[25] qui ne tirait[26] pas très bien, mais qui était en marbre véritable.

Le Papet y vivait tout seul, avec une vieille servante sourde[27] et muette, et de plus têtue[28] comme un âne rouge: elle feignait[29] de n'avoir pas compris les ordres qui ne lui plaisaient pas, et n'en faisait qu'à sa tête.[30] Il la supportait[31] à cause de ses talents de cuisinière et de son grand courage au travail. Surtout, il n'y avait pas à craindre qu'elle écoutât aux portes, ni qu'elle fît des commérages.[32]

20 typical house in Provence
21 platform
22 border
23 led
24 shutters
25 city style
26 didn't draw very well
27 deaf and mute
28 as stubborn as a mule
29 pretended
30 and did things her own way
31 put up with her
32 gossip

a. Qu'est-ce que ce passage nous apprend sur le Papet (son âge, son physique, son état de santé, sa situation familiale)?

b. Qu'a-t-il fait dans sa jeunesse?

c. Qu'est-ce qui est mentionné sur ses amours? Pourquoi est-ce important de mentionner ces deux détails dès le début?

d. Comment sait-on que la maison du Papet est plus belle et plus riche que les autres?

e. Pourquoi le Papet apprécie-t-il le fait que sa servante soit sourde et muette? Est-ce un indice sur la personnalité du Papet?

L'extrait suivant se situe après la mort de Pique-Bouffigue. Le Papet et Ugolin vont sur ses terres pour boucher la source.

Ce 2ᵉ extrait est plus long et il est assez difficile. N'oubliez pas que vous connaissez déjà l'histoire, cela va vous aider à comprendre.

Ils montèrent aux Romarins en silence, sous le couvert des pinèdes.[33]

Le jour se levait, un peu hésitant, dans une aurore[34] sans couleur, dont le silence n'était troublé que par le "tchic" discret des grives.[35]

Le Papet alla se cacher en haut de la petite barre, juste au-dessus de la source, derrière un rocher touffu.[36] De là, il pouvait surveiller[37] le paysage et diriger le travail.

Ugolin coupa d'abord tous les rejetons[38] du figuier, puis s'attaqua aux racines[39] de la souche. Ce fut très long, car pour éviter le bruit, il ne lançait[40] pas le pic: il l'enfonçait,[41] en appuyant sur le manche[42] avec son pied, et s'en servait[43] ensuite comme d'un levier;[44] puis il évacuait[45] la terre ameublie[46] avec la truelle[47]… [*Description du travail d'Ugolin*]

Il suait[48] à grosses gouttes, non seulement à cause de ses efforts physiques, mais surtout parce qu'il craignait d'être surpris; le tas de déblais[49] aurait rempli[50] deux brouettes,[51] et il eût infailliblement[52] attiré l'attention d'un passant.[53] Bien sûr, il ne venait jamais personne dans ce

33 covered by the pines trees
34 dawn
35 thrushes
36 with thick vegetation
37 keep an eye on
38 shoots of the fig tree
39 the roots of the stump
40 he didn't throw the pick
41 he pushed it in
42 the handle
43 used it
44 a lever
45 removed
46 loosened
47 trowel
48 he was sweating profusely
49 dirt
50 would have filled
51 wheelbarrows
52 inevitably
53 a passer-by

vallon:[54] mais c'est justement dans ces moments-là qu'arrive le seul promeneur de l'année.

De temps à autre, la voix du Papet murmurait:

"Vas-y, Galinette…Il n'y a personne, mais dépêche-toi.

—J'en fais tant que[55] je peux. Mais c'est les racines. Il y en a toute une tignasse[56] autour des grosses."

À travers la boue,[57] qui étouffait[58] heureusement le bruit, il poussait et tirait la lame[59] du couteau-scie[60]…

Enfin, vers midi, après avoir rejeté[61] sur les déblais une dizaine de morceaux de racines, il tira sur la dernière carotte:[62] elle résista longuement; au fond[63] de ce trou, il ne pouvait pas utiliser toute sa force…Alors, il y attacha une corde,[64] consolida le nœud[65] avec du fil[66] de fer, remonta sur le bord,[67] et tira par grandes secousses.[68] À la troisième, la racine vint, et un jet d'eau encore invisible fusa[69] sous la boue, qui se mit à danser.

Ugolin s'affola:[70] si le petit puits[71] se remplissait[72] trop vite, comment pourrait-il trouver le trou[73] rond, pour y enfoncer[74] le bouchon? À voix basse, il appela: "Papet! Viens vite! L'eau va me gagner!"[75] Sans mot dire, le Papet descendit: mais avant qu'il ne fût arrivé, le niveau[76] cessa de monter. Ugolin vit un petit tourbillon[77] à mi-hauteur[78] contre la paroi[79] croulante du puits; c'était par là qu'elle s'en allait.

"Cocagne![80] dit le Papet. C'est la petite rigole[81] souterraine du vieux Camoins…L'eau doit sortir en bas, là où il y a les roseaux[82]…

—S'il passe quelqu'un, et qu'il voie cette inondation nous sommes foutus![83] gémit[84] Ugolin.

—Pleure pas, Galinette. Espère un peu: on va voir le trou…Il est dans la roche, juste devant toi!"

L'eau devenait plus claire, et ils distinguèrent[85] le jet. Ugolin, appuyant ses paumes[86] sur les bords du puits, se laissa descendre doucement.

"Ô Bonne Mère! Elle est glacée…Je sens plus mes pieds…"

Parce qu'elle avait débouché[87] la rigole souterraine, l'eau s'écoulait[88] maintenant plus vite qu'elle n'arrivait, et le niveau baissait lentement.

Il plongea son bras jusqu'au coude,[89] et dit:

"Ça y est…J'y suis…Je touche le trou. Je crois que la petite bonde[90] ira bien…C'était cette racine qui le bouchait…Il y en a encore un morceau dedans…"

Le Papet lui fit[91] passer le bouchon. Il fut forcé de s'accroupir[92] pour le pousser dans le trou.

"Oyayaïe! C'est terrible comme les fesses[93] c'est plus sensible[94] que les pieds. Mais ça va être difficile de frapper[95] sur le bouchon, à cause de l'eau…

—Tiens-le en place, dit le Papet. Elle va baisser. Mais d'abord, remplis la cruche,[96] que[97] je prépare le mortier."[98]

A bout de bras,[99] il la lui fit passer: Ugolin la lui rendit pleine.

Au bout[100] d'une minute, l'eau était descendue juste au-dessous du bouchon de bois, qui était entouré[101] d'une couronne de petits jets. Au troisième coup de marteau,[102] ils disparurent.

Le Papet gâchait[103] déjà le sable et le ciment avec du gravier. Ils tassèrent[104] ce béton au fond du trou, jusqu'au-dessus de la bonde.

"N'en mettons pas trop! dit Ugolin: Oublions pas que c'est moi qu'il faudra que je la débouche, cette source!"

Le Papet remonta sur la barre, pour reprendre sa faction.[105]

54 valley
55 as much as
56 clumps of roots
57 mud
58 muffled
59 the blade
60 serrated knife
61 thrown
62 *here*: blockage
63 at the bottom
64 a rope
65 the knot
66 wire
67 the edge
68 and gave it several strong tugs
69 gushed forth
70 panicked
71 well
72 filled
73 the round hole
74 to stick in the plug
75 is coming up too fast
76 level
77 eddy
78 half-way up
79 the crumbling side
80 *here*: wonderful!
81 underground channel
82 reeds
83 screwed
84 moaned
85 they could see the stream of water
86 palms
87 unplugged
88 flowed out
89 elbow
90 plug
91 gave him
92 to squat
93 the bottom
94 sensitive
95 to hit
96 fill the pitcher
97 so that
98 mortar
99 at arm's length
100 after
101 surrounded
102 hammer
103 was mixing
104 they packed this concrete down
105 to resume his watch

Cependant,[106] Ugolin rejetait les déblais dans le petit puits, couche[107] par couche, et il les tassait en dansant comme pour fouler[108] le raisin dans la tine. Soudain, la figure[109] du Papet se pencha[110] au bord de la barre, et chuchota.[111]

"Bouge plus! J'ai entendu du bruit…

—Où?

—Dans la maison…"

Ils écoutèrent: un long silence, puis quelque chose grinça[112] dans le grenier.

"C'est pas le fantôme de Pique-Bouffigue, dit Ugolin en riant. C'est les rats…J'en ai vu courir sur le toit, hier au soir. Ils sont gros comme des lapins."

Ils écoutèrent encore un moment. La façade était morte, tous volets fermés. Le silence était si profond qu'ils entendirent un appel de perdrix[113] qui venait d'aussi loin que le vent. Enfin le Papet chuchota:

"Tu peux y aller."

[*Description du travail des deux hommes: ils rebouchent le trou et cachent l'endroit pour ne pas attirer l'attention*]

Après avoir lié[114] en fagots[115] les racines du figuier puis les roseaux, ils rassemblèrent[116] les outils.[117]

"On va manger à la colline? demanda Ugolin.

—C'est pas la peine.[118] Allons chez toi. On fermera les volets,[119] et après, on fera la sieste!"

Ils redescendirent à Massacan: le Papet marchait en éclaireur,[120] devant Ugolin chargé des outils.[121]

Portes et fenêtres closes, ils mangèrent sous la lampe, longuement, et sans mot dire. Le fagot de racines se consumait[122] dans l'âtre.[123] De temps à autre, ils échangeaient des clins[124] d'yeux, et de petits éclats[125] de sourires, comme pour célébrer la réussite d'une bonne farce.[126]

106 meanwhile
107 layer
108 to press the grapes in the vat
109 the face
110 leaned over
111 whispered
112 hammer
113 partridges
114 tied up
115 bundles
116 gathered
117 tools
118 let's not bother
119 shutters
120 leading the way
121 tools
122 was burning
123 hearth
124 winks
125 and flashed each other a smile
126 prank

a. A quel moment de la journée les deux hommes commencent-ils le travail? Pourquoi?

b. Comment se partagent-ils le travail?

c. Quelles précautions Ugolin prend-il?

d. Pourquoi est-ce difficile de dégager la source?

e. Que craint Ugolin?

f. Pourquoi le puits ne se remplit-il pas vite, une fois la source dégagée? Qu'avait construit le vieux Camoins (le père de Pique-Bouffigue)?

g. Qu'entendent-ils venant de la maison? Savent-ils ce qui a réellement fait ce bruit?

h. Ont-ils la conscience tranquille? Comment le sait-on?

Manon des sources

Présentation du film

Dix ans ont passé depuis la mort de Jean de Florette. Manon a 18 ans et s'occupe de ses chèvres dans les collines. L'heure est arrivée de se venger contre le Papet, Ugolin et le village tout entier...

Carte d'identité du réalisateur

Claude Berri (1934-2009) est à la fois réalisateur, producteur et acteur. Il a commencé par de petits rôles au cinéma, puis a réalisé des courts-métrages. La consécration est venue comme réalisateur avec *Le vieil homme et l'enfant* en 1966. Depuis, il a reçu de nombreux prix, en particulier pour *Tchao Pantin* (1983) et avec des films de patrimoine : *Jean de Florette* et *Manon des sources* (1986), *Uranus* (1990), *Germinal* (1993), et *Lucie Aubrac* (1997). Il a aussi produit de grands succès, comme *Astérix et Obélix contre César* (1999). *La graine et le mulet* (2007) et *Bienvenue chez les Ch'tis* (2008).

Carte d'identité des acteurs

Daniel Auteuil et Yves Montand

Yves Montand (1921-1991) a commencé comme chanteur avec l'aide d'Edith Piaf. C'est *Le salaire de la peur* (1953) qui a lancé sa carrière au cinéma. Il a ensuite été remarqué dans *Let's make love* (1960) (où il avait Marilyn Monroe comme partenaire), *Z* (1969), *César et Rosalie* (1972), *Garçon!* (1983), et enfin *Jean de Florette* (1986) et *Manon des sources* (1986) qui ont couronné sa carrière.

Daniel Auteuil (né en 1950) a d'abord été un acteur comique. C'est *Jean de Florette* et *Manon des sources* qui l'ont fait changer de registre, et il est alors devenu très demandé par les plus grands réalisateurs. Polyvalent, il est aussi à l'aise dans la comédie dramatique (*Un cœur en hiver*, 1992, *Le Huitième jour*, 1996, *La fille sur le pont*, 1999), le drame historique (*La Reine Margot*, 1994, *Lucie Aubrac*, 1997, *La veuve de Saint-Pierre*, 2000), le drame (*L'adversaire*, 2002), la comédie (*Le placard*, 2001, *La doublure*, 2006) et le film policier (*36, quai des Orfèvres*, 2004, *MR73*, 2008). En étant grave, comique, subtil, poignant, pudique, et surtout humain, Auteuil est devenu incontournable. Il a été nommé 12 fois aux César et a remporté le prix d'interprétation en 87 pour *Jean de Florette* et en 2000 pour *La fille sur le pont*. En 2011 il est passé à la réalisation en adaptant *La fille du puisatier* de Pagnol.

Emmanuelle Béart (née en 1965) est aujourd'hui l'une des actrices les plus demandées. Sa beauté et son talent en ont fait une star internationale. Après *Manon des sources* (son premier succès), elle a tourné avec les plus grands réalisateurs : Rivette (*La belle noiseuse*, 1991, *Histoire de Marie et Julien*, 2003), Téchiné (*J'embrasse pas*, 1991, *Les égarés*, 2003, *Les témoins*, 2007), Chabrol (*L'enfer*, 1994) et Sautet qui lui a offert deux grands rôles dans *Un cœur en hiver* (1992) et *Nelly et M. Arnaud* (1995). Elle est aussi convaincante dans la comédie dramatique (*Les destinées sentimentales*, 2000), que dans la comédie (*La bûche*, 1999, *Un fil à la patte*, 2005), le policier (*8 femmes*, 2002) et le drame (*Ma compagne de nuit*, 2011).

L'heure de gloire

Manon des sources a reçu les mêmes récompenses que *Jean de Florette* avec, en plus, le César de la meilleure actrice dans un second rôle pour Emmanuelle Béart.

Paysage de Provence

PREPARATION

1 Vocabulaire

Vocabulaire utile avant de voir le film (revoyez aussi le vocabulaire de *Jean de Florette*):

Vous connaissez déjà certains des mots de la liste. Ils sont notés pour que vous les révisiez. Vous devez savoir ce vocabulaire par cœur, avec les genres pour les noms, les prépositions pour les verbes et les orthographes difficiles. Observez bien les exemples, ils vous aideront à vous exprimer correctement.

Les noms

un(e) berger (-ère): *a shepherd(ess)*
une chèvre: *a goat*
un(e) instituteur (-trice): *a school teacher*
un canif: *a pocket knife*
un piège: *a trap*
une grive: *a thrush*
un lièvre: *a hare*
un(e) villageois(e): *a villager*
le maire: *the mayor*
une fontaine: *a fountain*

le curé: *the priest*
une prière: *a prayer*
la cour de l'école: *the schoolyard*
la mariée: *the bride*
le marié: *the groom*
un chapelet: *a rosary*
un peigne: *a comb*
la vérité: *the truth*
une punition: *a punishment*

Fontaine: A l'origine, mot utilisé à l'église dans le sens d'"eau du baptême, et endroit où l'on baptise".
Curé : Du latin *cura*: soin, souci (voir l'anglais "to care").

Les verbes

rapporter (de l'argent): *to bring in (money)*
arroser: *to water*
mettre le feu à qqch: *to set fire to sth*
chasser: *to hunt*
couler (eau): *to run (water)**
rendre hommage à qq'un: *to pay homage to s.o.*
en vouloir à qq'un: *to bear s.o. a grudge***
coudre: *to sew*
aller à la messe: *to go to mass*
épouser qq'un: *to marry s.o.****
se marier avec qq'un: *to marry s.o.****

se suicider: *to commit suicide*
se pendre: *to hang o.s.*
révéler: *to reveal*
avoir honte de qqch: *to be ashamed of sth*
pardonner qqch à qq'un: *to forgive s.o. for sth*****

*Ex : L'eau de la fontaine ne coule plus.
**Ex: Manon en veut à Ugolin. Elle lui en veut.
***Faites attention à l'usage de ces verbes ! Ex : Yvonne a épousé Charles. Elle s'est mariée avec Charles (avec lui). Ils se sont mariés. Maintenant, ils sont mariés.
****Ex : Est-ce qu'elle leur a pardonné leur erreur ? Est-ce qu'elle la leur a pardonnée ?

Les adjectifs

cultivé(e): *educated*
humilié(e): *humiliated*

enceinte: *pregnant*
aveugle: *blind*

Traduisez!

1. The villagers would go to mass if the fountain stopped running.
2. If you reveal the truth I will never forgive you.
3. He was so ashamed and he had been so humiliated that he committed suicide.
4. The bride is an educated shepherdess and the groom is a schoolteacher.

Attention!
3e phrase: Quel temps allez-vous utiliser pour "had been"?
4e phrase: Comment allez-vous traduire "an" et "a" ? Pas de la même façon !

2 Repères culturels

1. Bernard est le nouvel instituteur. Quelles sont les fonctions d'un instituteur? Quelle est la différence avec un professeur?
2. Les villageois organisent une procession. Qu'est-ce que c'est? A quoi ça sert?
3. Dans *Manon des sources*, le village est divisé entre les croyants et les anticléricaux. Qu'est-ce que l'anticléricalisme?

Revoir aussi les recherches faites pour l'étude de *Jean de Florette*.

3 Le contexte

Souvenez-vous des recherches que vous avez faites pour *Jean de Florette*, afin de comprendre les années 1920. Vous allez maintenant lire le témoignage de quatre personnes qui se souviennent bien des années 1930:

> Cette lecture est longue mais elle n'est pas difficile. C'est un témoignage précieux offert par des gens très âgés qui ont souhaité partager leurs souvenirs avec vous.

- Robert Poignant, né en 1913 à Paris
- Pierre Legendre, né en 1915 à La Flèche (dans la Sarthe)
- Renée Bernis, née en 1920 à Saint Lary Jégun (dans le Gers)
- Jean Ménochet, né en 1921 à Chatillon en Vendelais (dans l'Ille et Vilaine)

Ces personnes ont confié leurs souvenirs en répondant aux questions suivantes:

1. Les jeunes faisaient-ils plus d'études dans les années 30 que dans les années 20?

Jean Ménochet: Je pense que oui. J'ai fait mes études secondaires à partir de 1933, mais cela restait encore très peu répandu pour ceux qui habitaient à la campagne car il fallait être interne, souvent loin de chez soi.

Renée Bernis: A 12½ ans j'ai quitté l'école primaire de Jégun après avoir obtenu le certificat d'études primaires pour aider mes parents à la terre. J'ai beaucoup pleuré lorsque j'ai quitté l'école. J'aurais voulu continuer mes études mais mes parents n'avaient pas les moyens de payer. J'étais fille unique et ils voulaient me garder pour travailler avec eux.

Pierre Legendre: Oui, petit à petit, il y avait davantage de jeunes faisant des études plus longues, mais les jeunes de la classe ouvrière quittaient l'école le plus tôt possible pour apporter un peu d'argent à la maison. Ils apprenaient des métiers de l'artisanat ou travaillaient dans les commerces, nombreux à cette époque.

Robert Poignant: En 1930 j'allais chaque jour par le train à Péronne, préparer le baccalauréat au collège. J'étais le seul adolescent de cette commune à continuer mes études secondaires. Je retrouvais dans le train deux autres camarades venant d'autres communes. Cela montre que la poursuite des études après le certificat était peu fréquente.

Sortie des élèves du lycée
Saint-Louis, Paris, 1934

2. Les maisons étaient-elles mieux équipées? (eau, électricité, appareils ménagers, etc.)

Renée Bernis: Les maisons à la campagne n'étaient pas équipées. Il n'y avait ni eau, ni électricité. C'était très dur. La cuisine se faisait sur une cuisinière qui chauffait au bois. Bien sûr en ville depuis les années 30 il y avait l'électricité et l'eau courante. La vie y était beaucoup plus agréable.

Jean Ménochet: Oui, surtout dans les villes, mais je n'ai connu l'électricité chez mes parents qu'en 1930. Avant cette date, la famille se plaçait autour de la table éclairée par une lampe à pétrole. La cheminée servait de chauffage et procurait l'eau chaude pour la toilette, la vaisselle, etc. La nourriture était conservée dans un garde-manger placé dans un endroit frais.

Robert Poignant: Il n'y avait pas d'eau courante dans les maisons. On s'alimentait en eau potable avec l'eau des puits à force de coups de manivelle pour remonter les seaux. Beaucoup de maisons, dont la nôtre, possédaient une citerne où l'on recueillait l'eau de pluie des toits.

Nous nous éclairions avec une lampe à pétrole, et pour gagner nos chambres nous utilisions les lampes Pigeon dont je possède plusieurs exemplaires comme antiquités. J'ai vu arriver l'électricité dans le village, donc à la maison, vers 1925. Quel progrès!

Pierre Legendre: Les progrès étaient très lents et les Français n'ont pas été égaux dans le confort avant les années 1960, la guerre 1939-45 ayant tout arrêté. Il est facile de se souvenir de l'éclairage, même pour un enfant. J'ai connu la lampe à pétrole: 1921-22, je suis précis, c'était pour apprendre mes premières leçons. J'allais me coucher à l'étage avec un bougeoir. Les parents ne se sont jamais inquiétés si nous allions provoquer un incendie. Puis est venu l'éclairage au gaz, c'était un progrès. Il était fixé au mur et en hauteur. Est venue ensuite l'électricité, la "fée électricité" pour l'éclairage mais pas le chauffage.

Les maisons bourgeoises étaient belles et en bon état mais difficiles à chauffer. Chez les ouvriers, seule la cuisinière était allumée, les chambres n'étaient pas chauffées. A la campagne, feu de cheminée dans une unique grande pièce.

A la Flèche, seul le centre-ville était pourvu d'installations souterraines amenant l'eau chez l'habitant. Toutes les maisons avaient un puits avec pompe. Est venue ensuite la borne-fontaine. Les gens du quartier se rencontraient et bavardaient à la fontaine. Nous allions aux toilettes au fond du jardin, dans le froid et la nuit, avec une lampe tempête. Horrible. Je n'ai vu les premières chasse d'eau qu'en 1936 à mon arrivée à la caserne Mortier à Paris et dans les hôpitaux.

3. La vie quotidienne était-elle différente d'une manière ou d'une autre? Vous rappelez-vous de quelque chose qui a changé ou facilité la vie dans les années 30?

Pierre Legendre: Les mentalités, le style de vie, étaient inchangés, les mêmes qu'en 1920. Il y avait des progrès discrets, invisibles, inconnus du peuple. Les journaux étaient totalement différents de nos médias. Les croyants respectaient et étaient toujours soumis à leur religion, sans remettre en question quoi que ce soit.

Jean Ménochet: Les bicyclettes se sont répandues et ont apporté un moyen idéal pour se déplacer. Mon père en a acheté une en 1934 pouvant changer 6 vitesses! Un luxe!!!

Renée Bernis: Les jeunes de 15 à 20 ans qui vivaient à la campagne ont été heureux lorsque l'électrification s'est répandue, ainsi que l'eau courante, donc possibilité de se moderniser. Puis, après les dures années de la guerre, l'arrivée des voitures. Ainsi nous pouvions aller au cinéma en ville et enfin sortir de nos campagnes.

Robert Poignant: Mon père avait une voiture automobile à deux places. Peu de gens en possédaient, peut-être le maire du village et le curé. Je n'en suis pas sûr.

4.   Où les gens allaient-ils pour sortir et se détendre? Quelle vie sociale avaient-ils?

Renée Bernis: Pour se distraire l'hiver les paysans se retrouvaient le soir pour jouer aux cartes, manger des gâteaux et quelquefois danser au son d'un accordéon. Au village il y avait de temps en temps des bals et des fêtes foraines.

Jean Ménochet: Dans ma famille, pas question de voyager. Les gens se contentaient de rendre visite aux parents et grands-parents. Les relations entre voisins étaient plus conviviales, et des jeux les réunissaient souvent (cartes, boules, dominos, palets et même... théâtre). Autrement nous allions nous promener en famille le dimanche après-midi.

Pour les habitants de la commune, chaque année avait lieu une fête populaire. Un manège de chevaux de bois s'installait sur la place. Une course en sacs était organisée pour les enfants, et pour les adultes aussi. Un stand de jeu de massacre avait également beaucoup de succès. La fête se terminait le soir par un bal populaire sur la place.

Robert Poignant: Mon père, comme le curé du village, était un passionné de radio. Il avait fabriqué un poste à galène, puis ensuite un poste avec des lampes et d'autres éléments dont j'ai oublié le nom. Le son "sortait" d'un pavillon où j'ai entendu pour la première fois ce poème d'Alfred de Vigny: "La mort du loup". Quelle émotion! Le diffuseur national venait de la Tour Eiffel.

Enfants, nous pratiquions des jeux pour beaucoup peu pratiqués aujourd'hui. La plupart des hommes allaient le dimanche au café pour faire des parties de cartes. Une troupe de théâtre itinérante venait périodiquement donner des représentations dans une salle du café principal. Il y avait aussi le rémouleur qui venait une fois par an sur la place du village rétamer casseroles, pots en métal, poêles. Son passage était annoncé aux divers coins du village par les tambours du garde-champêtre. Pour nous, les gosses, c'était un vrai spectacle.

Mes loisirs étaient la bicyclette, la natation (mais il n'existait pas de piscine, même à Péronne). Nous nagions dans l'étang. Je jouais aussi aux échecs avec quelques personnes du village et évidemment, je lisais beaucoup.

On allait en famille passer des soirées chez des amis. On faisait la veillée. On racontait les potins de la commune, on commentait les événements. On jouait aux cartes, aux dames. Les hommes fumaient. Les femmes, quelquefois, tricotaient devant une bonne flambée dans la cheminée. On buvait une boisson chaude.

Pierre Legendre: Dans nos régions la bourgeoisie recevait pour le thé. D'autre part, c'était les concerts, les conférences, la messe du dimanche, les bals de société. Pour les classes moyennes, des salles de fêtes convenables pour des bals bien tenus. Pour les paysans, les assemblées de village, à dates régulières chaque année, créées depuis plusieurs siècles. Il faut ajouter les veillées d'hiver, plusieurs fois par semaine, de maison en maison, avec la famille, les voisins, les amis, avant la messe de minuit, à la St-Sylvestre, pour la dégustation de la galette des rois, la chandeleur (2 février) avec crêpes et beignets.

Je vais avoir de la difficulté à vous convaincre que la vie, dans les lieux publics, les magasins, sur les trottoirs, dans la rue, les jardins, était animée.

Les circonstances pour se distraire et s'amuser étaient:

- Le phonographe
- Le cinéma muet: un film par semaine le samedi soir, dimanche après-midi et soir.
- Le cinéma parlant: il était au point en 1930. J'en ai bien profité de 1930 à 1936 et pendant mon service militaire, quelquefois plusieurs fois par semaine.
- Bal: samedi soir, dimanche après-midi et soir.
- Des conférences intéressantes: monuments historiques, modes de vie et paysages africains, vie des esquimaux, etc.
- Beaucoup de théâtre: des troupes professionnelles et beaucoup d'amateurs
- Les cavalcades, défilés de chars, fête des fleurs, fête des reines, fêtes de quartiers
- Dans les cafés: jeux de cartes, billard, dominos
- Les grands cirques: bourgeois, ouvriers, tous allaient au cirque.

5.   Comment les gens sortaient-ils de leur village?

Pierre Legendre: L'état des routes était mauvais jusque vers 1930. Elles étaient faites de sable et de cailloux, étaient poussiéreuses, et ne restaient pas correctes très longtemps. Les riches se promenaient avec leur automobile, les paysans avec leurs chevaux et leur carriole. J'ai acheté ma bicyclette 450 francs en 1931. Prendre le train était une véritable expédition. Sont venus rapidement les autocars pour les excursions.

6.   Quel impact la crise de 29 a-t-elle eu? Les gens autour de vous en parlaient-ils? Ont-ils été affectés?

Jean Ménochet: Je n'ai pas de souvenir particulier de cette crise de 1929. Je pense que peu de gens en campagne en ont été affectés.

Robert Poignant: L'impact de la crise de 1929 ne se faisait guère sentir à la campagne car les activités se concentraient autour des travaux agricoles. J'ai personnellement été victime du chômage pendant un an après avoir obtenu mon baccalauréat. Je voulais devenir instituteur comme mon père mais il n'y avait pas de places disponibles.

Pierre Legendre: A douze ans environ je lisais le journal quotidiennement, comme un adulte. Trop jeune pour remarquer l'amorce de ce désastre, je n'ai pas été marqué par cette nouvelle. L'Amérique était à dix jours de paquebot, elle nous paraissait très lointaine.

7.   Quel impact les congés payés ont-ils eu? Votre famille partait-elle en vacances avant 1936? Partiez-vous en vacances après 36?

Renée Bernis: Non, mes parents ne partaient pas en congé. Moi j'allais

Salle de cinéma "Belleville-Pathé", Paris, 1931-32

Tandem avec petite remorque,
Les Sables-d'Olonne (Vendée), 1937

un peu l'été à Bayonne ou à Bordeaux parce qu'il y avait de la famille. Les congés payés votés en 36, quelle bonne chose! Bien sûr les ouvriers qui travaillaient dans les usines partaient en vacances.

Pierre Legendre: Dès 1930, j'avais cinq jours de vacances par an. Mineur, il n'était pas question de partir seul en voyage. A la maison je faisais du jardinage ou de la peinture sur une porte ou un mur. C'était normal et tout naturel. En 1936 je suis entré en caserne pour être libéré en 1938. Rappelé aux armées en mars 1939, je n'ai pas bénéficié de congés payés. Démobilisé en septembre 1940, pas de congés avant 1946.

Robert Poignant: Les congés payés concernaient principalement les employés et les ouvriers d'usine, en ville. A la campagne on n'en sentait pas tellement les effets, sauf dans les quelques usines qui pouvaient exister, comme la caoutchouterie de Roisel.

Jean Ménochet: Les congés payés en 1936 ont apporté un énorme changement de vie. Je me souviens de trains entiers de Parisiens qui venaient découvrir la mer. A la maison mes parents recevaient mes oncles et tantes qui vivaient à Paris et étaient ravis de ces vacances. En 1936 ma famille et moi habitions au bord de la mer. Nous ne partions pas ailleurs.

8.   A quel point la vie quotidienne était-elle différente en ville et à la campagne?

Jean Ménochet: A la campagne les gens commençaient à avoir un équipement acceptable, à savoir eau courante et électricité à la cuisine… mais toujours pas de salle de bains! Les femmes étaient presque toujours habillées en noir.

En ville, quelques habitants seulement avaient un poste de TSF. Quelques autres (dans les cafés surtout) avaient un téléphone mural. Les femmes portaient des robes colorées. Et la nourriture était déjà bien plus variée en ville qu'à la campagne.

Robert Poignant: La vie quotidienne, à la campagne, était rythmée par les activités agricoles et les petits commerces. En ville, c'était différent. Les loisirs étaient offerts, notamment le cinéma, le théâtre, les activités sportives avec les clubs de football, de gymnastique, les bibliothèques, les moyens de transport variés, tout au moins dans les villes les plus importantes comme Amiens et Abbeville. Le chemin de fer permettait de se rendre à la mer aux beaux jours. Il y avait déjà des colonies de vacances d'été où les enfants d'âge scolaire pouvaient passer un mois avec l'aide financière d'associations pour les familles disposant de revenus modestes. Il y avait des conservatoires ou écoles de musique.

9.   La messe du dimanche était-elle importante?

Pierre Legendre: Manquer la messe = faute grave = péché mortel = enfer! Un pratiquant régulier ne se posait pas de question, il fallait aller à la messe. Si une famille voyageait le dimanche, elle cherchait à "attraper" une messe (c'était le terme employé) en traversant une ville ou un village. Si ce n'était pas possible, sa conscience n'était pas en paix jusqu'à la confession suivante.

10. Qu'est-ce que les jeunes de 15-20 ans espéraient? De quoi rêvaient-ils?

Pierre Legendre: Une certitude: pas d'inquiétude, pas d'angoisse pour l'avenir d'un jeune. Les couches de la société restaient très cloisonnées, il n'y avait pas la course au diplôme que nous connaissons aujourd'hui.

Les enfants de parents de professions libérales suivaient leurs traces s'ils en étaient capables. Sinon, les parents les aidaient à faire autre chose, à acheter un commerce, à prendre un portefeuille d'agent d'assurance, etc. Les fils d'artisan faisaient souvent la même chose que leur père, ils avaient l'espoir d'hériter de la boutique. Certains, bien sûr, ont étudié dans les grandes écoles. Toute la ville le savait, c'était un événement. Pour les filles, avec le certificat d'études primaires, le brevet, on pouvait être employée de bureau. Chez les employés et ouvriers, des parents sérieux, économes, voulaient avoir des enfants "mieux qu'eux" et ils arrivaient à les faire étudier mais c'était très dur pour le budget. Ils étaient instituteurs, ou dans les P et T (Postes et Télécommunications), employés au service des impôts, dans les banques, et toujours formés sur leur lieu de travail. Beaucoup d'orphelins de guerre ont réussi dans ces métiers.

Robert Poignant: Ils rêvaient des filles, évidemment, pensaient à trouver un emploi, faisaient du sport, envisageaient avec un enthousiasme modéré le service militaire obligatoire qui les éloignait de leurs amis et amies, de leurs parents, de leurs loisirs.

Jean Ménochet: A cette époque, les jeunes pensaient aussi à leur avenir, mais ayant fait moins d'études, ils ne rêvaient pas à de grandes situations. Beaucoup travaillaient avec les parents et pensaient prendre la suite. En fait, on vivait tout simplement. Aucun ne pensait alors à une future guerre!

4 Bande-annonce

Faites une recherche sur Google.FR en tapant " Manon des sources bande-annonce vf ".

1. Par quoi la bande-annonce commence-t-elle ? Quel est le ton au début ?
2. Quels sont les sentiments d'Ugolin pour Manon ?
3. Le Papet est-il d'accord avec Ugolin quand celui-ci dit qu'elle ne ressemble à personne ?
4. Quel problème les villageois ont-ils avec leur fontaine ? Qui les observe de loin ?
5. Qui Manon observe-t-elle aussi ? A quoi cette scène vous fait-elle penser ?
6. Que fait le Papet ? Que comprenez-vous ?

5 A savoir avant de visionner le film

- Durée: 2h00
- Genre: Drame
- Public: PG
- Note: Les événements se succèdent plus rapidement dans *Manon des sources* que dans *Jean de Florette*, mais ce n'est pas un film d'action! Pour apprécier le film à sa juste valeur il faut non seulement écouter les dialogues mais aussi bien observer le jeu des acteurs, les paysages, les couleurs, et faire attention à la bande-son (musique et bruits de fond).

Grotte du Plantier ou "Grotte de Manon". Pagnol, puis Berri y ont tourné les scènes de la grotte.

PREMIERE APPROCHE

1   L'histoire

Le but de cette activité est double:
• Vérifier que vous avez bien compris l'histoire
• Vous préparer à la discussion en classe
Répondez à chaque question en une ou deux phrases. Utilisez le vocabulaire que vous avez appris.

Les personnages

César Soubeyran = le Papet
(Yves Montand)

Ugolin
(Daniel Auteuil)

Manon
(Emmanuelle Béart)

Bernard = l'instituteur
(Hippolyte Girardot)

Aimée
(Elisabeth Depardieu)

7. **Manon**
   • Décrivez les activités de Manon.
   • Que pensez-vous de l'amour d'Ugolin? En quoi est-il différent de l'amour de l'instituteur?
   • Que dit le Papet sur Manon après l'avoir vue? A qui ressemble-t-elle?
   • Pourquoi Manon met-elle le feu aux œillets d'Ugolin? Réussit-elle? Que se passe-t-il?
   • Pourquoi Manon assiste-t-elle à la messe? Est-ce dans son habitude? Quelles réactions provoque-t-elle?
   • Qu'est-ce que Manon et l'instituteur partagent?
   • Que fait le Papet le jour du mariage de Manon? Que se passe-t-il quand il la voit en mariée?

8. **Le village**
   • En quoi l'instituteur est-il différent des gens du village?
   • Qu'est-ce que Manon apprend dans la colline sur la responsabilité des villageois? Comment réagit-elle?
   • Quelle est la réaction des villageois quand l'eau ne coule plus?
   • De quoi le curé parle-t-il pendant la messe ?

9. **La source**
   • Comment Manon découvre-t-elle l'origine de la source du village? Que fait-elle alors?
   • Que fait Ugolin pour arroser ses œillets?
   • Qui vient pour les aider? Est-ce que ça marche? Pourquoi? Comment les villageois se comportent-ils?

   > **A savoir**
   >
   > Pour les besoins du film, 15.000 pieds d'œillets ont été commandés à un horticulteur, et ont été replantés.

   • Que croient les villageois quand l'eau revient?

10. **Drames et révélations**
    • Que se passe-t-il dans la cour de l'école?
    • Pourquoi Ugolin se suicide-t-il? Qu'est-ce qui l'a tué?
    • Qu'est-ce que Delphine nous apprend?
    • Pourquoi Delphine n'a-t-elle rien dit plus tôt?
    • Pourquoi le Papet sait-il qu'il va mourir? De quoi meurt-il?
    • Quels sont les deux objets que le Papet a en main sur son lit de mort?

2 Analyse d'une photo

1. Où et à quel moment cette scène se passe-t-elle?
2. Que propose l'instituteur?
3. Le Papet et Ugolin ont-ils l'air intéressé? Pourquoi?
4. Comment les trois personnages sont-ils habillés? Est-ce que ce sont leurs vêtements habituels?

3 Analyse de citations

Analysez les citations suivantes en les replaçant dans leur contexte:

1. Un villageois (au début): "Et les morts, ça rapporte les morts?" Ugolin: "C'est pas mal les morts, c'est pas mauvais, ça rapporte bien."

2. Ugolin: "Tu ne crois pas que ça ferait un mélange terrible tout le regret du mal que je t'ai fait, et tout le plaisir du bien que je veux te faire?"

3. Le Papet (en parlant de la source de Jean): "Faites bien attention. Si vous saviez qu'il y en avait une, et que vous ne l'avez pas dit au bossu, alors c'est vous qui êtes responsables de sa mort."

APPROFONDISSEMENT

1 Vocabulaire

Enrichissez votre vocabulaire!

Le but de cette deuxième liste est d'élargir votre champ lexical. Ce vocabulaire ciblé sur des thèmes du film va vous permettre d'enrichir votre style.

La religion

religieux(euse): *religious*
croire en Dieu: *to believe in God*
le christianisme:
    un(e) chrétien(ne): *a Christian**
    un(e) catholique: *a Catholic**
    un(e) protestant(e): *a Protestant**
le judaïsme:
    un(e) juif(-ve): *a Jew**
    juif (-ve): *Jewish**
    hébreu (fém.: hébraïque): *Hebrew**
l'Islam:
    un(e) musulman(e): *a Muslim**
    le Coran: *Koran*
les religieux:
    un prêtre: *a priest*
    un moine: *a monk*
    une religieuse: *a nun*
    le pape: *the pope*
les lieux de culte:
    un temple: *a temple*
    une église: *a church*
    une cathédrale: *a cathedral****
    un couvent: *a convent*
le service religieux:
    aller à l'église: *to go to church*
    prier: *to pray*
    communier: *to receive communion*

le paradis: *paradise*
le Ciel: *Heaven*
l'Enfer: *Hell*

la Pâque juive: *Passover***
le Nouvel An juif: *Rosh Hashana*

la Mecque: *Mecca*

un pasteur: *a minister*
un rabbin: *a rabbi*
un imam : *an imam*
un(e) intégriste: *a fundamentalist*
une abbaye: *an abbey*****
une synagogue: *a synagogue*
une mosquée: *a mosque*

l'autel: *the altar*
la croix: *the cross*

Chapelle des Pénitants, Les Baux de Provence

*Remarquez que ces mots ne prennent pas de majuscule en français.
**Ne pas confondre Pâques (Easter) et la Pâque juive !
***Prononciation: [catédral]
****Prononciation: [a-bay-i]

La vengeance

se venger: *to have one's revenge**
venger qq'un: *to avenge s.o.**
un crime qui crie vengeance: *a crime that cries for vengeance*
prendre sa revanche sur qq'un: *to get even with s.o.***
les représailles: *retaliation*

en représailles de qqch: *as a reprisal for sth*
rendre la pareille à qq'un: *to give s.o. tit for tat*
régler son compte à qq'un: *to settle s.o.'s hash*

*Ex : Elle s'est vengée. Elle a vengé son père.
**Ex: Manon prend sa revanche sur les villageois en bouchant leur source.

Mise en pratique du vocabulaire:

Ecrivez 5 phrases dans lesquelles vous utilisez au moins 10 mots de la liste ci-dessus.

2 Réflexion - Essais

Ces questions vont vous permettre d'approfondir l'étude du film. Ecrivez un paragraphe pour chacune, en utilisant le vocabulaire du chapitre et en soignant votre expression (vérifiez votre orthographe et votre grammaire). En faisant ce travail, vous vous préparez à la prochaine composition.

1. Comment Manon fait-elle son entrée dans le film? Où se trouve-t-elle? Voit-on tout de suite son visage?

2. Quels sont les changements auxquels on assiste pendant le film dans la personnalité d'Ugolin?

3. Finalement, comment Manon se venge-t-elle d'Ugolin, du Papet, et des villageois?

4. A votre avis, pourquoi Manon n'a-t-elle pas dénoncé le Papet et Ugolin plus tôt?

5. Après les révélations de la fin, que pensez-vous du Papet? Votre opinion a-t-elle changé?

6. Que pensez-vous de la punition que le Papet reçoit à la fin du film? Est-elle juste, ou la trouvez-vous trop cruelle? Trouvez-vous que justice est faite? Etes-vous pleinement satisfait?

7. Trouvez-vous que c'est une bonne idée de sa part d'écrire la lettre à Manon et de tout lui révéler, ou pensez-vous qu'il aurait mieux valu ne rien dire, et son secret serait mort avec lui?

8. A votre avis, comment Manon va-t-elle réagir en recevant la lettre? Que va-t-elle faire? Pensez-vous qu'elle va pardonner? Que va-t-elle faire de la fortune dont elle hérite?

9. Le maire, le curé et l'instituteur sont des figures importantes dans le village. Pourquoi?

10. Quelle place la religion a-t-elle dans *Manon des sources*? Quel rôle joue-t-elle?

11. Montrez comment l'eau est associée à la vie dans *Manon des sources*.

12. Imaginez que le Papet ait reçu la lettre de Florette en Afrique. A votre avis, qu'aurait-il fait? En quoi sa vie aurait-elle été différente?

3 Analyse d'une scène: la cour de l'école (1:09:34 à 1:12:15)

Vocabulaire spécifique à cette scène

se retourner contre qq'un *(to turn against s.o.)* • rendre un service à qq'un *(to do s.o. a favor)* • prendre la parole *(ici: to speak)* • tutoyer *(to address s.o. as "tu")* • vouvoyer *(to address s.o. as "vous")* • un procureur *(a prosecutor)* • un avocat *(a lawyer)* • un témoin *(a witness)*

A. **Ecoutez**

1. Qu'est-ce que l'instituteur demande? Qu'est-ce qu'il pense?

2. Cette question met-elle tout le monde à l'aise?

3. Comment les villageois commencent-ils à se retourner contre le Papet et Ugolin ?

4. Qu'est-ce qu'Anglade (le villageois âgé) demande à Manon de faire ? Pourquoi lui demande-t-il de rendre ce service ?

5. Accepte-t-elle ? Pourquoi ?

6. Qu'est-ce qui provoque la colère de Manon ? Est-ce la demande d'Anglade ?

7. Qu'est-ce qu'on entend quand Ugolin prend la parole ?

8. Qu'est-ce que Manon révèle?

9. Qui tutoie Manon ? Qui la vouvoie ? Est-ce que cela vous surprend ?

10. Le Papet se défend-il bien?

11. Que pensez-vous de l'attitude d'Ugolin ?

B. Observez

1. Qui l'instituteur a-t-il invité ? Y a-t-il des hommes et des femmes ? Pourquoi ? La présence de Manon est-elle surprenante ?

2. Qu'est-ce qu'il y a sur les tables ?

3. L'instituteur est-il habillé comme les autres hommes?

4. Où les acteurs sont-ils placés ? Sont-ils tous du même côté des tables ? Qui est séparé ?

5. Quel personnage est au centre ? Pourquoi lui ?

6. Où Manon se trouve-t-elle au début ? Fait-elle vraiment partie de la scène ?

7. Qui l'instituteur regarde-t-il en face quand il parle du crime ?

8. Regardez bien les visages du Papet et d'Ugolin quand l'instituteur dit que " le discours s'adressait à quelqu'un ". Ont-ils la même réaction ?

9. Comment Manon réagit-elle quand Anglade dit " Si tu veux, tu peux nous rendre l'eau ". Que doit-elle penser à ce moment-là ? Montre-t-elle ses émotions ?

10. Comment Manon accuse-t-elle le Papet et Ugolin? Les nomme-t-elle? Pourquoi?

11. Qu'est-ce que le visage de Manon exprimait au début de la scène ? Et à la fin, en quoi a-t-il changé ?

12. Peut-on dire que c'est une scène de jugement ? Qui sont les accusés ? Qui est le juge ? Qui est le procureur ? Qui est l'avocat ? Qui sont les témoins ?

C. Cette scène dans l'histoire

1. Cette scène est-elle importante pour les spectateurs ? Apprend-on des choses que l'on ne savait pas déjà ?

2. Pourquoi est-ce une scène-clé pour
   a. le Papet et Ugolin ?
   b. Manon ?
   c. l'instituteur ?
   d. les villageois ?

A savoir

Yves Montand était en train de filmer cette scène quand il a appris le décès de sa femme, Simone Signoret. Il est parti trois jours, est revenu, et a repris le tournage...

D. **Langue**

1. **Pronoms**

   Dans cette scène les acteurs utilisent de nombreux pronoms personnels pour s'exprimer. Remplissez les blancs avec des pronoms directs, indirects, toniques, y ou en.

   Ex : Le Papet pense à Florette et affirme que Manon _____ ressemble.

   Le Papet pense à Florette et affirme que Manon <u>lui</u> ressemble.

   a. Le curé sait la vérité mais il ne peut pas _____ parler.

   b. Les villageois sont intéressés par l'histoire de Manon, alors ils _____ écoutent.

   c. Quand ils sont arrivés au village il _____ a semblé que les gens n'étaient pas accueillants.

   d. L'instituteur ne sait pas la vérité mais Manon, _____, la sait.

   e. Combien y a-t-il de sources sur cette terre ? Il y _____ a deux.

   f. Ugolin veut savoir ce que Manon _____ reproche.

   g. Anglade pense que Manon peut rendre l'eau aux gens, alors il lui demande de prier pour _____.

   h. Comme le Papet et Ugolin ont volé l'eau de Jean, Dieu _____ a punis.

   i. Manon ne savait pas où la source se trouvait, elle _____ a découverte en perdant une chèvre.

   j. Quand Delphine a parlé au Papet, elle _____ a dit la vérité.

   k. Le curé ne parle pas du crime clairement mais il _____ fait allusion.

   l. Vous avez vu *Manon des sources*. Qu'est-ce que vous _____ pensez ?

2. **Verbes suivis de à/de**

   Dans les dialogues on remarque plusieurs verbes et expressions verbales suivis de à/de :

   avoir l'air de • penser de • parler de • reprocher à • s'adresser à • faire allusion à • parler à

   Remplissez les blancs en conjuguant un de ces verbes (attention aux articles contractés !) :

   Ex : Les paroles du curé _____ criminels.

   Les paroles du curé <u>s'adressent aux</u> criminels.

   a. Qu'est-ce que vous _____ cette actrice ?

   b. Ugolin _____ Manon pour lui dire son amour.

   c. Manon _____ villageois de ne pas avoir aidé son père.

   d. L'instituteur _____ rêve qu'il a fait.

   e. Manon _____ être innocente.

   f. Les villageois savent que le curé _____ Soubeyran.

3. **Hypothèses**

Formulez des hypothèses sur l'histoire en conjuguant les verbes suivants. Faites bien attention à la concordance des temps !

Ex : Si Ugolin a l'air riche, il _____ (séduire) peut-être Manon.
    Si Ugolin a l'air riche, il <u>séduira</u> peut-être Manon.

a. Si Manon _____ (aller) à la procession, l'eau reviendra.

b. Si quelqu'un était coupable, nous le _____ (savoir).

c. Si le Papet et Ugolin n'avaient pas bouché la source, Jean _____ (pouvoir) réussir.

d. Si tu _____ (vouloir), tu peux nous aider.

e. Si Manon rencontre l'instituteur dans la colline, elle n'_____ (avoir) pas peur.

f. Si le Papet _____ (recevoir) la lettre, il aurait épousé Florette.

g. Si Jean avait de l'eau, ses légumes _____ (pousser) sans problème.

h. Si Ugolin _____ (se marier), la fortune des Soubeyran restera intacte.

i. Si l'eau ne revient pas demain, il _____ (falloir) aller en chercher avec le mulet.

j. Si Manon n'avait pas perdu sa chèvre, elle _____ (ne pas découvrir) la grotte.

E. **Comparaison avec d'autre scènes**

Comparez cette scène avec:

1. Une scène de *Jean de Florette* : les hommes au café (de 19 mn 13 sec à 21 mn 42 sec après le début)

   a. Quels sont les personnages en commun dans les deux scènes ? Lesquels sont différents ?

   b. Quelle attitude le Papet a-t-il dans les deux scènes ? Est-il à l'aise ?

   c. Peut-on dire que la scène de *Manon des sources* répond à celle de *Jean de Florette* ?

2. Les révélations de Delphine (de 1h 36 mn 05 sec à 1h 41 mn 39 sec après le début)

   a. Qu'est-ce que le Papet apprend dans chaque scène ? Par qui les révélations arrivent-elles ?

   b. Dans quel contexte les personnages se trouvent-ils ? Pensez aux lieux, à l'heure du jour, aux témoins.

   c. Quel est le ton général de chaque scène ?

F. **Sketch**

Imaginez que cette scène se soit déroulée autrement. Voici quelques pistes pour changer le scénario :

• Le Papet avoue tout devant tout le monde et demande à Manon de lui pardonner

• Certains villageois prennent le parti du Papet, d'autres défendent Manon

• Un des personnages fait une révélation inconnue de tous (et des spectateurs)

Ecrivez le dialogue et jouez-le avec vos camarades.

LE COIN DU CINEPHILE

1 Première / dernière scène

Comparez la première et la dernière scène. Quels lieux sont présentés au tout début? Etaient-ils les mêmes au début de *Jean de Florette*? Pourquoi a-t-on un gros plan de la fontaine du village? Manon apparaît-elle dans la première scène? Pourquoi? A quel moment de la journée le film se termine-t-il? Pourquoi? Qu'est-ce qui a changé entre le début et la fin du film?

2 Sous-titres

Voici un extrait de la lettre qu'Ugolin laisse au Papet. Comparez le texte français et les sous-titres en anglais, puis répondez aux questions:

1	Papet, je m'en vais parce que j'en peux plus.	*Papet, I'm leaving because I can't go on.*
2	C'est pas pour les œillets, tant pis s'ils crèvent. C'est à cause de mon amour.	*It's not the carnations. It's because of my love.*
3	J'ai compris qu'elle ne me voudra jamais.	*I realize she'll never want me.*
4	Je m'en doutais parce que mon ruban d'amour m'a fait un abcès qui me brûle.	*I suspected it because her ribbon burned my flesh.*
5	Et puis quand je lui ai dit devant tout le monde que je veux la marier, tout lui donner, elle m'a craché dessus en paroles.	*And when I told her in public I want to marry her, she spat at me in a fury.*
6	En plus, elle s'est réfugiée vers l'instituteur.	*What's more, she fled towards the teacher.*

a. 1ère réplique: La phrase française est-elle correcte? Que manque-t-il? Cette erreur existe-t-elle dans la phrase en anglais? Pourquoi?

b. 2ème réplique: "tant pis s'ils crèvent" n'est pas traduit. Cette omission est-elle gênante pour la bonne compréhension des sentiments d'Ugolin?

c. 4ème réplique: Les mots "her ribbon" rendent-ils avec exactitude "mon ruban d'amour"?

d. 5ème réplique: La phrase "je veux la marier" est-elle correcte? Que doit-on dire? Retrouve-t-on cette erreur en anglais? Pourquoi?

e. 5ème réplique: "tout lui donner" n'est pas traduit. Est-ce dommage?

f. 5ème réplique: Les phrases "elle m'a craché dessus en paroles" et "she spat at me in a fury" ont-elles le même sens?

g. 6ème réplique: Les verbes "se réfugier" et "to flee" ont-ils le même sens? L'un est-il plus profond que l'autre?

Films de patrimoine

Jean de Florette (1986)
Manon des sources (1986)
Camille Claudel (1988)
Cyrano de Bergerac (1990)
Uranus (1990)
Madame Bovary (1991)
Tous les matins du monde (1991)
Indochine (1992)
Germinal (1993)
Le colonel Chabert (1994)
La reine Margot (1994)
Le hussard sur le toit (1995)
Ridicule (1996)
Le bossu (1997)

3 Le film de patrimoine

Les années 80 et 90 ont vu apparaître en France (et dans d'autres pays européens) un nouveau type de film, le film de patrimoine (appelé "heritage film" en Angleterre). Ces films font penser à la "tradition de qualité" des années 40 et 50. On a d'ailleurs parlé de "nouvelle qualité française" en faisant référence aux films de patrimoine.

Les années 80 ont été marquées, au début, par l'élection de François Mitterrand. C'était la première fois depuis la guerre que la France avait un président socialiste. Cette victoire de la gauche faisait penser au gouvernement de Front Populaire des années 30, et a entraîné enthousiasme et nostalgie. Mitterrand et son ministre de la culture, Jack Lang, ont décidé d'encourager et de soutenir financièrement un cinéma populaire de qualité. Leur but était à la fois de faire revenir les gens dans les salles, de rivaliser avec Hollywood, d'augmenter la part de films français sur le marché (le film de patrimoine doit être exportable), de renforcer la fierté nationale et d'éduquer les spectateurs. Il fallait que les films soient facilement reconnus comme étant très français. Les films de patrimoine se basent donc sur des œuvres littéraires, des périodes de l'histoire, des héros, des lieux. Ils mettent en valeur de grandes stars, et bénéficient de très gros budgets. Les décors et les costumes sont soignés, la reconstitution est minutieuse et se veut authentique.

Les films de patrimoine ne sont pas toujours bien vus par la critique, et pourtant beaucoup sont de gros succès en France et à l'étranger. À votre avis, pourquoi les spectateurs aiment-ils tant les films de patrimoine?

AFFINEZ VOTRE ESPRIT CRITIQUE

1 Titre

Comparez le titre français à sa traduction en anglais. Pourquoi "sources" est-il au pluriel et "spring" au singulier? Le mot "source" n'a qu'un sens en français. Est-ce le cas du mot "spring" en anglais? Le titre anglais peut-il prêter à confusion?

2 Comparaison d'affiches

Vous allez comparer l'affiche réalisée pour le *Manon des sources* tourné en 1952 par Pagnol, et celle du film de Berri. Pour trouver les affiches, allez sur www.affichescinema.com, cliquez sur "Voir la collection", puis sur "M", puis sur "Manon des sources 3". Vous allez comparer les deux premières affiches. Vous pouvez les agrandir et les imprimer pour faciliter votre travail.[1]

---

1.   Vous remarquerez que les affiches ne sont pas de très bonne qualité, surtout si vous les agrandissez. C'est la seule solution qu'ont les sites internet qui hébergent des photos et des affiches de films. La loi les autorise à le faire si les photos sont de basse résolution.

1. Quelles couleurs dominent dans chaque affiche?
2. Quels lieux et quels personnages voit-on?
3. Comment chaque affiche est-elle structurée? Remarquez-vous des lignes, des formes?
4. Quelle est l'humeur générale des affiches? A-t-on la même impression en les regardant? Peut-on deviner qu'il s'agit du même film?

3 Les critiques

1. Dans *Le Monde* du 20 novembre 1986, Danièle Heymann parle de Daniel Auteuil et dit que "son Ugolin (...) entre (...) dans la grande galerie universelle des coupables innocents". Qu'est-ce qu'elle veut dire? Comment peut-on être un "coupable innocent"?

2. Etes-vous d'accord avec Joël Magny, quand il affirme (*Les Cahiers du Cinéma*, janvier 1987) que "les meilleures scènes du film de Berri" sont "celles qui reposent sur le texte". Pouvez-vous donner des exemples de très bonnes scènes dans lesquelles les paroles, le récit, les dialogues sont importants? Réfléchissez à d'autres scènes sans paroles. Qu'en pensez-vous?

POUR ALLER PLUS LOIN

1 Parallèles avec d'autres films

1. **Littérature:** *Jean de Florette*, *Manon des sources* et *Le hussard sur le toit* sont des adaptations d'œuvres littéraires. A votre avis, les réalisateurs ont-ils rencontré les mêmes difficultés? Quels choix ont-ils dû faire?

2. **Daniel Auteuil:** Comparez ses rôles dans *Jean de Florette* et *Manon des sources* (Ugolin, un paysan provençal au début du siècle) et *La veuve de Saint-Pierre* (Jean, un capitaine de l'Armée à Saint-Pierre et Miquelon en 1850). Le trouvez-vous bien choisi pour ces rôles extrêmement différents? Ces deux rôles étaient-ils de difficulté égale? Justifiez votre point de vue.

3   Lectures

L'extrait suivant est tiré du *Château de ma mère*. Dans ce roman, Marcel Pagnol raconte ses souvenirs d'enfance, en particulier ses vacances dans les collines provençales. Il s'est lié d'amitié avec Lili, un petit paysan de son âge qui connaît très bien les lieux. Dans cet extrait, Marcel et Lili font un pique-nique dans les collines avec le père et l'Oncle (Jules) de Marcel.

Mon père dit:

—Ce qui manque le plus dans ce pays, ce sont les sources… A part le Puits du Mûrier, est-ce qu'il y en a d'autres?

—Bien sûr! dit Lili. Mais il n'ajouta rien.

—Il y a la baume de Passe-Temps, dit l'oncle. Elle est sur la carte d'état-major.

—Il y a aussi celle des Escaouprès, dit Lili. C'est là que mon père fait boire ses chèvres.

—C'est celle que que nous avons vue l'autre jour, dit l'oncle.

—Il y en a certainement d'autres, dit mon père. Il est impossible que, dans un massif aussi vaste, les eaux de la pluie ne ressortent[1] pas quelque part.

—Il ne pleut peut-être pas assez, dit l'oncle Jules.

—Détrompez-vous,[2] s'écria mon père. Il tombe à Paris 0 m 45 de pluie par an. Ici, il en tombe 0 m 60!

Je regardai Lili avec fierté, et je fis un petit clin d'oeil[3] qui soulignait[4] l'omniscience paternelle. Mais il ne parut pas comprendre la valeur de ce qui venait d'être dit.

—Etant donné que[5] le sol[6] des plateaux est fait de tables rocheuses imperméables, poursuivit mon père, il me semble tout à fait certain qu'un ruissellement[7] important doit se rassembler dans les vallons, en poches souterraines, et il est fort probable que certaines de ces poches affleurent[8] et suintent[9] dans les endroits les plus creux.[10] Tu connais sûrement d'autres sources?

—J'en connais sept, dit Lili.

—Et où sont-elles?

Le petit paysan parut un peu embarrassé, mais il répondit clairement.

—C'est défendu de le dire.

Mon père fut aussi étonné que moi.

—Pourquoi donc?

Lili rougit, avala[11] sa salive, et déclara:

—Parce qu'une source, ça ne se dit pas!

—Qu'est-ce que c'est que cette doctrine? s'écria l'oncle.

—Evidemment, dit mon père, dans ce pays de la soif, une source, c'est un trésor.

—Et puis, dit Lili, candide, s'ils savaient les sources, ils pourraient y boire!

—Qui donc?

—Ceux[12] d'Allauch ou bien de Peypin. Et alors, ils viendraient chasser ici tous les jours!

Il s'anima brusquement:

—Et puis, il y aurait tous ces imbéciles qui font les excursions…Depuis

Collines près d'Aubagne

1 come out
2 you're quite mistaken
3 I winked
4 underlined
5 since
6 base
7 run-off
8 come to the surface
9 seep
10 hollow
11 swallowed
12 the people from

qu'on leur a "dit" la source du Petit-Homme, de temps en temps ils viennent au moins vingt…D'abord, ça dérange les perdreaux[13] — et puis, des fois, quand ils ont bien bu, ils pissent dans la source. Une fois ils avaient mis un écriteau:[14] "Nous avons pissé dans la source!"

—Pourquoi? dit mon oncle.

Lili répondit, sur un ton tout à fait naturel:

—Parce que Chabert leur avait tiré un coup de fusil.[15]

—Un vrai coup de fusil? dis-je.

—Oui, mais de loin, avec du petit plomb[16]…Il n'a qu'un cerisier,[17] et les autres lui volaient ses cerises! dit Lili avec indignation. Mon père a dit qu'il aurait dû tirer à chevrotines![18]

—Voilà des moeurs[19] un peu sauvages! s'écria mon oncle.

—C'est eux les sauvages! dit Lili avec force. Il y a deux ans, pour faire cuire la côtelette, ils ont mis le feu à la pinède[20] du jas de Moulet! Heureusement, c'était une petite pinède, et il n'y avait rien à côté! Mais s'ils faisaient ça dans Passe-Temps, imaginez-vous un peu!

—Evidemment, dit mon père, les gens de la ville sont dangereux, parce qu'ils ne savent pas…

—Quand on ne sait pas, dit Lili, on n'a qu'à rester à la maison.

Il mangeait de grand coeur[21] l'omelette aux tomates.

—Mais nous, nous ne sommes pas des excursionnistes. Nous ne salissons[22] pas les sources, et tu pourrais nous dire où elles sont.

—Je voudrais bien, dit Lili. Mais c'est défendu. Même dans les familles, ça ne se dit pas…

—Dans les familles, dit mon père, ça, c'est encore plus fort.

—Il exagère peut-être un peu, dit l'oncle.

—Oh non! c'est la vérité! Il y en a une que mon grand-père connaissait: il n'a jamais voulu le dire à personne…

—Alors, comment le sais-tu?

—C'est parce que nous avons un petit champ, au fond de Passe-Temps. Des fois on allait labourer,[23] pour le blé noir.[24] Alors, à midi, au moment de manger, le papet disait: "Ne regardez pas où je vais!" Et il partait avec une bouteille vide.

Je demandai:

—Et vous ne regardiez pas?

—O Bonne Mère! Il aurait tué tout le monde! Alors, nous autres on mangeait assis par terre, sans tourner l'oeil de son côté. Et au bout d'un moment, il revenait avec une bouteille d'eau glacée

Mon père demanda:

—Et jamais, jamais vous n'avez rien su?

—A ce qu'il paraît que[25] quand il est mort, il a essayé de dire le secret… Il a appelé mon père, et il lui a fait:[26] "François, la source…la source…" Et toc, il est mort…Il avait attendu trop longtemps. Et nous avons eu beau[27] la chercher, nous l'avons jamais trouvée. Ça fait que c'est une source perdue…

—Voilà un gaspillage[28] stupide, dit l'oncle.

—Eh oui, dit Lili, mélancolique. Mais quand même,[29] peut-être elle fait boire les oiseaux?

13 partridges
14 sign
15 had shot at them
16 small shot
17 cherry tree
18 buckshot
19 mores
20 pine forest
21 heartily
22 dirty
23 plow
24 buckwheat
25 I heard that
26 *here*: said
27 and no matter how hard we tried
28 waste
29 but still

a. Pourquoi Lili refuse-t-il de dire où les sources se trouvent? Cette méfiance est-elle comparable à celle exprimée dans *Jean de Florette* et *Manon des sources*?

b. Pourquoi l'oncle Jules trouve-t-il que les habitants des collines ont "des mœurs un peu sauvages"? Lili est-il d'accord?

c. Que pense Lili des gens de la ville? Les villageois dans les films partageaient-ils cette opinion?

d. Lili trouve-t-il grave que la source que son grand-père connaissait soit perdue? Que dit-il? Qu'est-ce que cela indique sur la relation des paysans à la nature?

e. Dans cet extrait on remarque une opposition entre le père de Marcel (l'homme de la ville, le scientifique) et Lili (le paysan des collines). Peut-on établir un parallèle avec les personnages de *Jean de Florette* et *Manon des sources*?

Ressources humaines

Présentation du film

Franck, 22 ans, étudiant dans une grande école de commerce, rentre chez ses parents pour faire un stage au service des ressources humaines dans l'usine où son père travaille comme ouvrier depuis 30 ans. Sa mission est de mettre en place les difficiles négociations pour les 35 heures. Il va affronter les syndicats, les ouvriers, le patron et même son père, pourtant très fier de ce fils qui est sorti de sa condition d'ouvrier.

Carte d'identité du réalisateur

Laurent Cantet (né en 1961): Après des études de cinéma à l'IDHEC, Cantet débute sa carrière en réalisant un documentaire pour la télévision et deux très bons courts métrages. Le grand public le découvre en 2000 grâce à *Ressources humaines*, son premier long métrage. Il a ensuite réalisé *L'emploi du temps* (2001) et *Vers le sud* (2006), deux films marquants et appréciés. Depuis, il a connu la consécration à Cannes en décrochant la Palme d'or pour *Entre les murs* (2008).

Carte d'identité des acteurs

Jalil Lespert (né en 1976) a abandonné ses études de droit quand il a obtenu son premier rôle dans un long-métrage (*Nos vies heureuses*) en 1999. Il a ensuite retrouvé Laurent Cantet, avec qui il avait tourné un court-métrage en 1995, pour *Ressources humaines*, qui a lancé sa carrière. Depuis, on a pu admirer son jeu subtil et nuancé dans *Sade* (2000), *Inch' Allah dimanche* (2001), *Pas sur la bouche* (2003), *Le promeneur du Champs-de-Mars* (2005), *Le petit lieutenant* (2005) et *Le voyage en Arménie* (2006). En privilégiant les rôles de composition Jalil Lespert est devenu l'un des acteurs les plus en vue de sa génération avant de passer derrière la caméra en 2007 pour tourner *24 mesures*, son premier long métrage en tant que réalisateur. En 2010 il a endossé le rôle principal dans *Lignes de front*, un film dur et bouleversant sur les conflits au Rwanda et en 2011 il a tourné un drame familial, *Des vents contraires*.

Tous les autres acteurs sont des amateurs. Ils étaient presque tous chômeurs et ont été recrutés à l'ANPE (Agence Nationale Pour l'Emploi). Chacun a été choisi en fonction de l'activité professionnelle qu'il occupait avant d'être au chômage pour que les gestes et les attitudes soient authentiques. L'acteur qui joue le patron est en réalité le patron d'une petite entreprise. Il a entendu parler du tournage et est venu voir.

L'heure de gloire

Ressources humaines a obtenu le César du meilleur espoir masculin (pour Jalil Lespert) et celui de la meilleure première œuvre de fiction. Il a aussi remporté le prix de la meilleure première œuvre à la Mostra de Venise.

PREPARATION

1 Vocabulaire

Vocabulaire utile avant de voir le film (revoyez aussi le vocabulaire de *Jean de Florette*):

Vous connaissez déjà certains des mots de la liste. Ils sont notés pour que vous les révisiez. Vous devez savoir ce vocabulaire par cœur, avec les genres pour les noms, les prépositions pour les verbes et les orthographes difficiles. Observez bien les exemples, ils vous aideront à vous exprimer correctement.

Les noms

une école de commerce: *a business school*
un stage : *an internship**
un(e) stagiaire: *an intern**

la semaine des 35 heures: *the 35-hour week*
une restructuration: *restructuring*
le dégraissage (des effectifs): *downsizing*

un prêt: *a loan*
une usine: *a factory*
une entreprise: *a company*
le PDG: *the CEO***
le patron: *the boss*
le DRH : *the HR director****
un cadre: *a manager*****
un col blanc: *a white-collar worker*
un(e) ouvrier (-ère): *a worker*
un col bleu: *a blue-collar worker*
la classe ouvrière: *the working class*
un contremaître: *a foreman*
un syndicat: *a (trade) union*
un(e) délégué(e) syndical(e): *a union representative*
une loi: *a law*
le chômage: *unemployment*
une grève: *a strike*
un conflit: *a conflict*
un ordinateur: *a computer*

la cantine: *the cafeteria*
une vitre: *a pane (of glass)*
une cloison: *a partition*
la relation père-fils: *father and son relationship*
une classe sociale: *a social class*
l'ascension sociale: *upward mobility*
un fossé: *a gap*
un film engagé: *a (politically) committed film*

*Ex: Il est stagiaire. Il fait un stage dans une entreprise.
**PDG = Président Directeur Général
***DRH = Directeur des Ressources Humaines
****Ex : Il est cadre. C'est un cadre.

Le saviez-vous?

Stage : Ce mot était utilisé au Moyen Age. Il signifiait l'obligation qu'avait le vassal d'habiter dans le château de son seigneur pour l'aider à le défendre.
Greve : Ce terme vient de la Place de Grève à Paris où les ouvriers sans travail se réunissaient pour se faire embaucher.

Les verbes

faire des sacrifices: *to make sacrifices*
réussir à faire qqch: *to succeed in doing sth**
apprécier qqch: *to value sth*
revenir: *to come back*
faire un stage: *to do an internship*
s'insérer dans: *to fit into*
conseiller à qq'un de faire qqch: *to advise s.o.*
    to do sth**
se méfier de qqch/qq'un: *to be suspicious of sth/s.o.*
craindre qqch/qq'un: *to fear sth/s.o.*
avoir honte de qqch/qq'un : *to be ashamed of sth/sb****
licencier qq'un: *to lay sb off*
perdre son travail: *to lose one's job*
faire grève: *to go on strike*
engager des négociations: *to enter into negotiations*
débattre de qqch: *to discuss sth, to debate sth*

être opposé(e) à qqch: *to be opposed to sth*****
s'opposer à qq'un: *to clash with s.o.******
prendre parti pour: *to take sides with*
se battre pour : *to fight for*
se révolter contre: *to rise up against*
manipuler qq'un: *to manipulate s.o.*
appartenir quelque part : *to belong somewhere*
exploser: *to explode*

*Ex: Il a réussi à intégrer une très bonne école de commerce.
**Ex : Le père conseille à son fils d'être discret. Il le lui conseille.
***Comparez : Franck a honte de son père. Il a honte de lui.
    Franck a honte de ses origines. Il en a honte.
****Ex : Il est opposé à la réforme. Il y est opposé.
*****Ex : Franck s'oppose à son père à propos des licenciements. Il s'oppose à lui.

Les adjectifs

fier (-ère): *proud**
arrogant(e): *arrogant*
respectueux (-euse): *respectful*
modeste: *self-effacing*
effacé(e): *unassuming*
digne: *dignified*
méfiant(e): *distrustful, suspicious*
tendu(e): *tense*

paternaliste: *paternalistic*
manipulé(e): *manipulated*
stupéfait(e) = sidéré(e) : *stunned*
trahi(e): *betrayed*
amer (-ère): *bitter**
poignant(e): *deeply moving*
exclu(e): *excluded*
réaliste: *realistic*

*Fier (-ère) et amer (-ère): Même prononciation au masc. et au fém.

Traduisez!

1. Franck comes from the working class but he is in a very good business school, and he comes back to be an intern in the company where his father has been working for 30 years.

2. Franck's parents made sacrifices but they are proud to see their son succeed.

3. The unions are suspicious of the law regarding the 35-hour week. Some are opposed to it.

4. The workers fight for their jobs. They go on strike because they are afraid of unemployment.

Grève
4 octobre 2005

2 Repères culturels

1. Depuis quand les Français travaillent-ils 35 h par semaine? Combien d'heures travaillaient-ils avant? Qui a fait passer cette loi? Les salariés, les patrons et les syndicats étaient-ils d'accord sur cette loi? Est-ce que tout le monde voulait travailler moins?

2. A quoi servent les syndicats? Qu'est-ce qu'ils défendent? Quel est leur but? Depuis quand sont-ils autorisés en France?

A savoir

Il existe 5 grandes organisations syndicales en France:
- FO (Force Ouvrière)
- La CFDT (Confédération Française Démocratique du Travail)
- La CFTC (Confédération Française des Travailleurs Chrétiens)
- La CGT (Confédération Générale du Travail) – proche du Parti Communiste
- La CGC (Confédération Générale des Cadres)

Les syndicats sont actifs mais représentent très peu de Français. En 2008, seuls 7,6% des salariés français était syndiqués. Comparez ce chiffre avec 11,9% aux Etats-Unis, 18,2% au Japon, 19,1% en Allemagne, 27,1% au Royaume-Uni, 33,4% en Italie et 68,3% en Suède.

3. Depuis quand les Français ont-ils le droit de grève?

4. Observez bien les deux tableaux suivants, puis répondez aux questions.

Nombre de chômeurs et taux de chômage

	2010
Taux de chômage (en %)	**9,8**
Hommes	9,0
Femmes	9,7
15-24 ans	22,9
25-49 ans	8,4
50-64 ans	6,4
65 ans et plus	4,3
Cadres et professions intellectuelles supérieures	4,0
Professions intermédiaires	4,9
Employés	9,5
Ouvriers	13,5

Champ : France métropolitaine, individus de 15 ans et plus.
Source : INSEE, enquêtes sur l'emploi

Taux de chômage selon le diplôme, le sexe et la durée écoulée depuis la sortie de formation initiale

Année 2011

	Sortis depuis 1 à 4 ans de formation initiale	Sortis depuis 5 à 10 ans de formation initiale	Sortis depuis 11 ans et plus de formation initiale
Ensemble (en %)	**19,1**	**11,4**	**7,2**
Hommes	19,2	11,3	6,8
Femmes	19,0	11,6	7,7
Enseignement supérieur	9,4	5,2	4,1
Baccalauréat	18,4	11,2	5,7
CAP-BEP	27,5	15,9	6,9
Brevet, CEP at sans diplôme	45,7	29,5	11,9

Source : INSEE, enquêtes Emploi

   a. Quelle tranche d'âge est la plus à risque pour le chômage?

   b. Les diplômes font-ils une différence?

   c. Qui a le plus de mal à trouver du travail ?

5. En France il existe plusieurs types de formations après le baccalauréat, entre autres les universités et les grandes écoles. Dans le film, Franck fait une grande école de commerce. Qu'est-ce qu'une grande école? Quelle est la différence avec une université? Comment les étudiants sont-ils sélectionnés? Pouvez-vous donner des exemples de grandes écoles?

3 Le contexte

Franck vient d'une famille ouvrière: son père et sa sœur travaillent à l'usine. Il a fait de grandes études de commerce et est donc promis à un avenir différent. Il sera cadre dans une entreprise, aura des responsabilités, prendra des décisions, gagnera de l'argent, et sera respecté. Pensez-vous qu'il soit facile pour un jeune comme Franck de changer radicalement de milieu social? A quelles difficultés va-t-il être confronté?

4 Bande-annonce

Faites une recherche en utilisant les mots "Ressources humaines bande-annonce vf." Regardez-la plusieurs fois pour répondre aux questions suivantes:

	De quoi parle-t-il/elle? Que fait-il/elle quand on le/la voit?	Quelle est votre impression de ce personnage?
Le jeune homme, Franck		
Le père		
Le patron		
La syndicaliste		

5 A savoir avant de visionner le film

- Durée: 1h40
- Genre: Drame psychologique
- Scénario: Le scénario avait été écrit dans les grandes lignes mais les dialogues ont été confiés aux acteurs du film. Ils se sont réunis dans des ateliers d'écriture et ont fait le travail eux-mêmes. Le réalisateur et le scénariste ont retravaillé les textes et les acteurs les ont appris. Laurent Cantet tenait à impliquer les acteurs pour que la langue, le vocabulaire, les expressions, soient justes.
- Tournage: Le film a été tourné à Gaillon, en Normandie dans une véritable usine qui est restée en activité pendant les 6 semaines de tournage.
- Note: Arte, la chaîne de télévision franco-allemande, a coproduit le film at l'a diffusé à la télévision la veille de sa sortie en salle.

PREMIERE APPROCHE

1 L'histoire

Le but de cette activité est double:
- Vérifier que vous avez bien compris l'histoire
- Vous préparer à la discussion en classe

Répondez à chaque question en une ou deux phrases. Utilisez le vocabulaire que vous avez appris.

Les personnages

Franck

Son père

Sa mère

M. Rouet

Chambon, le DRH

Mme Arnoux

Alain

1. **Les parents**
   - Comparez l'attitude du père et de la mère envers Franck. Quel rôle chacun a-t-il?
   - La chambre de Franck a été réaménagée pour que les enfants de sa sœur puissent y dormir. De quoi est-ce révélateur?
   - La soirée au restaurant est-elle réussie ? Pourquoi ?

2. **Les patrons**
   - Comment Franck est-il traité par Chambon et Rouet le premier jour? Est-il à l'aise?
   - Montrez comment le patron paterne Franck.
   - Qu'est-ce que Franck découvre sur l'ordinateur de Chambon ?

3. **Le père**
   - Quel est le premier échange père-fils ? Que conseille le père ?
   - Comment le contremaître traite-t-il Jean-Claude? Pourquoi fait-il cela? Comparez la réaction de Jean-Claude à celle d'Alain.
   - De quoi la discussion à propos de la cantine est-elle révélatrice ?
   - Quelle attitude le père a-t-il face au questionnaire ? Pourquoi ?

4. **Les syndicats**
   - Comment se passe la première réunion à laquelle Franck assiste ?
   - Que disent les syndicats ? Sont-ils tous pareils ?

5. **Les lieux**
   - Pourquoi le responsable de l'atelier en refuse-t-il l'accès à Franck ?
   - Qu'est-ce que Franck voit et entend quand il entre dans l'usine ? Qu'est-ce qui le frappe ? Est-il à l'aise ?

6. **La révolte**
   - Décrivez la confrontation entre Franck et le patron. Dans quel état d'esprit sont-ils ?
   - Comprenez-vous la réaction de Jean-Claude quand il chasse ses enfants et son gendre de chez lui ? Pourquoi fait-il cela ?
   - Que font Franck et Alain ensuite ?
   - Que se passe-t-il le lendemain ?
   - Qu'est-ce que Franck reproche à son père pendant la grande scène où il explose ?

7. **La grève**
   - Quels sont les arguments pour et contre la grève?

2 Analyse d'une photo

1. A quel moment cette scène se passe-t-elle?
2. Où sont Franck et son père? Que font-ils?
3. Pourquoi ce moment est-il important pour les deux hommes?

3 Analyse de citations

1. Le père: "Un gars bien entraîné sur cette machine, il fait 700 pièces à l'heure."
2. La mère: "Faut pas être fier, comme ça."
3. Franck: "Mais si, faut être fier!"
4. Un gréviste: "Tes enfants, là, ils prennent des risques et toi tu fais rien!"
5. Franck: "Elle est où ta place?"

A savoir

Les ouvriers de l'usine dans laquelle le film a été tourné étaient tellement intéressés qu'ils ont pris des jours de vacances pour pouvoir être figurants dans la scène de la grève.

APPROFONDISSEMENT

1 Vocabulaire

Enrichissez votre vocabulaire!

Le but de cette deuxième liste est d'élargir votre champ lexical. Ce vocabulaire ciblé sur des thèmes du film va vous permettre d'enrichir votre style.

Le travail

un CV = curriculum vitae: *a resume*
une offre d'emploi: *a job offer*
passer un entretien: *to have an interview*
engager = embaucher: *to hire*
un contrat de travail: *an employment contract*
travailler à plein temps: *to work full time*
travailler à temps partiel: *to work part time*
gagner sa vie: *to earn a living*

un salaire: *a salary*
faire des heures supplémentaires: *to work overtime*
être au chômage: *to be unemployed*
le trajet: *the commute*
les congés payés: *paid vacation*
prendre sa retraite: *to retire*

L'entreprise

une équipe: *a team*
la formation: *training*
gérer: *to manage*
un objectif: *a goal /an objective*
une date limite: *a deadline*
une secrétaire: *an administrative assistant*
un horaire: *a schedule*
le marché: *the market*
les matières premières: *raw materials*
un fournisseur: *a supplier*
un déjeuner d'affaires: *a business lunch*

un produit: *a product*
un service: *a service*
la publicité: *advertising*
une campagne de publicité: *an advertising campaign*
le conditionnement: *packaging*
vendre: *to sell*
passer une commande: *to place an order*
le bilan: *the balance sheet*
être en réunion: *to be in a meeting*

Mise en pratique du vocabulaire:

Ecrivez 5 phrases dans lesquelles vous utilisez au moins 10 mots de la liste ci-dessus.

2 Réflexion - Essais

Ces questions vont vous permettre d'approfondir l'étude du film. Ecrivez un paragraphe pour chacune, en utilisant le vocabulaire du chapitre et en soignant votre expression (vérifiez votre orthographe et votre grammaire). En faisant ce travail, vous vous préparez à la prochaine composition.

1. Le film peut être divisé en deux parties. Comment? Qu'est-ce qui est à la charnière?
2. Le film a été tourné en février et mars. Pourquoi avoir choisi cette période de l'année? Quel temps fait-il?
3. Le père de Franck a un travail difficile, répétitif et ennuyeux, et pourtant il y tient et ne cherche pas à en changer ou à demander quoi que ce soit. Pourquoi?

4. Jean-Claude s'est construit un atelier de menuiserie dans le garage. Il y travaille le bois et fait des meubles. Qu'est-ce que cet atelier représente pour lui?

5. Où est-ce que Franck se sent bien? Où est sa place? Est-ce clair pour lui et pour nous?

6. Pensez aux portes, aux cloisons, aux vitres et aux stores que l'on voit dans le film. A quoi servent-ils?

7. Qu'est-ce qui est au centre du film: le stage de Franck ou la relation père-fils?

8. Franck et son père s'aiment et vont pourtant s'affronter violemment. Qu'est-ce que chacun veut pour l'autre?

9. Pourquoi Franck explose-t-il à la fin? Pourquoi son père est-il sidéré?

10. Qu'est-ce qui rend le film si poignant?

11. Etiez-vous mal-à-l'aise à certains moments du film? Aviez-vous l'impression d'être voyeur?

12. Certains aspects du film, comme le débat sur les 35 heures, sont très français, et pourtant le film a intéressé de nombreux spectateurs à l'étranger. Comment peut-on expliquer cela?

13. Imaginez Franck dans 25 ans. Il a 47 ans, est chef d'entreprise, est marié, a des enfants lycéens ou étudiants, et ses parents sont toujours en vie. Quel genre de chef est-il? Qu'est-ce qu'il espère pour ses enfants? Qu'est-ce qu'il leur explique? Quelle relation a-t-il avec ses parents?

A savoir

Le tournage de la scène de l'explosion a été très difficile et a duré toute une journée. Les acteurs et les figurants étaient tellement impliqués dans le film qu'ils étaient bouleversés. Quand le père craque, c'est en réalité l'acteur qui craque, il ne joue pas. La femme qui joue Mme Arnoux s'en est rendu compte et s'est approchée de Jean-Claude pour le réconforter, alors que ce n'était pas écrit dans le scénario.

3 Analyse d'une scène: Première journée à l'usine (14:05 à 18:55)

Vocabulaire spécifique à cette scène

une grue *(a crane)* • des bruits de fond *(background noises)* • assourdissant(e) *(deafening)* • serrer la main à/de qq'un *(to shake s.o.'s hand)* • vouvoyer *(to address s.o. as "vous")* • tutoyer *(to address s.o. as "tu")* • plaisanter *(to joke)* • une bedaine *(a paunch)*

Préparation: Cette scène peut être découpée en trois parties. Comment?

A. **Ecoutez**

1. Le patron ne connaît pas Franck, il le voit pour la première fois. A votre avis, quelle impression a-t-il de lui dans le bureau?

2. Comparez les bruits de fond dans le bureau, dans l'usine et à la maison.

3. Le patron vouvoie-t-il ou tutoie-t-il le père de Franck? Pourquoi?

4. Comment le père réagit-il quand Franck plaisante à propos de la bedaine du patron?

B. **Observez**

1. Comment le patron est-il assis? Comment se tient-il? Qu'est-ce que son comportement révèle?

2. Où Franck est-il placé par rapport aux deux hommes?

3. Une partie de la visite de l'usine est filmée avec une grue (la caméra est au-dessus des personnages et est tournée vers le bas). Pourquoi ce choix?

4. Comparez l'attitude d'Alain et du père face au patron.

5. Observez Franck quand le patron félicite son père. Est-il content de sa réaction? Qu'est-ce que son visage indique?

C. **Cette scène dans l'histoire**

Ces trois séquences nous présentent la première journée de Franck à l'usine. Qu'est-ce que Franck découvre et apprend sur l'usine et les gens qui y travaillent?

D. **Langue**

1. **Adjectifs**

Accordez les adjectifs entre parenthèses et mettez-les à la place qui convient.

Ex : Alain est (un ouvrier/jeune/désabusé).
    Alain est un jeune ouvrier désabusé.

a. C'était (la fois/deuxième) qu'Arte diffusait un film à la télévision avant sa sortie en salle.

b. L'acteur qui joue le père est (un ouvrier / ancien) de la Comédie-Française.

c. Franck porte (un costume/élégant/bien coupé).

d. Les ouvriers ont (des opinions/différent) sur les 35 heures.

e. Les ouvriers travaillent dans (un bruit/assourdissant).

f. Mme Arnoux n'est pas (la personne/seul/méfiant) de l'usine.

g. A la fin du film Franck est (un homme/seul).

h. *Ressources humaines* est un (des films/meilleur/réaliste) sur le travail.

2. **Devoir**

Conjuguez le verbe "devoir" au temps qui convient. Souvenez-vous que ce verbe a des sens différents en fonction des temps!

Ex : Mme Arnoux et le patron _____ être capables de se parler avec courtoisie.
    Mme Arnoux et le patron <u>devraient</u> être capables de se parler avec courtoisie.

a. Franck _____ être un très bon élève au lycée.

b. Ses parents _____ être fiers le jour où il a été accepté dans son école de commerce.

c. Ils _____ faire des sacrifices pour payer ses études.

d. Franck _____ faire son travail sérieusement pendant son stage.

e.   Les syndicats et la direction _____ faire un effort pour se parler plus calmement.

f.   Franck _____ réfléchir avant de parler si méchamment à son père.

g.   Maintenant Franck _____ trouver un autre stage.

h.   Peut-être qu'il (ne pas) _____ choisir l'entreprise de son père pour son stage.

3.   Le passif

Mettez les phrases suivantes au passif en employant "de" ou "par" devant l'agent.

Ex : Jean-Claude accompagne Franck pour aller à l'usine.
    <u>Franck est accompagné de Jean-Claude</u> pour aller à l'usine.

a.   Des machines bruyantes remplissent l'usine.

b.   Ses collègues apprécient Jean-Claude.

c.   M. Rouet félicite Jean-Claude.

d.   Chambon corrige le questionnaire de Franck.

e.   Alain a soudé la porte.

f.   Mme Arnoux soutient Franck.

g.   Les grévistes entourent Franck.

h.   Cette expérience mûrit Franck.

E.   Comparaison avec une autre scène

Comparez cette scène avec celle de l'explosion à la fin. Quel chemin Franck a-t-il parcouru entre les deux? Y a-t-il des signes dans la première scène qui laissent présager la fin? Quand on observe bien la première scène, est-on surpris par la façon dont Franck et son père se comportent?

F.   Sketch

Imaginez que M. Rouet rencontre Jean-Claude plus tard et qu'il lui pose des questions sur le parcours de Franck. Il voudrait savoir comment le jeune est arrivé jusque là et surtout ce que M. et Mme Verdeau ont fait pour que leur fils réussisse. Qu'est-ce qui a été difficile? Quels sacrifices ont-ils fait pour Franck? Pourquoi leur fille n'a-t-elle pas fait les mêmes études? Imaginez les questions du patron et les réponses de Jean-Claude, en insistant sur le point de vue du père.

LE COIN DU CINEPHILE

1   Première / dernière scène

Comparez la première et la dernière scène. Où est Franck? Dans quel état d'esprit est-il? Qu'est-ce qu'il est sur le point de faire?

2 Jeu des acteurs

Souvenez-vous qu'à part Jalil Lespert tous les acteurs sont non-professionnels. Que pensez-vous d'eux? Jouent-ils de façon naturelle ou forcée? Les trouvez-vous authentiques et crédibles?

3 L'affiche

Faites une recherche avec les mots "Ressources humaines Cantet affiche." Observez l'affiche du film. Que nous montre-t-elle? Qu'est-ce que le visage de Franck exprime? A quel genre de film s'attend-on?

4 Documentaire/film de fiction

De nombreux aspects du film sont documentaires et pourtant il s'agit bien d'un film de fiction. Relevez ce qui est documentaire, et expliquez pourquoi ce film est une fiction.

5 Sous-titres

Le dialogue suivant a lieu entre M. Rouet, le patron, et Madame Arnoux pendant la première réunion à laquelle assiste Franck. Comparez les dialogues français et leurs sous-titres en anglais, puis répondez aux questions:

1	Avant que le comité d'établissement ne débute, je voudrais tout d'abord vous présenter Franck.	*Before we begin, let me introduce Franck.*
2	Pour ceux qui ne le connaîtraient pas, Franck Verdeau, un brillant étudiant, qui nous honore de sa présence le temps d'un stage.	*For those who don't know, he's a brilliant student here as a summer trainee.*
3	Il est également le fils de Jean-Claude, que tout le monde connaît bien.	*He's also Jean-Claude's son.*
4	Et je suis particulièrement fier aujourd'hui qu'il soit à cette place.	*I'm proud he's here in this position.*
5	Ah ben il n'y a vraiment pas de quoi, vous n'y êtes pour rien!	*It wasn't your doing!*
6	Vous non plus chère Madame!	*Or yours.*
7	Oui ben ça, ça reste à prouver.	*I'm not so sure.*

a. 1ère réplique: Qu'est-ce qui n'est pas traduit? Pourquoi?

b. 2ème réplique: Est-ce que le verbe "honorer" est rendu en anglais?

c. 2ème réplique: Est-ce que Franck est un "summer trainee"? Est-ce l'été?

d. 3ème réplique: Qu'est-ce qui est différent entre l'original français et le sous-titre? Pourquoi?

e. 5ème et 6ème répliques: Qu'est-ce que vous remarquez dans cet échange entre le patron et Mme Arnoux?

AFFINEZ VOTRE ESPRIT CRITIQUE

1 Titre

Laurent Cantet a choisi d'appeler son film *Ressources humaines*. Comment expliquez-vous ce choix?

2 France/Etats Unis

Franck a du mal à changer de classe sociale et à s'intégrer. Qu'en est-il aux Etats-Unis? Est-ce aussi difficile pour un enfant d'ouvriers de monter dans la société et de s'y sentir bien?

3 Titres d'articles

> **"Lutte des classes, an 2000"**
> *Le Figaro*, 12 janvier 2000

> **"Les manigances des Ressources humaines révélées"**
> *Journal Français*, novembre 2000

> **"Un mélodrame de la filiation sociale"**
> *Cahiers du Cinéma*, n°542

Vous voyez ci-dessus les titres de trois articles de journaux. Comparez-les. Sur quel aspect du film chacun insiste-t-il?

4 Les critiques

1. Françoise Maupin du *Figaro* termine sa critique du film en écrivant: "Voilà un film qui a la force du documentaire, même si le tout est vraiment très austère"(12 janvier 2000). Qu'en pensez-vous? Trouvez-vous le film austère?

2. Pour Robert Migliorini, "l'ouvrier s'est libéré de la machine mais les solidarités traditionnelles, famille, syndicats, sont sacrifiées"(*La Croix*, 14 janvier 2000). Etes-vous d'accord avec lui? Pensez-vous que les solidarités ont disparu?

POUR ALLER PLUS LOIN

1 Parallèle avec d'autres films

Les rapports de classe : Réfléchissez au rôle joué par les différences de classes sociales dans *8 femmes*, *Les femmes du 6ᵉ étage* et *Ressources humaines*. Quel impact les différences de classes ont-elles sur les rapports entre les personnages ? Les personnages respectent-ils les différences ? Les films se passent dans les années 50, 60 et 90. Voyez-vous une évolution ?

2 Lectures

1. **Article de *L'Express* paru dans l'édition du 8 novembre 2004 – propos recueillis par Anne Vidalie.**

Faut-il se méfier des diplômes?

Les Français vouent un véritable culte[1] aux parchemins[2]. Estampillés par une grande école, de préférence. Sans eux, pas de travail, pas de carrière, dit-on. Sain réalisme ou myopie[3] dangereuse?

POUR
Catherine Euvrard, chasseuse de têtes[4]*
"L'expérience sur le terrain vaut bien tous les parchemins"

Ce n›est pas la peau d'âne[5] qui fait l'homme - ou la femme. C'est, bien sûr, un gage d'intelligence, de rapidité, de puissance de travail. Autant d'aptitudes nécessaires, mais non suffisantes. Car tout ne s'apprend pas dans les livres. Un diplôme n'est pas synonyme de courage, de créativité, d'esprit d'ouverture, de capacité à diriger une équipe et à communiquer. Encore moins de ces qualités humaines qui font la différence entre deux êtres, diplômés ou pas. Or ces caractéristiques ne sont pas les plus répandues[6] parmi les 15 000 jeunes cadres dits "à haut potentiel" et cadres de niveau supérieur que j'ai rencontrés en dix-neuf ans de chasse de têtes! Pis,[7] ils manquent souvent de souplesse d'esprit,[8] voire tout simplement de bon sens. Peut-être parce que je suis autodidacte,[9] je suis convaincue qu'une longue et riche expérience sur le terrain vaut bien tous les parchemins. A cet égard, je me sens en phase avec la culture américaine. Là-bas, un jeune cadre brillant ne sera pas pénalisé pour n'être pas passé par une grande université. Ce qui compte, c'est ce qu'il a fait de sa vie, les risques qu'il a pris. J'ai un faible pour les écoles moins connues. Leurs diplômés sont souvent plus courageux que leurs pairs sortis d'HEC ou de Polytechnique. Et ils pensent avoir encore tout à prouver.

Bien sûr, les patrons ont besoin de repères, et les diplômes en sont un. Leur penchant naturel est de piocher[10] dans l'annuaire[11] des anciens de leur école. C'est l' "effet moule," qui consiste à vouloir recruter un clone doté du même schéma de pensée, le réflexe qui fait préférer celui qui est formaté comme nous. Les chefs d'entreprise autodidactes n'échappent pas au culte très français du diplôme. Recruter des hommes et des femmes issus des meilleures écoles les rassure. C'est bon pour leur image et pour celle de l'entreprise, pensent-ils.

J'aimerais que les dirigeants aient moins de réticences à sortir des sentiers battus[12] en embauchant un homme ou une femme qui a fait ses preuves, avec ou sans diplôme. Lorsque je présente trois candidats pour un poste, deux d'entre eux collent parfaitement au profil requis. Le troisième est mon outsider, autodidacte ou diplômé d'une école moins prestigieuse. Dans 15 à 20% des cas, mes clients en recrutent deux. Dont l'outsider.

Entrée de Polytechnique

1 worship
2 *here:* diplomas
3 short-sightedness
4 head hunter
5 diploma
6 widespread
7 worse
8 flexibility
9 self-taught
10 to pick
11 yearbook
12 get off the beaten track

*Auteur d'*En avoir ou non... Secrets d'un chasseur de têtes* (Lattès).

CONTRE
Christian Margaria, Président de la Conférence des grandes écoles
"Ils valident plus que la seule acquisition de connaissances"

Arrêtons de raisonner comme si la formation des étudiants n'avait pas profondément évolué depuis quinze ou vingt ans! Désormais, les méthodes pédagogiques ne sont plus exclusivement axées sur l'acquisition de connaissances scientifiques et techniques. Elles sont conçues pour permettre aux futurs cadres et ingénieurs de développer les compétences recherchées par les entreprises. Ainsi, toutes les écoles d'ingénieurs offrent des formations à la gestion[13] d'entreprise. C'est obligatoire, au même titre que l'économie, la finance, le droit et deux langues étrangères. Par ailleurs, les programmes sont calibrés pour offrir le maximum d'opportunités aux élèves. Jamais les possibilités de personnaliser un cursus n'ont été si nombreuses! Dans la plupart des établissements, les garçons et les filles ont le choix entre un séjour long à l'étranger - six mois aux Etats-Unis, par exemple - et l'approfondissement d'une matière - comme une spécialisation en gestion des ressources humaines. Ils peuvent aussi, s'ils le souhaitent, travailler pendant un an entre la deuxième et la troisième année. Autre évolution: la valorisation de la vie associative, excellente façon de commencer à exercer des responsabilités opérationnelles. A Télécom INT, l'école d'ingénieurs que je dirige, des étudiants vont creuser des puits[14] au Sahel, construire des maisons communes au Nicaragua ou faire de la formation en milieu carcéral.[15] Voilà qui ouvre d'autres perspectives que de rester entre soi sur le campus! Résultat: les profils, à la sortie, se sont énormément diversifiés. Quoi de commun entre un étudiant qui a suivi le parcours classique de trois ans dans son école et celui qui est parti, avant sa dernière année, passer un an dans un groupe bancaire singapourien? Parallèlement à ces évolutions, les différentes filières ont varié leurs recrutements. A présent, les écoles de gestion vont chercher leurs étudiants dans les classes préparatoires[16] économiques et commerciales, littéraires, scientifiques et techniques ainsi qu'à l'université. L' "effet moule" a vécu. Les entreprises ont besoin de formations et de profils multiples. Et elles le savent.

Certes, le bon sens ne s'enseigne pas, mais la formation, dans les écoles, fait une large place à la pratique à travers les stages en entreprise, les études de cas, les projets industriels et les travaux pratiques. Au bout du compte, c'est le candidat qui est jugé, sa carrure,[17] sa personnalité. Le diplôme est un sésame[18] qui sert à obtenir l'entretien.

13 management
14 wells
15 prison
16 intensive one- or two-year classes preparing for the competitive entrance exam to a "grande école"
17 stature, caliber
18 a key

a. Qu'est-ce que Catherine Euvrard privilégie? Qu'est-ce qu'elle recherche dans un candidat?

b. Qu'est-ce qu'elle reproche aux diplômés des grandes écoles?

c. Que penserait-elle de Franck à votre avis?

d. Pourquoi Christian Margaria n'est-il pas d'accord avec l'analyse de Catherine Euvrard? De quelle façon les grandes écoles ont-elles évolué? Qu'est-ce qu'elles proposent pour préparer au mieux leurs étudiants à la vie en entreprise?

e. Pourquoi la vie associative est-elle encouragée?

f. Que pensez-vous des formations décrites par Christian Margaria? Vous semblent-elles adaptées à la vie en entreprise? Ressemblent-elles à ce que vous faites dans votre université?

2.   35 heures; Français qui rient, Français qui pleurent

L'analyse qui suit est tirée de *L'Express* (hebdomadaire d'information de centre-gauche) du 10 octobre 2002.

Beaucoup de salariés rêveraient d'avoir une patronne comme Anne Le Menn, PDG de Buroscope. Pensez donc. La jeune femme, qui a lancé cette société rennaise[1] de bureautique[2] voilà dix-huit ans, a été une pionnière des 35 heures. Pourtant, rien ne l'y obligeait, elle qui n'employait que treize personnes en 1998. "Mon objectif n° 1, ma passion, c'est de créer des emplois, explique-t-elle. Je n'oublie pas que j'étais au chômage lorsque j'ai monté ma société. Aussi, je trouvais intéressante l'idée de recruter tout en réduisant le temps de travail". Ce ne sont pas ses 19 employés qui y trouveront à redire. Ils ont obtenu 23 jours de congés supplémentaires et, en prime, leurs rémunérations ont augmenté de 5% en 2000, puis de 3% l'année suivante. Des privilèges inouïs[3] dans l'univers des très petites entreprises, souvent avares en avantages sociaux.

Mieux: "Nous prenons du temps libre quand nous en avons envie et quand nous en avons besoin, notamment pendant les vacances scolaires," raconte Irma Roch, formatrice[4] "embauchée grâce à l'accord sur les 35 heures". "C'est possible parce que chacun de nous travaille en binôme".[5] Moyennant[6] le soutien de son alter ego, Marie-Claude Vrignaud, Irma a pu s'absenter une semaine, début septembre, pour accompagner sa fillette de 4 ans chaque matin à la maternelle.[7] Bilan? "On ne peut pas rêver mieux, s'enthousiasme Irma. Je fais des envieux autour de moi". Sa collègue Chantal Bocel aussi. Opératrice de PAO (publication assistée par ordinateur) chez Buroscope depuis trois ans, cette maman de deux bambins, épouse de maraîcher,[8] vit "dans un milieu, l'agriculture, qui ne comprend pas les 35 heures". "Les saisonniers qu'embauche mon mari n'en ont rien à faire de la RTT,[9] dit-elle. Ce qu'ils veulent, c'est travailler et gagner de l'argent". […]

En portant la durée du travail sur la place publique, les lois Robien et Aubry n'ont pas seulement ouvert un débat technico-politico-économique. Elles ont aussi soulevé des questions quasi existentielles. Sur la valeur du travail. Le prix de l'effort. La reconnaissance sociale. L'équilibre entre vie personnelle et boulot.[10] […]

Premier clivage:[11] la France des artisans, commerçants et travailleurs indépendants regarde avec curiosité, envie ou incompréhension, c'est selon, la France "RTTisée". "Les 35 heures ont révélé et accéléré la mutation radicale de la place du travail dans notre vie et dans notre organisation sociale, estime le sociologue Jean Viard, auteur du Sacre du temps libre (éd. de L'Aube). Si bien que tous ceux qui ne peuvent pas vivre en harmonie avec la nouvelle norme sociale, comme les médecins et les commerçants, ont le sentiment d'être exclus du temps collectif". Au fond, pourquoi trimer[12] comme une brute quand l'air du temps[13] est à l'épanouissement[14] personnel et à la vie-à-côté-du-boulot? "Les 35 heures sont une composante forte de la crise existentielle des médecins généralistes,[15] qui travaillent, eux, cinquante-quatre heures par semaine en moyenne, analyse Pierre Costes, président du syndicat MG France, qui exerce près de Valence. […]"

Deuxième clivage, au sein[16] du salariat, celui-ci: les salariés des grandes entreprises et des PME[17] font pâlir de jalousie leurs pairs des "TPE," les très petites entreprises. Un peu plus qu'avant encore. "Les 35 heures ont accentué les inégalités existant en matière de conditions de

1 from Rennes, a city in Brittany
2 office automation
3 incredible
4 corporate trainer
5 in pairs
6 thanks to
7 preschool
8 farmer
9 = réduction du temps de travail
10 work
11 split
12 work like a dog
13 the mood
14 personal development
15 PCPs
16 within
17 = Petites et Moyennes Enterprises

travail entre grandes et petites structures," juge Pierre Boisard, directeur adjoint du Centre d'études de l'emploi. Sébastien peut en témoigner.[18] En changeant de métier et d'entreprise, il a changé de monde. Diplômé de l'Ecole hôtelière de Paris, il a lâché[19] la restauration au bout de cinq ans "après avoir tout fait, cuisinier, serveur, barman". Il en a eu assez des horaires de fou - de treize à quinze heures par jour [...] - et des clients irascibles. Envie, aussi, "de temps pour moi-même". Le jeune homme s'est pris de passion pour l'informatique.[20] Après quelques mois d'intérim, bingo. Il a été recruté par le service informatique d'une grande entreprise de communication. Et a découvert les 35 heures. Le choc. "Au début, j'hallucinais, se souvient-il. Je me disais: "C'est quoi, ces feignasses?"[21] Mais on prend vite le pli.[22] Je goûte à présent le charme des week-ends et des jours de RTT". [...]

Les gagnants? Les archiprivilégiés des grandes sociétés rompues[23] au dialogue social et à la négociation, qui ont décroché la timbale:[24] des jours de congé en plus - jusqu'à une vingtaine - quand ils veulent et comme ils veulent. Portrait-robot[25] du "RTTiste" heureux, selon David Askienazy, [...] expert des 35 heures au cabinet de conseil Bernard Brunhes: "C'est le cadre d'une entreprise parapublique, pas trop haut placé dans la hiérarchie, mais suffisamment autonome pour disposer comme il le souhaite de ses jours de repos supplémentaires". Comme Jean-Paul Bonhoure, responsable d'un syndic[26] de copropriété de câbles sous-marins chez France Télécom; trente ans de maison, et heu-reux. "En tant que cadre exécutif autonome, j'ai la chance d'avoir 20 "JTL," jours de temps libre, par an, que je peux même accoler[27] aux vacances si les contraintes du service le permettent," raconte-t-il. [...] Il apprécie le "confort de vie" que lui offrent les 35 heures. Y renoncer moyennant[28] une hausse de salaire? "Sûrement pas. Même si on me payait double mes JTL". [...]

Souvent, le clivage entre les satisfaits et les déçus de la RTT traverse les entreprises. Toutes n'ont pas accordé [...] le même traitement à l'ensemble de leur personnel. "Le plus terrible, ce sont ces disparités internes, affirme Hervé Amoreau, consultant en stratégie et management chez KPMG. D'autant[29] qu'elles se superposent généralement à des différences de rémunération". Côté satisfaits, les cols blancs, les experts et les services administratifs, qui peuvent, sans trop de peine, prendre leurs précieux jours de RTT quand ils le désirent. Côté déçus, les cols bleus et les services opérationnels et commerciaux, soumis aux contraintes de la production ou aux desiderata[30] des clients. Pour eux, les RTT sont souvent imposées à coups de journées ou de demi-journées fixées par la direction, à moins qu'ils ne travaillent un peu moins chaque jour. [...]

Autres perdants[31] des 35 heures: ceux qui y ont bien droit en théorie, mais pas en pratique. [...] Dans le secteur hospitalier privé à but non lucratif,[32] passé aux 35 heures en 2000, la réduction du temps de travail relève de la douce utopie. "Mes 35 heures, je les ai terminées le mercredi soir, plaisante Thierry Harvey, gynécologue obstétricien, chef du service maternité de l'hôpital parisien des Diaconesses, habitué des semaines de 50 heures. On a obtenu 14 jours de congés supplémentaires, mais comment les prendre dans des disciplines comme la mienne, où l'on manque de personnel?" Heureusement qu'il vit "un vrai bonheur" au travail. [...]

Dernier clivage au pays de la RTT: celui de la feuille de paie.[33] Certains - ouvriers en tête - ont le sentiment d'avoir payé les 35 heures

A savoir

Principaux groupes français (2002)
- Total (énergie)
- Carrefour (commerce)
- Vivendi Universal (services)
- PSA Peugeot Citroën (automobile)
- EDF (énergie)
- France Télécom (télécommunications)
- Suez (services)
- Les Mousquetaires (services)
- Renault (automobile)
- Saint-Gobain (métaux et verre)
- Véolia Environnement (environnement)
- Groupe Auchan (commerce)
- Pinault - Printemps - Redoute (commerce)
- Arcelor (sidérurgie)
- Galec Leclerc (commerce)

18 testify
19 left
20 computer science
21 lazybones
22 you get used to it fast
23 accustomed to
24 hit the jackpot
25 profile
26 managing agency
27 add
28 in exchange for
29 especially since
30 wishes
31 losers
32 not-for-profit
33 paycheck

au prix fort. Comme beaucoup, Michel Ilic, monteur[34] chez Peugeot, à Mulhouse, faisait des heures supplémentaires pour arrondir[35] ses fins de mois. "A raison de deux samedis par mois, je gagnais environ 900 F net en plus, explique-t-il. Aujourd'hui, plus d'heures sup". […]

Car le temps libre, c'est bien. A condition d'avoir de l'argent pour en profiter. La voilà, la plus cruelle des inégalités face aux 35 heures. "C'est quoi, la RTT, pour quelqu'un qui vit dans une HLM[36] pourrie,[37] sur un territoire tenu par une bande?"[38] s'interroge le sociologue Jean Viard. Pour Guy Groux, chercheur au Centre d'étude de la vie politique française, "il y a là de quoi soulever[39] des frustrations nouvelles entre catégories sociales". […]

N'en déplaise[40] à leurs concepteurs, les 35 heures ne font décidément pas le bonheur de tous les Français

34 fitter
35 to supplement his income
36 = Habitation à Loyer Modéré (subsidized housing)
37 in bad shape
38 a gang
39 to stir up
40 whether their originators like it or not

a. En quoi Anne Le Menn est-elle atypique?
b. Les saisonniers veulent-ils travailler 35 heures? Que veulent-ils surtout?
c. Quel est le premier clivage dont parle le texte?
d. Quelles sont les conditions de travail dans les grandes entreprises et les PME, et dans les TPE?
e. Qui sont les privilégiés des 35 heures? Pourquoi Jean-Paul Bonhoure est-il content? Qu'est-ce qu'il apprécie surtout?
f. Quel clivage remarque-t-on souvent au sein des entreprises?
g. Pourquoi Thierry Harvey ne peut-il pas travailler 35 heures?
h. Quelle est la grande injustice de la RTT?

3. **Interviews parues dans le *Figaro Magazine* du 24 mai 2008**

Simon Thompson*:
"Les 35 heures ont été une aubaine!"[1]

Vous êtes arrivés dans l'Hexagone[2] en 1999, un an après la loi sur les 35 heures…
Simon Thompson – C'est une pure coïncidence. Mais depuis, la France est devenue notre deuxième marché en Europe. Nous y enregistrons une croissance[3] à deux chiffres tous les ans.

C'est le temps libre des Français qui dope[4] ainsi la vente de voyages en ligne?
Les 35 heures ont été une aubaine. Mais il y a aussi l'intérêt puissant des Français pour Internet. Outre les classiques – Rome, Venise, Prague, Barcelone –, les week-ends allongés se portent maintenant sur des destinations long-courrier comme New York. Nos clients repartent au bureau dès le matin de l'atterrissage.[5]

Et les séjours en France?
Ils sont en pleine explosion, notamment pour ce qui concerne la remise en forme ou la thalasso[6] dans le cadre des RTT.

*Vice-président Europe de Lastminute.com.

1 godsend
2 France (this nickname comes from the country's shape)
3 growth
4 boosts
5 landing
6 seawater therapy (common in France)

Patrick Légeron*:
"Le stress a augmenté considérablement"

Nous sommes champions du temps de travail le plus court, et en même temps un des pays où le taux d'insatisfaction est un des plus élevés...
Patrick Légeron – Parce que, pour maintenir notre compétitivité, nous avons dû atteindre une des productivités horaires les plus élevées au monde. D'où[7] une augmentation considérable du stress malgré les 35 heures et notre record planétaire de 37 jours de congés annuels.

Alléger[8] le temps de travail aurait donc eu tendance à accroître sa pénibilité?[9]
Les Finlandais, qui sont les champions de bien-être au travail, n'en reviennent[10] toujours pas. Comment la France a-t-elle pu se lancer dans ce chantier sans considérer le travail en termes d'épanouissement[11] personnel?

La frontière entre vie professionnelle et privée est devenue poreuse?
C'est l'autre paradoxe des 35 heures. On exige une disponibilité[12] maximale des salariés avec des horaires éprouvants,[13] tandis que l'utilisation des e-mails, portables, Blackberry et autres empiète[14] sur la vie personnelle.

*Psychiatre et sociologue, directeur du cabinet Stimulus, co-auteur du rapport sur le stress au travail.

7 hence
8 reducing
9 hardship
10 can't get over it
11 fulfillment
12 availability
13 exhausting
14 encroach upon

    a.   Pourquoi Simon Thompson est-il ravi de la mise en place des 35 heures? Qu'est-ce que la réduction du temps de travail permet aux Français de faire?

    b.   Quelles sont les destinations choisies par les Français pour leurs week-ends?

    c.   Comment Patrick Légeron explique-t-il le stress au travail?

    d.   Qu'est-ce qui manque pour que les Français se sentent mieux au travail?

4.   Interview de Christian Estrosi par Anne Rovan, publiée dans *Le Figaro* le 2 août 2012

Estrosi : "Les 35 heures n'ont plus de raison d'être"

L'ancien ministre de l'Industrie a déposé une proposition de loi[1] pour supprimer les 35 heures. Il propose de laisser aux partenaires sociaux[2] la responsabilité de négocier par branche.

Le député-maire[3] UMP de Nice et ancien ministre Christian Estrosi propose de sortir des 35 heures.

***Le Figaro.-* Fin 2011, quand l'UMP[4] réfléchissait au projet de 2012, vous étiez opposé à la remise en cause des 35 heures. Vous déposez maintenant une proposition de loi pour les supprimer. Pourquoi?**
Christian Estrosi.- J'estimais que le dispositif de défiscalisation[5] des heures supplémentaires[6] apportait une réponse satisfaisante, tant aux entreprises qu'aux salariés. Nous avions fait campagne en 2007 sur le "travailler plus pour gagner plus." Revenir là-dessus me semblait être contre-productif en fin de quinquennat.[7] Mais le contexte a changé. Avec la refiscalisation[8] des heures supplémentaires, la limite des 35 heures n'a plus de raison d'être. Je propose de laisser aux partenaires sociaux la responsabilité de

1 a bill
2 = la direction des enterprises at les syndicats
3 representative and mayor
4 union pour un Mouvement Populaire (right-wing party)
5 tax exemptions
6 overtime
7 five-year term
8 becoming subject to tax

négocier par branche. Il est urgent de se préoccuper de la compétitivité des entreprises et du coût du travail.

Et les salariés?

Il n'est pas question qu'ils travaillent 37, 38 ou 39 heures et ne soient payés que 35. Ils doivent y trouver leur compte. Il faut répartir équitablement les 23 milliards d'allégements de charges,[9] dits Fillon, entre les salariés et les entreprises. L'idée serait de rapprocher le salaire net du salaire brut, en fonction de la nouvelle durée du travail négociée.

Vous pointez le déficit de compétitivité de notre pays. Un récent rapport de l'Insee[10] conclut pourtant que le coût du travail est le même qu'en Allemagne.

Ceux qui disent cela n'ont lu que la première page de ce rapport. Le coût du travail en France est supérieur de 20 % dans les entreprises qui comptent jusqu'à 49 salariés, et de 15 % dans les entreprises de 50 à 249 salariés. Dès lors qu'il est question de sociétés de plus de 1000 salariés, il est supérieur de 10 % en France. Or, en France, 90 % des entreprises ont moins de 250 salariés. Nous avons donc un vrai problème de compétitivité.

Les chefs d'entreprise n'ont-ils pas appris à faire avec les 35 heures?

Absolument pas. Ils disent oui aux 35 heures avec défiscalisation des heures supplémentaires, mais non aux 35 heures tout court. Je suis le maire de Nice. Cette ville emploie 11.000 agents. Fin 2011, j'avais fait voter un budget 2012 prévoyant 2,2 millions d'euros au titre du paiement des heures supplémentaires. Maintenant que la gauche[11] les a refiscalisées, je vais devoir trouver 1,8 million d'euros pour régler les charges. Imaginez ce que ressentent en ce moment les chefs d'entreprise! Et ce que pensent les salariés qui vont payer des impôts[12] sur leurs heures sup![13] [...]

9 reduction in expenses
10 Institut National de la Statistique
11 = le gouvernement socialiste
12 taxes
13 = supplémentaires

a. Pourquoi Christian Estrosi veut-il supprimer les 35 heures maintenant ?

b. Que pense-t-il de la compétitivité de la France ?

c. Quel problème a-t-il à Nice ?

Joyeux Noël

Présentation du film

Décembre 1914. Dans les tranchées du Nord de la France, des soldats français, allemands et écossais se font la guerre depuis quatre mois. La veille de Noël, plusieurs régiments du front ouest organisent une trêve et fraternisent sans l'autorisation de leurs supérieurs. Ils passent quelques heures ensemble dans le no man's land avant de faire face aux conséquences.

Christian Carion et Dany Boon

Carte d'identité du réalisateur

Christian Carion est né en 1963 dans le nord de la France et a grandi au milieu des vestiges et des souvenirs de la Première guerre mondiale. Lors d'un entretien il a expliqué: "Je suis fils d'agriculteur, et je me souviens qu'à l'époque des labours, au mois de septembre, on trouvait des fusils rouillés, des bottes, des papiers, ou des obus dans le sol. Moi-même, lorsque j'étais gosse, j'ai transporté des obus sur le bord de la route. On les entassait avant d'appeler la préfecture pour la collecte![1]" Il a ensuite fait des études d'ingénieur pour plaire à ses parents mais était très intéressé par le cinéma. C'est sa rencontre avec le jeune producteur Christophe Rossignon qui lui a permis de démarrer. Son premier film, *Une hirondelle a fait le printemps* (2001) a été un gros succès public, ce qui l'a encouragé à poursuivre un projet européen plus coûteux et compliqué avec *Joyeux Noël*, sorti en 2005. Il a retrouvé son interprète Guillaume Canet en 2009 dans *Farewell*.

Carte d'identité des acteurs

Guillaume Canet a dû interrompre à 18 ans (en 1991) un début de carrière prometteur en équitation après une mauvaise chute. Il s'est alors tourné vers le cinéma et a commencé à être connu et apprécié en 1998 après *En plein cœur* et *Je règle mon pas sur le pas de mon père*. Il a rencontré Leonardo Di Caprio dans *La plage* (2000), joué avec Gérard Depardieu dans *Vidocq* (2001) et Marion Cotillard dans *Jeux d'enfants* (2003)

Parallèlement à sa carrière de comédien, Guillaume Canet est aussi réalisateur. Il s'est lancé en 2002 avec *Mon idole* puis a connu un grand succès en 2006 avec *Ne le dis à personne*. Le film a remporté 4 César dont celui du meilleur réalisateur. Canet n'avait que 33 ans.

On l'a ensuite vu dans des rôles variés allant de la comédie romantique avec Audrey Tautou (*Ensemble, c'est tout*, 2007), au policier (*Les liens du sang*, 2008), au thriller (*L'affaire Farewell*, 2009), à la comédie (*La nouvelle guerre des boutons*, 2011) et enfin au drame (*Une vie meilleure*, 2012).

Il a aussi remporté un beau succès public avec sa dernière réalisation, *Les petits mouchoirs*, en 2010.

Diane Krüger (née en 1976) a commencé par des études de danse et une carrière de mannequin avant de se lancer au cinéma dans des films français (*Ni pour ni contre (bien au contraire)* en 2002 et *Mon idole* en 2003). Elle alterne depuis des films en anglais (*Troie*, 2004, *Benjamin Gates*, 2004, *Inglorious Basterds*, 2009) et en français (*Les brigades du tigre*, 2006, *L'âge des ténèbres*, 2007, *Pour elle*, 2008, *Les adieux à la reine*, 2012)

Benno Fürmann et Diane Krüger

Gary Lewis est un acteur écossais né en 1958. Il a commencé à se faire connaître avec deux films de Ken Loach (*Carla's Song*, 1996 et *My name is Joe*, 1998) mais c'est surtout *Billy Elliot* qui l'a révélé au grand public en 2000. Il a ensuite été choisi pour *Gangs of New York* (2003) puis beaucoup de seconds rôles, dont celui du prêtre Palmer dans *Joyeux Noël*.

Benno Fürmann (né en 1972) a perdu ses parents à l'âge de 15 ans. Il a eu de nombreux petits boulots avant de suivre des études de théâtre à New York. Il a eu beaucoup de seconds rôles et a travaillé pour la télévision, puis a tourné

---

1   *Studio*, mars 2005

Joyeux Noël qui lui a permis d'élargir sa palette. On lui a ensuite confié de beaux rôles dans *Jerichow* en 2009 et dans *Sous terre* (produit en 2011).

Daniel Brühl Né en 1978 d'un père allemand et d'une mère espagnole, Daniel Brühl commence par de petits rôles avant d'accéder à la notoriété en 2003 avec *Good Bye, Lenin!* Il enchaîne ensuite des rôles en allemand (*The Edukators*, 2005), en français (*Joyeux Noël*, 2005) et en anglais (*Les dames de Cornouailles*, 2006, *Inglorious Basterds*, 2009). Très récemment on l'a vu dans *John Rabe* (2011) et *Eva* (2012).

L'heure de gloire

Joyeux Noël a été nommé dans de nombreuses catégories en France et à l'étranger: meilleur film, meilleur scénario, meilleure musique, meilleurs décors, meilleurs costumes aux César et meilleur film étranger aux Golden Globes et aux Oscars.

PREPARATION

1 Vocabulaire

Vocabulaire utile avant de voir le film:

> Vous connaissez déjà certains des mots de la liste. Ils sont notés pour que vous les révisiez. Vous devez savoir ce vocabulaire par cœur, avec les genres pour les noms, les prépositions pour les verbes et les orthographes difficiles. Observez bien les exemples, ils vous aideront à vous exprimer correctement.

Les noms

la guerre: *the war*
la Première Guerre mondiale: *World War I**
un ténor: *a tenor*
une cantatrice: *a singer*
un soldat: *a soldier*
un uniforme: *a uniform*
un casque: *a helmet*
un militaire: *a career soldier*
un gradé: *an officer*
une tranchée: *a trench*
une attaque/une offensive: *an attack/an offensive*
un combat: *fighting*
un fusil: *a rifle***
un bombardement: *bombing, shelling*
un mort: *a dead (person)*
la ligne de front: *the frontline*
le no man's land: *the no man's land*
la veille de Noël: *Christmas Eve****

une trêve: *truce*
un cessez-le-feu: *a cease-fire*
un prêtre: *a priest*
un brancardier: *a stretcher-bearer*
un civil: *a civilian*
une cornemuse: *a bagpipe*
un sapin de Noël: *a Christmas tree*
une messe: *a mass*
un chant de Noël: *a Christmas carol*
des denrées: *goods*
un chat: *a cat*
un aide de camp: *an aide-de-camp*
le devoir: *duty*
un évêque: *a bishop*
un supérieur: *a superior (in rank)*
l'état major: *the staff*
les représailles: *reprisals, retaliation*****

*Remarquez l'utilisation des majuscules.
**Le "l" ne se prononce pas: un [fusi]
***Ne confondez pas " la veille" et "la vieille"!
****Ex: En représailles, les soldats ont été envoyés à Verdun

A savoir

SOLDAT: A l'origine, un soldat est quelqu'un qui reçoit une solde, c'est-à-dire un salaire pour faire la guerre. Il vient de l'italien "soldato" et s'écrivait "soldier" au XIIe siècle. Il est facile de voir d'où vient le mot anglais!

Les verbes

se battre contre: *to fight against*
obéir/désobéir: *to obey/disobey**
avoir peur de qq'un/qqch: *to be afraid of s.o./sth*
suspendre les hostilités: *to suspend hostilities***
fraterniser: *to fraternize*
fêter: *to celebrate*
chanter: *to sing*
échanger: *to exchange*
soutenir qq'un: *to support s.o.****
se mettre à l'abri: *to take cover*

enterrer: *to bury*
sauver qq'un: *to save s.o.*
tirer sur qq'un: *to shoot s.o.*
tuer qq'un: *to kill s.o.*
venger qq'un: *to avenge s.o.*
se constituer prisonnier: *to give oneself up*
renoncer: *to give up*
reprendre le combat: *to resume hostilities*
bombarder: *to bomb*

*Prononcez bien les 2 voyelles séparément: obé/ir: Ils ont obéi à l'officier. Ils ont obéi aux ordres de l'officier.
**Ils ont suspendu les hostilités pour Noël.
***Ne confondez pas "soutenir "et "supporter", qui veut dire "to put up with s.o., to endure".

A savoir

FRATERNISER: Ce verbe vient bien évidemment du mot "frère", lui-même du latin "frater". Le mot "fraternisation" n'est pas récent (il existait au XVIIIe siècle) mais il est peu utilisé et généralement associé à la Première Guerre mondiale.

Les adjectifs

français(e): *French**
écossais(e): *Scottish*
allemand(e): *German*
danois(e): *Danish*
européen(ne): *European*
neutre: *neutral*
allié(e): *allied*
ennemi(e): *enemy***

détruit(e): *destroyed*
angoissé(e): *anguished*
terrifié(e): *terrified*
méfiant(e): *suspicious, mistrustful*
impensable: *unthinkable****
pacifiste: *pacifist*****
compatissant(e): *compassionate*

*Souvenez-vous de la règle pour les nationalités: une majuscule pour un nom, une minuscule pour un adjectif – Ex: Un Français/un soldat français
**Remarquez l'orthographe de ce mot!
***Ex: Pour les officiers il était impensable que les fraternisations se reproduisent.
****Ne confondez pas "pacifiste" et "pacifique"!

Traduisez!

1. The soldiers were anguished and terrified by the fighting but they had to obey their superiors and shoot their enemies.
2. During WWI, some French, Scottish and German soldiers suspended hostilities on the frontline and fraternized.
3. They came out of their trenches during the truce and exchanged goods, celebrated Christmas with a mass, sang Christmas carols and buried their dead.
4. The compassionate Scottish priest played the bagpipe and supported the soldiers but he ended up giving up.

2   Repères culturels

La Première guerre mondiale

Vous avez étudié la Première Guerre mondiale dans vos cours d'histoire. Voici quelques faits et quelques dates pour vous rafraîchir la mémoire!

C'est le premier grand conflit mondial durant lequel se sont affrontés la Triple Entente (la France, la Grande-Bretagne et la Russie, rejointes plus tard par la Belgique, le Japon, l'Italie, le Portugal et les Etats-Unis) et les Empires centraux (l'Allemagne, l'Autriche-Hongrie et plus tard l'Empire ottoman et la Bulgarie). Il ne faut pas oublier les colonies de ces différents pays, dont les hommes ont été appelés à se battre.

La guerre a été provoquée par l'expansion économique de l'Allemagne, et par des disputes et des rivalités territoriales entre les grands pays européens.

Une des caractéristiques de cette guerre, comme vous le verrez dans le film, est que les soldats vivaient dans des tranchées, souvent très proches les unes des autres. Le no man's land qui les séparait était en général étroit, au point où les soldats pouvaient entendre leurs ennemis.

La Première Guerre mondiale a fait 31 millions de victimes en 4 ans (1914-1918), dont 9 millions de morts et 22 millions de blessés (estropiés, aveugles, infirmes, gazés, défigurés, amnésiques, etc.).

Le front ouest en 1914:

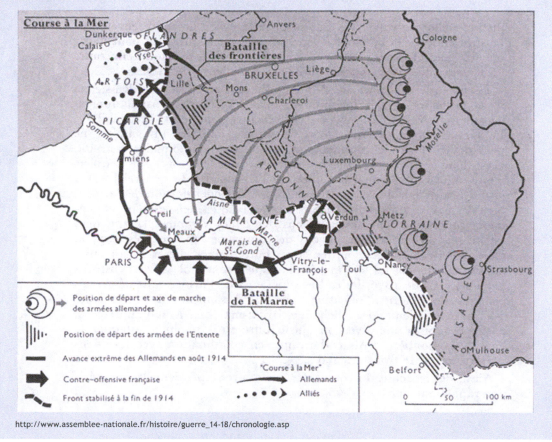

http://www.assemblee-nationale.fr/histoire/guerre_14-18/chronologie.asp

1. Les fraternisations: Qu'est-ce que c'est? Qu'est-ce que cela veut dire dans un contexte de guerre? Où ont-elles eu lieu? Comment sait-on qu'elles ont eu lieu? Comment les différentes armées ont-elles réagi?

2. Le Kronprinz allemand fait plusieurs apparitions dans le film. Qui était cet homme?

3 Le contexte

Cette activité est importante pour vous préparer au film. Vous pouvez faire des recherches ou juste réfléchir à l'époque et vous baser sur vos connaissances. Répondez à chaque question en quelques phrases.

Réfléchissez aux conditions de vie dans les tranchées en décembre 1914:

Le Barbier dans la tranchée

1. Depuis combien de temps la guerre durait-elle?
2. Les soldats étaient-ils bien entraînés?
3. Comment occupaient-ils leurs journées? Se battaient-ils constamment?
4. Combien de temps passaient-ils dans la première tranchée, avant d'être relevés?
5. De quoi souffraient-ils?
6. Avaient-ils des contacts réguliers avec l'arrière, leur famille en particulier?

4 Bande-annonce

Faites une recherche sur Google en tapant "Joyeux Noël bande-annonce vf".

1. Par quoi la bande-annonce commence-t-elle?
2. Qui est présenté?
3. Comment la bande-son évolue-t-elle?
4. Comment l'idée des fraternisations est-elle introduite?

5 A savoir avant de visionner le film

- Durée: 1h56
- Genre: Film de guerre / film historique
- Public: Classé PG13 aux Etats-Unis, c'est un film qui se regarde facilement. Il se passe dans un contexte de guerre mais il y a très peu de violence.
- Tournage: L'armée a refusé que Carion tourne le film sur des terrains militaires. Le film a donc été tourné en partie dans le Nord de la France et en Ecosse, et surtout en Roumanie. Le budget a été incroyablement difficile à réunir. En effet, il semblait à l'époque que le sujet était trop classique et que la Première Guerre mondiale n'intéressait personne. Le fait que le film soit en trois langues a aussi posé problème pour réunir les fonds.
- Fraternisations: Les épisodes qu'on va voir n'ont pas tous eu lieu au même endroit. Le réalisateur en a rassemblé plusieurs, survenus à des endroits différents du front pour accentuer la tension dramatique du film. Ils ont tous eu lieu, même si cela est parfois difficile à croire.
- Note: Le film faisait partie de la Sélection officielle, hors compétition, à Cannes en 2005. Il est ensuite sorti le 9 novembre 2005, deux jours avant les commémorations du 11 novembre.

PREMIERE APPROCHE

1 L'histoire

> Le but de cette activité est double:
> - Vérifier que vous avez bien compris l'histoire
> - Vous préparer à la discussion en classe
>
> Répondez à chaque question en une ou deux phrases. Utilisez le vocabulaire que vous avez appris.

Les personnages

Les Allemands et la Danoise:

Nikolaus Sprink = le ténor
(Benno Fürmann)

Anna Sörensen
(Diane Kruger)

Horstmayer =
le lieutenant allemand
(Daniel Brühl)

Les Français:

Le lieutenant Audebert   Ponchel = l'aide de camp
(Guillaume Canet)   (Dany Boon)

Les Ecossais:

Palmer = le prêtre écossais   Le lieutenant Gordon   Jonathan
(Gary Lewis)   (Alex Ferns)   (Steven Robertson)

1. **Les enfants: l'Ecossais, le Français, l'Allemand**
   • Comment les enfants sont-ils élevés? Que leur inculque-t-on sur les voisins européens?
   • L'école a-t-elle un rôle de pacificateur?

2. **Les Ecossais**
   • Comment Palmer réagit-il quand il apprend que la guerre est déclarée?
   • Où se trouve Jonathan pendant la messe de Noël? Que représente cette messe pour lui?
   • Pourquoi tire-t-il sur Ponchel? Quelle était son intention?

3. **Les Français**
   • Qu'est-ce qui angoisse le lieutenant Audebert?
   • Pourquoi les relations sont-elles tendues entre Audebert et son père?
   • Pourquoi le réalisateur a-t-il choisi d'avoir un soldat (Ponchel, l'aide de camp) originaire du Nord de la France? Qu'est-ce que cela apporte à l'histoire?
   • Sprink et Anna chantent dans un château, dont les propriétaires se terrent au sous-sol, dans la cuisine. Quelle attitude ont-ils? Comment leur expression change-t-elle au cours de la scène?

4. **Les Allemands**
   • Le lieutenant Horstmayer: Quels aspects de sa personnalité voit-on au cours du film? Comment traite-t-il ses soldats? Quelle attitude a-t-il envers Sprink, Anna, les Français et les Ecossais?

- Sprink, le ténor: Quel rôle a-t-il dans l'histoire? Prend-il de grandes décisions? A-t-il beaucoup de contacts avec les Français et les Ecossais?
- Guillaume de Prusse (le Kronprinz): Quelle impression cet homme vous donne-t-il? Est-il attentionné? S'inquiète-t-il du sort des soldats? Apprécie-t-il la musique? Vous met-il à l'aise?

5. **Anna Sorensen**
   - Pourquoi le réalisateur a-t-il choisi de lui donner la nationalité danoise?
   - Quelle place a-t-elle dans ce film d'hommes?
   - Quel impact la guerre a-t-elle sur la relation Anna – Sprink? Comment chacun réagit-il?

6. **La fin, les représailles**
   Comparez les représailles des trois côtés. Les généraux écossais, français et allemands traitent-ils leurs soldats différemment?

> Le personnage du ténor est basé sur Walter Kirchhoff, un ténor allemand qui a chanté dans une tranchée allemande le soir de Noël 14. Un Français, qui connaissait sa voix, l'a reconnue, et a applaudi. Kirchhoff a alors traversé le no man's land pour lui serrer la main. D'autres hommes sont sortis, c'était le début d'une fraternisation.

2 Analyse d'une photo

1. Que vient-il de se passer?
2. Que voyez-vous sur cette photo?
3. Dans quelle position Sprink est-il?

3 Analyse de citations

Analysez les citations suivantes en les replaçant dans leur contexte:

1. Audebert: "Dans une semaine, on passera tous Noël à la maison."
2. Sprink: "Sing für uns. Sing für sie." (Chante pour nous. Chante pour eux.)
3. Audebert et son père:
   "Est-ce que tu te rends compte que c'est très grave ce qui s'est passé? Ca s'appelle haute trahison! Peine de mort."
   "Je me suis senti plus proche des Allemands que ceux qui crient "Mort aux Boches" chez eux bien au chaud devant leur dinde aux marrons. Vous ne vivez pas la même guerre que moi. Ceux d'en face, oui."

APPROFONDISSEMENT

1 Vocabulaire

Enrichissez votre vocabulaire!

Le but de cette deuxième liste est d'élargir votre champ lexical. Ce vocabulaire ciblé sur des thèmes du film va vous permettre d'enrichir votre style.

L'armée

l'armée de terre: *the Army*
la marine: *the Navy*
l'armée de l'air: *the Air Force*
le quartier général: *the headquarters*
être militaire: *to be in the Army*
un maréchal: *a marshall*
un général: *a general*
un colonel: *a colonel*
les troupes: *troops*
un parachutiste: *a paratrooper*

une caserne: *barracks*
un tank: *a tank*
les munitions: *ammunition*
une arme à feu: *a firearm*
un sous-marin: *a submarine*
un avion: *an aircraft*
un hélicoptère: *a helicopter*
la censure: *censorship*
un objecteur de conscience: *a conscientious objector*
déserter: *to desert*

Guerre et paix

déclarer la guerre à: *to declare war on*
envahir: *to invade*
s'engager: *to join*
partir à la guerre: *to go to war*
une guerre mondiale: *a world war*
une guerre atomique: *a nuclear war*
les alliés: *the Allied*
rester neutre: *to remain neutral*
une bataille: *a battle*
un champ de bataille: *a battleground*
du fil de fer barbelé: *barbed wire*
un sac de sable: *a sandbag*
un blockhaus: *a bunker*

un masque à gaz: *a gas mask*
une attaque aérienne: *an air strike*
débarquer: *to land*
avancer: *to move forward*
reculer: *to draw back*
une mutinerie: *mutiny*
cesser le feu: *to cease fire*
une défaite: *a defeat*
capituler: *to capitulate*
battre en retraite: *to retreat*
un armistice: *a truce*
la victoire: *victory*
la paix: *peace*

Mise en pratique du vocabulaire:

Ecrivez 5 phrases dans lesquelles vous utilisez au moins 10 mots de la liste ci-dessus.

En 1916, un chat se promenait entre les tranchées allemandes et françaises, comme dans le film. Un jour, il portait un collier à son cou avec un petit mot écrit par des Allemands, demandant aux Français de quel régiment ils étaient. Un général l'a su et a ordonné de juger le chat. Il a été jugé et fusillé pour entente avec l'ennemi!

2 Réflexion - Essais

Ces questions vont vous permettre d'approfondir l'étude du film. Ecrivez un paragraphe pour chacune, en utilisant le vocabulaire du chapitre et en soignant votre expression (vérifiez votre orthographe et votre grammaire). En faisant ce travail, vous vous préparez à la prochaine composition.

1. Un chat français, adopté par un Allemand, a deux noms différents et se promène de tranchée en tranchée. Que symbolise-t-il?

2. Quelle facette de la religion Palmer, le prêtre écossais, présente-t-il?

3. Pensez maintenant à l'évêque. Quel message porte-t-il?

> Un évêque anglican a réellement prononcé un discours d'incitation à la guerre en décembre 1914, à Westminster. En voici un extrait: "Ceux qui tuent des civils sont-ils des enfants de Dieu? En vérité je vous le dis, il faut tuer les Allemands, bons ou mauvais, jeunes ou vieux... de peur que la civilisation ne finisse elle-même par être assassinée"

4. Peut-on dire que les fraternisations sont une rébellion contre l'état major?

5. Quel effet la musique et le chant ont-ils sur les troupes?

> Diane Krüger et Benno Fürmann ont été doublés pour les chants par Natalie Dessay, une soprano française, et Rolando Villazon, un ténor franco-mexicain.

6. Qu'est-ce qui nous montre que les soldats ont une culture européenne commune?

3 Analyse d'une scène: L'enterrement des morts (1:10:28 à 1:16:40)

> ### Vocabulaire spécifique à cette scène
> une pioche (*a pick*) • miauler (*to meow*) • la sonnerie (*the ringing*) • creuser (*to dig*) • le brouillard (*fog*) • un drapeau blanc (*a white flag*) • une ceinture (*a belt*)

A. **Ecoutez**

1. Qu'est-ce que le soldat allemand entend?

2. Par quoi Ponchel est-il distrait?

3. Pourquoi la sonnerie du réveil est-elle importante?

4. Qu'est-ce qui accompagne le transport des morts?

5. Qu'entend-on quand Jonathan enterre son frère?

B. **Observez**

1. Qu'est-ce que les soldats allemands voient? Pourquoi ont-ils peur?

2. Il est fort possible que les Allemands ne comprennent pas ce que dit Gordon à Jonathan. Peuvent-ils, en observant la scène dans le brouillard, deviner ce qui se passe?

3. Qu'est-ce que le visage de Gordon révèle quand Horstmayer propose de parler des morts?

4. Où la scène du café se passe-t-elle?

5. Vu du ciel, à quoi ressemble le transport des morts?

6. Sur une ceinture allemande Palmer lit "Gott mit uns" (God is with us). Observez l'expression sur son visage. Que ressent-il?

C.   **Cette scène dans l'histoire**

Qu'est-ce que cette scène apporte à l'histoire? Qu'est-ce qu'on apprend? De quelle façon complète-t-elle la scène de la messe?

D.   **Langue**

1.   **Le passé**

Conjuguez les verbes au temps du passé qui convient (passé composé, imparfait, plus-que-parfait).

Ex: Quand les soldats _____ (sortir) de leurs tranchées, ils _____ (savoir) que rien ne serait plus comme avant.

   Quand les soldats <u>sont sortis</u> de leurs tranchées, ils <u>savaient</u> que rien ne serait plus comme avant.

a.   Est-ce que Jonathan _____ (piocher) depuis longtemps quand le soldat allemand _____ (entendre) du bruit?

b.   Gordon _____ (répéter) l'ordre qu'il _____ (déjà donner).

c.   Il _____ (avoir) peur parce que la trêve _____ (cesser).

d.   Jonathan _____ (partir) en courant et les officiers _____ (commencer) à discuter.

e.   Avant cette trêve les soldats _____ (ne jamais aller) dans le no man's land.

f.   Ils _____ (couper) du bois, ils _____ (faire) des croix, ils _____ (s'aider). Tout _____ (bien se passer).

2.   **La négation**

Répondez aux questions en utilisant les négations de la liste suivante:

> ne… jamais • ne… rien • ne… personne • ne… pas encore • ne… plus • ni… ni • ne… nulle part • ne… aucun(e)

Ex: Est-ce que les soldats avaient déjà vu leurs adversaires?

   Non, ils <u>ne</u> les avaient <u>pas encore</u> vus.

a.   Est-ce que les soldats se parlaient souvent avant la trêve?

b.   Est-ce que les Français connaissaient quelques soldats Allemands?

c.   Est-ce que Jonathan raconte tout à sa mère quand il parle de William?

d.   Est-ce que Palmer se fâche contre quelqu'un?

e.   Est-ce que les soldats savent déjà qu'ils vont quitter la région?

f.   Est-ce que Gordon reverra Audebert et Horstmayer?

g.   Est-ce que Ponchel reverra sa mère?

h.   Est-ce que Jonathan se sentira bien quelque part?

3. **Prépositions**

Remplacez chaque blanc par la préposition qui convient. Attention, certains verbes ne prennent pas de préposition!

Ex: L'Allemagne a déclaré la guerre _____ la France le 3 août 1914.

L'Allemagne a déclaré la guerre <u>à</u> la France le 3 août 1914.

a. Au début du film, les soldats se battent _____ leurs ennemis. Ils tirent _____ ceux qu'ils voient.

b. Palmer est brancardier. Son but est de sauver _____ les soldats de son régiment.

c. Audebert a peur _____ combats, _____ guerre et _____ mourir mais il doit soutenir _____ ses hommes.

d. Jonathan tue _____ Ponchel pour venger _____ son frère.

e. Sprink et Anna n'obéissent pas _____ ordres _____ l'état-major et se constituent prisonniers.

E. **Comparaison avec d'autres scènes**

Les trois officiers sont quatre fois ensemble:

• Après le chant de Sprink (ils se rencontrent, boivent du champagne et Audebert retrouve son portefeuille)

• Pour parler de l'enterrement des morts

• Pendant le match de football (Horstmayer propose de faire passer du courrier à la femme d'Audebert, ils parlent de prendre un verre rue Vavin)

• Dans la tranchée pendant l'attaque (Audebert donne la lettre pour sa femme à Horstmayer)

Comparez ces quatre scènes. Comment les relations évoluent-elles? De quoi les hommes parlent-ils? Comment se traitent-ils?

F. **Sketch**

Imaginez qu'au lieu de jouer au football, un Allemand, un Français et un Ecossais (qui parlent tous français!) discutent. Ils parlent de leur famille, de la guerre qu'ils ont vécue jusqu'à ce moment-là (quel point de vue ont-ils?), des soldats de leur régiment (s'entendent-ils bien?), de leur lieutenant (que pensent-ils de Horstmayer, Audebert et Gordon?), des fraternisations, de leurs peurs et de leurs espoirs. Ecrivez et jouez la scène.

LE COIN DU CINEPHILE

1 Premières / dernières images

Par quoi le film s'ouvre-t-il? Quelle est l'ambiance? Pourquoi le réalisateur a-t-il fait ce choix? Et à la fin du film, qu'est-ce qui apparaît en même temps que le générique? Pourquoi?

> Vous aurez peut-être besoin de revoir quelques scènes du film pour répondre en détail aux deux premières questions.

2 Les couleurs et la lumière

Quelles couleurs dominent dans ce film? Et comment est-il éclairé?

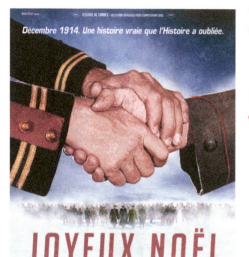

3 Affiche

Observez l'affiche du film.

a. Qu'est-ce que l'affiche privilégie?
b. Qu'est-ce qu'elle ne montre pas?
c. Quelles informations donne-t-elle au public?
d. Aimez-vous cette affiche? Vous donnerait-elle envie de voir le film?

4 Sous-titres

Le dialogue suivant a lieu vers la fin du film, entre Horstmayer et Audebert. Comparez l'original en français et les sous-titres en anglais, puis répondez aux questions:

1	Cette fois-ci, je crois qu'on va en rester là.	*This time we leave it at that.*
2	J'ai été heureux de vous connaître.	*It was nice knowing you.*
3	Peut-être qu'en d'autres circonstances on aurait pu…	*Perhaps in other circumstances we could have…*
4	On aurait pu peut-être, ouais.	*Perhaps.*
5	Mais peut-être vous viendrez boire un verre rue Vavin, en touriste!	*Yet maybe a drink in Rue Vavin, as a tourist!*
6	Ouais. Ca serait chouette. C'est comme ça qu'on dit, non?	*Yes. That would be "smashing". Is that how you say?*
7	Ouais. Vous connaissez mieux le français que moi l'allemand.	*Yes. Your French beats my German.*
8	Je n'ai pas de mérite. Votre femme n'est pas allemande.	*No merit in that. Your wife is not German.*
9	Alors, bonne chance.	*Well… Good luck.*
10	Toi aussi.	*You, too.*

a. Dans l'ensemble, ce film était-il facile à sous-titrer? A quelles difficultés particulières a-t-il fallu faire face?

b. 5ème réplique: Quelle faute remarquez-vous dans la phrase française?

c. 8ème réplique: Quelle erreur (de prononciation ou de vocabulaire) Horstmayer fait-il?

d. 10ème réplique: Ce sont les derniers mots qu'Audebert et Horstmayer échangent. Quel changement frappant remarquez-vous? Qu'est-ce qui justifie ce changement? Le retrouve-t-on dans le sous-titre anglais?

AFFINEZ VOTRE ESPRIT CRITIQUE

1 Crédibilité

Plusieurs aspects du film semblent difficiles à croire, notamment:

a. La vie dans les tranchées: Le sort des soldats n'est pas enviable, mais leurs conditions de vie sont moins difficiles que celles qui ont souvent été rapportées. Ils se plaignaient beaucoup du froid, de la boue, des rats et des maladies. Est-ce évident dans le film?

b. La présence d'Anna: Est-il probable qu'une femme ait pu accéder à la ligne de front?

c. La fuite des amoureux: Est-il possible que les Allemands acceptent de laisser partir Sprink et que les Français cachent le couple?

2 Bons sentiments

Certains critiques ont trouvé que le film avait trop de bons sentiments. Qu'en pensez-vous?

3 Refus de l'armée française de collaborer à la réalisation

Carion a demandé de tourner sur des terrains militaires et l'Armée a refusé. Comprenez-vous cette décision?

4 Intentions du réalisateur

A votre avis, qu'est-ce que Christian Carion espérait accomplir? Son objectif était-il de faire un film pacifiste, de raviver des souvenirs, d'éduquer, d'envoyer un message sur les guerres actuelles?

5 Critiques

a. Pensez-vous, comme Jean-Luc Douin du *Monde* (8 novembre 2005) que "ce film pâtit d'un certain angélisme"?

b. Pour Louis Guichard, "c'est assurément une chose saisissante que des ennemis improvisent une paix éphémère et clandestine, renvoyant le conflit à son absurdité" (*Télérama*, 9 novembre 2005). Pensez-vous, comme lui, que les fraternisations montrent que la guerre est absurde?

POUR ALLER PLUS LOIN

1   Parallèles avec d'autres films

1. **Armée:** Dans *La veuve de Saint-Pierre* et *Joyeux Noël*, des militaires s'opposent à leurs supérieurs hiérarchiques. Le Capitaine refuse de coopérer avec les autorités pour assurer l'exécution de Neel et les lieutenants français, écossais et allemand observent une trêve qui n'est pas du tout du goût de l'état major. Quelles en sont les conséquences?

2. **Films multilingues:** *Inch' Allah dimanche*, *Joyeux Noël*, *Welcome* et *Les femmes du 6e étage* sont en français mais aussi en arabe, en anglais, en allemand, en kurde et en espagnol. Quels problèmes particuliers cela pose-t-il au réalisateur?

2   La région aujourd'hui

Vous allez faire des recherches pour découvrir comment la région se souvient des années de guerre. Utilisez les mots "Somme", "Verdun", "Picardie" et "Lorraine" et cherchez les musées, les cimetières, les monuments, les associations, les conférences, les visites guidées, les chemins de mémoire.

3   Imaginez!

Imaginez ce que le film ne dit pas. Choisissez un des sujets ci-dessous et écrivez une composition.

- Journal intime de Jonathan, le jeune Ecossais: Jonathan tient un journal dans lequel il raconte le départ pour la France, la mort de William, la veille de Noël et le jour de Noël. Insistez bien sur ses sentiments et son opinion.

- Lettre du prêtre écossais: Palmer écrit à sa sœur juste après son altercation avec l'évêque. Il lui raconte ce qui s'est passé, et surtout il lui confie ce qu'il a décidé de faire. Va-t-il rentrer chez lui? Avec quel objectif? A-t-il défroqué? Va-t-il s'engager comme soldat? A-t-il une autre idée? Ecrivez une lettre qui reflète le caractère et les opinions de Palmer.

- Interview des chanteurs après la guerre: Un grand journal (vous en choisissez la nationalité en étant conscient de son influence sur le contenu de l'entretien) veut savoir ce que les chanteurs ont fait après le 25 décembre 1914. Imaginez le dialogue. Vous pouvez inventer ce que vous voulez pourvu que cela ait du sens avec l'époque et le contexte de guerre.

- Souvenirs de la femme française du lieutenant allemand: Dans les années 60, les petits-enfants Horstmayer demandent à leur grand-mère de leur raconter la guerre de son point de vue. Comment l'a-t-elle vécue? Comment était-elle traitée? A-t-elle pu rester à Paris? Qu'est-ce qui était particulièrement difficile?

- Livre d'un soldat: Un des soldats (français, écossais ou allemand) est devenu écrivain après la guerre. Il a écrit un livre sur son expérience et consacré tout un chapitre aux fraternisations de Noël 14. Il raconte ce qui s'est passé et insiste sur l'importance que ces moments d'amitié ont eu à moyen et long terme sur lui. Ecrivez son chapitre.

4 Chanson

Allez sur YouTube pour écouter et regarder le clip de "Pipes of Peace" de Paul McCartney. Qu'est-ce que la chanson et les images nous racontent?

5 Lectures

1. **Lettre de soldat: La trêve de Noël 1914 vue par un caporal français**

   Marcel Decobert est né en 1893 à Paris. Il raconte à ses parents son expérience de la trêve de Noël 1914.

"Le 26.12.14
Mes chers Parents,

Encore 36 heures de tranchées de faites, mais celles-ci se sont passées dans des conditions particulières que je vais vous raconter.

Nous étions cette fois à 25 m des tranchées allemandes, que nous distinguions très nettement. Ceux que nous relevions[1] nous dirent: depuis 36 heures que nous sommes là ils n'ont pas tiré un seul coup de fusil pour ne pas être ennuyés par une fusillade inutile. C'était sensément un accord entre nous et eux.

Dans la journée, j'avais entendu dire qu'ils nous avaient causé[2], échangé des journaux, des cigarettes même. Je ne voulais le croire tant que je n'en aurais pas eu la preuve par moi-même.

Au jour, je risque vivement un œil par dessus la tranchée, enhardi[3] par le calme qui régnait des 2 côtés. Je recommence à regarder plus attentivement. A mon grand étonnement, j'aperçois un Bavarois[4] (car ce sont eux qui étaient en face de nous) sortir de sa tranchée, aller au devant d'un des nôtres qui lui aussi avait quitté la sienne et échanger des journaux et une solide poignée de main. Le fait se renouvela plusieurs fois dans le courant du jour. Un Alsacien[5] qui se trouvait près de nous échangea avec eux une courte conversation par laquelle les Bavarois lui apprirent qu'ils ne voulaient plus tirer un coup de fusil, qu'ils étaient toujours en première ligne et qu'ils en avaient assez. Ils nous ont prévenus qu'ils seraient bientôt relevés par les Prussiens et qu'alors il faudrait faire bien attention, mais qu'avec eux il n'y avait rien à craindre. En effet, ça fait 4 jours qu'à 25 m l'un

Souvenez-vous qu'il était difficile de rendre compte des fraternisations par lettre, car les soldats avaient peur d'être censurés. Ils cherchaient surtout à communiquer avec leur famille et ne tenaient pas à prendre des risques. On a donc peu de documents écrits.

1 replacing
2 chatted
3 emboldened
4 a soldier from Bavaria
5 a soldier from Alsace
(region in Eastern France, close to Germany)

de l'autre il ne s'est pas échangé un seul coup de fusil.

Nous étions amis des 2 côtés, bien sincères, et quand notre artillerie tirait sur leur ligne nous étions ennuyés pour eux et s'il avait fallu aller à l'assaut[6] de leurs tranchées, je ne sais pas ce qui se serait passé.

Dans la dernière attaque que nous avions faite, une vingtaine de nos morts sont restés, à quelques pas de leurs tranchées. Très poliment, un officier nous invita à aller les chercher, et que nous pouvions être certains. Nous avons refusé ... Ils ont soigné nos blessés sans les faire prisonniers, l'un d'eux fut soigné pendant 5 jours. Vers le soir, c'était le 24, un Bavarois remit une lettre que notre Capitaine conserve précieusement, elle était conçue ainsi, autant que je m'en rappelle: "Chers Camarades, c'est demain Noël, nous voulons la paix. Vous n'êtes pas nos ennemis. Ils sont de l'autre côté (probablement les Anglais). Nous admirons la grande Nation Française. Vive la France, bien des salutations. Signé: les Bavarois dits les "Barbares"

Juges...

La nuit vient interrompre nos échanges amicaux et minuit approche.

Tout à coup, tout près de nous on entend chanter au son de flûtes et d'un harmonium. C'étaient les Bavarois qui fêtaient Noël. Quelle impression! D'un côté des chants religieux, de l'autre la fusillade, et tout ça sous un beau clair de lune en pleins champs, tout recouverts de neige. Quand ils eurent fini nous poussâmes des hourrah, hourrah ...

A notre tour, le Capitaine le 1er, nous entonnâmes[7] d'une seule voix: Minuit Chrétien, puis il est né le Divin Enfant. Ils nous écoutèrent, puis eux poussèrent des applaudissements et des bravos. Enfin, trois qui savaient très bien l'Allemand chantèrent deux cantiques en chœur avec les Bavarois.

On m'aurait raconté cela je ne l'aurais pas cru, mais les faits sont là et ils se produisent un peu partout, mais malheureusement, ne serviront à rien. [...]|

...Cette lettre vous parviendra peut être l'année prochaine, dans cette circonstance je m'empresse de vous offrir mes meilleurs vœux pour 1915. J'espère que cette année reconstituera tout ce que 1914 a détruit, bonheur, foyers[8] et espérances, et qu'elle apporte la paix, le travail et la récompense tant méritée par les sacrifices que cette guerre nous a forcés à faire.

J'aurais voulu vous écrire hier, mais nous avons été obligés d'aller nous réfugier dans la cave, à cause des percutants qui tombaient dans Villers aux Bois, petit pays où nous nous reposons, avant d'aller aux tranchées. [...]

Merci encore de toutes vos bontés. Recevez, mes chers Parents, mes meilleurs vœux de bonheur et de santé pour la nouvelle année et mes plus sincères baisers [...].

Votre fils qui vous aime."

Marcel Decobert, lettre à ses parents, Document multigraphié intitulé "F.M. Franchise Militaire" confectionné par AXO Service PAU au 2° trimestre 1986 sur commande de la famille. Il contient, après une courte introduction par les fils de l'auteur (André et Jacques), un extrait des lettres conservées par sa jeune sœur (Madeleine), courant sur la période août 1914–août 1915 période de la deuxième hospitalisation de ce caporal après blessure.

6 to attack
7 started to sing
8 homes

1. Quel est le ton général de la lettre?
2. Comment ses parents vont-ils réagir en la lisant?
3. En quoi les scènes décrites dans la lettre sont-elles différentes de celles du film?

2. **Interview du réalisateur**

Le mensuel *Historia* a consacré un long dossier au film et s'est entretenu avec Christian Carion en novembre 2005.

Le temps d'une nuit, les soldats de 1914 ont fait l'Europe

Historia - *L'idée du film* Joyeux Noël *remonte à votre enfance...*
Christian Carion - Je suis né près de Bapaume où mon père exploitait une trentaine d'hectares. Dans cette région, on compte de très nombreux cimetières militaires britanniques. Quand vous êtes enfant, ce sont des lieux qui vous marquent. Ils sont dans un état impeccable: le fameux gazon anglais. C'aurait[1] pu être des aires de jeu, mais l'on nous expliquait pourquoi ils se trouvaient au milieu des champs: les Anglais étaient enterrés là où ils tombaient. Mon père cultivait un champ avec soixante tombes au milieu, ce qui obligeait à quelques manœuvres au moment des labours et des récoltes.

H. - *Comment avez-vous eu connaissance de l'épisode de fraternisation?*
Ch. C. - Il y a dix ans, je suis tombé par hasard sur un livre d'Yves Buffetaut, *Batailles de Flandres et d'Artois, 1914-1918* (Guides Historia/Tallandier), qui racontait les combats dans le secteur de mon enfance. Dans cet ouvrage, il y avait une page sur l'incroyable Noël de 1914. J'ai été fasciné de lire qu'un match de foot avait été organisé entre adversaires (les Britanniques avaient toujours un ballon dans leur sac) et qu'un ténor allemand avait chanté dans la nuit de Noël, puis était sorti de la tranchée et s'était avancé vers les soldats ennemis qui avaient applaudi.

Je suis entré en contact avec Yves Buffetaut et nous avons mené une enquête au War Museum de Londres, aux archives de l'armée française à Vincennes, et à Nanterre où est encore conservée une partie des archives allemandes.

H. - *Quelles étaient les archives les plus importantes?*
Ch. C. - Les archives anglaises. Les Britanniques ont un rapport à cette guerre complètement différent du nôtre. A l'époque, les Français étaient dans la revanche; c'était presque passionnel. Les Anglais, eux, n'étaient pas vraiment concernés par l'Alsace et la Lorraine. Mais, à partir du moment où les armées allemandes ont envahi la Belgique, les Britanniques ont décidé de franchir la Manche[2], non pas pour libérer les Belges, mais pour empêcher les Allemands d'accéder à la mer du Nord, aussi vitale pour eux que la Méditerranée l'était pour Rome dans l'Antiquité.

H. - *Quels enseignements avez-vous tiré de ces archives?*
Ch. C. - A travers les lettres, les documents militaires, les journaux de l'époque, les photos, je voulais rassembler les anecdotes et comprendre l'état d'esprit des soldats. En plusieurs endroits, indépendants les uns des autres, des soldats ont fraternisé. Mais j'étais persuadé qu'on n'arriverait pas à faire un film uniquement sur des faits, si incroyables soient-ils. D'où un deuxième travail, plus difficile, de création. J'ai donc imaginé des personnages, français, britanniques et allemands pour les placer dans une situation de fraternisation qui avait réellement existé. D'autres personnages m'ont été inspirés par des lectures, comme le lieutenant Audebert (interprété par Guillaume Canet) trouvé dans le superbe livre de Maurice Genevoix, *Ceux de 14.*

H. - *Vous avez tout rassemblé en un seul lieu et en une seule date, 1914, pourquoi?*
Ch. C. - D'autres tentatives[3] de fraternisations ont effectivement eu lieu

Christian Carion et ses acteurs

1 =cela aurait
2 the English Channel
3 attempts

en 1915. Mais les états-majors avaient retenu la leçon. En 1914, ils avaient été pris de cours.[4] Alors, en 1915, ils ont fait bombarder les secteurs où ils jugeaient les hommes susceptibles de fraterniser, ou bien ils y ont envoyé des types très durs. Il faut comprendre que Noël 1914 est vraiment un moment particulier: la guerre n'a commencé que depuis cinq mois et le paysage ressemble encore à ce qu'il était avant le conflit. Ce n'est pas le décor lunaire qui apparaît à partir de1916-1917 après les vagues de bombardements. Ca m'intéressait de montrer quelque chose qui ne soit pas de l'imagerie classique, si l'on peut dire, de Verdun. J'ai vu beaucoup de films sur 14-18: je savais que décembre 1914 n'était en rien comparable à ces reconstitutions.

H. - *Vous voulez construire un monument à la mémoire de ces soldats, pourquoi?*

Ch. C. - L'association Noël 14, présidée par Bertrand Tavernier, a acheté un terrain à Neuville-Saint-Vaast, à quelques kilomètres d'Arras. Parce que c'est là qu'un soldat français, Louis Barthas, a écrit: "Qui sait! Peut-être un jour sur ce coin de l'Artois on élèvera un monument pour commémorer cet élan de fraternité [...]." Je suis fasciné par cet homme capable d'imaginer ces mots au début de la guerre. Ca m'émeut aux larmes que des gens qui se tuent, suspendent le conflit, à la faveur de deux ou trois bougies, quelques sapins et un peu de neige. Je trouve ça magique. J'ai donc voulu porter à l'écran mon émotion en espérant la faire partager. J'ai voulu également comprendre, en lisant les documents et les lettres, l'état d'esprit des soldats. Ils ne fraternisent pas par rébellion. Ce ne sont pas des lâches.[5] Les soldats français et allemands qui sont sur le terrain comprennent, contrairement à leurs états-majors, qu'ils vivent la même chose. Ils se sentent solidaires. Ce sont des personnes ordinaires, un boulanger, un coiffeur, qui ont décidé cette fraternisation, sans leur hiérarchie. Le temps d'une nuit, ils ont fait l'Europe des peuples. Ensuite, après deux guerres et d'immenses massacres, les politiques ont entrepris de construire l'Europe.

En m'intéressant aux fraternisations, j'ai compris aussi pourquoi et comment cette guerre avait été entièrement décidée par le pouvoir politique en Allemagne, en France et en Grande-Bretagne. Le commun des mortels[6] ne la voulait pas. Nombre d'historiens affirment désormais qu'à Noël 1914, on pouvait trouver la paix. Benoît XV, le pape de l'époque, appelait de tous ses vœux un accord à la faveur de Noël. C'était alors réalisable. Il ne fut pas entendu. Parce que les trois puissances politiques ne le voulaient pas.

Propos recueillis par François Quenin pour Historia

4   taken by surprise
5   cowards
6   the average person

1. Comment Christian Carion a-t-il travaillé pour préparer son film?
2. Pourquoi les Anglais et les Français voyaient-ils la guerre différemment?
3. En quoi Noël 14 est-il différent de ceux qui ont suivi?

L e fabuleux destin d'Amélie Poulain

Présentation du film

Amélie est serveuse dans un bar de Montmartre. Elle mène une vie simple et tranquille jusqu'au jour où le hasard l'amène à rendre un inconnu heureux. Elle décide alors de réparer incognito la vie des autres, sans se soucier de son propre bonheur. Jusqu'à ce qu'elle rencontre Nino, un garçon séduisant et mystérieux...

Carte d'identité du réalisateur

Jean-Pierre Jeunet a noté des fragments d'histoires, des anecdotes, des idées pendant 25 ans avant de tourner *Le fabuleux destin d'Amélie Poulain* !

Jean-Pierre Jeunet: Né en 1955, il s'est d'abord illustré dans la publicité et les courts-métrages (César en 1981 et 1991 pour deux courts-métrages). Avec Marc Caro, il a réalisé *Delicatessen* (1991), une comédie macabre qui a remporté un grand succès, puis *La cité des enfants perdus* (1995), un conte fantastique très original. Il est ensuite parti pour Hollywood et y a réalisé *Alien, la résurrection* en 1997, puis est rentré en France pour *Le fabuleux destin d'Amélie Poulain* (2001). Il a changé de registre en 2004 avec *Un long dimanche de fiançailles*, une grande fresque historique dans laquelle il a retrouvé Audrey Tautou. Son dernier film, *Micmacs à tire-larigot* (2009), renoue avec la comédie et l'humour.

Carte d'identité des acteurs

Audrey Tautou: Née en 1978, elle a reçu le César du meilleur espoir féminin en 1998 pour son rôle dans *Vénus Beauté (Institut)*. Elle a ensuite joué dans plusieurs films mais c'est le rôle d'Amélie qui l'a rendue célèbre. Depuis, parmi les propositions qui affluent, elle a choisi *L'auberge espagnole* (2002), *Dirty Pretty Things* (2002), *Pas sur la bouche* (2003), *Un long dimanche de fiançailles* (2004), *Les poupées russes* (2005) et *The Da Vinci Code* (2006). Après cette expérience américaine, elle a choisi, entre autres, un film intimiste (*Ensemble, c'est tout*, 2007), le biopic *Coco avant Chanel* (2009) et le drame *Thérèse Desqueyroux* (2012).

Mathieu Kassovitz: Né en 1967, il s'est passionné très tôt pour le cinéma. Il est à la fois acteur et réalisateur et doué pour les deux. Comme acteur, il a été remarqué dans *Un héros très discret* (1995), *Amen* (2002) et *Munich* (2005). Les films qu'il signe sont contemporains, engagés et violents: *Métisse* (1993), *La haine* (1995), *Assassin(s)* (1997), *Les rivières pourpres* (2000), *Gothika* (2003), *Babylon A.D.* (2008) et *L'ordre et la morale* (2011). Il joue dans presque tous ses films.

L'heure de gloire

Le fabuleux destin d'Amélie Poulain a connu un immense succès public et critique. Il a été remarqué aux César (meilleur film, meilleur réalisateur, meilleure musique, meilleur décor), aux Golden Globes (Nomination pour le Golden Globe du meilleur film étranger), aux Oscars (cinq nominations aux Oscars, dont celle du meilleur film en langue étrangère). C'est le film français ayant obtenu le plus de nominations de toute l'histoire des Oscars. Il a aussi reçu d'innombrables prix dans le monde entier..

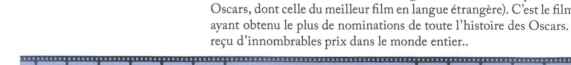

PREPARATION

1 Vocabulaire

Vocabulaire utile avant de voir le film:

Vous connaissez déjà certains des mots de la liste. Ils sont notés pour que vous les révisiez. Vous devez savoir ce vocabulaire par cœur, avec les genres pour les noms, les prépositions pour les verbes et les orthographes difficiles. Observez bien les exemples, ils vous aideront à vous exprimer correctement.

Les noms

un(e) serveur (-euse): *a waitress**
un bar-tabac: *a café with a cigarette counter***
un poisson rouge: *a goldfish*
une boîte: *a box*
un(e) locataire: *a tenant*
un(e) voisin(e): *a neighbor*
un(e) épicier (-ère): *a grocer*
un photomaton: *a photo booth / a (photo booth) photo*
une lampe de chevet: *a bedside lamp*
un album photos: *a photo album*
un nain de jardin: *a gnome*
un jeu de piste: *a treasure hunt*
une cabine téléphonique: *a phone booth*
un stratagème: *a stratagem*
un vélomoteur: *a moped*

une sacoche: *a saddlebag*
la levure: *yeast*
un but: *a goal*
une vocation: *a calling****
un ange gardien: *a guardian angel*
une fée: *a fairy*
un conte de fée: *a fairy tale*
le bonheur: *happiness*
le destin: *destiny*
les effets spéciaux: *special effects*
une scène truquée: *a scene involving special effects*

*Ex : Amélie est serveuse dans un bar (pas d'article devant serveuse !)
**On ne prononce pas le "c" de tabac
***Ex : La vocation d'Amélie, c'est d'aider les autres.

Les verbes

être cardiaque: *to have a heart condition*
tenir qq'un à l'écart: *to hold s.o. back**
écraser: *to crush*
faire des ricochets: *to skim stones*
découvrir: *to discover*
appartenir à qq'un: *to belong to s.o.***
collectionner: *to collect*
cacher: *to hide*
jouer à cache-cache avec qq'un: *to play hide-and-seek with s.o.*

manipuler: *to manipulate*
améliorer: *to improve*
faire qqch à l'insu de qq'un: *to do sth without s.o.'s knowing***
tomber amoureux(-euse) de: *to fall in love with*
être sans prétentions: *to be unassuming*

*Ex : Il a tenu sa fille à l'écart du monde.
**Ex : L'album appartient à Nino. Il lui appartient.
***Ex: Elle glisse un papier dans la poche de Nino à son insu.

Les adjectifs

solitaire: *solitary*
veuf (-ve): *widowed*
naïf (-ve): *naïve*
idéaliste: *idealistic*
idéalisé(e): *idealized*
(in)fidèle: *(un)faithful*
jaloux (-ouse): *jealous*
généreux (-se): *generous*
ludique: *playful*

déterminé(e): *resolute*
lâche: *cowardly*
romantique: *romantic*
touchant(e): *touching*
attachant(e): *endearing*
émouvant(e): *moving*
fantaisiste: *fanciful, whimsical*
décalé(e): *quirky*

Traduisez!

1. Amélie is a waitress in a café in Montmartre. One day she discovers a box that is going to change her life.
2. Her goal is to improve her neighbors' lives without them knowing.
3. She falls in love with Nino, a romantic and endearing young man, who collects photo booth photos.
4. She organizes a treasure hunt in which she plays hide-and-seek with him.

2 Repères culturels

1. Le film se passe à Montmartre, un quartier de Paris. Situez-le sur une carte. Pour quoi ce quartier est-il connu? Qu'est-ce qui le différencie des autres quartiers de Paris?

2. Le père d'Amélie habite à Enghien. Où cette ville se trouve-t-elle?

3. Nino travaille à la Foire du Trône. Qu'est-ce que c'est? Combien de temps dure-t-elle? Est-ce une foire récente? Attire-t-elle beaucoup de visiteurs? (Pour vous aider: www.foiredutrone.com).

4. Dans le film, M. Dufayel peint une reproduction du *Déjeuner des canotiers* de Renoir. Que savez-vous sur ce peintre? Observez bien le tableau (et en particulier la jeune fille au verre d'eau) avant de voir le film.

5. Cherchez dans un dictionnaire français unilingue le sens exact du mot "fabuleux". Ce mot n'a-t-il qu'un sens ou en a-t-il plusieurs?

Renoir, *Le déjeuner des canotiers*

3 Bande-annonce

Faites une recherche sur Google en tapant le titre en français. Regardez la bande-annonce plusieurs fois et répondez aux questions suivantes:

1. Quelle impression avez-vous des personnages?

2. Que savez-vous sur Amélie et Nino?

3. Ecoutez la musique qui accompagne les images. Comment peut-on la décrire?

4. Ces scènes, extraites du film, se passent dans beaucoup de lieux différents. Pouvez-vous en repérer quelques-uns?

5. Remarquez-vous quelques effets spéciaux? Lesquels?

6. A votre avis, de quoi ce film va-t-il parler?

Rue de Montmartre

4 A savoir avant de visionner le film

- Durée: 2h02
- Genre: Comédie féérique et romantique
- Public: Adultes et adolescents ("R" aux Etats-Unis, "Tous publics" en France)
- Tournage: Le film a été tourné presque intégralement à Montmartre. Jean-Pierre Jeunet et son équipe ont méticuleusement nettoyé tous les lieux de tournage (en enlevant les ordures et en effaçant les graffiti) pour rendre les lieux plus magiques.
- Note: Ce film a été un véritable phénomène de société en France et dans le monde. Réfléchissez-y en le regardant. Comment peut-on expliquer un tel engouement?

PREMIERE APPROCHE

1 L'histoire

Le but de cette activité est double:
- Vérifier que vous avez bien compris l'histoire
- Vous préparer à la discussion en classe

Répondez à chaque question en une ou deux phrases. Utilisez le vocabulaire que vous avez appris.

Les personnages

Amélie Poulain
(Audrey Tautou)

Nino Quincampoix
(Mathieu Kassovitz)

Raphaël Poulain
(le père d'Amélie)

M. Dufayel
(le peintre)

Collignon
(l'épicier)

Lucien
(l'apprenti épicier)

Georgette
(la buraliste)

Joseph
(le jaloux)

Madeleine Wallace
(la concierge)

1. **Les parents et l'enfance d'Amélie**
   - Décrivez les parents d'Amélie.
   - Pourquoi Amélie ne va-t-elle pas à l'école?
   - Quelles conséquences cette vie étrange a-t-elle sur la fillette?
   - Qu'arrive-t-il à la mère d'Amélie?

2. **L'impact d'Amélie sur les autres**
   - Que se passe-t-il dans la nuit du 30 août 1997? Que décide alors Amélie?
   - Comment Amélie se débrouille-t-elle pour que Dominique Bretodeau retrouve sa boîte? Comment réagit-il?
   - Quel stratagème utilise-t-elle pour que Georgette et Joseph s'intéressent l'un à l'autre?
   - Pourquoi Amélie fait-elle refaire la clé de l'appartement de Collignon? Quelle est sa réaction quand il rentre chez lui?
   - Décrivez les réactions de M. Poulain quand il reçoit les photos du nain de jardin en voyage. Pourquoi et comment Amélie envoie-t-elle ces photos?

3. **Nino**
   - Que trouve Amélie dans la sacoche du vélomoteur de Nino?
   - Qu'est-ce qu'Amélie apprend sur Nino quand elle va au sex-shop?

4. **La relation Amélie-Nino**
   - Comment Amélie rencontre-t-elle Nino Quincampoix?
   - Décrivez le jeu de piste préparé par Amélie pour rendre l'album à Nino. Pourquoi ne le lui rend-elle pas plus simplement?
   - Comment Nino et Amélie communiquent-ils sans se parler?
   - Pourquoi Amélie ne se montre-t-elle pas au rendez-vous Gare de l'Est, le mardi à 17h?
   - Pourquoi Amélie n'ouvre-t-elle pas la porte à Nino?
   - Que trouve Amélie dans sa chambre? Qui a préparé cela? Que dit M. Dufayel?
   - Pourquoi Nino est-il derrière sa porte? Est-ce clair?

5. **Le temps**
   - Combien de temps cette histoire a-t-elle pris?

2 Analyse d'une photo

1. Où et à quel moment cette scène se passe-t-elle?
2. Que fait Amélie?
3. De quoi rêve-t-elle?
4. Cette image est-elle réelle? Quel procédé le réalisateur a-t-il utilisé?

3 Analyse de citations

Analysez les citations suivantes en les replaçant dans leur contexte :

1. Voix off: "Si ça le touche, elle décide de se mêler de la vie des autres".
2. La collègue de Nino: "Les temps sont durs pour les rêveurs".
3. M. Dufayel: "Vous savez la chance, c'est comme le Tour de France. On l'attend longtemps et puis ça passe vite. Alors, quand le moment vient, il faut sauter la barrière sans hésiter".

APPROFONDISSEMENT

1 Vocabulaire

Enrichissez votre vocabulaire!

Le but de cette deuxième liste est d'élargir votre champ lexical. Ce vocabulaire ciblé sur des thèmes du film va vous permettre d'enrichir votre style.

Le bonheur

a joie: *joy*
la gaieté: *cheerfulness*
le plaisir: *pleasure*
(mal)heureux (-se): *(un)happy*
heureux comme un poisson dans l'eau: *happy as a clam*
joyeux (-se): *cheerful*
gai(e): *cheerful, happy*

gai(e) comme un pinson: *happy as a lark*
porter bonheur: *to bring luck*
un porte-bonheur: *a lucky charm*
par bonheur = heureusement: *fortunately*
faire le bonheur de qq'un: *to make s.o. happy*
nager dans le bonheur: *to be overjoyed*
proverbe: l'argent ne fait pas le bonheur: *money can't buy happiness*

> Question: Puisque l'adjectif de "malheur" est "malheureux", pourquoi l'adjectif de "bonheur" n'est-il pas "bonheureux"?
> Réponse: Ces mots viennent du bas latin "augurium" (présage, augure) dont on a fait "heur" (destin). Ce mot, "heur", n'étant ni positif ni négatif, on a formé deux mots: bonheur et malheur. Petit à petit, le mot "heur" a pris un sens positif.
> Résultat: malheur → malheureux
> heur → heureux ("bon" n'était pas nécessaire).

Paris

a capitale: *the capital city*
un quartier: *a neighborhood*
un arrondissement: *a district (Paris est divisé en 20 arrondissements)*

la banlieue: *the suburb*
un(e) Parisien(ne): *a Parisian*
un(e) habitant(e): *an inhabitant*
un(e) citadin(e): *a city person*
une maison individuelle: *a single family house*
un appartement: *an apartment*

un immeuble: *a building*
une rue piétonne: *a pedestrian street*
une place: *a square*
une église: *a church*
un musée: *a museum*
un pont: *a bridge*
une île: *an island*
une station de métro: *a subway station*
un arrêt de bus: *a bus stop*
une gare: *a train station*
une carte: *a map*
la périphérie: *the outskirts*
le (boulevard) périphérique: *the beltway*
la banlieue: *the suburbs*

Le saviez-vous?

A l'époque romaine Paris s'appelait Lutèce. Ses habitants étaient les Parisii.

Métro Abbesses

Mise en pratique du vocabulaire:

Ecrivez 5 phrases dans lesquelles vous utilisez au moins 10 mots de la liste ci-dessus.

2 Réflexion - Essais

Ces questions vont vous permettre d'approfondir l'étude du film. Ecrivez un paragraphe pour chacune, en utilisant le vocabulaire du chapitre et en soignant votre expression (vérifiez votre orthographe et votre grammaire). En faisant ce travail, vous vous préparez à la prochaine composition.

A savoir

L'idée du nain de jardin qui voyage n'a pas été inventée par Jeunet. En 1996, un groupe appelé le Front de Libération des Nains de Jardins a commencé à opérer et de nombreux nains ont été déplacés. Le but n'était pas de les voler, juste de leur rendre leur liberté ! Ils étaient alors déposés dans la nature et un mot était laissé dans la boîte aux lettres des propriétaires pour qu'ils puissent aller les chercher.

1. Faites le portrait d'Amélie et de Nino, en les comparant. Qu'ont-ils en commun? Qu'est-ce qui les rapproche?

2. Comment Amélie change-t-elle la vie de son père, ainsi que celle de Georgette, Joseph, Madeleine Wallace et Collignon? Réussit-elle à résoudre leurs problèmes?

3. Trouvez-vous que les interventions d'Amélie sont morales? Elle ment à Georgette, Joseph et Mme Wallace, son père s'angoisse et Collignon croit devenir fou. Ces "inconvénients" se justifient-ils, puisque c'est pour la bonne cause? Amélie va-t-elle trop loin?

4. Suzanne (la patronne du café), Gina (la serveuse), Philomène (l'hôtesse de l'air), Eva (l'employée du sex-shop, collègue de Nino) aident Amélie à faire le bonheur des autres. Quel rôle ont-elles exactement? Amélie pourrait-elle se débrouiller sans elles?

5. Quel rôle M. Dufayel a-t-il dans la vie d'Amélie? Pourquoi l'observation du tableau est-elle si importante?

6. Quel personnage a le plus changé entre le début et la fin?

7. Quelle importance peut-on accorder aux lieux (Paris – Montmartre)? L'histoire serait-elle la même ailleurs, dans une autre ville, un autre quartier, où est-ce que le lieu joue un rôle?

8. Qu'est-ce que les personnages cachent ou se cachent, cherchent et découvrent au fur et à mesure du film? Remplissez le tableau suivant en séparant les choses concrètes (ex: la boîte de M. Bretodeau) de celles qui sont plus abstraites (ex: l'amour):

	Concret	Abstrait
ils (se) cachent		
ils cherchent		
ils découvrent		

9. Cette histoire est-elle possible? Qu'est-ce qui est impossible?

3 Analyse d'une scène: les flèches bleues (1:12:52 à 1:17:15)

> **Vocabulaire spécifique à cette scène**
>
> un manège (*a merry-go-round*) • une flèche (*an arrow*) • monter / descendre l'escalier (*to go up / down the stairs*) • en haut (*at the top*) • en bas (*at the bottom*) • des jumelles (*a viewfinder*)

A. Ecoutez

1. Quels bruits entend-on au début de la scène? Quelle impression cela donne-t-il?
2. Comparez ce qu'on entend quand Nino monte l'escalier et quand il descend. Pourquoi est-ce si différent?
3. Quel effet les paroles d'Amélie doivent-elles avoir sur Nino, déjà perplexe? A quelle scène fait-elle référence quand elle dit "Quand les jeunes filles se font faire le portrait, il se penche à leur oreille et fait "ouh…" en leur caressant tout doucement la nuque"? Est-ce que Nino comprend la référence?

B. Observez

1. Faites une pause sur le tout premier plan. Que voit-on?
2. Quels sont les éléments qui rendent la scène ludique?
3. Quels sont les différents sentiments que le visage de Nino exprime tout au long de la scène?
4. Quel rôle ont la jeune femme qui répond au téléphone, le petit garçon, et l'homme-statue?
5. Qu'est-ce que la caméra fait pour que la scène soit dynamique?
6. Qu'est-ce que le visage d'Amélie révèle à la fin de la scène quand elle enlève ses lunettes de soleil?

C. Cette scène dans l'histoire

Qu'est-ce que cette scène apporte à l'histoire? Qu'est-ce qu'elle change pour Nino et Amélie?

D. Langue

1. Etre en train de + infinitif / venir de + infinitif / aller + infinitif

Complétez les phrases suivantes en utilisant les verbes ci-dessus.

Ex : Quand Nino descend les escaliers, Amélie est <u>en train de</u> mettre l'album dans sa sacoche.

a. Etre en train de + infinitif (attention aux temps!)
- Quand le téléphone a sonné, le manège…
- Quand Nino montait les escaliers, les oiseaux …
- Quand Nino est en haut, les cloches du Sacré-Cœur …

b. Venir de + infinitif
- Quand Nino arrive au rendez-vous, Amélie …
- A la fin, Nino est perplexe car il …
- Quant à Amélie, elle …

c.   Aller + infinitif
  • Une dame répond au téléphone mais elle …
  • Nino ne sait pas quoi faire en arrivant en haut mais le petit garçon …
  • Quand Nino regarde dans les jumelles Amélie …

2. **Les déterminants**

Remplacez les tirets par le déterminant qui convient:
  • Adjectifs démonstratifs (ce, cet, cette, ces)
  • Pronoms démonstratifs (celui, celle, ceux, celles)
  • Pronoms neutres (ce, cela/ça, ceci)

_____ scène se passe à Montmartre. _____ est le moment où Nino suit les flèches pour retrouver son album. _____ semble difficile à croire, mais Amélie a organisé _____ jeu de piste, elle a peint _____ flèches bleues (_____ qui sont par terre), elle a donné rendez-vous à _____ qu'elle aime, tout _____ au lieu de lui rendre simplement _____ album. Amélie, c'est _____ qui se cache car elle a trop peur de parler à Nino. Evidemment, Nino est confus mais _____ est un rêveur. Il n'est pas comme _____ de son âge qui sont proches de la réalité. _____ fille l'intéresse et il lui demande _____ : "Vous êtes qui?" Amélie répond partiellement à _____ question en indiquant une page de l'album, _____ où elle a collé sa photo. Nino ne connaît toujours pas son identité, mais _____ est _____ qui est amusant!

3. **Le passé**

Amélie raconte la scène à son amie Gina. Conjuguez les verbes au passé composé, à l'imparfait ou au plus-que-parfait.

Hier, je/j'_____ (donner) rendez-vous à Nino en scotchant un mot sur son vélomoteur. Tout _____ (bien se passer). Il _____ (être) 5h quand il _____ (arriver). Je/_____ (appeler) le numéro de la cabine et une dame _____ (répondre). Je _____ (ne pas prévoir) que quelqu'un d'autre répondrait mais elle _____ (apercevoir) Nino et _____ (lui passer) le téléphone. Je _____ (voir) bien qu'il _____ (être) surpris mais il _____ (commencer) à suivre les flèches. Je _____ (rester) en bas car je _____ (vouloir) être près du vélomoteur. Quand il _____ (arriver) en haut, il _____ (hésiter) mais il _____ (comprendre) qu'il _____ (devoir) regarder dans les jumelles. Comme je _____ (lui dire) d'avoir une pièce de 5 francs avec lui, il _____ (la sortir) de sa poche et _____ (la mettre) dans la machine. Quand il _____ (me voir) avec l'album, il _____ (se mettre) à courir à toute vitesse mais je _____ (se cacher) avant qu'il n'arrive en bas. Il _____ (être) ravi d'avoir retrouvé son album mais il _____ (se demander) bien qui _____ (le mettre) dans le sac. J'espère que mes photos _____ (l'étonner)!

E.   **Comparaison avec une autre scène**

Comparez cette scène avec celle où Nino vient au Café des Deux Moulins (1:36:02 après le début). Dans les deux scènes, Amélie a donné rendez-vous à Nino. Elle l'attend, il vient, le plan fonctionne. Pourtant, elle n'a pas du tout la même attitude dans la 2ᵉ scène. Pourquoi? Comment chaque scène se termine-t-elle?

F. **Sketch**

Imaginez que la scène se soit passée différemment: Nino retrouve
Amélie et l'aborde. Imaginez leur conversation. Quelles questions
Nino lui pose-t-il? Est-ce qu'Amélie nie tout, avoue tout? A-t-elle une
idée pour envoyer Nino sur une fausse piste? Ecrivez leur dialogue et
jouez-le avec un(e) camarade.

LE COIN DU CINEPHILE

1 Première / dernière scène

Comparez la première et la dernière scène. Qu'ont-elles en commun?
Quels sont les personnages présentés au début du film? Qui est présent
à la fin? Qu'est-ce qui a changé pour eux?

2 Images et musique

Jean-Pierre Jeunet a embelli le film en travaillant les images (lumière,
couleurs, effets spéciaux) et en demandant à Yann Tiersen de composer
une musique originale. Donnez des exemples de lumière, de couleurs
et d'effets spéciaux qui servent l'intrigue et réfléchissez à la musique.
Accompagne-t-elle bien l'histoire et le personnage d'Amélie?
Pourquoi?

3 Sous-titres

Comparez ce dialogue entre M. Dufayel et Amélie et les sous-titres en
anglais, puis répondez aux questions:

1	Vous savez la fille au verre d'eau?	*The girl with the glass…*
2	Si elle a l'air un peu à côté, c'est peut-être parce qu'elle est en train de penser à quelqu'un.	*Maybe her thoughts are with somebody else.*
3	A quelqu'un du tableau?	*Somebody in the picture?*
4	Non, plutôt à un garçon qu'elle a croisé ailleurs. Elle a l'impression qu'ils sont un peu pareils elle et lui.	*More likely a boy she saw somewhere and felt an affinity with.*
5	Autrement dit, elle préfère s'imaginer une relation avec quelqu'un d'absent, plutôt que de créer des liens avec ceux qui sont présents.	*You mean she'd rather imagine herself relating to an absent person than build relationships with those around her?*

a. 1ère réplique: Qu'est-ce qui n'est pas traduit? Pourquoi ces mots-
là ne sont-ils pas traduits?

b. 2ème réplique: Le sous-titre est très concis. Rend-il bien les idées
de l'original en français?

c. 4ème réplique: comparez "Elle a l'impression qu'ils sont un peu
pareils elle et lui" et "and felt an affinity with". Est-ce le même
registre de langue? Est-ce un bon sous-titre? Pourquoi?

d. 5ème réplique: Pourquoi "autrement dit" n'est-il pas traduit par
"in other words"? Pourquoi avoir choisi "you mean"?

AFFINEZ VOTRE ESPRIT CRITIQUE

1 Titre

Que pensez-vous du titre: *Le fabuleux destin d'Amélie Poulain*? Le trouvez-vous bien choisi? Pensez aux différents sens du mot "fabuleux". Ce mot est-il adapté pour décrire le destin et la vie d'Amélie?

2 La carrière américaine du film

1. Aux Etats-Unis, le film s'appelle *Amélie* (ou *Amelie*, sans accent). A votre avis, pourquoi le titre original n'a-t-il pas été traduit? Comment aurait-on pu le traduire? Il avait été question, avant la sortie du film, de l'intituler *Amélie from Montmartre*. Qu'en pensez-vous? Cela aurait-il été un bon titre?

2. b. Vincent Ostria, dans *L'Humanité* du 25 avril 2001, écrit que "Jean-Pierre Jeunet a composé une bluette au style publicitaire, truffée d'effets spéciaux, située dans un Montmartre de carte postale, et sans aucun doute destinée à séduire le public américain friand de pittoresque". Avez-vous l'impression que le réalisateur a voulu vous séduire?

3 Les critiques

1. "L'intention [de Jean-Pierre Jeunet] était d'écrire un film sur la victoire de l'imagination. Qu'il soit léger, qu'il fasse rêver, qu'il fasse plaisir". C'est ce qu'écrit Sophie Delassein dans le *Nouvel-Observateur* du 7 juin 2001. Ce film vous a-t-il fait rêver, vous a-t-il fait plaisir?

2. 2. Isabelle Boucq, quant à elle, commence sa critique dans le *Journal Français* de novembre 2001 ainsi: "Véritable bulle de bonheur cinématographique, *Le fabuleux destin d'Amélie Poulain* reflète le désir actuel de voir la vie en rose". Cela peut-il expliquer le succès phénoménal de ce film, tant en France qu'à l'étranger?

POUR ALLER PLUS LOIN

Renoir, *Bal du Moulin de la Galette*

1 Art

Allez sur le site de la Réunion des Musées Nationaux (www.photo.rmn.fr) ou utilisez Google Images et cherchez les œuvres suivantes:
• Villeneuve: *Vue de Montmartre* (1834)
• Lepine: *Montmartre, rue Saint-Vincent* (19ᵉ siècle)
• Renoir: *Bal du Moulin de la Galette, Montmartre* (1876)
• Van Gogh: *Guinguette à Montmartre: "le Billard en bois" devenu "la Bonne franquette"* (1886)
• Utrillo: *Une vue à Montmartre* (1956)

Que nous montrent-elles de Montmartre? Comment le quartier a-t-il évolué? Comment était Montmartre au 19ᵉ siècle? Qu'est-ce que les tableaux de Renoir et de Van Gogh indiquent sur l'ambiance de Montmartre? Est-ce que le dessin d'Utrillo nous donne l'impression d'être dans une grande ville?

2 Lectures

1. Poèmes

Vous allez comparer deux poèmes qui traitent du bonheur. François Coppée (1842-1908) était un poète populaire qui a décrit Paris et ses faubourgs. D'abord associé au mouvement poétique du Parnasse, il s'est ensuite appliqué à décrire le petit peuple de Paris. Bien qu'élu à l'Académie française en 1884, il est tombé dans l'oubli à la fin de sa vie. Paul Fort (1872-1960) a d'abord écrit pour le théâtre avant de se consacrer à la poésie. Ses poèmes, très nombreux, sont souvent écrits avec des mots simples et certains sont devenus très célèbres. "Le bonheur" a été mis en musique et chanté par Georges Brassens.

> Ces poèmes vont peut-être vous sembler difficiles. Lisez-les plusieurs fois pour en comprendre le sens et pour les apprécier.

Un rêve de bonheur qui souvent m'accompagne

Un rêve de bonheur qui souvent m'accompagne,
C'est d'avoir un logis[1] donnant sur la campagne,
Près des toits, tout au bout du faubourg prolongé,
   Où je vivrais ainsi qu'un ouvrier rangé.[2]
C'est là, me semble-t-il, qu'on ferait un bon livre.
En hiver, l'horizon des coteaux[3] blancs de givre ;[4]
   En été, le grand ciel et l'air qui sent les bois ;
   Et les rares amis, qui viendraient quelquefois
Pour me voir, de très loin, pourraient me reconnaître,
   Jouant du flageolet, assis à ma fenêtre.

François Coppée
Promenades et Intérieurs, 1872

Le bonheur

Le bonheur est dans le pré.[5] Cours-y vite, cours-y vite. Le bonheur est dans le pré, cours-y vite. Il va filer.[6]

Si tu veux le rattraper, cours-y vite, cours-y vite. Si tu veux le rattraper, cours-y vite. Il va filer.

Dans l'ache[7] et le serpolet,[8] cours-y vite, cours-y vite, dans l'ache et le serpolet, cours-y vite. Il va filer.

Sur les cornes[9] du bélier,[10] cours-y vite, cours-y vite, sur les cornes du bélier, cours-y vite. Il va filer.

Sur le flot du sourcelet,[11] cours-y vite, cours-y vite, sur le flot du sourcelet, cours-y vite. Il va filer.

De pommier en cerisier, cours-y vite, cours-y vite, de pommier en cerisier, cours-y vite. Il va filer.

Saute par-dessus la haie, cours-y vite, cours-y vite, saute par-dessus la haie, cours-y vite! Il a filé!

Paul Fort
Ballades françaises, 1917

2.

1ᵉʳ poème:
- De quoi le narrateur rêve-t-il?
- Qui cette personne peut-elle bien être pour faire ce rêve?
  Imaginez-la et faites une brève description de sa vie.

2ᵉ poème:
- Où le bonheur se trouve-t-il?
- A quel animal ressemble-t-il?
- A quel temps est "Il va filer"? Pourquoi?
- Que remarquez-vous à la fin de la dernière strophe?

Comparaison:
- Ces poèmes sont-ils optimistes?
- Quel poème est le plus léger? Justifiez votre point de vue.

1 a dwelling
2 *here:* quiet
3 hillsides
4 frost
5 meadow
6 to go off
7 a type of plant
8 wild thyme
9 horns
10 ram
11 rivulet

Le café des 2 Moulins

Maison Collignon

1 cobblestones
2 street lights
3 breathtaking
4 winding
5 hidden corners
6 took part in
7 have become the idol of
8 French people who live
   outside of Paris
9 tourist office
10 counter
11 Montmartre
12 attractive
13 = cinema
14 sign
15 would watch for
16 nectarines
17 irritates
18 face
19 mischievous
20 in the end
21 the oldest people
22 dwarf
23 character
24 awning

2. L'impact d'Amélie sur Montmartre

L'article suivant, de Danielle Plusquellec, est tiré du *Journal Français* de janvier 2002.

Le Montmartre d'Amélie

Le monde entier connaît Montmartre, ses pavés[1] qui résonnent, l'éclairage de ses célèbres réverbères[2] le soir, ses escaliers abrupts et ses vues à couper le souffle[3] sur les toits de Paris. Malgré le flot de touristes qui s'y déverse tous les jours, il existe encore quelques rues tortueuses[4] entre le Moulin-Rouge et celui de la Galette qui constituent un véritable petit village avec ses habitudes et ses habitués, un savoir-vivre et des recoins[5] au charme intact. Mais voilà, depuis l'immense succès international du film de Jean-Pierre Jeunet *Le Fabuleux Destin d'Amélie Poulain*, il s'est passé un phénomène que personne n'avait prévu: les commerçants et les habitants de la rue Lepic et de celle des Abbesses dont beaucoup étaient partie prenante[6] dans le film sont devenus la coqueluche[7] des touristes étrangers, des provinciaux[8] et des parisiens.

Dépassé par les événements, le syndicat d'initiative[9] du 18e arrondissement a dû ajouter sur la carte de Montmartre, entre le Sacré-Cœur et le Moulin Rouge, un lieu désormais mythique: le café-tabac des Deux Moulins. Avec ses appliques de néons, ses mosaïques jaune citron sur les murs, son zinc[10] en cuivre rouge, [...] le lieu a conservé tout son charme des années 50. Le patron, Claude Labbé, n'est pas encore blasé et raconte volontiers cette folle aventure cinématographique qui l'a précipité dans la célébrité.

Ali Mdoughi a connu lui aussi ce que tout le monde appelle sur la Butte[11] "l'effet Poulain". Patron d'une épicerie pimpante[12] rue des Trois Frères, il est entré fièrement dans la petite histoire du septième art.[13] Sous l'enseigne[14] *Maison Collignon fondée en 1957*, Ali est le maître des lieux depuis trente ans et se considère désormais comme "le gardien du bonheur des gens". Les visiteurs dont l'imagination n'a pas de limite guetteraient[15] presque l'instant où l'héroïne Amélie Poulain viendrait là choisir ses brugnons[16] et ses salades vertes. [...]

Cette nouvelle notoriété du quartier Lepic-Abbesses en agace[17] quelques-uns qui avouent avoir une "overdose" d'Amélie Poulain, dont la frimousse[18] rieuse et malicieuse[19] vous fixe à tous les coins de rue. Amélie? Du bonheur pour les uns mais une "menace" pour certains qui ne voudraient pas que leurs rues mythiques deviennent à la longue[20] comme la place du Tertre, à deux pas de là, trop envahie à leur goût. Mais on peut difficilement résister aux charmes des lieux qui tient à une atmosphère entre la poésie de Prévert et la mélancolie de Trénet. [...]

La rue Lepic évoque un Montmartre du début du siècle. Au n 12, le café Lux Bar possède toujours son décor Belle Epoque. [...] Au n 54, Van Gogh partageait un petit appartement avec son frère Théo. [...] Les plus anciens[21] de ce quartier se souviennent encore qu'ils allaient à l'école communale située au n 62 et qu'à la sortie ils voyaient souvent un nabot,[22] toujours très élégant, remonter la rue: c'était Toulouse-Lautrec. Il venait au Moulin-Rouge [...] pour peindre la troupe de French cancan de l'époque.

La rue des Abbesses a conservé tout son cachet[23] parisien avec ses cafés et sa station de métro, dont l'entrée à marquise[24] Art nouveau d'Hector Guimard est l'une des deux dernières qui subsistent à Paris [...].

Allez jusqu'au numéro 13 de la place Emile-Goudeau où se situe le Bateau-Lavoir. Picasso y peignit en 1907 le tableau qui fonda le cubisme: *Les Demoiselles d'Avignon*. Ici habitèrent aussi des maîtres de l'art pictural du 20e siècle comme Modigliani ou Van Dongen. Tous y vécurent dans le dénuement[25] le plus total. Ravagé par un incendie,[26] le Bateau-Lavoir a été reconstruit à l'identique. Ses jardins [...] abritent[27] aujourd'hui une cité d'artistes.

25 destitution
26 fire
27 shelter

a. Quel impact le film a-t-il eu sur le quartier?

b. Qu'est-ce que certains habitants craignent?

c. L'article mentionne que "le café Lux bar possède toujours son décor Belle Epoque". Que savez-vous sur la Belle Epoque?

d. Quel genre de lieu le Moulin-Rouge est-il?

e. Qu'est-ce que c'est que le French cancan?

f. A quoi servait le Bateau-Lavoir?

g. Plusieurs artistes sont évoqués: Van Gogh, Toulouse-Lautrec, Guimard, Modigliani et Van Dongen. Faites quelques recherches et écrivez une ou deux phrases sur chacun.

Toulouse-Lautrec, *Bal au Moulin Rouge* (1890)

3. Dossier *Studio Magazine*

Face au succès du *Fabuleux destin d'Amélie Poulain*, *Studio Magazine* a consacré un grand dossier au film en juin 2001 (le film est sorti le 25 avril 2001). Deux journalistes, Jean-Pierre Lavoignat et Michel Rebichon, ont posé 100 questions sur le film. Lisez les extraits suivants et répondez aux questions à la fin de l'article. Pourquoi Simon Thompson est-il ravi de la mise en place des 35 heures? Qu'est-ce que la réduction du temps de travail permet aux Français de faire?

"**Un phénomène.** Il y avait longtemps qu'on n'avait pas vu ça. Ce n'est pas une question de nombre d'entrées (même si, trois semaines après sa sortie, le film en est à 3 millions de spectateurs). C'est une question de qualité de réaction. Il y avait longtemps, en effet, qu'on n'avait pas vu un film français susciter[1] une telle passion, un tel engouement.[2] Comme si, avec *Le fabuleux destin d'Amélie Poulain*, Jeunet avait inventé le consensus tonique. La France toute entière est tombée amoureuse de la jolie Amélie. [...] Tout le monde se retrouve dans le film, quels que soient son âge, son origine sociale, son mode de vie. Tout le monde se l'approprie. [...] Jusqu'au *Monde*, qui fait sa une[3] avec un papier sur les prochaines présidentielles,[4] intitulé "Le Président, les Français et Amélie Poulain"! Les spectateurs, eux, y retournent deux, trois fois. Le réalisateur et les acteurs reçoivent un courrier de folie, fourmillant[5] d'inventivité et débordant[6] d'admiration. [...] Le message est clair. *Amélie* est un film qui donne envie d'être heureux. C'est un film qui stimule l'imagination. C'est un film qui fait aimer l'amour.

Le réalisateur, lui, est sur un nuage. [...] Et si vous insistez en lui demandant comment il explique le succès d'*Amélie*, il vous dira qu'il s'explique simplement. Simplement parce que son film est consacré à ces "petits riens" qui remplissent la vie de tout le monde tous les jours. Parce qu'il renvoie[7] à l'enfance, dont personne ne guérit[8] jamais tout à fait. Parce qu'il fait l'éloge[9] de l'acte de générosité gratuit, et que chacun,

1 arouse
2 craze
3 the front page
4 presidential elections
5 teeming with
6 overflowing with
7 brings back
8 heals
9 it praises

dans le monde d'aujourd'hui, a la nostalgie de cette générosité-là. Parce qu'il raconte une histoire d'amour plus exaltante[10] que douloureuse,[11] plus romantique que crue,[12] et que chacun attend cette évidence-là de l'amour.[13] Et enfin, parce que c'est un film qui pousse aux grandes décisions, qui incite à sauter la barrière,[14] et que nous avons tous cette belle espérance de ne pas passer à côté de notre vie et de ses rencontres. Ce qu'il ne dit pas, c'est qu'au-delà de ces bons sentiments qu'il a su (et ce n'est pas aussi simple qu'on pourrait l'imaginer) faire sonner juste,[15] dont il a su paver le chemin qui mène au paradis, il y a un vrai regard de cinéaste, un vrai talent d'artiste. L'ambition et l'exigence d'un artiste.

4. Pourquoi avoir choisi de faire se dérouler l'action d'Amélie essentiellement à Montmartre?

Parce que JPJ voue une passion absolue à ce quartier, qu'il habite. […] Quand il tournait *Alien , la résurrection* à Los Angeles, il avait une telle nostalgie de son quartier qu'il s'était juré[16] d'y situer l'action de son prochain film.

22. En quoi[17] le tournage d'Amélie était-il une première pour Jeunet?

C'est la première fois que JPJ tourne en extérieurs, et pas seulement en studio (mais il voulait que "Paris soit au cœur du film"). Maniaque et perfectionniste, il déteste ça. Parce que son film dépend alors de la météo, du bruit, "d'une voiture garée où il ne faut pas, d'un mec[18] qui déboule[19] dans le champ et d'un tas d'autres impondérables". Non seulement, lui qui prépare beaucoup n'aime pas perdre de temps, mais surtout, il a horreur de ne pas tout contrôler, ne pas tout maîtriser. L'expérience d'*Amélie* ne l'a pas fait changer d'avis – au contraire même! – sur les tournages en extérieurs. Même s'il y a une chose qui l'a ravi: les repérages.[20]

29. Quelle est la scène qu'Audrey Tautou et Mathieu Kassovitz ont tournée en premier?

Celle du train fantôme. […] Et le lendemain, on a tourné la scène des baisers dans le couloir.

31. Pourquoi Jeunet a-t-il choisi le 31 août 1997, jour de la mort de Lady Di, pour faire basculer[21] le destin d'Amélie?

Pour… entraîner[22] le spectateur sur une fausse piste,[23] puisque très vite, Amélie ne s'en occupe plus! "Ce n'est pas la mort de Lady Di, dit JPJ, qui change la vie d'Amélie, mais la chute[24] du bouchon d'une bouteille de parfum!" C'était aussi pour se moquer de l'exploitation médiatique de l'événement. "Avec le recul,[25] dit-il, je m'aperçois qu'en fait, Lady Di voulait aussi faire le bien autour d'elle. Mais ce qu'Amélie accomplit anonymement, elle le faisait de manière totalement médiatisée. Ce n'est pas un hasard[26] non plus si, dans le film, on évoque Mère Teresa, dont la mort a été éclipsée[27] par celle de Diana…"

33. Quel est le dialogue préféré d'Audrey Tautou?

Les conseils que prodigue Dufayel à Amélie: "Vous, vous n'avez pas les os en verre. Vous pouvez vous cogner à la vie.[28] Si vous laissez passer cette chance, alors, avec le temps, c'est votre cœur qui va devenir aussi sec et cassant que mon squelette. Alors, allez-y, nom d'un chien!"[29] "Si ce sont les phrases que je préfère, dit-elle, c'est parce que, justement, il y a là toute la leçon du film…"

35. Quelle est leur scène préférée?

Lorsqu'on leur demande à tous les deux, ensemble, quelle est leur

La basilique du Sacré-Coeur et l'esplanade

10 exhilarating
11 painful
12 crude
13 everyone hopes for love to be that easy
14 that pushes to overcome our fears
15 sound right
16 he had sworn
17 in what way
18 a guy
19 who runs onto the scene
20 researching locations
21 to change the course of
22 to lead
23 wrong track
24 her dropping
25 in hindsight
26 it's not an accident
27 was overshadowed
28 you can take the knocks of life
29 for God's sake!

scène préférée, ils hésitent, sourient, se regardent et, finalement, Mathieu Kassovitz dit: "La scène de la mobylette à la fin." Et Audrey Tautou acquiesce[30] dans un sourire…

36. Quelle est la dernière phrase prononcée par Amélie?

"Pas aujourd'hui, non." C'est ce qu'elle répond à la concierge qui lui demande si elle croit aux miracles, alors qu'elle rentre chez elle dépitée,[31] croyant que Nino lui préfère Gina. Et elle prononce ces mots près de dix minutes avant la fin. Presque un record.

40. Quelle est la gare parisienne que l'on voit dans le film?

Elle n'existe pas! Il s'agit d'un mélange entre la gare de l'Est et la gare du Nord. Avec aussi – juste le temps d'un plan – une horloge de la gare de Lyon.

44. Pourquoi Jeunet a-t-il choisi Le déjeuner des canotiers de Renoir pour être le tableau que reproduit sans cesse l'Homme de verre?

Parce qu'il adore les peintres impressionnistes, et Renoir particulièrement, qui a souvent peint Montmartre. Et aussi parce qu'il cherchait un tableau avec plusieurs personnages, qui lui permettrait de jouer avec l'interprétation de leurs regards.

Gare du Nord

53. Le nain de jardin a-t-il vraiment voyagé?

Non, il n'est allé ni devant le Kremlin à Moscou, ni devant l'Empire State Building à New York, ni au pied du Kilimandjaro, ni à l'hôtel Luxor de Las Vegas, ni au temple d'Angkor. Il s'agit d'un photo-montage réalisé par Jean-Marie Vives, qui a d'abord photographié le nain sur son toit avant d'incruster les monuments.

74. Quelle a été la spécificité de la post-production d'Amélie?

La post-production du film s'est faite intégralement en numérique, ce qui a permis à JPJ d'apporter à ses images toutes les corrections qu'il désirait (couleur des ciels, reliefs, détails…). Du coup, il est aussi l'un des premiers à avoir essuyé les plâtres[32] de cette nouvelle technologie (délais, coûts…).

76. Y a-t-il eu des critiques qui n'ont pas aimé Amélie?

Etrangement, oui. Par exemple, Michel Boujut dans *Charlie Hebdo*: "On pourrait appeler ça un film ramasse-miettes,[33] décoratif et sans émotion." Remo Forlani sur RTL: "Ils sont tous plus laids les uns que les autres!" François Gorin dans la critique "contre" de *Télérama*: "Oh, cet écœurement[34] qui vous gagne après griserie[35] passagère, cette candeur confite,[36] cette hypersophistication du bricolage,[37] ce confinement de maison de poupée…"

100. D'où est extraite la phrase du roman d'Hipolito qu'il retrouve taguée sur un mur à la fin du film?

Elle vient d'un roman qu'a écrit le scénariste Guillaume Laurant, *Le jardin public*, mais qu'il n'a jamais publié, parce qu'il n'en était pas content et qu'il n'aimait que cette phrase: "Sans toi, les émotions d'aujourd'hui ne seraient que la peau morte des émotions d'autrefois." "Si j'ai repris cette phrase pour *Amélie*, dit-il, c'est parce qu'il me semble qu'elle exprime tout le film, tout le "message" du film: l'amour rend le quotidien[38] magique."

30 approves
31 piqued
32 to put up with all the initial problems
33 full of scattered ideas
34 nausea
35 intoxication
36 sickly sweet
37 the manufactured scenes
38 everyday life

Répondez aux questions suivantes:

a. Pourquoi *Le fabuleux destin d'Amélie Poulain* est-il un phénomène?

b. Expliquez ce que veut-dire "consensus tonique".

c. Vous retrouvez-vous aussi dans le film?

d. Pourquoi est-ce révélateur que *Le Monde* ait associé *Amélie* aux élections?

e. Comment le réalisateur explique-t-il le succès d'*Amélie*? (Répondez en utilisant vos propres mots!)

f. Qu'est-ce qui est difficile quand on tourne un film en extérieurs?

g. Quelle différence peut-on faire entre le travail accompli par Lady Di et celui d'Amélie?

h. A votre avis, pourquoi la scène de la mobylette est celle qu'Audrey Tautou et Mathieu Kassovitz préfèrent?

i. Pourquoi le tableau de Renoir (*Le déjeuner des canotiers*) est-il bien choisi pour ce film?

j. Quelle nouvelle technique Jean-Pierre Jeunet a-t-il utilisée pour *Amélie*? Que peut-on faire avec?

k. Que pensez-vous des critiques? Se justifient-elles?

l. Etes-vous d'accord que la phrase d'Hipolito exprime tout le film? Si vous deviez exprimer le film en une seule phrase, que diriez-vous?

L'esquive

A savoir: Les banlieues

Il existe toutes sortes de banlieues. Certaines sont riches, bien équipées, bien entretenues, comme beaucoup de petites villes à l'ouest de Paris. D'autres, au contraire, ont de gros problèmes d'insécurité, de chômage, de pauvreté, de précarité. La population compte de nombreux immigrés et descendants d'immigrés. On appelle ces quartiers les "banlieues sensibles". Elles sont nombreuses au nord et à l'est de Paris.

Présentation du film

Krimo, 15 ans, vit dans une cité de la banlieue parisienne. Il vient de perdre sa copine, son père est en prison, et l'école ne le passionne pas. En assistant à la répétition d'une pièce de théâtre il découvre Lydia, qu'il connaît depuis toujours, sous un jour nouveau. Il tombe amoureux d'elle mais ne sait comment le lui dire. Il décide alors de jouer dans la pièce pour se rapprocher d'elle.

Carte d'identité du réalisateur

Abdellatif Kechiche est né en 1960 en Tunisie et est arrivé en France à l'âge de 6 ans. Il a d'abord été acteur dans les années 80, puis a réalisé son premier film, *La Faute à Voltaire*, en 2000. Il a été applaudi par la critique et a même remporté le Lion d'or de la meilleure première œuvre au Festival de Venise. Malgré le succès de ce premier film Kechiche a eu beaucoup de mal à trouver le financement pour *L'esquive*. Il a envoyé son scénario (écrit 13 ans plus tôt!) à une cinquantaine de producteurs et à toutes les chaînes de télévision. Tous ont refusé le projet pour deux raisons: le sujet n'était pas vendeur et il n'y avait pas d'acteur connu. Grâce au succès du film il a ensuite pu réaliser *La graine et le mulet* en 2007 (autre grand succès critique) et *Vénus noire* en 2010.

Carte d'identité des acteurs

Sabrina Ouazani, Sara Forestier et Rachid Hami

Sara Forestier (née en 1986) faisait du théâtre depuis 3 ans et avait joué dans un téléfilm quand elle a été choisie pour le rôle de Lydia. C'est la seule interprète qui n'habite pas en banlieue mais à Paris. Son rôle dans *L'esquive* a lancé sa carrière: on a pu la voir dans *Un fil à la patte* (2005), *Hell* (2006), *Jean de la Fontaine* (2007), *Humains* (2009), *Le nom des gens* (2010) et *Une nuit* (2012).

Sabrina Ouazani a commencé une belle carrière. On a pu la revoir dans *3 petites filles* (2003), *Fait divers* (2006), *Adieu Gary* (2009) et *Des hommes et des dieux* (2010).

Les autres acteurs n'avaient jamais fait de cinéma. Ils ont été recrutés par petites annonces. Osman Elkharraz, Nanou Benhamou et Rachid Hami ont joué des seconds rôles dans quelques films depuis *L'esquive*.

L'heure de gloire

L'esquive a été, à la surprise générale, le grand vainqueur de la soirée de remise des César en 2005. Il a en effet remporté 4 César, et non des moindres: meilleur film, meilleur réalisateur, meilleur scénario et meilleur jeune espoir féminin (pour Sara Forestier). Une performance remarquable puisqu'il était en compétition avec une grosse production (*Un long dimanche de fiançailles*) et un très gros succès public (*Les choristes*).

PREPARATION

1 Vocabulaire

Vocabulaire utile avant de voir le film:

Vous connaissez déjà certains des mots de la liste. Ils sont notés pour que vous les révisiez. Vous devez savoir ce vocabulaire par cœur, avec les genres pour les noms, les prépositions pour les verbes et les orthographes difficiles. Observez bien les exemples, ils vous aideront à vous exprimer correctement.

Les noms

un quartier: *a neighborhood*
la banlieue: *the suburb**
   une cité: *a project (the neighborhood)*
   une HLM: *a housing project**(the building)*
   une tour: *a high-rise*
   une barre d'immeubles: *an apartment building*
   le béton: *concrete*
le théâtre:
   une pièce: *a play*
   une représentation: *a performance*
   un spectacle: *a show*
   une répétition: *a rehearsal*

un rôle: *a part*
   un costume: *a costume*
   une robe: *a dress*
un(e) adolescent(e): *a teenager****
un(e) copain/copine: *a friend; a boy/girlfriend*
un tailleur: *a tailor*
un voilier: *a sailboat*
le caractère: *personality*****
la vérité: *the truth*
la condition sociale: *social status*

*Ex : Ils vivent en banlieue / dans la banlieue.
**HLM = Habitation à Loyer Modéré
***On dit souvent un(e) ado, les ados.
****Attention! A character: un personnage

Le saviez-vous?

Le mot "banlieue" est formé de deux mots: le ban (la loi de la grande ville proche) et la lieue (une distance de 2,5 à 4 km, en fonction des époques). A l'origine, la banlieue est donc le pourtour de la ville, qui obéit aux règles de la ville.

Les verbes

jouer (dans une pièce): *to act (in a play)*
bien/mal s'entendre avec qq'un: *to get along well/ poorly with s.o.**
marchander: *to bargain*
avoir du caractère: *to have a strong personality*
être en retard: *to be late*
s'emporter contre qq'un: *to lose one's temper with s.o.*
hurler: *to yell*
s'exprimer: *to express o.s.*
se bagarrer avec qq'un: *to fight with s.o.*
reprocher qqch à qq'un: *to criticize s.o. for sth***
reprocher à qq'un de faire qqch: *to criticize s.o. for doing sth***
insulter qq'un: *to insult s.o.*
s'insulter: *to insult each other*

avoir des sentiments pour qq'un: *to have feelings for s.o.*
tomber amoureux (-euse) de qq'un: *to fall in love with s.o.*
être amoureux (-euse) de qq'un: *to be in love with s.o.****
déclarer sa flamme à qq'un: *to declare one's love to s.o.****
rompre avec qq'un: *to break up with s.o.*
soudoyer qq'un: *to bribe s.o.*
se rapprocher de qq'un: *to get closer to s.o.*
rassurer qq'un: *to reassure s.o.*
avoir confiance en soi: *to be self-confident*****
rêver de qq'un/qqch: *to dream of s.o./sth*
s'esquiver: *to turn away*

*Ex: Krimo s'entend bien avec sa mère / avec elle.
**Ex : Elle reproche à Lydia (ou : elle lui reproche) d'être en retard. Elle reproche son retard à Lydia.
***Ex: Krimo est amoureux de Lydia. Il lui déclare sa flamme.
****Ex : Lydia a confiance en elle. Krimo n'a pas confiance en lui. Parfois les jeunes n'ont pas confiance en eux.

Les adjectifs

maladroit(e): *awkward**
timide: *shy*
buté(e): *stubborn*
émouvant(e): *moving*
gêné(e): *embarrassed**
désemparé(e): *helpless*
humilié(e): *humiliated*

agacé(e): *annoyed, irritated*
jaloux (-se): *jealous***
amer (-ère): *bitter****
violent(e): *violent*
menaçant(e): *threatening*
incompréhensible: *incomprehensible*

*Ex : Krimo est maladroit et gêné devant les filles.
**Ex : Frida est jalouse de Lydia.
***Amer (-ère): même prononciation au masc. et au fém.

Vous n'avez pas besoin du dictionnaire. Tous les mots sont dans la liste ci-dessus !
2e phrase : Comment allez-vous traduire "can"? Deux verbes sont possibles, avec des sens différents.
3e phrase : "Maybe" introduit un sujet et un verbe. Que faut-il faire en français ? Vous ne pouvez pas juste traduire les mots, il faut en ajouter un !
4e phrase : Souvenez-vous que le verbe "espérer" n'est pas suivi d'une préposition.
4e phrase : Quelle structure allez-vous utiliser pour traduire "by acting"?
5e phrase : Comment traduit-on "a hard time"? Cherchez une expression idiomatique qui introduit un verbe à l'infinitif.

Traduisez!

1. Krimo broke up with his girlfriend and he would like to declare his love to Lydia but he is awkward and shy.

2. Lydia lives in a project in the suburb but she has a strong personality, she is self-confident and she can defend herself.

3. Frida loses her temper with Lydia because she (Lydia) is late for the rehearsal. Maybe she is also jealous of her dress.

4. Krimo bribes his friend Rachid to get the part of Arlequin. He hopes to get closer to Lydia by acting in the play.

5. The teenagers have feelings but they have a hard time expressing them. They yell, they insult each other or they turn away.

2 Repères culturels

1. Beaucoup de jeunes du film sont issus de l'immigration. Leurs families sont nées à l'étranger mais les jeunes sont, pour la plupart, nés en France. Observez les deux tableaux suivants sur l'immigration en France et répondez aux questions.

   a. La population française est-elle restée stagnante au XXᵉ siècle?

   b. Comment sa composition a-t-elle évolué?

   c. Comment peut-on expliquer qu'il y ait moins d'étrangers (en %) en 2008 qu'en 1990?

   d. De quel continent les immigrés venaient-ils principalement en 1962? Et en 2008?

   e. Quelle est la religion dominante en Espagne, en Italie, au Portugal et en Pologne? Pourquoi ces immigrés ont-ils choisi de s'installer en France?

   f. Comparez le pourcentage d'immigrés d'origine italienne en 1962 et en 2008. Faites la même chose pour les "Autres pays d'Afrique" (c'est-à-dire l'Afrique sub-saharienne). Que remarquez-vous?

Population selon la nationalité:

Année de recensement	Population (en milliers)	Part de la population		
		Français de naissance (en %)	Français par acquisition (en %)	Étrangers (en %)
1921	38 798	95,4	0,7	3,9
1931	41 228	92,5	0,9	6,6
1946	39 848	93,5	2,1	4,4
1962	46 459	92,6	2,8	4,7
1975	52 599	90,8	2,6	6,5
1990	56 652	90,5	3,1	6,3
1999	58 521	90,4	4,0	5,6
1/1/2008	62 135	89,8	4,4	5,8

Champ : France métropolitaine. Source : INSEE, recensements de la population.

	1962 en %	1975 en %	1990 en %	2008 en %
Europe	**78,7**	**67,2**	**50,4**	**38,0**
Espagne	18,0	15,2	9,5	4,8
Italie	31,8	17,2	11,6	5,9
Portugal	2,0	16,9	14,4	10,9
Pologne	9,5	4,8	3,4	ND
Autres pays d'Europe	17,5	13,1	11,4	16,5
Afrique	**14,9**	**28,0**	**35,9**	**42,5**
Algèrie	11,6	14,3	13.3	13,4
Maroc	1,1	6,6	11,0	12,2
Tunisie	1,5	4,7	5,0	4,4
Autre pays d'Afrique	0,7	2,4	6,6	12,5
Asie	**2,4**	**3,6**	**11,4**	**14,2**
Turquie	1,4	1,9	4,0	4,5
Cambodge, Laos, Vietnam	0,4	0,7	3,7	3,0
Autres pays d'Asie	0,6	1,0	3,6	6,7
Amérique, Océanie	**3,2**	**1,3**	**2,3**	**5,3**
Non déclaré	**0,8**	*///*	*///*	*///*
Total	**100,0**	**100,0**	**100,0**	**100,0**
Effectif	2 861 280	3 887 460	4 165 952	

Immigrés selon le pays d'origine:

Note : ND = Non-disponible
/// = absence de résultats due à la nature des choses.
Source : INSEE, Recensement 2008

2. Les jeunes que vous allez voir parlent une langue qui leur est propre, et qui est fort éloignée du français standard. C'est un mélange d'argot, d'arabe et de verlan. Que veut dire "verlan"? Comment les mots sont-ils formés? Pouvez-vous retrouver l'origine des mots suivants?

....	→ un beur*
....	→ chelou
....	→ un keum
....	→ une meuf
....	→ un Nouache
....	→ relou
....	→ reuch
....	→ un Séfran
....	→ la téci (ou la tess)**
....	→ une teuf
....	→ un truc de ouf
....	→ un truc de guedin
....	→ zarbi

> **Un mot à comprendre: kiffer (aimer)**
>
> Vous allez très souvent entendre ce verbe dans le film. Par exemple, Magalie dit (en parlant de Krimo): "Je l'ai kiffé, il m'a kiffée, et je le kiffe encore."

> *Beur a une forme féminine: "beurette", et une forme reverlanisée: "rebe".
> **Ou même: la 6T!

3. Les jeunes du film ont des origines différentes, mais beaucoup sont beurs. D'où leurs parents ou grands-parents viennent-ils? Azouz Begag, Djamel Debbouze, Faudel, Smaïn et Zinedine Zidane sont des Beurs célèbres. Faites quelques recherches sur eux si vous ne les connaissez pas.

4. Le film s'appelle *L'Esquive*. Que veut dire "esquiver", "s'esquiver" et "esquive"? Cherchez-les dans le dictionnaire.

5. Dans le film les élèves répètent *Le jeu de l'amour et du hasard*, une pièce de théâtre de Marivaux.

    a. Qui était Marivaux? A quelle époque a-t-il vécu? Qu'a-t-il écrit? Quels étaient ses sujets de prédilection?

    b. De quoi parle la pièce? Qui en sont les personnages principaux? Il est important de bien comprendre l'histoire et les personnages pour pouvoir établir un parallèle avec le film.

3 Le contexte

Dans *L'Esquive* vous allez voir un groupe d'adolescents qui vivent dans une cité, en banlieue. Leurs conditions de vie sont différentes de celles dans une banlieue chic. A votre avis, quelles sont les difficultés liées à la vie dans une cité? Réfléchissez en particulier aux points suivants: qualité et confort du lieu de vie (maison ou appartement), jardins, espaces verts, terrains de sport, lieux culturels et de détente, moyens de transports, qualité des écoles, (in)sécurité, relations avec la police.

4 Bande-annonce

Le DVD propose deux bandes-annonces. Cliquez sur "Play foreign trailer" et regardez-la plusieurs fois. Elle se compose de 4 parties bien distinctes. Identifiez-les et notez ce que chacune vous apprend sur les personnages et l'histoire.

	Les personnages	L'histoire
1		
2		
3		
4		

5 A savoir avant de visionner le film

- Durée: 1h57
- Genre: Comédie douce-amère
- Scénario: Le scénario était complètement écrit avant le tournage mais les acteurs se sont approprié les répliques en changeant certaines expressions. Ils ont conseillé Kechiche pour que le dialogue soit plus authentique.
- Tournage: Le film a été tourné dans la cité des Francs-Moisins en Seine-Saint-Denis. Par souci d'économie, Kechiche a tourné le film en numérique et très rapidement (6 semaines et demie seulement) en octobre-novembre 2002. Les acteurs ont répété deux mois avant le début du tournage.
- Note: La langue est très difficile à comprendre, donc ne vous inquiétez surtout pas si vous ne comprenez pas grand-chose. En fait, les 10 premières minutes sont incompréhensibles, même pour des Français qui parlent un français standard.

Cité des Francs-Moisins

PREMIERE APPROCHE

1 L'histoire

Le but de cette activité est double:
* Vérifier que vous avez bien compris l'histoire
* Vous préparer à la discussion en classe

Répondez à chaque question en une ou deux phrases. Utilisez le vocabulaire que vous avez appris.

Les personnages

Lydia
(Sara Forestier)

Krimo
(Osman Elkharraz)

Frida
(Sabrina Ouazani)

Nanou
(Nanou Benhamou)

Rachid
(Rachid Hami)

Fathi
(Hafet Ben-Ahmed)

Magalie
(Aurélie Ganito)

La prof de français
(Carole Franck)

1. **Introduction**
   * Qu'apprend-on sur Krimo dans les premières minutes du film?
   * Comment fait-on la connaissance de Lydia? Que comprend-on sur son caractère?

2. **Le théâtre**
   * Que se passe-t-il pendant la première répétition? Qu'est-ce que cette scène révèle sur les relations entre Lydia et Frida? Quel rôle Rachid a-t-il?
   * Qu'est-ce que la prof explique sur Marivaux et la pièce ?
   * Krimo acteur :
     a. Pourquoi et comment Krimo et Rachid s'échangent-ils les rôles? Pour qui est-ce le plus difficile ?
     b. Comparez la première répétition de Krimo (quels problèmes a-t-il?), la répétition suivante (quand il est seul avec Lydia), et la dernière (pourquoi quitte-t-il la classe ?)
     c. Qu'est-ce que le visage de Krimo révèle quand il observe la pièce?
   * Les costumes : Pourquoi Lydia est-elle si contente d'avoir sa robe? Qu'est-ce que ce costume représente pour elle? Comment Krimo se sent-il dans le sien? Comment leurs camarades les voient-ils dans leurs costumes?

3. **Les filles**
   - Qu'est-ce qu'on apprend dans la scène où Magalie attaque verbalement Lydia?
   - Qu'est-ce que Lydia et Nanou comprennent quand Krimo demande à Lydia de l'aider à répéter son texte? Voient-elles clair?
   - Lydia dit-elle la vérité à ses copines? Qu'est-ce qu'elles lui reprochent ensuite?

4. **Les garçons**
   - Qu'est-ce que Fathi ne comprend pas? Quels conseils donne-t-il à Krimo?

5. **La police**
   - Comment se passe le contrôle de police? Pourquoi les policiers sont-ils aussi agressifs? Que croient-ils?

6. **Les filles et les garçons**
   - Qu'est-ce que la scène entre Frida et Fathi révèle sur eux deux?
   - La scène de réunion dans la voiture donne-t-elle les résultats espérés par Fathi?
   - Sur quel ton le film se termine-t-il?

2 Analyse d'une photo

1. A quel moment cette scène se passe-t-elle?
2. Qu'est-ce que Krimo a sur son bureau?
3. Que fait-il? A-t-il l'air passionné?

3 Analyse de citations

Analysez les citations suivantes en les replaçant dans leur contexte:

1. Nanou: "De toute façon je sais que je vais continuer mes études." Lydia: "Inch' Allah, inch' Allah!"

2. Slam (un copain de Krimo): "Ils font le truc du baiser de la main, il l'embrasse comme ça et tout, il baisse sa tête, il lui embrasse la main, un truc de ouf!"

3. Fathi: "Tu sors avec elle?"
   Krimo: "Non, je lui ai demandé mais elle m'a dit: Il faut que je réfléchis."
   Fathi: "Pour quoi faire?"
   Krimo: "Faut qu'elle réfléchit!"
   Fathi: "Ah, faut qu'elle réfléchisse? Elle se prend pour qui cette meuf?"

4. Nanou: "Tu l'agresses pas dès qu'elle vient, hein!"

5. Lydia: "Tout le monde me met la pression! Tu crois que je peux réfléchir dans ma tête ou quoi?"

> Remarquez l'erreur de grammaire faite par Krimo. "Il faut" est suivi du subjonctif. Il devrait dire "réfléchisse".

APPROFONDISSEMENT

1 Vocabulaire

Enrichissez votre vocabulaire!

Le but de cette deuxième liste est d'élargir votre champ lexical. Ce vocabulaire ciblé sur des thèmes du film va vous permettre d'enrichir votre style.

Le théâtre

le metteur en scène: *the director*
l'acteur (-trice): *the actor / actress*
un cours de théâtre: *a drama class**
le/la décorateur (-trice): *the set designer*
le/la costumier (-ière): *the wardrobe keeper*
les accessoires: *the props*
les décors: *the set*

la scène: *the stage*
le trac: *stage fright***
le public: *the audience****
l'entracte: *the intermission*

*Ex: Les jeunes suivent/ prennent des cours de théâtre.
**Ex : Ils ont le trac au début de la représentation.
***C'est un mot singulier : Le public a applaudi.

Le logement

un grand ensemble: *a housing development*
un appartement: *an apartment**
un quartier: *a neighborhood*
l'espace: *space*
une pièce: *a room*
une chambre: *a bedroom*
le rez-de-chaussée: *first floor***
le premier étage: *second floor***
l'escalier: *the stairs*

Cette rubrique pourrait être très longue. Les mots choisis sont utiles pour parler du film.

le couloir: *the hallway*
le sous-sol: *the basement*
le balcon: *the balcony*

*Remarquez l'orthographe française.
**Faites attention à cette différence! Il est très facile de se tromper.

Les relations humaines

l'amitié: *friendship*
la fidélité: *loyalty*
la solidarité: *solidarity*
la jalousie: *jealousy*
la tension: *tension*
l'ambiance: *the atmosphere*
faire la connaissance de qq'un: *to meet s.o.*
froid(e): *cold*
distant(e): *distant*

proche: *close**
chaleureux (-euse): *warm (for a person)*
embrasser qq'un: *to kiss s.o.*

*Ex: Lydia et Nanou sont amies depuis longtemps. Elles sont très proches.

A savoir

En France les gens s'embrassent sur les deux joues pour se dire bonjour et au revoir. Le "hug" n'existe pas et est très étrange pour les Français!

Mise en pratique du vocabulaire:

Ecrivez 5 phrases dans lesquelles vous utilisez au moins 10 mots de la liste ci-dessus.

2 Réflexion - Essais

Ces questions vont vous permettre d'approfondir l'étude du film. Ecrivez un paragraphe pour chacune, en utilisant le vocabulaire du chapitre et en soignant votre expression (vérifiez votre orthographe et votre grammaire). En faisant ce travail, vous vous préparez à la prochaine composition.

1. Comparez les garçons et les filles. Est-ce qu'ils s'expriment et se comportent de la même façon?

2. Quelle importance la vie de groupe a-t-elle pour les jeunes? Sont-ils plus souvent seuls ou avec leurs copains? Le groupe est-il une protection ou un poids?

3. La mère de Krimo, la prof et la police sont les seuls adultes qui parlent dans le film. A quel moment voit-on les parents? Qui représente l'autorité?

4. Quel rôle la prof a-t-elle? Qu'est-ce qu'elle représente pour les jeunes qui suivent ses cours?

5. Qu'est-ce que le théâtre apporte aux élèves (à ceux qui jouent dans la pièce et à ceux qui regardent)?

6. Peut-on dire que l'expérience théâtrale est un échec total pour Krimo?

7. Que pensez-vous de la scène avec la police? Certains spectateurs n'ont pas compris pourquoi elle faisait partie du film. La trouvez-vous importante?

8. Est-ce que *L'Esquive* est un film sur la banlieue, ou juste un film qui se passe en banlieue?

9. Les acteurs parlent dans trois langues: français standard, langue de Marivaux et langue de la banlieue. Qu'est-ce qui rend la langue de la banlieue riche? Pourquoi est-elle importante pour les jeunes? Sont-ils capables de parler en français standard?

10. Comment comprenez-vous le titre? Pourquoi le film s'appelle-t-il *L'Esquive*?

11. Pourquoi Kechiche a-t-il choisi de faire répéter *Le Jeu de l'amour et du hasard*? Pouvez-vous établir un parallèle entre la pièce et le film?

3 Analyse d'une scène: 2ᵉ répétition de Krimo devant la classe (1:06:48 à 1:11:40)

> ## Vocabulaire spécifique à cette scène
>
> bouger (*to move*) • faire un effort (*to make an effort*) • un lustre (*a ceiling light*) • un geste (*a gesture*) • tendu(e) (*tense*) • s'énerver (*to get worked up*) • secouer la tête (*to shake one's head*) • souffler qqch à qq'un (*au théâtre: to prompt s.o.*) • pouffer de rire (*to burst out laughing*) • un plan d'ensemble (*a wide shot*) • un gros plan (*a close-up*) • abandonner (*to give up*) • un échec (*a failure*)

A. **Ecoutez**

1. Comparez les intonations de Lydia à celles de Krimo.

2. Qu'est-ce que la prof demande à Krimo de faire?

3. Qu'est-ce qu'elle ne comprend pas?

4. Que se passe-t-il quand Krimo prend la main de Lydia? Est-ce que cela l'aide?

B. **Observez**

1. Par quels gestes voit-on que la prof s'énerve?

2. Qu'est-ce que le visage de Lydia exprime pendant cette scène?

3. Que fait-elle pour essayer d'aider Krimo?

4. Quelle attitude la classe a-t-elle?

5. Krimo a-t-il l'air heureux?

6. Comment la scène est-elle filmée? Le réalisateur a-t-il privilégié des plans d'ensemble ou des gros plans? Pourquoi?

C. **Cette scène dans l'histoire**

Quel impact cette scène a-t-elle sur Krimo? Qu'est-ce qu'elle change aussi pour les autres comédiens et la prof?

D. **Langue**

1. **L'impératif**

Que dit la prof à Krimo? Elle lui dit:

Ex: (apprendre) ton texte!
   Apprends ton texte!

a. (ne pas regarder) tes pieds!

b. (oublier) le lustre!

c. (ne pas se tourner) vers le public!

d. (s'amuser) !

e. (sortir) de toi!

f. (changer) de langage!

g. (faire) un effort!

h. (retravailler) pour la prochaine fois!

Lisez d'abord toutes les phrases. Cela va vous aider à faire l'exercice!

2. **Les conjonctions**

Utilisez les conjonctions suivantes pour remplir les blancs:

bien que • car • comme • donc • parce que • par conséquent • pour • pourtant

a. _____ Krimo voulait le rôle _____ se rapprocher de Lydia.

b. _____ Rachid a accepté, il a passé beaucoup de temps à apprendre son texte.

c. Krimo ne s'exprime pas bien, _____ il a travaillé à la maison.

d. _____ il porte un costume, Krimo ne se met pas dans son personnage.

e. Krimo regarde par terre _____ il n'ose pas regarder Lydia.

f. Krimo ne joue pas bien _____ la prof s'énerve.

g. Lydia s'inquiète _____ elle se demande qui va jouer Arlequin.

h. Krimo est humilié, _____ il quitte la scène.

3. **La négation**

Mettez les phrases suivantes à la forme négative:

Ex : On voit souvent Lydia avec ses parents.
     On <u>ne</u> voit <u>jamais</u> Lydia avec ses parents.

a. Krimo s'était toujours intéressé au théâtre avant cette expérience.

b. Au début Krimo comprend quelque chose au texte.

c. Les copains comprennent pourquoi Krimo fait du théâtre et pourquoi il aime Lydia.

d. Fathi voit tous les avantages à faire du théâtre.

e. Les jeunes ont quelque part où aller pour répéter.

f. Krimo supporte encore les critiques de la prof.

g. Lydia connaît quelqu'un qui peut remplacer Krimo.

h. La prof sait déjà que Rachid va reprendre le rôle.

E. **Comparaison avec d'autres scènes**

Vous allez comparer cette scène avec les deux répétitions précédentes en classe: avec Rachid (25:38 à 27:25) et avec Krimo (50:09 à 53:11).

1. Observez la prof dans les deux premières scènes. Comment se comporte-t-elle?

2. Lydia est-elle la même dans les trois scènes?

3. Pourquoi le réalisateur a-t-il choisi d'inclure Frida dans la première scène et pas dans les deux autres?

4. Quelle scène est la plus constructive?

F. **Sketch**

La prof demande à Krimo de rester après le cours pour discuter. Imaginez leur dialogue. Elle lui pose des questions, cherche à comprendre pourquoi il voulait le rôle. Krimo essaye de répondre mais sa timidité et son manque de confiance en lui le paralysent devant cette femme extravertie. Ecrivez un dialogue plausible entre les deux, puis jouez-le avec vos camarades.

LE COIN DU CINEPHILE

1 Première / dernière scène

Comparez la première scène (Krimo et ses copains furieux) et la dernière (Lydia vient lui rendre visite après la représentation). Que fait Krimo dans les deux cas? A quel moment le titre du film apparaît-il sur l'écran?

2 La robe de Silvia/Lydia et le costume d'Arlequin/Krimo

Pourquoi Lydia est-elle si contente d'avoir sa robe? Qu'est-ce que ce costume représente pour elle? Comment Krimo se sent-il dans son costume? Comment leurs camarades les voient-ils dans leurs costumes?

3 L'affiche

Observez l'affiche ci-contre. Qui met-elle en valeur? Que comprend-on sur le film? Pourquoi les noms du réalisateur et des acteurs sont-ils en très petits caractères?

AFFINEZ VOTRE ESPRIT CRITIQUE

1 Titre

Comparez le titre français et la traduction en anglais. Qu'en pensez-vous? Etait-il possible de donner une traduction exacte? D'où vient le titre anglais? Est-ce qu'il rend bien compte de l'histoire?

2 France/Etats Unis

Trouvez-vous cette histoire typiquement française, ou peut-on imaginer un film similaire, dans un quartier équivalent, aux Etats-Unis?

3 Titres d'articles

Vous voyez ci-contre les titres de trois articles de journaux sur *L'Esquive*. Réfléchissez et répondez aux questions suivantes:

1. Sur quel aspect du film le titre de *Première* insiste-t-il? Pourquoi la référence à *La Haine* est-elle importante?
2. Pouvez-vous deviner ce que veut dire "tchatchez-moi"? Qu'est-ce qu'on comprend sur le film avec ce titre?
3. Qu'est-ce que *Le Nouvel-Observateur* pense du film? Relisez la note sur "kiffer" dans les Repères culturels. Pourquoi le critique a-t-il choisi ce titre?

"Après *La Haine*, l'amour..."
Première, janvier 2004

La Haine: film de 1995 de Mathieu Kassovitz qui montre une banlieue beaucoup plus violente et désespérée que *L'Esquive*.

"Tchatchez-moi d'amour dans le 'neuf-cube'"
La Croix, 7 janvier 2004

neuf-cube = 9^3 = 93 = département de la Seine-Saint-Denis!

"On kiffe grave *l'Esquive*"
Le Nouvel-Observateur, 8 janvier 2004

4 Les critiques

1. Le cinéaste Claude Miller a écrit une colonne sur le film dans laquelle il remarque que "les adolescents de *L'Esquive* ne savent plus rien de la séduction, du trouble amoureux, des murmures, de tout ce qui fait l'éducation sentimentale. Ils n'ont plus les mots pour le dire, ni les gestes pour le faire." (*Le Nouvel-Observateur*, 4 mars 2004). Etes-vous d'accord avec lui? Pensez-vous que les jeunes du film ne savent plus se séduire, exprimer leurs émotions, être délicats?

2. Pierre Murat, dans le *Télérama* du 10 janvier 2004, termine sa critique du film en écrivant que "*L'Esquive* décrit [...] le monde tel qu'il est et le rêve tel qu'il pourrait être. C'est, au sens le plus noble du terme, un film politique." Comment comprenez-vous cette remarque? Qu'est-ce qu'un film politique cherche à faire en général? Peut-on dire que *L'esquive* est un film politique classique? Quel message veut-il faire passer?

POUR ALLER PLUS LOIN

1 Parallèles avec d'autres films

1. **La langue:** Dans *L'esquive* et *Ridicule* la langue utilisée par les personnages est différente de celle utilisée par l'ensemble de la population. Comment la langue des banlieues est-elle utilisée par les jeunes? A quoi la langue des courtisans sert-elle? Peut-on dire que dans les deux cas la langue est un outil puissant?

2. **Le théâtre:** Quel rôle les pièces de théâtre jouent-elles dans *L'esquive*, dans *Le dernier métro* et dans *Molière*? Qu'apportent-elles à l'histoire? Que révèlent-elles sur les personnages?

2 Lectures

1. **Extrait du *Jeu de l'amour et du hasard*, de Marivaux.**

   Le passage suivant est la scène VII de l'acte I. Silvia, déguisée en Lisette, et Dorante, déguisé en Bourguignon, ont fait connaissance mais chacun croit que l'autre est un domestique. Arlequin fait son entrée en scène dans la scène VII.

   Scène VII - Dorante, Silvia, Arlequin

   Arlequin. - Ah, te voilà, Bourguignon; mon porte-manteau[1] et toi, avez-vous été bien reçus ici?

   Dorante. - Il n'était pas possible qu'on nous reçût[2] mal, Monsieur.

   Arlequin. - Un domestique là-bas m'a dit d'entrer ici, et qu'on allait avertir mon beau-père qui était avec ma femme.

   Silvia. - Vous voulez dire Monsieur Orgon et sa fille, sans doute,[3] Monsieur?

1 luggage
2 verbe "recevoir" conjugué à l'imparfait du subjonctif, un temps très littéraire
3 probably

Arlequin. - Eh oui, mon beau-père et ma femme, autant vaut;[4] je viens pour épouser, et ils m'attendent pour être mariés; cela est convenu, il ne manque plus que la cérémonie, qui est une bagatelle.[5]

Silvia. - C'est une bagatelle qui vaut bien la peine qu'on y pense.

Arlequin. - Oui, mais quand on y a pensé on n'y pense plus.

Arlequin. - Que dites-vous là à mon valet, la belle?

Silvia. - Rien, je lui dis seulement que je vais faire descendre Monsieur Orgon.

Arlequin. - Et pourquoi ne pas dire mon beau-père, comme moi?

Silvia. - C'est qu'il ne l'est pas encore.

Dorante. - Elle a raison, Monsieur, le mariage n'est pas fait.

Arlequin. - Eh bien, me voilà pour le faire.

Dorante. - Attendez donc qu'il soit fait.

Arlequin. - Pardi,[6] voilà bien des façons[7] pour un beau-père de la veille ou du lendemain.

Silvia. - En effet, quelle si grande différence y a-t-il entre être marié ou ne l'être pas? Oui, Monsieur, nous avons tort, et je cours informer votre beau-père de votre arrivée.

Arlequin. - Et ma femme aussi, je vous prie; mais avant que de partir, dites-moi une chose, vous qui êtes si jolie, n'êtes-vous pas la soubrette[8] de l'hôtel?[9]

Silvia. - Vous l'avez dit.

Arlequin. - C'est fort bien fait, je m'en réjouis:[10] croyez-vous que je plaise ici, comment me trouvez-vous?

Silvia. - Je vous trouve... plaisant.

Arlequin. - Bon, tant mieux,[11] entretenez-vous dans ce sentiment-là,[12] il pourra trouver sa place.

Silvia. - Vous êtes bien modeste de vous en contenter, mais je vous quitte, il faut qu'on ait oublié d'avertir votre beau-père, car assurément il serait venu, et j'y vais.

Arlequin. - Dites-lui que je l'attends avec affection.

Silvia, à part. - Que le sort[13] est bizarre! Aucun de ces deux hommes n'est à sa place.

4 same thing
5 *here:* a detail
6 By Jove!
7 how complicated
8 the maid
9 of the house
10 I'm delighted
11 that's good
12 keep thinking this way
13 fate

a. Qu'est-ce que l'usage de l'imparfait du subjonctif révèle sur Dorante?

b. Observez la 2e réplique d'Arlequin. Comment s'exprime-t-il? Est-ce une bonne idée d'utiliser les mots "beau-père" et "femme"?

c. Etudiez les expressions utilisées par Arlequin. Qu'est-ce qui rend ses répliques comiques?

d. Quelle attitude Arlequin a-t-il avec Silvia dans cette scène?

e. Arlequin comprend-il ce que Silvia pense quand elle dit qu'elle le trouve plaisant?

f. Quelle attitude Dorante a-t-il dans cette scène?

g. Qu'est-ce que Silvia a compris à la fin de la scène?

Université Paris-XIII

A savoir

A l'automne 2005, de graves émeutes ont éclaté dans certaines banlieues françaises. Tout a commencé quand deux jeunes, qui rentraient à pied d'un match de foot, ont pris peur en voyant un contrôle de police. Comme ils n'avaient pas leurs papiers sur eux, ils ont couru pour ne pas être interpellés. La police, croyant qu'ils avaient quelque chose à cacher, a appelé du renfort. Les jeunes se sont alors réfugiés dans une centrale électrique et sont morts électrocutés. Cet incident a provoqué une grande vague de violence qui a touché de nombreuses villes de France.

1 companies
2 France is divided into 95 "départements" for administrative purposes
3 supposed to
4 from the start
5 *here:* well-suited to the job market
6 Institut Universitaire de Technologie: 2-year training after the baccalauréat
7 our success rate
8 competitive exam to become a certified teacher
9 revel in
10 *here:* Ministère de l'Education Nationale
11 to fill
12 students on financial aid
13 registration fees
14 makes up
15 this shortfall
16 costly
17 aging buildings

2. **Article du *Monde* "L'ascenseur est en panne, prenez l'escalier" (8 novembre 2005)**

L'article suivant a été écrit par des enseignants, chercheurs et responsables à l'université Paris-XIII: Cécile Blatrix, maître de conférences en science politique ; Christian Chardonnet, physicien, animateur de Savantes banlieues ; Ariane Desporte, professeur de langues, directrice de l'UFR lettres-sciences de l'homme et des sociétés ; Alain Gonzalez, directeur du centre de formation continue ; El Mouhoub Mouhoud, professeur d'économie ; Jean-Loup Salzmann, professeur de médecine ; Daniel Verba, sociologue, directeur de l'IUT de Bobigny.

Quand les banlieues brûlent, les commentateurs pointent tous le chômage chronique, le manque de formation des jeunes et l'absence d'entreprises[1] dans les départements[2] en question. Mais qui est censé[3] former les jeunes des banlieues ?

L'université Paris-XIII a été créée au coeur de la Seine-Saint-Denis, à Villetaneuse, il y a trente-cinq ans, dans le but de fournir à ce territoire en pleine restructuration une offre de formation de qualité. D'emblée[4] pluridisciplinaire, elle y a déployé des formations professionnalisantes,[5] des filières technologiques de haut niveau, trois IUT,[6] des cursus médicaux, à côté d'un pôle d'une quarantaine de laboratoires de recherche reconnus internationalement dans la plupart des champs disciplinaires. Pour ne citer qu'un chiffre, notre taux de réussite[7] au concours national du Capes (certificat d'aptitude au professorat de l'enseignement du second degré[8]) est le double de la moyenne nationale.

A l'heure où certains se gargarisent[9] de formules comme la discrimination positive, l'égalité des chances, la promotion républicaine, etc., voyons ce qu'il en est dans les faits.

Le personnel : selon les propres chiffres du ministère,[10] il manque 100 postes de personnels techniques et administratifs à Paris-XIII. Au rythme de création actuel, il nous faudra cinquante ans pour combler[11] ce déficit.

Le budget : les étudiants boursiers[12] - ils sont nombreux en Seine-Saint-Denis - ne payent pas de droits d'inscription,[13] et c'est bien. Mais le gouvernement ne compense[14] ce manque à gagner[15] qu'à 80 %, et seulement sur le "droit de base". En clair, les formations techniques, plus coûteuses,[16] ne sont compensées qu'à 30 %. Donc, plus une université a d'étudiants boursiers faisant des études technologiques, plus elle perd de l'argent. Cherchez l'erreur !

Les bâtiments : pour enseigner, il faut des salles. Nos étudiants occupent des locaux vieillissants[17] prévus pour accueillir 10 000 étudiants alors qu'ils sont plus de 20 000.

Amphithéâtre à Paris-XIII

Lors du dernier contrat de plan Etat-région (CPER), il était prévu de construire un bâtiment " Lettres-Droit-Sciences économiques". C'est la seule ligne du contrat de plan qui n'a pas été financée. Pas de chance.

Les transports : là, pas besoin de long discours, Paris-XIII est la seule université de l'Ile-de-France[18] sans métro ni RER.[19] Le projet de tramway, sans cesse annoncé, est toujours retardé. [...]

Les logements étudiants:[20] ils sont trop peu nombreux dans une académie[21] où les besoins sont criants.[22] Les enseignants,[23] enfin : ils sont en nombre insuffisant pour assurer à la fois des formations de qualité et la remise à niveau[24] de jeunes extrêmement motivés mais qui manquent parfois du "bagage culturel" nécessaire.

Il existe un parallèle frappant[25] entre la balkanisation territoriale et le dualisme universitaire : des grandes écoles sélectives[26] de moins en moins républicaines - le nombre d'enfants d'employés et d'ouvriers, déjà marginal, continue à baisser -, mais qui concentrent l'essentiel des moyens,[27] face à des universités périphériques sous-dotées[28] et qui accueillent des étudiants en difficulté sociale et scolaire.

Le rééquilibrage[29] passe non pas par un nivellement par le bas[30] mais par une augmentation des moyens pour les universités des zones défavorisées. Il est indispensable d'arrêter la double ghettoïsation des territoires et des universités. Une politique volontarist[31] qui, par exemple, injecterait des crédits[32] de l'ordre de 10 % du budget de désamiantage[33] de Jussieu[34] pour nos bâtiments et la création de quelques postes suffirait à changer la donne[35] et à réparer l'ascenseur[36] social.

Pour sortir de cette crise, il est essentiel de créer de l'espoir. Les universités ont un rôle majeur à jouer, de promotion sociale et d'intégration professionnelle : qu'on leur en donne les moyens.

18 Paris and the surrounding "départements"
19 Réseau Express Régional (rapide-transit train between paris and the suburbs)
20 college dorms
21 France is divided into "académies" for educational administrative purposes
22 glaring
23 teachers
24 catch up
25 striking
26 very competitive schools
27 which get most of the funds
28 under-endowed
29 redistribution
30 leveling down
31 aggressive
32 funds
33 removing of asbestos
34 the Jussieu campus is the home of part of Université Paris VI and VII
35 to make a big difference
36 elevator

a. Quels sont les atouts de l'université Paris-XIII?

b. A quelles difficultés l'université Paris-XIII doit-elle faire face? Expliquez-les sans recopier le texte!

c. Comment l'article compare-t-il les grandes écoles et les universités périphériques?

d. Qu'est-ce que l'article demande?

3. Article de *L'Express*: "Gravé dans Laroche" (29 septembre 2005)

Chris Laroche est proviseure[1] d'un lycée de Vaulx-en-Velin.[2] Elle a publié son carnet de bord,[3] dans lequel elle raconte son expérience et sa volonté de mettre fin aux clichés associés aux lycées "sensibles"[4] de banlieue.

Paris-XIII - vue extérieure

Elle a une sainte horreur des idées reçues[5] et la passion des gros chantiers.[6] Ça tombe bien et mal. A Vaulx-en-Velin, cité taxée de "jungle urbaine" depuis quinze ans, les clichés ont le cuir coriace[7] et le boulot ne manque pas. Quand Chris Laroche a pris la barre[8] du lycée Robert-Doisneau, [...], elle l'a entendu, le refrain: "T'es pas folle d'aller là-bas?" Une envie de changer d'air, au terme de[9] trente ans de professorat dans

1 Head of school
2 a city near Lyon
3 logbook
4 *here:* at risk
5 generally accepted ideas
6 big jobs
7 are difficult to get rid of
8 became head of school
9 after

les lettres.[10] Après cinq ans de navigation en eaux vives,[11] elle publie son carnet de bord, *Proviseure à Vaulx-en-Velin* (Plon), avec Luc Rosenzweig. Son idée fixe: montrer que, dans un lycée "sensible", on peut propulser[12] des talents à Sciences po Paris[13] (cinq en deux ans), saper[14] des tabous et faire vivre les lois de la République.

"Il y en a marre des représentations négatives. Je veux donner à voir ce que la société oublie de voir", pose-t-elle d'emblée,[15] allure juvénile, ton soyeux[16] avec ce qu'il faut d'épines.[17] Le tout, c'est d'avoir de l'ambition […] et quelques axiomes simples sous le coude - "Un lycée, ça se dirige avec les pieds!" - histoire de dire qu'on ne pilote pas une telle embarcation[18] à coups de dogmes matraqués du fond d'un bureau. Et la méthode paie, tout doucement.

A force de traquer l'absentéisme - les surveillants[19] font le tour des classes[20] toutes les heures - on arrive à le faire baisser. Les professeurs, tous volontaires, recourent au travail en équipe, innovent. Mais le défi quotidien,[21] c'est de repousser aux portes du lycée ce que Chris Laroche appelle la "culture quartier", ce "mélange de machisme, d'omerta...". Interdire les casquettes, faire respecter les horaires pendant le ramadan... Mme la Proviseure y tient:[22] "Le lycée ne vit à l'heure d'aucune religion." Toutes les filles ont ôté[23] le voile, à la rentrée. A croire que le dialogue noué depuis des années instille du consensus. Certes, tout ce bel édifice est fragile. Il y a des jours où la détresse des familles, où les éruptions de violence - rares - torpillent un peu la foi.[24] Mais Chris Laroche préfère parler des victoires que des coups durs. Le "plus" qui la comblerait?[25] Une classe de BTS[26] à Doisneau. Ce n'est quand même pas la lune.

Delphine Saubaber

10 *here:* French
11 *here:* in choppy waters
12 send
13 very competitive school
14 destroy
15 from the start
16 smooth
17 with just enough thorns
18 *here:* such a place
19 monitors
20 go from class to class
21 daily challenge
22 insists on it
23 taken off
24 shake her faith
25 that would make her happy
26 Brevet de Technicien Supérieur (a 2-year training course after high school)

a. Quel est le but de Chris Laroche?
b. Quelles sont ses méthodes pour que les élèves travaillent?
c. Pourquoi n'accepte-t-elle pas que les élèves soient en retard à cause du Ramadan?
d. Est-ce que tout est toujours facile?
e. Qu'est-ce qu'elle aimerait pour son lycée? Pourquoi à votre avis?

4. **Entretien avec Abdellatif Kechiche et Cécile Ladjali, par Isabelle Fajardo (*Télérama*, 10 janvier 2004)**

Télérama: Vous avez reconnu vos élèves dans les adolescents de L'Esquive?
Cécile Ladjali: Oui, je me suis retrouvée propulsée dans ma banlieue, dans mes classes. Dix fois j'ai dû me retenir de pleurer. C'est tellement ça, tellement vrai, la détresse des enfants, leur ennui, leur solitude, leur honte, parfois, au moment de monter sur scène. Ce qui m'a bouleversée, c'est l'abdication du héros, Krimo, qui renonce à faire du théâtre, parce que "ça fait bouffon". J'entends ça combien de fois par jour! En revanche, le salut de l'héroïne, Lydia, est obtenu grâce aux mots. […]
Télérama: Ce n'est pas par hasard si vous avez choisi de leur faire jouer du Marivaux, *Le Jeu de l'amour et du hasard*…
Abdellatif Kechiche: Marivaux accorde[1] à ses personnages issus de milieu populaire une intériorité, une intelligence, des sentiments que très peu

1 gives

d'auteurs de son siècle leur prêtent. De même qu'aujourd'hui on représente les gens de ces quartiers populaires de manière réductrice, superficielle, sans les traiter dans leur complexité. Dans Le Jeu de l'amour et du hasard, le valet éprouve la même passion, le même dépit[2] que le maître. Il y a chez Marivaux un enjeu social souterrain. C'est un auteur subversif.

Télérama: Vous aussi, Cécile Ladjali, comme le professeur du film, enseignez la littérature en alliant[3] pédagogie et démarche créative.

Cécile Ladjali: Cela fait plusieurs années que je fais écrire mes élèves, et que leurs textes sont publiés. Et il faut voir leur fierté quand ils ont vaincu leurs pudeurs.[4] L'année dernière, je leur avais demandé d'adapter pour le théâtre une nouvelle de Balzac, *Sarrasine.* Ils l'ont jouée sur scène, sous la direction de William Mesguich. C'est l'histoire d'un homme qui tombe amoureux d'un homme en croyant que c'est une femme. Or, quand les valeurs de virilité sont bafouées[5] dans la cité, ça se passe très mal, il n'y a rien de pire que de passer pour un petit pédé.[6] Sur scène, j'avais un élève, un garçon déguisé en fille, maquillé, habillé avec des vêtements XVIIIe siècle. Une gageure.[7] Je peux vous dire qu'il était radieux d'avoir réussi à le faire. Cinq cents personnes au Théâtre Michel-Simon de Noisy-le-Grand: respect total! Parce qu'il y avait là un acte de courage. Et beaucoup de travail derrière, un texte écrit avec des mots, une syntaxe, qui se tenaient. Il faut qu'il y ait des artistes, des professionnels comme William Mesguich, qui croient aux enfants et à ce que recèle leur création, pour les cadrer. Les premiers brouillons[8] de mes élèves, quand ils écrivent, ne sont pas bons. Il faut que le prof soit là, que les livres soient là, pour les nourrir. L'art, la création, le théâtre, donnent aux enfants la possibilité de sortir de leur ghetto social, de leur ghetto linguistique. C'est, je crois, l'un des messages de *L'Esquive.*

Télérama: Il y a dans ce film un formidable travail sur le langage. On voit l'héroïne, Lydia, glisser du langage de la cité à la langue classique de Marivaux avec une liberté vertigineuse. La prof de français que vous êtes a dû y être très sensible ?

Cécile Ladjali: Pour mes élèves, le français classique est souvent une langue étrangère qui appelle une traduction. Ils disent : "De toute façon, la littérature, ce n'est pas pour moi, à la maison il n'y a pas de livres, ce n'est pas mon monde..." Ils s'enferment dans un ghetto linguistique. Et en tant qu'enseignante, je dois travailler contre cet empêchement d'apprendre qu'ils s'infligent. Je travaille contre leur nature, contre les lois de la cité.

[...]

2 chagrin
3 combining
4 reserve
5 flouted
6 gay
7 a challenge
8 rough drafts

a. Quels parallèles Cécile Ladjali a-t-elle pu établir entre ses élèves et ceux de *L'esquive* ?

b. Pourquoi Kechiche a-t-il choisi *Le jeu de l'amour et du hasard* ?

c. Pourquoi l'expérience théâtrale que Cécile Ladjali propose à ses élèves est-elle un succès ?

5. " **Professeur de grec en banlieue** ", par Françoise Dargent
(*Le Figaro*, 23 octobre 2009)

Dans son livre "Homère et Shakespeare en banlieue", un enseignant raconte comment il suscite le goût des études chez ses élèves avec des cours de grec et de théâtre.

Depuis une quinzaine d'années, il se bat pour défendre les langues anciennes dans le lycée de banlieue difficile où il enseigne. Il a développé une méthode de promotion infaillible pour convaincre les lycéens de choisir ces options, comme dénominateur commun de toutes les matières. Aujourd'hui, sa classe de grec fait le plein.

"- Alors le grec, c'est quoi pour vous ?
- Un sandwich !
- Non sérieusement, vous avez déjà entendu parler du grec ou du latin ?
- C'est des langues mortes !
- Ça sert à rien !
- C'est pour les tebé ! (les bêtes)."

D'autres que lui auraient renoncé, Augustin d'Humières, non. Jamais, il ne laissera le dernier mot aux élèves qui sont devant lui. Il y a de l'Achille dans cet homme-là. Chaque année, ce jeune professeur commence par entendre cette même rengaine[1] lorsqu'il entreprend la tournée des classes de troisième[2] dans les collèges en Seine-et-Marne, département où il enseigne. Son objectif : recruter des élèves pour l'option grec de seconde,[3] un défi herculéen qui aurait pu tourner au mythe si l'intéressé n'en avait fait un livre pour témoigner de son expérience. Le récit, éloquent en ces temps de reconsidération des filières littéraires, vient de sortir. *Homère et Shakespeare en banlieue* (Grasset) tord le cou[4] à nombre d'idées reçues sur l'art d'enseigner dans les établissements dits difficiles. "Si on veut les arracher à la PlayStation, au zapping et au shopping, il faut leur proposer des choses ambitieuses et prenantes,[5] dit-il. Qu'ils se frottent à une discipline, une exigence. J'ai choisi le théâtre et le grec. Le premier parce qu'arrive un moment où il faut répéter quatre fois par semaine pour arriver à un résultat. Le second parce que le grec leur offre un univers dépaysant,[6] indispensable au départ pour s'attaquer ensuite à ce qui fâche : le désastre de la grammaire."

Professeur autoritaire, M'sieur d'Humières ne ressemble guère à l'image que l'on pourrait se faire d'un poussiéreux professeur de langues mortes. [...] Quinze ans d'enseignement, dont quatorze en banlieue, et un grand nombre d'heures passées à expliquer "l'usage de l'aoriste et de l'augment" à des élèves qui n'en finissent pas de réinventer l'orthographe via leurs SMS, cela vous pose un prof. À l'orée[7] de sa carrière, un commentaire lapidaire[8] avait pourtant rapidement fait sa réputation au sein de ses collègues. La main rageuse d'un inspecteur avait catalogué l'homme avec cette formule inscrite dans son dossier transmis au rectorat:[9] "Méthodes pédagogiques d'un autre âge". Aujourd'hui, Augustin d'Humières peut toujours compter sur quelques anciens[10] pour venir porter la bonne parole du grec et du latin en classe de troisième. "Ils sont bien meilleurs ambassadeurs que moi", explique l'intéressé.

Sa méthode fait des vagues au rectorat

Augustin d'Humières était élève "moyen" de bons établissements de la

1 old tune
2 9th grade
3 10th grade
4 debunks
5 captivating
6 exotic
7 the beginning
8 pithy
9 somewhat equivalent to a board of education
10 alumni

capitale - Condorcet, Fénelon, Henri IV - avant de se coltiner[11] des classes dissipées[12] au terminus des lignes de RER : "J'ai toujours eu cette étiquette de bourgeois du Quartier latin égaré en banlieue." Le parcours des parents ne contredit pas l'étiquette mais apporte des nuances. Son père, professeur agrégé de grammaire, a fini par présenter l'ENA[13] pour embrasser une carrière de diplomate. Sa mère a enseigné pendant longtemps dans un collège du Val-d'Oise avant d'intégrer une entreprise. À bien y regarder, la graine était semée. Quant au tempérament, il avait de fortes chances de s'épanouir hors des sentiers battus.[14] Enfant, Augustin développe un goût personnel pour le latin et le grec, mais il refuse toujours à voir en ces disciplines le symbole de l'élitisme. "Mes parents n'étaient pas des forcenés. Si je leur avais dit que cela ne m'intéressait pas, ils n'auraient pas vu d'inconvénient à ce que j'arrête." Puis il réussit le concours de Sciences Po, passe l'agrégation de lettres classiques tout en suivant des cours de théâtre.

Il raconte, amusé, sa première expérience de professeur de français dans un collège de Saint-Germain-en-Laye, avec "des élèves très demandeurs, des classes attentives, un rêve de prof". Mais à la fin de son stage, il est affecté dans un lycée du côté de Meaux. Un lycée de grande banlieue, planté entre les tours et les champs. Et deux populations d'élèves, ceux des cités et ceux de la campagne, totalement laissées pour compte.[15] Il expérimente l'immobilisme d'un système éducatif qui semble avoir oublié les élèves.

Le "nouveau" se voit confier une première d'adaptation. Le choc ! "Les élèves n'avaient quasiment pas fait de français depuis deux ans. À la fin de l'année, ils allaient devoir rédiger un commentaire ou une dissertation et présenter un exposé de dix minutes sur l'intérêt littéraire de Baudelaire ou de Marivaux." D'emblée, il met les choses au point. Il n'acceptera aucun retard, aucun oubli d'affaires, fera recopier 25 fois chaque faute et exigera le "par-cœur". Sa classe obtient cette année-là la meilleure moyenne des premières[16] au bac français. La sanction est immédiate. Sa méthode fait des vagues au rectorat où l'on détecte aussitôt ces fameuses "méthodes pédagogiques d'un autre âge." Le professeur aurait pu jeter l'éponge si, faute d'élèves, la survie du grec ne s'était pas posée. "Le grec n'était pas dans mes priorités, mais là j'ai eu une réaction instinctive. Il fallait que je me batte pour cette matière qui m'avait donné tant de satisfactions dans ma scolarité." Il rode alors sa méthode de recrutement et lance en pâture son fameux "alors le grec c'est quoi pour vous ?".

Il a affiné sa méthode, convoque Zidane s'il le faut, le footballeur, mais aussi l'homme qui a fondé une association contre la leucodystrophie, nouveau mot, aussitôt appris aussitôt analysé (leukos, (globules) blancs ; dus, mauvais et trophein, nourrir, soit une mauvaise alimentation du sang en globules blancs). Aux adolescents hilares, il explique que le grec peut les aider à faire des progrès en français, en sciences, en langues vivantes et à récupérer[17] quelques points salvateurs au bac, argument massue. Ses anciens élèves, aujourd'hui en fac de médecine ou de droit, enfoncent le clou[18] devant les petits troisième médusés.

En plus du grec qu'il enseigne aujourd'hui chaque année à une trentaine d'élèves dans son lycée, Augustin d'Humières a monté une troupe de théâtre. Ni slam, ni verlan. C'est en vers que les adolescents se parlent sur scène. "Ainsi débarrassés des codes et des identités de la rue, ils sont

11 getting stuck with
12 poorly-behaved
13 = Ecole Nationale d'Administration
14 off the beaten path
15 abandoned
16 11th grade
17 earn
18 insist

spectaculaires", reconnaît-il. Face aux enfants de troisième qu'il recrute, il n'oublie jamais de rappeler que, sur tous leurs vêtements, le fameux "Nike" vient évidemment du grec niké, victoire !

    a. En quoi Augustin d'Humières est-il atypique ?

    b. Que fait-il pour encourager les élèves de troisième à choisir le grec ?

    c. Comment ses méthodes sont-elles considérées par l'administration ?

Ridicule

Présentation du film

Grégoire Ponceludon de Malavoy, un jeune noble provincial, éclairé mais naïf, arrive à Versailles avec l'espoir d'obtenir l'aide du roi pour faire assécher les marais qui tuent ses paysans. Grégoire découvre alors le monde de la cour, le bel esprit, les intrigues politiques, l'amour et les compromissions.

Carte d'identité du réalisateur

Patrice Leconte (né en 1947) a commencé sa carrière en tournant des courts-métrages et en travaillant dans la bande-dessinée. Le succès est venu en 1978 avec *Les bronzés*. D'autres comédies ont suivi (notamment *Viens chez moi, j'habite chez une copine*, 1980 et *Tandem*, 1987), puis Patrice Leconte a alterné les genres : le thriller (*Monsieur Hire*, 1989), le film historique (*Ridicule*, 1996, *La veuve de Saint-Pierre*, 2000), le drame (*L'homme du train*, 2002), la romance (*Confidences trop intimes*, 2004), la comédie (*Les bronzés 3*, 2006, *Mes stars et moi*, 2008) et la comédie dramatique (*Le mari de la coiffeuse*, 1990, *La fille sur le pont*, 1999, *Voir la mer*, 2011). Patrice Leconte a reçu deux César et de nombreuses nominations au cours de sa carrière.

Carte d'identité des acteurs

Charles Berling, Bernard Giraudeau et Fanny Ardant

Charles Berling (né en 1958) a été acteur de théâtre pendant des années avant de se tourner vers le cinéma. Après quelques petits rôles (*Petits arrangements avec les morts*, 1994, *Nelly et Monsieur Arnaud*, 1995), c'est *Ridicule* qui l'a révélé. Discret, sincère, il a confirmé ensuite avec *Nettoyage à sec* (1997), *L'ennui* (1998), *Les destinées sentimentales* (2000), *Comment j'ai tué mon père* (2001) et *Père et fils* (2003). Il tourne plusieurs films par an, alternant drames et comédies. Il se distingue souvent dans des rôles dramatiques et ambigus, comme dans *L'homme de sa vie* (2006), *L'heure d'été* (2008) et *Le prénom* (2012).

Fanny Ardant (née en 1949) a fait de solides études de sciences politiques et a beaucoup voyagé avant de devenir actrice. Intelligente, originale, sophistiquée, elle a d'abord joué pour François Truffaut (*La femme d'à côté*, 1981, *Vivement dimanche*, 1983) et Alain Resnais (*L'amour à mort*, 1984, *Mélo*, 1986), puis s'est imposée dans *Le Colonel Chabert* (1994), *Pédale douce* (1996), *Ridicule* (1996) *8 femmes* (2002), *Nathalie* (2003) et *Roman de gare* (2007). Elle mène en parallèle une très belle carrière au théâtre et s'est essayée à la réalisation en 2009 avec *Cendres et sang*.

Jean Rochefort (né en 1930): Après des rôles sans grand relief dans les années 60, il a joué pour Tavernier dans les années 70, et s'est imposé dans *Le crabe-tambour* en 1977. Acteur fantaisiste, curieux, enthousiaste, il a fait des prestations remarquées dans *Tandem* (1987), *Je suis le seigneur du château* (1989), *Le mari de la coiffeuse* (1990), *Ridicule* (1996), *Le placard* (2000), *L'homme du train* (2002) et *Akoibon* (2005). Très aimé du public, il est aussi à l'aise dans la comédie (*Désaccord parfait*, 2006), que dans la série TV (*Chez Maupassant*, 2007) et dans le policier (*J'ai toujours rêvé d'être un gangster*, 2008). En 2010 il a réalisé un documentaire, *Cavaliers seuls*.

Judith Godrèche (née en 1972) est une actrice discrète et réservée qui a connu le succès très jeune: *La fille de 15 ans* en 1989 et surtout *La désenchantée* en 1990. Plus tard, elle a joué dans *Beaumarchais l'insolent* (1995), *Ridicule* (1996) et *L'homme au masque de fer* (1997), avant de faire une pause pour raisons familiales. Elle est revenue en 2002 avec *L'auberge espagnole* qui l'a orientée vers des rôles légers et comiques. Elle a poursuivi dans cette voie avec *Tu vas rire mais je te quitte* (2005), *Fais-moi plaisir!* (2009) et *Potiche* (2010).

L'heure de gloire

Ridicule a été nommé pour la Palme d'Or au Festival de Cannes. Il a aussi été très remarqué aux César puisqu'il a remporté celui du meilleur film, du meilleur réalisateur, du meilleur décor et des meilleurs costumes. Les Golden Globes l'ont nommé dans la catégorie "meilleur film étranger".

PREPARATION

1 Vocabulaire

Vocabulaire utile avant de voir le film :

> Vous connaissez déjà certains des mots de la liste. Ils sont notés pour que vous les révisiez. Vous devez savoir ce vocabulaire par cœur, avec les genres pour les noms, les prépositions pour les verbes et les orthographes difficiles. Observez bien les exemples, ils vous aideront à vous exprimer correctement.

Les noms

le roi: *the king*
la reine: *the queen*
une comtesse: *a countess**
un marais: *a marsh***
un(e) paysan(ne): *a peasant*
un(e) sot(te): *a fool*
un scaphandre: *a diving suit*
un moustique: *a mosquito*
un abbé: *an abbot*

une veuve: *a widow*
la cour: *the court**
un(e) courtisan(e): *a courtier*
un arbre généalogique: *a family tree*

> **Le saviez-vous?**
> Le français "roi" et l'anglais "right" ont la même origine: ils viennent de l'indo-européen "reg": diriger en ligne droite.

> *Attention à l'orthographe de comtesse (sans p) et de cour (sans t) !
> **Même pluriel: des marais

Les verbes

assécher (un marais): *to drain (a marsh)*
être en deuil: *to be in mourning*
expérimenter: *to make experiments*
faire des recherches: *to do research*
élever (un enfant): *to raise (a child)*
tricher: *to cheat*
remercier qq'un de: *to thank s.o. for sth**
se suicider: *to commit suicide***
se pendre: *to hang oneself***
ridiculiser qq'un: *to ridicule s.o.*
se moquer de qq'un: *to make fun of s.o.****

humilier qq'un: *to humiliate s.o.*
trahir qq'un: *to betray s.o.*
se venger de qqch: *to take one's revenge for sth*
faire un croc-en-jambe à qq'un: *to trip s.o.*
atteindre son but: *to reach one's goal*
se réfugier (quelque part): *to take refuge (somewhere)*

> *Ex : Il a remercié le marquis de son hospitalité (N'utilisez pas "pour" !)
> **Ex: Il s'est suicidé / il s'est pendu.
> ***Ex: Elle s'est moquée de lui / d'eux

Les adjectifs

éclairé(e): *enlightened*
coûteux (-se): *costly*
humilié(e): *humiliated*
sourd(e): *deaf*
muet(te): *mute*
corrompu(e): *corrupt*

égoïste: *selfish*
rusé(e): *shrewd*
calculateur (-trice): *calculating*
fat: *self-satisfied*
influent(e): *influential*
impitoyable: *pitiless*

Louis XVI

Chateau de Versailles

Traduisez!

1. The courtiers were corrupt and pitiless but they were influential.
2. If Grégoire talked about his marshes and his mosquitoes, the court would ridicule him.
3. Mathilde is enlightened and she likes to make experiments with her diving suit.
4. I had seen the countess and the abbot cheat, so I made fun of them and humiliated them.

2 Repères culturels

1. Le film se passe en 1783, à la cour de Louis XVI. Pouvez-vous répondre aux questions suivantes sur Louis XVI?
   a. Combien de temps son règne a-t-il duré?
   b. Qui était sa femme? Comment était-elle?
   c. Etait-il capable de diriger le pays?
   d. Quels ont été les faits marquants de son règne?
2. Le film se passe à Versailles. Que savez-vous sur Versailles?
   a. Où Versailles se trouve-t-il?
   b. Quand Versailles a-t-il été construit? Qui a décidé de le faire construire?
   c. Comment était la vie à Versailles? Qu'est-ce qui était organisé dans le parc?
   d. Les artistes étaient-ils les bienvenus au palais?
   e. A quelle date les rois ont-ils quitté Versailles?
3. Qui était l'abbé de l'Epée? Qu'a-t-il inventé?
4. Voltaire et Rousseau sont mentionnés dans le film. Qui sont-ils? Pourquoi sont-ils connus?
5. Qu'est-ce qu'un duel? Dans quelles circonstances un duel avait-il lieu? Etait-ce légal en 1783?
6. La Révolution française est mentionnée à la fin du film. Pouvez-vous expliquer ce qui s'est passé pendant la Révolution? Ne vous perdez pas dans les détails, expliquez en quelques phrases seulement.

3 Le contexte

1. Le film se passe au XVIIIe siècle, une époque qu'on a appelée "le siècle des Lumières". Qu'est-ce que cela veut dire? Quelles étaient les grandes idées des "Lumières"?
2. Avant la Révolution, la France était divisée en trois ordres. Comment s'appelaient-ils? La population française était-elle répartie équitablement entre les trois?
3. Pensez à la vie quotidienne des courtisans: Comment occupaient-ils leurs journées à Versailles?
4. Pensez maintenant aux paysans: Comment vivaient-ils?

5. L'Europe au XVIIIe siècle: Comment les autres pays européens voyaient-ils la France à l'époque?

6. Que se passait-il aux Etats-Unis en 1783? Quels grands événements venaient juste d'avoir lieu?

4 Bande-annonce

Faites une recherche sur Google avec les mots "Bande-annonce Ridicule vf". Regardez-la plusieurs fois et répondez aux questions suivantes:

1. Quels mots apparaissent sur l'écran? Quelle impression ces mots vous donnent-ils?

2. Que font les personnages dans les différentes scènes où on les voit?

3. A quel rythme les images défilent-elles?

4. Quel rôle la musique a-t-elle dans la bande-annonce?

5. A votre avis, de quoi ce film va-t-il parler?

5 A savoir avant de visionner le film

- Durée: 1h42
- Genre: Comédie dramatique
- Public: R
- Tournage: Versailles, Paris et château de Vaux-le-Vicomte.
- Région: Le film se passe en partie dans la région de la Dombes (au nord-est de Lyon, dans l'actuel département de l'Ain). Comme au XVIIIe siècle, c'est une région rurale avec de nombreux étangs. C'est important pour la pêche et les moustiques! C'est à 440 km de Versailles, une longue distance à parcourir à cheval.
- Avertissement: Le film est drôle mais méchant, voire cruel. La comédie est basée sur l'humiliation des autres, ce qui peut parfois rendre mal à l'aise. La toute première scène est très graphique et va peut-être vous choquer. Elle est cependant importante car elle nous éclaire sur les mœurs des courtisans.

Plan de Versailles en 1789
Remarquez la quantité d'espaces verts!

PREMIERE APPROCHE

1 L'histoire

Le but de cette activité est double:
- Vérifier que vous avez bien compris l'histoire
- Vous préparer à la discussion en classe

Répondez à chaque question en une ou deux phrases. Utilisez le vocabulaire que vous avez appris.

Les personnages

Grégoire Ponceludon
de Malavoy
(Charles Berling)

La comtesse
de Blayac
(Fanny Ardant)

Mathilde
de Bellegarde
(Judith Godrèche)

Bellegarde
(Jean Rochefort)

L'abbé de Vilecourt
(Bernard Giraudeau)

1. **Les paysans**

   Que font-ils au début du film ? Où sont-ils? Que comprend-on de leur vie ?

2. **Le marquis de Bellegarde**

   Comment le marquis de Bellegarde élève-t-il sa fille?

3. **Ponceludon**

   Pourquoi part-il pour Versailles? Comment se passe son entrée dans le monde des courtisans?

4. **Mathilde**

   A quoi emploie-t-elle son temps?
   Quel est l'accord de mariage avec Montalieri?
   Pourquoi Mathilde se montre-t-elle à la cour?

5. **Versailles**

   Comment Versailles est-il organisé? Qui occupe l'aile gauche? Qui occupe l'aile droite?
   Comment Grégoire est-il reçu par Maurepas (le ministre)? Que pense celui-ci de son projet?
   Ponceludon est-il aidé par le généalogiste?
   Comment l'assemblée réagit-elle devant les sourds-muets présentés par l'abbé de l'Epée?
   Que se passe-t-il pendant le dernier bal?

6. **L'abbé de Vilecourt**

   Quelle méchante plaisanterie fait-il au baron de Guérêt? Pourquoi ce dernier se suicide-t-il ?
   Comment l'abbé de Vilecourt perd-il les faveurs de la comtesse de Blayac?

> **Souvenez-vous!**
>
> Sous l'Ancien Régime il était tout à fait possible d'être noble sans être riche. Certains nobles étaient richissimes et possédaient des châteaux grandioses, mais d'autres, comme Grégoire, vivaient à la campagne et avaient des revenus modestes.

7. **La comtesse de Blayac**

Pourquoi obtient-elle les papiers généalogiques dont Ponceludon a besoin?

Comment se passe l'entretien quand il vient pour la remercier?

Comment la comtesse réagit-elle en apprenant que Ponceludon est parti avec Mathilde?

8. **Le roi**

Pourquoi le roi s'intéresse-t-il à Ponceludon? Que lui propose-t-il?

9. **1794**

Que font le marquis de Bellegarde, Ponceludon et Mathilde en 1794?

2 Analyse d'une photo

1. Qui voit-on sur cette photo?
2. Où sont-ils?
3. A quel moment cette scène se passe-t-elle?
4. Qu'est-ce que le roi vient de demander à Grégoire?
5. Observez l'expression de la comtesse. Que nous indique-t-elle sur son état d'esprit?

3 Analyse de citations

Analysez les citations suivantes en les replaçant dans leur contexte:

1. Ponceludon: "Les paysans, monsieur, ne nourrissent pas seulement les moustiques. Ils nourrissent aussi les aristocrates".
2. Bellegarde: "Perdez cette habitude de rire de toutes vos dents. C'est infiniment rustique."
3. La comtesse de Blayac: "Sachez mieux dissimuler votre dissimulation, afin que je puisse m'abandonner sans trop de déshonneur".
4. Ponceludon: "Le roi n'est pas un sujet".

APPROFONDISSEMENT

1 Vocabulaire

Enrichissez votre vocabulaire!

Le but de cette deuxième liste est d'élargir votre champ lexical. Ce vocabulaire ciblé sur des thèmes du film va vous permettre d'enrichir votre style.

La monarchie

l'absolutisme: *absolutism*

le royaume: *the kingdom*

la royauté: *royalty*

un monarque: *a monarch*

un souverain: *a sovereign*

la couronne: *the crown*

le couronnement: *the coronation*

prétendre à la couronne: *to lay claim to the throne*

héréditaire: *hereditary*

succéder au trône: *to succeed to the throne*

placer qq'un sur le trône: *to put s.o. on the throne*

Les jeux de mots

un calembour: *a pun, a play on words*
une boutade: *a flash of wit*
une blague: *a joke*
une plaisanterie: *a jest*
une équivoque: *a double entendre*

un mot d'esprit = un trait d'esprit: *a witticism*
un paradoxe: *a paradox*
faire de l'esprit: *to be witty*
l'ironie: *irony*

Les sciences

la biologie: *biology*
la physique: *physics*
la chimie: *chemistry*
la médecine: *medicine*
la technologie: *technology*
la conquête de l'espace: *space exploration*
la recherche: *research*
un chercheur: *a researcher*

un laboratoire: *a laboratory*
faire une expérience: *to perform an experiment*
une découverte: *a discovery*
être expert(e) dans sa matière: *to be an expert in one's field*
un(e) spécialiste en qqch: *a specialist in sth*
faire autorité en qqch: *to be an authority on sth*

Mise en pratique du vocabulaire:

Ecrivez 5 phrases dans lesquelles vous utilisez au moins 10 mots de la liste ci-dessus.

2 Réflexion - Essais

Ces questions vont vous permettre d'approfondir l'étude du film. Ecrivez un paragraphe pour chacune, en utilisant le vocabulaire du chapitre et en soignant votre expression (vérifiez votre orthographe et votre grammaire). En faisant ce travail, vous vous préparez à la prochaine composition.

1. Faites le portrait de Grégoire.
2. Analysez l'évolution dans les sentiments de Grégoire vis-à-vis de la cour.
3. Faites le portrait, en les contrastant, de Madame de Blayac et de Mathilde.
4. Décrivez les mœurs et les occupations des courtisans.
5. Comment le bel esprit est-il utilisé? A quoi sert-il?
6. Quel rôle le marquis de Bellegarde joue-t-il tout au long du film?
7. Décrivez la personnalité de l'abbé de Vilecourt et son rôle dans l'histoire. Pensez aussi à son nom. Que veut dire "Vilecourt" ?
8. Quelle impression avez-vous du roi ?
9. Le film est basé sur une série d'oppositions. Pouvez-vous en noter quelques-unes?

3 Analyse d'une scène: l'entrée de Ponceludon à la cour (16:12 à 18:45)

> **Vocabulaire spécifique à cette scène**
>
> une voix (*a voice*) • briller (*to shine*) • la musique de fond (*background music*) • éclairé(e) (*lit*) • une bougie (*a candle*) • s'attendre à qqch (*to expect sth*) • la concurrence (*competition*) • un gros plan (*a close-up*) • un plan d'ensemble (*a long shot*) • le visage (*the face*)

A. **Ecoutez**

1. Remarquez la voix de l'abbé quand il interpelle Ponceludon ("Tout frais de votre belle province, vous devez avoir un regard aiguisé sur les ridiculités de la cour!"). Qu'est-ce que ce ton indique?

2. Grégoire se montre bien plus spirituel que prévu. Notez trois répliques qui montrent sa finesse et sa volonté de briller.

3. Que pensait l'abbé de Grégoire au début de la scène? Qu'a-t-il compris à la fin?

4. A quel moment la comtesse de Blayac et le marquis de Bellegarde prennent-ils la parole?

5. Ecoutez la musique de fond. A quoi sert-elle?

B. **Observez**

1. Comment la scène est-elle éclairée? La lumière est-elle douce ou vive?

2. Pourquoi le réalisateur a-t-il choisi une alternance de gros plans et de plans d'ensemble? Quel est son but avec chacun?

3. Le visage de l'abbé de Vilecourt révèle bien ce qu'il ressent. Notez plusieurs de ses expressions.

4. Que se passe-t-il à l'arrivée de la reine? Comment l'assemblée réagit-elle?

5. Remarquez les vêtements portés par les personnages. Comment la robe de la reine se distingue-t-elle?

C. **Cette scène dans l'histoire**

Pourquoi est-elle importante? Qu'est-ce que l'on apprend sur les personnages, et surtout sur leurs relations? Qu'est-ce qui change entre le début et la fin?

D. **Langue**

1. **Synonymes**

Ecoutez attentivement les dialogues de l'extrait et trouvez les synonymes des expressions suivantes (entre parenthèses) :

a. "Joignez-vous à notre partie, _____ (si vous en avez envie)."

b. "Vous pouvez les estimer de plus près en vous _____ (penchant) bien."

c. "Il est moins _____ (bête) qu'il en a l'air!"

d. "_____ (est-ce que je peux) vous _____ (prendre) l'abbé?"

e. "Un esprit _____ (vif) ne sera pas de trop!"

f. "_____ (capacité) de conversation certaine."

g. "Quand vous m'y _____ (invitez), madame."

2. **L'interrogation**

Remplacez chaque blanc par le mot interrogatif qui convient. Faites attention à l'ordre des mots dans la question!

Ex : _____ (whom) Grégoire observe ?
     <u>Qui est-ce que</u> Grégoire observe ?

a. _____ (what) Grégoire assèche?

b. _____ (what) se passe quand il arrive à Versailles?

c. _____ (how long) la comtesse habite-t-elle à Versailles?

d. _____ (why) est-elle en deuil?

e. _____ (whom) Mathilde a l'intention d'épouser?

f. _____ (with what) elle expérimente?

g. _____ (how) le marquis élève-t-il sa fille?

h. _____ (what) aspect de la cour Mathilde déteste-t-elle?

i. _____ (with which) ministre Grégoire parle-t-il?

j. _____ (what) a-t-il besoin pour prouver qu'il est noble?

k. _____ (whom) Grégoire devrait remercier?

l. _____ (where) le baron de Guérêt s'est-il pendu?

m. _____ (whom) la comtesse et l'abbé se moquent-ils?

n. _____ (why) le marquis de Bellegarde a-t-il dû se réfugier en Angleterre?

3. **Devoir**

Conjuguez le verbe "devoir" au temps qui convient. Souvenez-vous que ce verbe a des sens différents en fonction des temps!

Ex : Quand il est arrivé à Versailles, Grégoire _____ s'adapter.
     Quand il est arrivé à Versailles, Grégoire <u>a dû</u> s'adapter.

a. Au XVIIIe siècle, les courtisans _____ faire de l'esprit pour être admirés.

b. Grégoire sait que pour assécher les marais il _____ convaincre le roi.

c. Mathilde _____ faire plus attention car ses expériences sont dangereuses.

d. Elle _____ se marier avec Montaliéri si elle veut avoir de l'argent pour ses recherches.

e. Comme il a été humilié, Grégoire _____ quitter la cour.

f. L'abbé de Vilecourt (ne pas) _____ blasphémer devant le roi.

E. **Comparaison avec une autre scène**

Comparez cette scène avec celle du dîner chez le Duc de Guines (33:49 à 35:34). Qui est présent? Qu'est-ce que les personnages cherchent à faire? Qui brille? Qu'est-ce qui est amorcé dans la première scène, et qui se développe pendant le dîner?

F. **Sketch**

Imaginez que la comtesse de Blayac et l'abbé de Vilecourt reparlent de cette scène plus tard dans la journée. Quel point de vue ont-ils sur Grégoire? Le voient-ils de la même façon? Ecrivez leur dialogue et jouez-le avec un(e) camarade.

LE COIN DU CINEPHILE

1 Première / dernière scène

Comparez la première et la dernière scène (le chevalier de Milletail et le comte de Blayac / la chute de Ponceludon au bal). Qu'est-ce que ces deux scènes ont en commun? Pourquoi sont-elles importantes? Qu'est-ce qui est ironique?

2 Les costumes

Analysez les vêtements portés par Mathilde, Ponceludon, Bellegarde, Vilecourt et la comtesse. De quelles couleurs sont-ils? Sont-ils simples ou luxueux? En quoi représentent-ils ceux qui les portent?

Vous ne vous souvenez sans doute plus exactement des costumes. Re-regardez quelques extraits du film pour pouvoir répondre à la question.

3 Le genre

A quel genre ce film appartient-il? Lisez la section sur le film de patrimoine dans le chapitre sur *Manon des sources*. Est-ce un film historique? Une comédie? Un mélange des genres?

4 Les sous-titres

La scène suivante est extraite de la partie de bouts-rimés. Ponceludon vient d'avoir la preuve que la Comtesse et Vilecourt ont triché. Comparez l'original en français et les sous-titres en anglais, puis répondez aux questions:

1	Annoncez!	*Verse form?*
2	Octosyllabe.	*Octosyllables.*
3	Toujours fidèle à sa "conduite", L'abbé, sans nuire à sa "santé", Peut faire deux mots d'esprit de "suite"... L'un en hiver, l'autre en "été".	*The abbot's quick wit has such "skill"* *It inspires in every "newcomer"* *He can entertain at "will"* *Once in winter and once in the "summer"*
4	[...] Le prix, monsieur, de votre discrétion?	*[...] What price is your silence?*
5	Madame, soyez sans crainte. Votre procédé ne sera pas... éventé!	*Fear not. I will not fan the winds of gossip.*

a. 1ère réplique: "Verse form?" n'est pas une traduction d' "Annoncez." Pourquoi cette différence?

b. 3ème réplique: Sur les quatre mots à utiliser ("conduite", "santé", "suite" et "été"), combien sont traduits? Etait-il facile de traduire ce bout-rimé? Qu'a donc décidé de faire le sous-titreur? L'idée générale est-elle bien rendue en anglais?

c. 4ème réplique: Comparez le sens des mots "discrétion" et "silence". Lequel est le plus fort?

d. 5ème réplique: Comment le sens du mot "éventé" est-il rendu en anglais? Le sous-titre est-il réussi?

AFFINEZ VOTRE ESPRIT CRITIQUE

1 Les affiches

Vous allez comparer l'affiche française de *Ridicule* et l'affiche américaine. Pour trouver l'affiche française, allez sur www.affichescinema.com, cliquez sur "Voir la collection", puis sur "R", puis sur "Ridicule". L'affiche américaine se trouve sur le site de Internet Movie Database (www.imdb.com). Vous pouvez agrandir et imprimer les affiches pour faciliter votre travail.[1]

1. Quelle est la première chose qui vous frappe en regardant les deux affiches?

2. Que voit-on sur l'affiche française? Connaît-on les personnages?

3. Qui domine l'affiche américaine? Est-ce surprenant? A votre avis, pourquoi le distributeur américain a-t-il pris cette décision?

4. Quelles sont les couleurs principales sur chaque affiche? Pourquoi?

5. Comparez le sous-titre français ("Il n'épargne personne") et les trois mots qui accompagnent le titre sur l'affiche américaine ("Danger. Deception. Desire").

6. A votre avis, quelle affiche est la plus fidèle au film?

2 L'époque

Trouvez-vous cette histoire typiquement française, ou peut-on imaginer un film similaire, dans un quartier équivalent, aux Etats-Unis?

1. Pourquoi les idées de Ponceludon sont-elles typiques du XVIIIe siècle?

2. Mathilde est-elle typique de son époque?

Emilie du Châtelet

Emilie du Châtelet est une grande scientifique du XVIIIe siècle. Née en 1706 dans un milieu cultivé et éclairé, elle a reçu une éducation soignée et inhabituelle pour les filles de l'époque. Elle s'intéressait aux mathématiques et à la physique et a passé sa vie à l'étude des sciences. Elle était souvent moquée et ridiculisée pour ses goûts peu conventionnels mais elle connaissait tous les grands penseurs de son temps et était soutenue par Voltaire, son amant pendant 15 ans. Elle a traduit (du latin au français) les *Principes mathématiques de la philosophie naturelle* de Newton. Son intelligence et sa détermination ont ouvert la voie à d'autres femmes scientifiques.

[1] Vous remarquez que les affiches ne sont pas de très bonne qualité, surtout si vous les agrandissez. C'est la seule solution qu'ont les sites internet qui hébergent des photos et des affiches de films. La loi les autorise à le afire si les photos sont de basse résolution.

3 Le lieu

Cette histoire aurait-elle été possible ailleurs qu'à Versailles? Peut-on l'envisager dans une autre cour européenne par exemple?

4 Les critiques

Versailles, fontaine et parc

1. Christian Gasc, qui a créé les costumes du film, affirme que "Ponceludon, c'est un peu Bellegarde quand il était jeune" (*Première*, novembre 1995). Qu'en pensez-vous? Etes-vous d'accord?

2. 2. Dans le *Télérama* du 2 décembre 1998, Cécile Mury écrit que "Dans les ors et les soies de la reconstitution historique, Patrice Leconte glisse des personnages d'une dérangeante modernité". Que veut-elle dire? Pouvez-vous donner des exemples pour illustrer son propos?

POUR ALLER PLUS LOIN

1 Parallèles avec d'autres films

1. **La condition des femmes:** Comparez la condition des femmes dans *Molière, Ridicule* et *Le hussard sur le toit*. Pourquoi se marient-elles? Comment sont leurs maris? Quelle importance l'argent a-t-il? Sont-elles libres?

2. **La moquerie:** La moquerie joue un rôle-clé dans *Ridicule, Le dîner de cons* et *Molière*. Est-elle traitée de la même façon? Réfléchissez à ceux qui sont moqués:
   • Pourquoi le sont-ils?
   • En sont-ils conscients?
   • Quelle(s) conséquence(s) les moqueries ont-elles sur eux?
   • Qui remporte la bataille: les moqueurs ou les moqués?

3. **La langue:** Dans *L'esquive* et *Ridicule* la langue utilisée par les personnages est différente de celle utilisée par l'ensemble de la population. Comment la langue des banlieues est-elle utilisée par les jeunes? A quoi la langue des courtisans sert-elle? Peut-on dire que dans les deux cas la langue est un outil puissant?

4. **La fuite vers les Anglais:** Dans *Ridicule* les aristocrates fuient vers l'Angleterre pour échapper à la Révolution française. Dans *La veuve de Saint-Pierre* Neel a la possibilité de s'enfuir en allant "chez les Anglais" (c'est-à-dire à Terre-Neuve, aujourd'hui province canadienne mais qui appartenait à l'Angleterre en 1850). Pourquoi, dans les deux films, les personnages pensent-ils aux Anglais quand ils doivent fuir? Que représentait l'Angleterre à l'époque?

2   Art

Utilisez votre esprit critique et souvenez-vous que dans certains cas les peintres peignaient sur commande et cherchaient à plaire au pouvoir.

Allez sur le site de la Réunion des Musées Nationaux (www.photo. rmn.fr) ou sur Google Images et cherchez les peintures suivantes:

Louis XVI et Marie-Antoinette:
- Hersent: *Louis XVI distribuant des aumônes aux pauvres de Versailles pendant l'hiver de 1788*
- Benazech: *Les adieux de Louis XVI à sa famille au Temple le 20 janvier 1793*
- Gautier d'Agoty: *Marie-Antoinette jouant de la harpe dans sa chambre à Versailles*
- Vigée-Le Brun: *Marie-Antoinette, reine de France et ses enfants*
- Kucharski: *La Reine Marie-Antoinette en habit de veuve à la prison de la Conciergerie*

La cour et la haute société:
- Aubert: *La leçon de lecture*
- Ollivier: *Le Thé à L'Anglaise servi dans le salon des Quatre-Glaces au palais du Temple à Paris en 1764*
- Couder: *Un après-dîner au XVIIIe*

La campagne:
- Michau: *Scène champêtre*
- Lépicié: *Les apprêts d'un déjeuner*
- Duval: *La nourrice*
- Watteau: *La joueuse de vielle*

Choisissez-en deux dans chaque catégorie et analysez-les. Louis XVI et Marie-Antoinette apparaissent- ils de la même façon que dans *Ridicule*? Que nous apprennent les tableaux sur la cour et la haute société? Est-ce conforme au film? Comment les gens vivent-ils à la campagne? Que font-ils sur les tableaux?

Marie-Antoinette, reine de France, et ses enfants

3   Lectures

1. **Extrait du roman.**

   Lisez l'extrait suivant (les premiers pas de Ponceludon à Versailles) et répondez aux questions.

En entrant dans le grand salon qui ne s'était pas dépeuplé[1] depuis les premières heures, Ponceludon prit son tour parmi les diseurs[2] de condoléances. Devant lui se tenait un homme vêtu de noir, au visage douloureux[3] et couvert de scrofules que la poudre cachait mal. Il était le seul qui paraissait avoir une peine profonde. Le jeune provincial ne tarda[4] pas à se reculer[5] d'un pas, tant les odeurs mêlées de parfum et de pourriture[6] qu'exhalait cet homme étaient fortes. Ponceludon reconnut la gangrène, à lui si familière, puisqu'il l'avait tenue dans ses bras et même embrassée lorsque sa petite Jeanne avait agonisé.[7] Après de rapides condoléances, le malade laissa la place à Ponceludon, qui nota les sourires narquois[8] de la comtesse de Blayac et de l'abbé, dont les regards[9] suivaient le malheureux.[10] Le jeune homme s'inclina[11] un peu plus profondément qu'il était d'usage, trahissant[12] malgré lui ses manières campagnardes.

1 had not emptied
2 people offering their condolences
3 sorrowful
4 was not long
5 to step back
6 putrid smell
7 was dying
8 mocking
9 whose eyes
10 the unfortunate man
11 bowed
12 betraying

—Mes condoléances, madame, dit Ponceludon du ton le plus révérencieux.[13] M. de Blayac était un ami de mon père.

La comtesse leva sur lui les yeux d'un chat qui foudroie[14] un insecte en vol d'un coup de patte.[15]

—Du mien aussi.

Mais son sourire était presque tendre. Elle possédait cet art des courtisanes, des "filles"[16] et des actrices, incompréhensible pour les femmes du commun, de dissocier son sourire de son regard, et de semer[17] ainsi le trouble chez un homme peu familier des mœurs de la cour, des petits pavillons ou des coulisses.[18] Ponceludon était à ce point innocent dans le monde que la passe[19] d'arme lui échappa, sans qu'il en pût admirer les finesses. Il eut pourtant le sentiment d'être moqué. Il allait prendre congé[20] quand il surprit[21] le regard de l'abbé Vilecourt. Un regard de dégoût[22] appuyé dirigé vers ses bottes, tachées[23] de boue. Le jeune ingénieur, piqué[24] au vif, fut assez maladroit[25] pour se justifier.

—J'ai voyagé depuis le pays de Dombes, dit-il.

—C'est votre premier séjour à Versailles? demanda Vilecourt avec une onction suave.

—J'y suis né pendant une ambassade de mon père.

L'abbé, comme un chien d'arrêt,[26] avait cru flairer[27] un sot,[28] et son instinct lui commandait de lui couper la retraite.[29]

—Ah, courtisan de naissance! minauda[30]-t-il, en regardant la comtesse avec un air gourmand.

—On peut naître dans une écurie[31] sans se croire cheval, lâcha[32] Ponceludon.

Cette repartie[33] sans appel[34] fut la cause d'un brusque changement de physionomie chez la veuve et son confesseur, mais Ponceludon avait déjà tiré sa révérence,[35] remis son chapeau et tourné les talons.[36]

a. Quelle est la première impression qu'a Grégoire des gens qui fréquentaient M. de Blayac?

b. Quels détails montrent que Grégoire est étranger à Versailles?

c. Qu'est-ce que la réponse de la Comtesse aux condoléances de Grégoire révèle sur elle?

d. A quelles "finesses" l'auteur fait-il référence au sujet de la Comtesse?

e. Quelle attitude Vilecourt a-t-il vis-à-vis de la Comtesse et de Grégoire? Cette scène est-elle révélatrice de la suite de l'histoire?

f. Pourquoi la Comtesse et Vilecourt ont-il "un brusque changement de physionomie" après la repartie de Grégoire? Qu'ont-ils compris?

13 reverent
14 swatting
15 with its paw
16 *here*: prostitutes
17 to sow confusion
18 in the back rooms
19 *here*: clever smile
20 to take his leave
21 intercepted
22 a fixed look of disgust
23 spotted with mud
24 vexed
25 clumsy
26 a pointer
27 thinking he had sniffed out
28 a fool
29 to cut off his line of retreat
30 he simpered
31 a stable
32 Ponceludon came out with
33 retort
34 final
35 had already bowed out
36 walked away

2. La Déclaration des Droits de l'Homme et du Citoyen (extraits)

Rappel historique: L'Assemblée Constituante a voté la Déclaration des Droits de l'Homme et du Citoyen le 26 août 1789. La Déclaration s'inspire des idées des humanistes et des philosophes des Lumières (Locke, Voltaire, Montesquieu, Rousseau) et de la Déclaration américaine. Contrairement à celle-ci, cependant, la Déclaration française a une dimension philosophique, éternelle et universelle, qui s'applique à tous les pays et pas exclusivement à la France. C'est la raison pour laquelle elle rencontrera un immense écho dans le monde occidental.

Article premier.

Les hommes naissent et demeurent libres, et égaux en droits. Les distinctions sociales ne peuvent être fondées que sur l'utilité commune.[1]

Article 2.

Le but de toute association politique est la conservation des droits naturels et imprescriptibles de l'homme. Ces droits sont la liberté, la propriété, la sûreté[2] et la résistance à l'oppression.

Article 4.

La liberté consiste à pouvoir faire tout ce qui ne nuit[3] pas à autrui.[4] Ainsi,[5] l'exercice des droits naturels de chaque homme n'a de bornes[6] que celles qui assurent aux autres membres de la société la jouissance[7] de ces mêmes droits. Ces bornes ne peuvent être déterminées que par la loi.

Article 6.

La loi est l'expression de la volonté générale.[8] Tous les citoyens ont droit de concourir[9] personnellement, ou par leurs représentants, à sa formation. Elle doit être la même pour tous, soit qu'elle protège, soit qu'elle punisse. Tous les citoyens étant égaux à ses yeux, sont également admissibles à toutes dignités,[10] places et emplois publics, selon leur capacité, et sans autre distinction que celle de leurs vertus[11] et de leurs talents.

Article 9.

Tout homme étant présumé innocent jusqu'à ce qu'il ait été déclaré coupable, s'il est jugé indispensable de l'arrêter, toute rigueur[12] qui ne serait pas nécessaire pour s'assurer[13] de sa personne, doit être sévèrement réprimée[14] par la loi.

Article 10.

Nul[15] ne doit être inquiété[16] pour ses opinions, même religieuses, pourvu que[17] leur manifestation ne trouble pas l'ordre public établi par la loi.

Article 11.

La libre communication des pensées et des opinions est un des droits les plus précieux de l'homme. Tout citoyen peut donc parler, écrire, imprimer librement ; sauf à répondre de l'abus de cette liberté,[18] dans les cas déterminés par la loi.

Article 12.

La garantie des droits de l'Homme et du Citoyen nécessite une force publique.[19] Cette force est donc instituée[20] pour l'avantage de tous, et non pour l'utilité particulière de ceux auxquels elle est confiée.[21]

1 general utility
2 safety
3 harm
4 others
5 therefore
6 limits
7 the ability to enjoy
8 overall will
9 to contribute
10 positions of high rank
11 their merit
12 force
13 to arrest him
14 punished
15 no one
16 troubled
17 provided that
18 for abusing this right
19 a police force
20 established
21 entrusted

Article premier:

    a.   Quelles sont les grandes nouveautés apportées par la Déclaration?

    b.   Qu'est-ce qui distinguera les hommes désormais: leur naissance ou leur formation?

Article 2:

  a. Quels droits ont les hommes?

  b. Que veulent-ils dire par propriété (être propriétaire de quoi?), sûreté (être en sécurité où, quand?) et résistance à l'oppression (de qui? de quoi?)

Article 4:

  a. Les hommes ont-ils une liberté absolue? Quelles sont les limites?

  b. Qui fixe ces limites?

Article 6:

  a. Que peuvent faire les citoyens s'ils le souhaitent?

  b. Que doit faire la justice?

  c. Quelle est la seule condition pour accéder aux postes les plus élevés?

Article 9:

  a. Quels sont les deux changements quand une personne est arrêtée?

  b. A votre avis, comment les arrestations et les détentions se passaient-elles auparavant?

Article 10:

  a. Quel grand changement cet article apporte-t-il?

  b. De quelle religion les rois de France étaient-ils?

  c. Les Protestants étaient-ils bien considérés par la monarchie?

Article 11:

  a. De quelle manière cet article complète-t-il le précédent?

  b. Sous l'Ancien Régime, était-il possible de publier tout ce que l'on souhaitait?

  c. L'article approuve-t-il une liberté d'expression totale?

Article 12:

  a. Pour quelle raison est-il nécessaire d'avoir une police?

  b. Qui protègera-t-elle?

3. **Déclarations de Louis XVI**

   Rappel historique: Louis XVI était un roi faible et incapable de diriger le pays. Les déclarations suivantes le montrent sous un jour différent:

   a. Louis XVI aux députations[1] de toutes les gardes nationales du royaume, 13 juillet 1790 :

"Redites à vos concitoyens[2] que j'aurais voulu leur parler à tous comme je vous parle ici. Redites-leur que leur Roi est leur père, leur frère, leur ami, qu'il ne peut être heureux que de leur bonheur, grand que de leur gloire, puissant que de leur liberté, riche que de leur prospérité, souffrant que de leurs maux.[3] Faites surtout entendre les paroles, ou plutôt les sentiments de mon cœur dans les humbles chaumières[4] et dans les réduits[5] des infortunés. Dites-leur que, si je ne puis me transporter avec vous dans leurs asiles,[6] je veux y être par mon affection et par les lois protectrices du faible, veiller[7] pour eux, vivre pour eux, mourir, s'il le faut, pour eux."

1 delegations
2 fellow citizens
3 pains
4 cottages
5 *here*: very poor lodgings
6 shelters
7 be on watch for them

b. Les spectateurs les plus proches de l'échafaud[8] ont entendu Louis XVI dire, juste avant de mourir:

"Je meurs innocent de tous les crimes qu'on m'impute;[9] je pardonne aux auteurs de ma mort; je prie Dieu que le sang que vous allez répandre[10] ne retombe pas sur la France."

8 scaffold
9 that I am accused of
10 to shed

1. Dans la première déclaration, Louis XVI semble très inquiet du bonheur et de la santé de ses sujets. Donnait-il cette impression dans le film?

2. Semble-t-il sincère?

3. Que pensez-vous de ses dernières paroles? Pouvait-on en attendre autant en le voyant dans le film ?

4. Quelle est sa crainte? Pense-t-il que sa mort va servir à quelque chose? Est-il clairvoyant?

Louis XVI à la guillotine

4. **Dernière lettre de Marie-Antoinette**

Rappel historique: Marie-Antoinette a passé toute l'année 1793 en prison. Après la mort de Louis XVI en janvier, elle a perdu son fils de 8 ans en juillet, puis sa fille de 16 ans en août. Les deux enfants étaient eux aussi emprisonnés, chacun dans une cellule différente. Le 16 octobre au matin, Marie-Antoinette a écrit une dernière lettre, adressée à Elizabeth, sœur de Louis XVI. Elle a été guillotinée le même jour à midi.

Ce 16 octobre, 4 heures et demie du matin

C'est à vous, ma sœur, que j'écris pour la dernière fois. Je viens d'être condamnée, non pas à une mort honteuse[1] —elle ne l'est que pour les criminels— mais à aller rejoindre votre frère; comme lui innocent, j'espère montrer la même fermeté[2] que lui dans ces derniers moments.

Marie-Antoinette à son procès

Je suis calme comme on l'est quand la conscience ne reproche rien; j'ai un profond regret d'abandonner mes pauvres enfants; vous savez que je n'existais que pour eux, et vous, ma bonne et tendre sœur, vous qui avez par votre amitié tout sacrifié pour être avec nous; dans quelle position je vous laisse! J'ai appris par le plaidoyer[3] même du procès[4] que ma fille était séparée de vous. Hélas! la pauvre enfant, je n'ose pas lui écrire; elle ne recevrait pas ma lettre. Je ne sais même pas si celle-ci vous parviendra;[5] recevez pour eux deux ici ma bénédiction. J'espère qu'un jour, lorsqu'ils seront plus grands, ils pourront se réunir avec vous, et jouir[6] en entier de vos tendres soins.[7] Qu'ils pensent tous deux à ce que je n'ai cessé de leur inspirer: que les principes et l'exécution exacte de ses devoirs sont la première base de la vie; que leur amitié et leur confiance[8] mutuelle en feront le bonheur. Que ma fille sente que, à l'âge qu'elle a, elle doit toujours aider son frère par les conseils que l'expérience qu'elle aura de plus que lui et son amitié pourront lui inspirer. Que mon fils, à son tour, rende à sa sœur tous les soins, les services, que l'amitié peut inspirer. Qu'ils sentent enfin tous deux que, dans quelque[9] position où ils pourront se trouver, ils ne seront vraiment heureux que par leur union. Qu'ils prennent exemple de nous. Combien dans nos malheurs[10] notre amitié nous a donné de consolations, et dans le bonheur on jouit doublement quand on peut le partager avec un ami; et où en trouver de plus tendre, de plus cher que dans sa propre famille? Que mon fils n'oublie jamais les derniers mots de son père, que je lui répète expressément: qu'il ne cherche jamais à venger notre mort.

1 shameful
2 firmness
3 speech for the defense
4 trial
5 will reach you
6 enjoy
7 care
8 trust
9 whatever
10 ordeals

[…] Je demande sincèrement pardon à Dieu de toutes les fautes que j'ai pu commettre depuis que j'existe. J'espère que dans sa bonté il voudra bien recevoir mes derniers vœux,[11] ainsi que ceux que je fais depuis longtemps pour qu'il veuille bien recevoir mon âme[12] dans sa miséricorde[13] et sa bonté.

Je demande pardon à tous ceux que je connais, et à vous, ma sœur, en particulier, de toutes les peines[14] que, sans le vouloir, j'aurais pu vous causer. Je pardonne à tous mes ennemis le mal qu'ils m'ont fait. Je dis ici adieu à mes tantes et à tous mes frères et sœurs. J'avais des amis; l'idée d'en être séparée pour jamais et leurs peines sont un des plus grands regrets que j'emporte en mourant. Qu'ils sachent, du moins, que jusqu'à mon dernier moment, j'ai pensé à eux.

Adieu, ma bonne et tendre sœur; puisse cette lettre vous arriver! Pensez toujours à moi; je vous embrasse de tout mon cœur, ainsi que ces pauvres et chers enfants. Mon dieu! qu'il est déchirant[15] de les quitter pour toujours. Dieu, adieu! Je ne vais plus m'occuper que de mes devoirs spirituels. Comme je ne suis pas libre dans mes actions, on m'amènera peut-être un prêtre, mais je proteste ici que je ne lui dirai pas un mot et que je le traiterai comme un être[16] absolument étranger.

Marie-Antoinette à la prison du temple

11 wishes
12 my soul
13 mercy
14 sorrow
15 heartbreaking
16 a being

a. Pourquoi Marie-Antoinette n'a-t-elle pas honte de mourir? Pourquoi a-t-elle la conscience tranquille?

b. A propos de ses enfants elle écrit: "Je n'existais que pour eux". A-t-on cette impression dans le film? Pour quoi vivait-elle aussi?

c. Elle écrit que "les principes et l'exécution exacte de ses devoirs sont la première base de la vie". Marie-Antoinette faisait-elle son devoir dans le film? Quels étaient les devoirs d'une reine au XVIIIème siècle?

d. Elle mentionne qu'elle était proche de Louis XVI. Aviez-vous l'impression, en regardant le film, que les époux royaux étaient amis? Souvenez-vous que les mariages royaux étaient arrangés et que les époux n'avaient pas l'obligation de s'aimer!

e. Est-il surprenant qu'elle pardonne à ses ennemis? Pourquoi le fait-elle à votre avis?

f. Cette lettre vous surprend-elle? Eclaire-t-elle un aspect de sa personnalité que l'on ne soupçonne pas dans le film?

g. Après avoir vu le film, comprenez-vous pourquoi elle a été guillotinée? Pensez-vous que sa mort était justifiée?

La veuve de Saint-Pierre

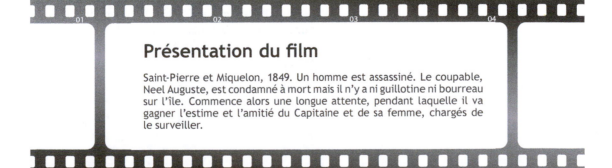

Présentation du film

Saint-Pierre et Miquelon, 1849. Un homme est assassiné. Le coupable, Neel Auguste, est condamné à mort mais il n'y a ni guillotine ni bourreau sur l'île. Commence alors une longue attente, pendant laquelle il va gagner l'estime et l'amitié du Capitaine et de sa femme, chargés de le surveiller.

Carte d'identité du réalisateur

Patrice Leconte (né en 1947) a commencé sa carrière en tournant des courts-métrages et en travaillant dans la bande-dessinée. Le succès est venu en 1978 avec *Les bronzés*. D'autres comédies ont suivi (notamment *Viens chez moi, j'habite chez une copine*, 1980 et *Tandem*, 1987), puis Patrice Leconte a alterné les genres : le thriller (*Monsieur Hire*, 1989), le film historique (*Ridicule*, 1996, *La veuve de Saint-Pierre*, 2000), le drame (*L'homme du train*, 2002), la romance (*Confidences trop intimes*, 2004), la comédie (*Les bronzés 3*, 2006, *Mes stars et moi*, 2008) et la comédie dramatique (*Le mari de la coiffeuse*, 1990, *La fille sur le pont*, 1999, *Voir la mer*, 2011). Patrice Leconte a reçu deux César et de nombreuses nominations au cours de sa carrière.

Carte d'identité des acteurs

Juliette Binoche et Daniel Auteuil

Juliette Binoche (née en 1964) a débuté très jeune au théâtre, avant de se consacrer au cinéma. *Rendez-vous* l'a fait connaître en 1985. Ouverte, agréable, simple, Juliette a de la personnalité et son franc-parler. Parmi ses films les plus marquants on peut citer *Mauvais sang* (1986), *Les amants du Pont-Neuf* (1991), *Le hussard sur le toit* (1995), *Alice et Martin* (1998), *La veuve de Saint-Pierre* (2000), ainsi que des films pour des réalisateurs étrangers (*L'insoutenable légèreté de l'être*, 1988, *Bleu*, 1993, *Le patient anglais*, 1997, *Chocolat*, 2000, *Caché*, 2005). C'est une actrice très appréciée des spectateurs et constamment demandée par les réalisateurs. Elle a retrouvé Minghella (du *Patient anglais*) pour *Par effraction* (2007), puis a enchaîné avec le taïwanais Hsiao Hsien dans *Le voyage du ballon rouge* (2008), a retrouvé ses collègues français dans le *Paris* de Klapisch (2008), a tourné *Copie conforme* en Italie avec l'Iranien Kiarostami (2010) et enfin la comédie dramatique *La vie d'une autre* en 2012. Juliette Binoche poursuit une carrière riche de rencontres, de personnages forts et de rôles marquants.

Daniel Auteuil (né en 1950) a d'abord été un acteur comique. C'est *Jean de Florette* et *Manon des sources* qui l'ont fait changer de registre, et il est alors devenu très demandé par les plus grands réalisateurs. Polyvalent, il est aussi à l'aise dans la comédie dramatique (*Un cœur en hiver*, 1992, *Le Huitième jour*, 1996, *La fille sur le pont*, 1999), le drame historique (*La Reine Margot*, 1994, *Lucie Aubrac*, 1997, *La veuve de Saint-Pierre*, 2000), le drame (*L'adversaire*, 2002), la comédie (*Le placard*, 2001, *La doublure*, 2006) et le film policier (*36, quai des Orfèvres*, 2004, *MR73*, 2008). En étant grave, comique, subtil, poignant, pudique, et surtout humain, Auteuil est devenu incontournable. Il a été nommé 12 fois aux César et a remporté le prix d'interprétation en 1987 pour *Jean de Florette* et en 2000 pour *La fille sur le pont*. En 2011 il est passé à la réalisation en adaptant *La fille du puisatier* de Pagnol.

L'heure de gloire

Juliette Binoche et Emir Kusturica ont été nommés pour le César de la meilleure actrice et celui du meilleur acteur dans un second rôle. Le film a aussi été nommé pour le Golden Globe du meilleur film étranger.

PREPARATION

1   Vocabulaire

Vocabulaire utile avant de voir le film:

Vous connaissez déjà certains des mots de la liste. Ils sont notés pour que vous les révisiez. Vous devez savoir ce vocabulaire par cœur, avec les genres pour les noms, les prépositions pour les verbes et les orthographes difficiles. Observez bien les exemples, ils vous aideront à vous exprimer correctement.

Les noms

la veuve: *the widow*
une île: *an island*
le brouillard: *fog*
un pêcheur: *a fisherman**
une taverne: *an inn*
un pari: *a bet*
la morue: *cod*
un meurtrier: *a murderer*
le bagne: *convict prison*
le rachat (d'un péché): *atonement (for a sin)*
la bonté: *goodness*
le pardon: *forgiveness*
un bourreau: *an executioner*
une serre: *a greenhouse*
la cour: *the courtyard***
une cellule: *a cell (in a prison)*
le Conseil: *the Council*
les notables: *the leading citizens*

une émeute: *an uprising*
une barque: *a row boat*
l'abnégation: *self-sacrifice*
la clémence: *mercy*
la trahison: *treason*
la sédition: *sedition****
la cour martiale: *court martial***
la peine de mort: *the death penalty****
une hache: *an axe*
un plaidoyer pour/contre: *a plea for/against*****

*Ex : Neel est pêcheur. C'est
<u>un</u> pêcheur, comme beaucoup
d'hommes de l'île.
**"la cour" ne se termine pas par un
"t" en français !
***Ex : Il est accusé de sédition et
condamné à la peine de mort.
****Ex : Est-ce que ce film est un
plaidoyer contre la peine de mort ?

A savoir

La veuve était le surnom donné à la guillotine pendant la Révolution française. C'est important à savoir pour l'histoire.
La guillotine tire son nom du Docteur Guillotin qui l'a inventée !

Les verbes

se soûler: *to get drunk*
commettre un crime: *to commit a crime*
se venger: *to have one's revenge*
avoir du mal à (faire qqch): *to have a hard time (doing sth)**
perdre la face: *to lose face*
pardonner qqch à qq'un : *to forgive s.o. for sth***
faire pousser des fleurs: *to grow flowers*
avoir confiance en/dans qq'un: *to trust s.o.****
ramer: *to row*
s'enfuir: *to flee*
s'échapper de = s'évader de : *to escape from*

faire fusiller qq'un: *to have s.o. shot*
être relevé de ses fonctions: *to be dismissed*
avoir raison/tort: *to be right/wrong*****

*Ex : Mme La a du mal à faire pousser des fleurs dans le climat de Saint-Pierre.
**Ex : Ils lui ont pardonné son crime.
***Comparez : J'ai confiance <u>en</u> vous / elle / lui / eux.
        Le capitaine n'a pas confiance <u>dans</u> les notables. (On utilise "dans" quand le nom est précédé d'un article).
****Attention! En français on <u>a</u> raison/tort !

Les adjectifs

soûl(e) = ivre: *drunk**
sobre: *sober*
entêté(e): *stubborn*
pudique: *modest*
ambigu(ë): *ambiguous***
lâche: *cowardly*
lucide: *clear-sighted*

déchirant(e): *heartrending*
digne: *dignified*
résigné(e): *submissive*
abolitionniste: *abolitionist*
Autre:
autrement: *otherwise*
parmi: *among*

*Prononciation : On ne prononce pas le "l" au masculin ("sou"). On le prononce au féminin.
**Remarquez bien l'orthographe à la forme féminine.

Vous n'avez pas besoin du dictionnaire. Tous les mots sont dans la liste ci-dessus.
2e phrase : Attention à la construction que vous allez utiliser pour traduire "she would like Neel to flee." Réfléchissez bien ! A quel temps allez-vous conjuguer le verbe ?
4e phrase : "the people" ne se traduit pas par "le peuple" !

Traduisez!

1. Neel is a fisherman who commits a crime because he was drunk.
2. Madame La is stubborn and she would like Neel to flee with the row boat.
3. The Council members are cowardly, they are afraid of losing face and they don't trust anyone.
4. They have a hard time finding an executioner among the people of Saint-Pierre.

2   Repères culturels

Le port de Saint-Pierre aujourd'hui

1. Où les îles de Saint-Pierre-et-Miquelon se trouvent-elles?
2. De quelle nationalité les habitants sont-ils?
3. A quoi fait-on référence quand on parle de "la métropole"?
4. Où la Martinique et Fort-de-France se situent-elles? La Martinique est-elle française?
5. Quelle était la situation politique en France en 1849? Quel type de gouvernement avait-on?
6. De quand date la guillotine?
7. En quelle année la peine de mort a-t-elle été abolie en France?
8. Que veut dire le mot "sédition"? Expliquez-le en français.
9. A quoi sert une cour martiale?

Maison de pêcheur

Souvenez-vous!

Les Etats-Unis à la même époque:
1844: 1ère ligne télégraphique électrique entre Baltimore et Washington
1845: Forte immigration d'Irlandais (grande famine en Irlande)
1846-1848: Guerre contre le Mexique (-> le TX, le NM et la CA font partie de l'Union)
1848: Ruée vers l'or en CA
1849: Mort d'Edgar Allen Poe
1852: Publication de *Uncle Tom's Cabin* (roman anti-esclavagiste)
1861: Lincoln Président
1861-1865: Guerre de Sécession
1865: Fondation du Ku Klux Klan
1867: Achat de l'AK à la Russie
1869: 1ère liaison ferrée Atlantique-Pacifique

3   Le contexte

Cette activité est importante pour vous préparer au film. Vous pouvez faire des recherches ou juste réfléchir à l'époque et vous baser sur vos connaissances. Répondez à chaque question en quelques phrases.

Réfléchissez aux conditions de vie dans une île comme Saint-Pierre-et-Miquelon en 1849:

1. Comment les gens étaient-ils approvisionnés en nourriture et en vêtements?
2. Comment avaient-ils des nouvelles de leurs familles, et de France en général?
3. Pouvaient-ils facilement quitter l'île et aller rendre visite à leurs "voisins" de Terre-Neuve?
4. De quoi les gens souffraient-ils à votre avis?

Rue de Saint-Pierre sous la neige en 1932

4 A savoir avant de visionner le film

- Durée: 1h52
- Genre: Drame
- Public: R (mais classé "Tous publics" en France!)
- Tournage: Le film a été tourné à Saint-Pierre, à Terre-Neuve, en Nouvelle-Ecosse et au Québec.
- Note: Le film est lent et très triste. Ne vous attendez pas à ce que la fin soit plus heureuse que le début!

Procession à Saint-Pierre en 1932

PREMIERE APPROCHE

1 L'histoire

Le but de cette activité est double:
- Vérifier que vous avez bien compris l'histoire
- Vous préparer à la discussion en classe

Répondez à chaque question en une ou deux phrases. Utilisez le vocabulaire que vous avez appris.

Les personnages

Madame La = Pauline
(Juliette Binoche)

Le Capitaine = Jean
(Daniel Auteuil)

Neel Auguste
(Emir Kusturica)

Le Gouverneur

1. **Le crime et le procès**
   - Pourquoi les deux hommes tuent-ils le Père Coupard?
   - Décrivez le procès des deux criminels.
2. **La communauté**
   - Décrivez les conditions de travail des pêcheurs.
   - Que font les hommes quand ils rentrent de la pêche?
   - Que comprend-on sur la relation entre Jeanne-Marie et Neel? Qui est le père de la petite fille?
   - Pourquoi, et comment, la population change-t-elle d'opinion envers Neel?
   - Pourquoi le Gouverneur a-t-il tant de mal à trouver un bourreau parmi les habitants de St-Pierre?

- La population accepte-t-elle l'argent offert pour tirer le bateau qui apporte la guillotine? Pourquoi Neel accepte-t-il?
- Pourquoi le Capitaine dit-il aux gens qui manifestent de rentrer chez eux? A-t-il raison? Que se serait-il passé autrement?

3. **Le triangle Madame La, le Capitaine, Neel**
   - Qui voit-on dans la première scène? Comment est-elle habillée? Pourquoi?
   - Pourquoi Madame La propose-t-elle à Neel de l'aider à faire la serre?
   - Que partagent Madame La et Neel?
   - Que pense le Capitaine quand Madame La et Neel partent en barque donner l'argent à Jeanne-Marie?
   - Pourquoi Madame La veut-elle que Neel s'enfuie? Pourquoi refuse-t-il?
   - Pourquoi Madame La pense-t-elle que le rappel de Jean à Paris est de sa faute? A-t-elle raison?

4. **Le Gouverneur et le Conseil**
   - Que pense le Gouverneur des sorties de Neel et de Madame La? De quoi a-t-il peur?
   - Comment le Conseil prend-il la décision du Capitaine de ne pas faire assurer l'exécution de Neel?

5. **La peine de mort**
   - Pourquoi la Martinique envoie-t-elle une guillotine mais pas de bourreau?
   - M. Chevassus a-t-il envie d'être bourreau? Pourquoi le fait-il?
   - Comment l'exécution de Neel se passe-t-elle?
   - Qu'arrive-t-il au Capitaine?
   - L'exécuteur est-il resté à St-Pierre? Pourquoi à votre avis?

2 Analyse d'une photo

1. Où cette scène se passe-t-elle?
2. Que font Madame La et Neel?
3. Regardez leurs doigts. Est-ce éloquent?
4. Quelle impression avez-vous en regardant leurs visages?

3 Analyse de citations

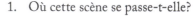

Analysez les citations suivantes en les replaçant dans leur contexte :

1. Le Gouverneur: "De grâce, pour une fois, déplaisez à votre épouse et enfermez l'assassin!"
2. Madame La: "On condamne quelqu'un et c'est un autre qui est puni."
3. Le Capitaine: "Je suis venu vous avertir qu'en toute conscience je refuse de faire assurer l'exécution du condamné Neel Auguste par le détachement militaire. C'est ainsi. La chose n'est pas à négocier."

APPROFONDISSEMENT

1 Vocabulaire

Enrichissez votre vocabulaire!

Le but de cette deuxième liste est d'élargir votre champ lexical. Ce vocabulaire ciblé sur des thèmes du film va vous permettre d'enrichir votre style.

La justice

un cambriolage: *a housebreaking*
un vol: *a robbery**
un viol: *a rape***
un homicide volontaire: *a murder*
un homicide involontaire: *manslaughter*
commettre un crime: *to commit a crime*
le suspect: *the suspect*
l'accusé(e): *the defendant*
le/la coupable: *the guilty party*
la victime: *the victim*
l'enquête: *the investigation****
une piste: *a lead*
un mobile: *a motive*
une preuve: *a piece of evidence*
un témoin: *a witness*
le tribunal: *the courtroom*
le procès: *the trial*

le juge: *the judge*
les jurés: *the jury*
un avocat: *a lawyer*****
défendre: *to defend*
être arrêté(e): *to be arrested*
être interrogé(e): *to be questioned*
avouer: *to confess*
être condamné(e) à: *to be sentenced to*
être incarcéré(e): *to be jailed*
la réclusion à perpétuité = la prison à vie: *life sentence******

*Ex : Un vol a été commis.
**Ex : Cette femme est la victime d'un viol.
***Ex : L'inspecteur mène l'enquête.
****Souvenez-vous que ce mot veut aussi dire "avocado"!
*****Ex : Il a été condamné à la réclusion à perpétuité = à la prison à vie.

La pêche

un bateau de pêche: *a fishing boat*
un filet: *a net*
un poisson: *a fish*
   une truite: *a trout*
   un saumon: *a salmon*
   un thon: *a tuna*
   une sole: *a sole*

des fruits de mer: *seafood*
   une huître: *an oyster*
   une moule: *a mussel*
   un crabe: *a crab*
   une crevette: *a shrimp*
   un homard: *a lobster*

Mise en pratique du vocabulaire:

Ecrivez 5 phrases dans lesquelles vous utilisez au moins 10 mots de la liste ci-dessus.

2 Réflexion - Essais

Ces questions vont vous permettre d'approfondir l'étude du film. Ecrivez un paragraphe pour chacune, en utilisant le vocabulaire du chapitre et en soignant votre expression (vérifiez votre orthographe et votre grammaire). En faisant ce travail, vous vous préparez à la prochaine composition.

1. Analysez l'amour qui unit le Capitaine et Madame La. Quelles preuves a-t-on de la solidité de ce couple?
2. Quels sentiments Madame La et Neel ont-il l'un pour l'autre? Est-ce clair?

3. Pourquoi Madame La entreprend-elle de réhabiliter Neel? Pour qui le fait-elle? Qu'a-t-elle à y gagner?

4. Pourquoi le Capitaine laisse-t-il à sa femme la plus grande liberté? Est-elle une femme comme les autres?

5. Quel personnage préférez-vous? Pourquoi?

6. Quel portrait le film dresse-t-il de l'Administration et des notables?

7. Pensez-vous, comme Madame La, que "les hommes peuvent être mauvais un jour et bons le lendemain"?

8. Quel rôle le temps a-t-il dans cette histoire? Les relations entre les personnages seraient-elles différentes s'ils ne se savaient pas pressés par le temps?

9. Finalement, trouvez-vous que ce film est avant tout un plaidoyer contre la peine de mort, ou une grande histoire d'amour?

3 Analyse d'une scène: Madame La fait la connaissance de Neel (24:10 à 27:03)

Vocabulaire spécifique à cette scène

une théière (*a teapot*) • un service à thé (*a tea set*) • mener (*to lead*) • un bruit de fond (*a background noise*) • une voix (*a voice*) • une mouette (*a seagull*) • meublé(e) (*furnished*) • éclairé(e) (*lit*) • le comportement (*behavior*) • en retrait (*set back*)

A. **Ecoutez**

1. A quel moment a-t-on de la musique? Que ressent-on quand elle s'arrête?

2. Qui mène la conversation? Quel rôle a le Capitaine?

3. Quels bruits de fond entend-on quand le Capitaine explique à Neel les projets de sa femme?

4. Décrivez la voix de Neel. Est-elle bien adaptée à son personnage?

5. Qu'entend-on quand Neel arrive dans la cour? Pourquoi le réalisateur a-t-il choisi ce bruit de fond?

B. **Observez**

1. Décrivez la pièce: comment est-elle meublée? décorée? éclairée?

2. Madame La ne dit pas grand-chose au début, mais que révèlent ses gestes et son comportement?

3. La caméra est-elle fixe? Que fait-elle? Pourquoi?

4. Remarquez le placement des personnages: Qui se fait face? Qui est en retrait? Qui est au milieu? Pourquoi le réalisateur a-t-il voulu placer les acteurs ainsi?

5. Neel ne dit presque rien mais il est expressif. Qu'est-ce que ses différentes expressions révèlent?

C. **Cette scène dans l'histoire**

1. Pour qui cette scène est-elle importante?

2. Comparez la façon dont Neel sort de sa cellule au début, et y retourne à la fin. Qu'est-ce qui a changé?

3. Y a-t-il d'autres scènes dans le film où les trois personnages sont ensemble, et seulement tous les trois?

4. Qu'est-ce que nous, spectateurs, apprenons dans cette scène?

D. **Langue**

1. **Le passé**

Conjuguez les verbes au temps du passé qui convient (passé composé, imparfait, plus-que-parfait).

Ex :
Quand le Capitaine et Madame La _____ (quitter) l'île, il _____ (savoir) que la suite de l'histoire serait dramatique.

Quand le Capitaine et Madame La <u>ont quitté</u> l'île, il <u>savait</u> que la suite de l'histoire serait dramatique.

a. Quand Madame La _____ (proposer) à Neel de faire la serre, cela _____ (faire) longtemps qu'elle _____ (s'intéresser) aux fleurs.

b. Neel et Ollivier _____ (tuer) le Père Coupard car ils _____ (parier) pour savoir s'il _____ (être) gros ou gras.

c. Quand le procès de Neel _____ (s'ouvrir), le Conseil _____ (déjà prendre) sa décision.

d. Comme ils _____ (ne pas avoir) de guillotine, ils _____ (ne pas pouvoir) exécuter Neel.

e. M. Chevassus _____ (ne pas avoir envie) d'être bourreau, mais le Conseil _____ (ne pas lui donner) le choix.

f. Neel _____ (expliquer) au Capitaine qu'il _____ (s'enfuir), mais qu'il _____ (décider) de revenir.

g. Le Gouverneur _____ (vouloir) se venger du Capitaine car il _____ (s'opposer) à lui trop souvent.

h. Quand le film _____ (commencer), les soldats _____ (déjà fusiller) le Capitaine.

2. **Pronoms personnels**

Les phrases suivantes sont extraites des dialogues de la scène étudiée. Complétez-les avec le pronom personnel qui convient.

Ex : Aimez-vous les fleurs ? Oui, je _____ aime. (Oui, je <u>les</u> aime.)

a. Parlez entre _____, je vais faire du thé.

b. Ma femme veut _____ demander de faire le jardin, enfin, de _____'aider avec les fleurs.

c. Si ça ne _____ plaît pas, tu dis non, mais si tu dis oui, il faudra _ faire bien.

d. Tu t'_____ connais en fleurs, toi?

e.   N'_____ parlons plus. Personne ne t'_____ oblige.

f.   Voulez-vous _____'aider à faire un jardin dans la petite cour?

g.   Je _____ montrerai.

h.   Tu peux t'_____ aller alors.

i.   Tu auras mieux à manger, comme si je _____ payais. Je ne veux pas gagner sur _____.

3. Conjonctions

Choisissez une conjonction de la liste pour que chaque phrase ait du sens. Toutes les conjonctions doivent être utilisées. Remarquez le mode des verbes (indicatif ou subjonctif), cela vous aidera!

pourvu que • car • bien que • dès que • jusqu'à ce que • après que • comme • pourtant • sans que • à moins que • de peur que • en attendant que

Ex : M. Chevassus tue Neel. _____, il n'en avait pas du tout envie. (Pourtant, il n'en avait pas du tout envie.)

a.   Le Capitaine doit s'occuper de Neel _____ la guillotine arrive.

b.   Le Gouverneur veut enfermer Neel _____ il ne s'enfuie.

c.   _____ il fasse très froid à Saint-Pierre, Madame La réussit à faire pousser des fleurs.

d.   Neel rend des services à la communauté _____ la guillotine arrive.

e.   Le Capitaine donne de la liberté à Neel _____ il ne s'échappe pas.

f.   Neel va être guillotiné, _____ c'est un homme bon.

g.   Il sera très difficile de trouver un bourreau sur l'île, _____ quelqu'un de l'extérieur n'arrive.

h.   _____ M. Chevassus a accepté d'être bourreau, il a commencé à monter la guillotine.

i.   _____ Neel sait qu'il va mourir, il accepte de tirer le bateau.

j.   Madame La se sent coupable _____ elle pense que les problèmes de Jean sont de sa faute.

k.   Le Capitaine et Madame La quittent Saint-Pierre _____ elle sache réellement la gravité de la situation.

l.   Madame La porte le deuil _____ son mari a été fusillé.

E. Sketch

Imaginez que cette scène se soit déroulée différemment: Madame La fait une proposition différente à Neel, ou bien Neel refuse de faire la serre et demande autre chose. Ecrivez le dialogue et jouez-le avec vos camarades.

LE COIN DU CINEPHILE

1 Première / dernière scène

Sont-elles différentes? Pourquoi?

2 Les couleurs

Quelles couleurs dominent le film? Pourquoi? Donnez des exemples.

> Vous aurez peut-être besoin de revoir quelques scènes du film pour répondre en détail à cette question.

3 Sous-titres

La scène suivante a lieu dans le bureau du Gouverneur, qui veut parler de Madame La au Capitaine. Comparez l'original en français et les sous-titres en anglais, puis répondez aux questions:

1	Je vous reçois sans tralala mon cher.	*No ceremony today, my dear fellow.*
2	Ce bureau est la pièce la mieux chauffée, profitez-en. Mettez-vous à l'aise.	*This is the warmest room in the place. Make yourself comfortable.*
3	Je suis à l'aise, merci. […]	*I am, thank you. […]*
4	A propos de… votre épouse, vous êtes au courant?	*By the way, have you heard about your wife?*
5	Sûrement.	*Probably.*
6	Et alors? Trouvez-vous cela normal?	*Well? Do you find it normal?*
7	Quoi?	*What?*
8	Trouvez-vous normal qu'elle se fasse accompagner d'un assassin?	*That she should go around with a killer?*
9	Pour ma part, vous savez, qu'il s'enfuie ou pas… Mais imaginez que la métropole nous envoie la veuve et le bourreau qu'on lui réclame et qu'il n'y ait plus personne à raccourcir!	*He can escape for all I care… But imagine France sends us the guillotine and executioner, and there's no one left to top!*

a. 1ère réplique: Que veut dire "sans tralala"? Est-ce bien traduit?

b. 2ème réplique: "profitez-en" n'est pas traduit. Trouvez-vous cette omission gênante? Change-t-elle le sens de la réplique?

c. 5ème réplique: L'adverbe "probably" est-il la traduction exacte de "sûrement"? Se justifie-t-il ici?

d. 8ème réplique: Qu'est-ce que "should" traduit? Est-ce un usage courant de "should"? Est-ce une bonne traduction?

e. 9ème réplique: Comment "la métropole" et "la veuve" sont-ils traduits? Pourquoi?

f. 9ème réplique: A quel registre de langue "raccourcir" (utilisé dans ce contexte) appartient-il? "To top" est-il donc bien choisi?

AFFINEZ VOTRE ESPRIT CRITIQUE

1 Titre

Pourquoi le film s'appelle-t-il *La veuve de Saint-Pierre*? Qui est la veuve? La traduction anglaise du titre rend-elle bien ce double sens? Pourquoi?

2 Comparaison d'affiches

Vous allez comparer l'affiche française de *La veuve de Saint-Pierre* et l'affiche américaine. Pour trouver l'affiche française, allez sur www.affichescinema.com, cliquez sur "Voir la collection", puis sur "V", puis sur "Veuve de Saint-Pierre." L'affiche américaine se trouve sur le site de Internet Movie Database (www.imdb.com) . Vous pouvez agrandir et imprimer les affiches pour faciliter votre travail.[1]

1. Quels sont les personnages présentés sur chaque affiche? Que font-ils? Quel personnage n'est pas présent? Est-ce étonnant?

2. Quelle est la couleur dominante dans chacune?

3. Quels éléments les affiches ont-elles en commun?

4. Est-ce qu'elles évoquent la même chose? A-t-on l'impression d'avoir affaire au même film?

3 Actualité de cette histoire

Cette histoire est-elle encore d'actualité? Qu'arriverait-il au condamné qui aurait commis un crime similaire à notre époque? Serait-il condamné de la même façon en France et aux Etats-Unis?

4 Les critiques

1. Jean Vallier, dans sa critique du film (*France-Amérique*, 3 mars 2001), écrit que "Patrice Leconte [...] a choisi d'aborder un de ces sujets héroïques qui permettent à des êtres d'exception en butte à la mesquinerie de leur environnement ou à l'étroitesse d'esprit de leur temps, de se révéler pleinement à l'issue d'un combat moral qui les entraînera à leur perte mais leur conférera l'auréole du héros" Etes-vous d'accord avec lui? Y a-t-il des êtres d'exception et des héros dans ce film? A quel combat moral fait-il référence?

2. "*La veuve de Saint-Pierre* est une œuvre que certains trouveront peut-être trop classique. Oui, c'est du cinéma classique, et alors? Qu'attend-on d'un film sinon qu'il nous transporte, qu'il nous fasse vibrer, qu'il nous déchire le cœur?" C'est la question que pose Thierry Klifa dans le *Studio* d'avril 2000. Avez-vous été transporté, avez-vous vibré, avez-vous eu le cœur déchiré en regardant ce film? Le trouvez-vous trop classique?

---

1   Vous remarquerez que les affiches ne sont pas de très bonne qualité, surtout si vous les agrandissez. C'est la seule solution qu'ont les sites internet qui hébergent des photos et des affiches de films. La loi les autorise à le faire si les photos sont de basse résolution.

POUR ALLER PLUS LOIN

1 Parallèles avec d'autres films

1. **Juliette Binoche:** Comparez ses rôles dans *Le hussard sur le toit* et *La veuve de Saint-Pierre*. Pauline de Théus et Madame La (qui s'appelle aussi Pauline) vivent à des époques proches (1832 et 1849) dans deux mondes forts différents.

   a. Qu'est-ce que ces deux femmes ont en commun (pensez à leur caractère)?

   b. Qu'essaient-elles de faire?

   c. Comparez le triangle Pauline – M. de Théus – Angelo à celui que forment Madame La, le Capitaine et Neel. Les deux femmes sont-elles amoureuses de leur mari? Quelle place Angelo et Neel occupent-ils?

2. **Femmes:** Plusieurs films font le portrait de femmes qui se battent: Zouina (*Inch' Allah Dimanche*), Mme La (*La veuve de Saint-Pierre*), Pauline de Théus (*Le hussard sur le toit*) et Maria *(Les femmes du 6ᵉ étage)*. Contre qui et quoi se battent-elles? Qu'espèrent-elles? Réussissent-elles à obtenir ce qu'elles veulent?

3. **Armée :** Dans *La veuve de Saint-Pierre* et *Joyeux Noël*, des militaires s'opposent à leurs supérieurs hiérarchiques. Le Capitaine refuse de coopérer avec les autorités pour assurer l'exécution de Neel et les lieutenants français, écossais et allemand observent une trêve qui n'est pas du tout du goût de l'état major. Quelles en sont les conséquences ?

4. **La fuite vers les Anglais:** Dans *Ridicule* les aristocrates fuient vers l'Angleterre pour échapper à la Révolution française. Dans *La veuve de Saint-Pierre* Neel a la possibilité de s'enfuir en allant "chez les Anglais" (c'est-à-dire à Terre-Neuve, aujourd'hui province canadienne mais qui appartenait à l'Angleterre en 1849). Pourquoi, dans les deux films, les personnages pensent-ils aux Anglais quand ils doivent fuir? Que représentait l'Angleterre à l'époque?

2 Saint-Pierre-et-Miquelon aujourd'hui

Faites une recherches sur Google Images en tapant "Saint-Pierre-et-Miquelon." Vous aurez accès à de nombreuses photos des îles aujourd'hui. Choisissez-en trois, imprimez-les, et comparez-les à ce que l'on voit de Saint-Pierre-et-Miquelon dans le film. Est-ce que l'île a beaucoup changé? Qu'est-ce qui est différent? Ces photos vous font-elles penser à des lieux que vous connaissez aux Etats-Unis ou au Canada?

Cap aux Morts

3 Lectures

1. Affaire Néel Auguste & Ollivier Louis.

Au début du film, on entend Juliette Binoche dire "L'énoncé[1] des faits authentiques de cette histoire repose aux greffes[2] de la mairie de Saint-Pierre." Le film est basé sur cette histoire vraie, racontée en 1938 par un témoin,[3] Emile Sasco. Lisez son témoignage et comparez-le au film en répondant aux questions.

Un meurtre à l'Ile-aux-Chiens

La veille[4] du crime

Le crime commis fin décembre 1888 à l'Ile-aux-Chiens ne fut pas un assassinat comme la légende s'en est accréditée dans la Colonie, car il n'y eut ni préméditation, ni guet-apens,[5] mais un meurtre accompagné de vol qualifié.[6] Voici d'ailleurs les faits tels qu'ils résultent de l'information judiciaire.

Dans la journée du lundi 31 décembre 1888, la paisible population de l'Ile aux Chiens était mise en émoi.[7] Le père Coupard, François, marin-pêcheur, âgé de 61 ans, célibataire, était trouvé mort dans sa cabane de pêche, le corps horriblement mutilé.

[… *Les voisins de Coupard ont entendu beaucoup de bruit pendant la nuit, et vont faire une déclaration à la police…*]

Découverte du crime et arrêt des suspects

[… *Visite de la maison de Coupard par les gendarmes, qui ne remarquent rien d'anormal. Découverte du corps par deux amis de Coupard…*]

Le Parquet[8] immédiatement prévenu[9] se transporta sur les lieux pour procéder aux premières constatations, en présence du Docteur Camail, médecin de la localité. Le cadavre[10] avait été déposé entre deux coffres[11] et tassé en boule,[12] la tête repliée[13] sous la poitrine et les jambes infléchies[14] sous l'abdomen. Quand on retira[15] le cadavre de la position où il était, un horrible spectacle glaça d'horreur les assistants.[16] Le corps de Coupard était atrocement mutilé. [… *description des mutilations…*] Sans doute, le ou les meurtriers pressés par le temps ou de crainte d'être surpris, n'avaient pu achever[17] leur horrible boucherie.[18] Jetant le cadavre là où il était trouvé et l'ayant recouvert d'une voile de wary,[19] ils avaient pris la fuite, s'emparant[20] de tout ce qui pouvait être emporté.

Les soupçons[21] se portèrent tout naturellement sur Ollivier qui avait disparu avec l'embarcation[22] de son patron et, suivant une supposition assez vraisemblable,[23] avait gagné la côte voisine de Terre-Neuve. Il était donc intéressant de rechercher si ce marin avait commis le crime seul ou en compagnie de complices. Lundi soir seulement, on apprenait qu'Ollivier avait été vu, la veille, avec un individu nommé Néel et que tous deux avaient fait des stations[24] et de nombreuses libations[25] dans les deux cabarets de l'Ile-aux-Chiens, jusqu'à dix heures du soir. Néel, bien connu dans cette localité, demeurait[26] à Saint-Pierre. [… *Description du travail de la police pour retrouver et arrêter les deux coupables, qui n'ont pas pu fuir à cause du vent et donc de l'état de la mer…*]

L'Ile aux Chiens

1 the terms
2 in the court records
3 a witness
4 the day before
5 ambush
6 aggravated theft
7 in a commotion
8 public prosecutor's office
9 informed
10 body
11 chests
12 packed into a ball
13 tucked under
14 bent
15 pulled out
16 those present
17 finish
18 slaughter
19 a type of sail
20 grabbing
21 suspicions
22 the boat
23 likely
24 had stopped
25 and drunk
26 lived

A peine arrêtés, Néel et Ollivier étaient conduits sous bonne escorte sur les lieux du crime pour y être confrontés avec le cadavre de Coupard. Ils firent des aveux complets.[27] Néel aurait frappé le premier, Ollivier n'aurait frappé qu'après, sur l'invitation de son complice. Interrogés pour savoir dans quel but ils avaient tenté de dépecer[28] le cadavre de leur victime, ils répondirent que c'était pour savoir "s'il était gras" et que d'ailleurs ils étaient saouls perdus[29]...

Sur leur parcours,[30] les meurtriers purent se rendre compte combien leur abominable forfait[31] avait soulevé l'indignation publique. Les femmes notamment en voulaient[32] surtout à Néel, qu'une vie de désordre avait conduit jusqu'au crime.

Le procès[33] et la condamnation à mort

L'instruction[34] de cette affaire menée rapidement permettait au Tribunal criminel de se réunir en session le mardi 6 février 1889. Les débats durèrent deux jours. [...] La salle d'audience[35] était comble.[36] L'acte d'accusation lu par le greffier[37] Siegfriedt, il est procédé à l'interrogatoire[38] des accusés qui ont déclaré se nommer, Néel Joseph Auguste, né à Saint-Pierre, le 29 mai 1860, marin-pêcheur, Ollivier Louis, né à Coatraven (Côtes du Nord[39]) le 31 octobre 1863, également marin-pêcheur.

[...*Description du crime et de la tentative de fuite des accusés*...]

Néel et Ollivier ne cessèrent d'arguer de leur état d'ivresse[40] sinon pour excuser, du moins pour atténuer[41] l'atrocité de leur crime. Ollivier, garçon aux manières lourdes, au cou de taureau[42] et dont l'intelligence paraît étouffée[43] sous la force physique, Ollivier qui joua dans ce drame un rôle plutôt passif, pressé d'expliquer pourquoi il avait obéi aveuglément[44] à Néel qu'il connaissait à peine,[45] tandis qu'il avait toujours déclaré que Coupard avait toujours été bon pour lui, ne put donner aucune raison.

[... *Témoignage des témoins et des habitants*...]

Le Procureur de la République[46] requit[47] la peine capitale contre Néel et ne s'opposa pas à l'admission de circonstances atténuantes[48] en faveur d'Ollivier. Néel, d'après le Ministère public, ayant exercé sur Ollivier une sorte de fascination incompréhensible, voisine de l'hypnotisme.[49]

[...*Plaidoirie*[50] *des avocats*[51] *des deux accusés*...]

Après une délibération assez courte, le Tribunal criminel rapportait un verdict affirmatif sur toutes les questions posées, avec admission de circonstances atténuantes en faveur d'Ollivier seulement. Néel était condamné à la peine de mort et Ollivier à dix ans de travaux forcés.[52] Ollivier s'en retirait à bon compte.[53]

L'opinion publique, tout en respectant l'arrêt de justice, pensa néanmoins qu'il y avait trop de disproportion entre les deux peines.[54] Si Néel méritait la peine capitale, la peine appliquée à son co-auteur n'était pas assez élevée.

[... *Arrivée de Néel à la prison*...]

L'Ile aux Chiens, le lieu du crime

27 made a full confession
28 to cut up
29 drunk out of their minds
30 on the way
31 crime
32 had a grudge against
33 trial
34 the investigation
35 the courtroom
36 packed
37 the clerk
38 cross-examination
39 a "département" in northern Brittany in France
40 kept repeating that they were under the influence
41 to mitigate
42 bull
43 smothered
44 blindly
45 hardly
46 the public prosecutor
47 called for
48 mitigating circumstances
49 this sentence is incorrect (it is missing a conjugated verb)
50 defence speech
51 lawyers
52 hard labor
53 was getting off lightly
54 sentences

Saint-Pierre en 1890.

Le pourvoi[55] de Néel

Le 9 février, Néel se pourvoit en cassation[56] contre l'arrêt du Tribunal criminel, mais pour parer à l'éventualité[57] du rejet de son pourvoi, il formait un recours en grâce[58] le 9 avril suivant. [… *Description des formalités administratives…*]

A l'unanimité, le Conseil émettait l'avis que dans un but de préservation sociale, il n'y avait pas lieu[59] d'appuyer[60] le recours du condamné, l'horrible cruauté qui marquait le meurtre de Coupard excluait tout sentiment de commisération. D'autre part, il importait de ne pas laisser dans le public cette croyance que la meilleure excuse à présenter devant la justice était son état d'ivresse.

D'ailleurs, à ces raisons s'en ajoutait une autre qui n'était point en effet sans importance. Deux condamnations à mort pour assassinat prononcées en 1876 et 1886 avaient été commuées[61] en celles des travaux forcés à perpétuité.[62] Depuis lors, et il faut bien le dire, ces deux mesures de clémence avaient eu pour résultat d'accréditer[63] dans la population l'idée que la peine de mort était virtuellement abolie aux île Saint-Pierre et Miquelon, faute[64] de pouvoir l'y faire exécuter dans les formes prescrites par le code pénal français.

[…*Description des difficultés rencontrées par l'administration: refus de Paris d'envoyer une guillotine et un exécuteur, envoi (le 26 juillet) d'une guillotine par la Martinique, projets pour trouver un exécuteur sur l'île…*]

Arrivée de la guillotine, recherche d'un bourreau

La guillotine arrivait à St-Pierre le 22 août. C'était une vieille machine datant presque du début de son invention. Ne disait-on pas qu'elle avait servi à l'exécution de la malheureuse reine Marie-Antoinette. [… *Description de la guillotine…*]

[…*Difficultés à trouver un bourreau: tout le monde refuse, malgré les avantages offerts. Finalement, Jean-Marie Legent, emprisonné pour vol, accepte. La guillotine est testée sur un veau,[65] qu'elle décapite,[66] mais pas complètement. Il faut finir le travail avec un couteau. L'avocat de Néel proteste: les conditions de l'exécution l'inquiètent…*]

L'exécution de Néel

Et nous voilà enfin au matin de l'exécution. Un soleil radieux, après trois semaines de brume[67] intense va éclairer[68] la scène tragique. La plus grande partie de la population est sur pied.

[…*Description de la dernière nuit de Néel…*]

Très doucement, le Procureur de la République le touche à l'épaule. Néel ouvre les yeux et se dresse sur son séant.[69] A la nouvelle qu'il n'a plus de grâce[70] à attendre que dans la miséricorde[71] Divine, il répond "Oh! la mort ne me fait pas peur" et il ajoute "il y a longtemps que je serais mort sans M. et Mme Sigrist. Ils ont été bons pour moi. Je veux les remercier avant de mourir." Le gardien de la prison, fort émotionné[72] lui dit: "Mon pauvre Néel, du courage", et en discourant[73] gravement sur les motifs de sa condamnation, Néel s'habille seul, sans tâtonnement,[74] refusant l'aide du gendarme Dangla qui se tient[75] à l'entrée de la cellule.

[… *Préparatifs pour l'exécution, et trajet[76] de la prison à la guillotine…*]

Une foule assez compacte parmi laquelle on remarque quelques femmes se tient silencieuse, maintenue à distance par un cordon[77] de militaires de la compagnie de la discipline.

Le condamné descend de voiture et d'un pas ferme, s'achemine[78]

55 appeal
56 lodged an appeal
57 to guard against the possibility
58 a plea for clemency
59 there was no reason
60 to support
61 commuted
62 for life
63 to give credence
64 *here*: because it was not possible to
65 calf
66 beheads
67 fog
68 to shine on
69 sits up
70 pardon
71 mercy
72 quite upset
73 speaking
74 without fumbling
75 standing
76 trip
77 a line
78 heads for

vers la guillotine dont la vue ne parvient pas à amollir[79] le courage. Reconnaissant Legent, il lui reproche le redoutable service que l'on attend de lui, puis de la plate-forme, d'un pied de hauteur où il est monté, s'adressant à la foule d'une voix forte: "Que[88] mon exemple serve de leçon, dit-il; j'ai tué, on va me tuer, ne faites pas comme moi." Il embrasse le crucifix que lui présente l'aumônier[81] et lui demande d'accompagner son cadavre au cimetière, ne voulant pas, dit-il, "être enterré[82] comme un chien." [... *Travail des exécuteurs pour installer Néel sur l'échafaud...*]

Enfin! Enfin! L'exécuteur Legent a repris son sang-froid[83] et lâche la corde,[84] le couperet[85] tout en brinquebalant[86] dans la rainure des montants,[87] s'abat[88] lourdement. Justice est faite! Comme on l'avait prévu, la tête du décapité reste suspendue sur le bord du récipient,[89] Legent d'un coup de couteau, tranche[90] l'adhérence.

Au lieu d'être placé dans un endroit discret, le cercueil[91] destiné à recevoir les restes[92] du supplicié[93] avait été au contraire disposé devant la guillotine de sorte que le malheureux Néel pût le contempler durant sa terrible agonie.

Après cette dramatique exécution, la foule s'écoula[94] silencieusement, fortement impressionnée par ces incidents macabres. Le Procureur de la République Caperon, sous le coup d'une véritable émotion, pleure à chaudes larmes[95] et confie à celui qui écrit ces lignes que jamais plus il ne requerra la peine de mort.

[...*Epilogue: le bourreau a dû rentrer en France, personne ne voulant l'embaucher sur l'île...*]

Saint-Pierre, le 19 février 1938. Emile Sasco.

La guillotine utilisée pour Neel

79 to weaken
80 let
81 chaplain
82 buried
83 his cool
84 lets go of the rope
85 blade
86 rattling
87 the tracks of the scaffolding
88 falls
89 basket
90 severs
91 casket
92 the remains
93 the torture victim
94 drifted away
95 sobs

a. En quelle année le crime a-t-il été commis? A votre avis, pourquoi l'année a-t-elle été changée dans le film?

b. Le texte donne beaucoup de détails sur le meurtre et les mutilations. Est-ce le cas aussi dans le film? La caméra s'attarde-t-elle sur Coupard? Pourquoi?

c. Les deux coupables essaient-ils de fuir dans le film? Pourquoi?

d. Quelle était leur motivation? Comment la population a-t-elle réagi? Est-ce conforme au film?

e. En quoi le procès diffère-t-il de celui auquel on assiste dans le film? (pensez à sa durée, aux avocats, au pourvoi de Neel).

f. Ollivier Louis meurt-il accidentellement dans le texte? Pourquoi cet ajout dans le film?

g. L'administration, telle qu'on la voit dans le film, ressemble-t-elle à la description qu'en fait le texte?

h. Comment le bourreau a-t-il été trouvé? Comparez le texte et le film: pourquoi le film a-t-il changé la situation personnelle du bourreau (M. Chevassus)?

i. Qui sont M. et Mme Sigrist? Qui sont-ils dans le film?

j. La guillotine a-t-elle fonctionné? Comment Neel a-t-il été achevé?

k. Quelle version de l'histoire est la plus dramatique? Justifiez votre réponse.

2.   L'abolition de la peine de mort

La peine de mort a été abolie en France en 1981, après l'arrivée à la présidence de François Mitterrand. Celui-ci, pendant sa campagne, avait fait la déclaration suivante à une émission de télévision:

"Sur la question de la peine de mort, pas plus que sur les autres, je ne cacherai pas ma pensée. Et je n'ai pas du tout l'intention de mener ce combat à la face du pays en faisant semblant[1] d'être ce que je ne suis pas. Dans ma conscience profonde, qui rejoint celle des Églises, l'Église catholique, les Églises réformées, la religion juive, la totalité des grandes associations humanitaires, internationales et nationales, dans ma conscience, dans le for[2] de ma conscience, je suis contre la peine de mort. (...) Je suis candidat à la Présidence de la République et je demande une majorité de suffrages[3] aux Français, et je ne la demande pas dans le secret de ma pensée. Je dis ce que je pense, ce à quoi j'adhère, ce à quoi je crois, ce à quoi se rattachent mes adhésions spirituelles, mon souci[4] de la civilisation: je ne suis pas favorable à la peine de mort."

Il a été élu le 10 mai 1981, alors qu'une majorité de Français était favorable au maintien de la guillotine. Le 31 août, Robert Badinter, garde des sceaux,[5] a déposé un projet de loi[6] abolissant la peine de mort, examiné par l'Assemblée nationale le 17 septembre. Pour l'occasion, Robert Badinter a prononcé le discours suivant:

"Monsieur le président, mesdames, messieurs les députés, j'ai l'honneur, au nom du Gouvernement de la République, de demander à l'Assemblée nationale l'abolition de la peine de mort en France. En cet instant, dont chacun d'entre vous mesure la portée[7] qu'il revêt pour notre justice et pour nous, je veux d'abord remercier [...] tous ceux, quelle que soit[8] leur appartenance politique[9] qui, au cours[10] des années passées, notamment au sein[11] des commissions des lois précédentes, ont oeuvré[12] pour que l'abolition soit décidée, avant le changement politique majeur que nous connaissons [...]"

Cette communion d'esprit, cette communauté de pensée à travers les clivages[13] politiques montrent bien que le débat qui est ouvert aujourd'hui devant vous est d'abord un débat de conscience et le choix auquel chacun d'entre vous procédera l'engagera personnellement [...].

[...].Demain, grâce à vous, la justice française ne sera plus une justice qui tue. Demain, grâce à vous, il n'y aura plus pour notre honte[14] commune, d'exécutions furtives,[15] à l'aube, sous le dais[16] noir, dans les prisons françaises. Demain les pages sanglantes[17] de notre justice seront tournées.

A cet instant plus qu'à aucun autre, j'ai le sentiment d'assumer[18] mon ministère, au sens ancien, au sens noble, le plus noble qui soit, c'est-à-dire au sens de "service." Demain, vous voterez l'abolition de la peine de mort. Législateur français, de tout mon coeur, je vous remercie."

Il a fait forte impression et le projet a été voté le lendemain. Les députés l'ont adopté par 363 voix contre 117 et le Sénat l'a entériné[19] quelques jours plus tard. Le 9 octobre 1981, l'article premier de la loi stipulait: "La peine de mort est abolie."

1 pretending
2 in the depth
3 votes
4 my concern
5 French Minister of Justice (the equivalent of the Attorney General in the US)
6 filed a bill

7 its impact
8 whatever
9 political affiliations
10 during
11 within
12 have strived for
13 divisions
14 disgrace
15 stealthy
16 canopy
17 bloody
18 to take on
19 ratified

a. Comment François Mitterrand essaie-t-il d'être convaincant?

b. Qui mentionne-t-il pour montrer que ses idées sont partagées? Est-ce adroit?

c. Comment Robert Badinter insiste-t-il sur le caractère exceptionnel de la décision que vont prendre les députés?

d. D'après ce discours, avez-vous l'impression que c'est un homme ouvert?

e. Quel vocabulaire utilise-t-il pour décrire la peine de mort?

f. Expliquez ce qu'il veut dire par "notre honte commune."

g. Quel est le dernier mot de son discours? Qu'est-ce qu'il indique sur les espoirs de Badinter d'être entendu?

3. Entretien avec Robert Badinter

La lecture précédente présente le discours de Robert Badinter à l'Assemblée Nationale. En septembre 2001, 20 ans après l'abolition de la peine de mort votée par l'Assemblée et le Sénat, la Documentation française a réalisé l'entretien suivant.

L'abolition de la peine de mort en France est l'aboutissement[1] d'un combat deux fois centenaire, marqué par de nombreuses tentatives d'abolition depuis la Révolution. Comment expliquer le vote de l'abolition, malgré une opinion publique plutôt réservée ?

Robert Badinter : Par le courage politique. Lors de la campagne présidentielle de 1981, François Mitterrand avait fait publiquement savoir qu'il était favorable à l'abolition de la peine de mort. Tous les partis de gauche, à l'élection législative de 1981, avaient inscrit l'abolition à leur programme. En élisant François Mitterrand, et une majorité de gauche au Parlement, les Français avaient choisi l'abolition. Celle-ci a donc été adoptée dans des conditions aussi démocratiques que possible.

Pouvez-vous rappeler les arguments qui se sont opposés au moment du débat sur l'abolition de la peine de mort en 1981 ?

Le débat était ouvert depuis deux siècles et tous les arguments avaient été échangés. Le seul argument nouveau était d'ordre européen. Tous les pays de l'Europe occidentale, à l'exception de la France, avaient choisi l'abolition. Si elle avait présenté quelque danger que ce soit face à la criminalité sanglante, les responsables de ces pays n'auraient jamais voté ni maintenu l'abolition.

Comment s'est passé le débat de 1981, dans quel esprit, dans quel climat ?

Le débat a été vif. Il y eut des orateurs éloquents parmi les abolitionnistes: Raymond Forni (PS[2]), Guy Ducoloné (PC[3]), Philippe Seguin (RPR[4]), parmi d'autres. L'abolition a été votée par la totalité des députés de gauche, par un tiers des députés de l'UDF[5] et un quart du RPR, dont Jacques Chirac. La vraie surprise et la vraie victoire parlementaire, à mes yeux, ont été le vote de la loi par le Sénat, très hostile au gouvernement de la gauche, dans les mêmes termes que l'Assemblée nationale.

Le débat n'a pas été complètement clos par la loi de 1981 et il est réapparu en France dans les années 1980-1990, avec un courant favorable au rétablissement de la peine capitale. Comment l'expliquez-vous ? Aurait-il pu aboutir à un rétablissement de la peine capitale ?

1 result
2 Parti Socialiste
3 Parti Communiste
4 Rassemblement pour la République (droite conservatrice)
5 Union pour la Démocratie Française (centre droit)

Date d'abolition de la peine de mort pour tous les crimes (Chronologie sélective)

1877 - Costa-Rica
1903 - Panama
1928 - Islande
1968 - Autriche
1972 - Finlande, Suède
1979 - Norvège, Pérou
1981 - France
1982 - Pays-Bas
1985 - Australie
1987 - Allemagne, Haïti
1989 - Cambodge
1990 - Irlande, République tchèque
1992 - Suisse
1994 - Grèce, Italie
1995 - Espagne
1996 - Belgique
1997 - Afrique du Sud, Népal
1998 - Canada, Royaume-Uni
1999 - Ukraine
2004 - Sénégal, Turquie
2005 - Mexique
2007 - Rwanda, Albanie
2008 - Argentine
2010 - Gabon
2012 - Mongolie

A savoir : Certains pays avaient aboli la peine de mort pour les crimes de droit commun avant de l'abolir pour tous les crimes. D'autres l'avaient abolie en pratique depuis longtemps (la peine de mort n'était donc pas abolie officiellement mais elle l'était en pratique).

En 2012, 137 pays ont officiellement aboli la peine de mort ou ne la pratiquent plus.

6 Convention Européenne des Droits de l'Homme

Depuis 1985, il est impossible de rétablir la peine de mort en France. En effet, la France a ratifié, en 1985, un traité international de 1983, le 6⁶ Protocole à la Convention européenne des droits de l'Homme. Cette convention interdit aux Etats qui l'ont ratifiée, de recourir à la peine de mort. Les traités internationaux ayant une valeur supérieure à la loi, le Parlement français ne pourrait rétablir la peine de mort que si le Président de la République française dénonçait cette convention. Pareille dénonciation mettrait la France au ban moral des droits de l'Homme en Europe. Un tel acte, de la part du Président de la République française, apparaît impossible au regard de l'affirmation constante de la France, la patrie des droits de l'Homme.

Aujourd'hui le débat semble s'intéresser davantage à la question de la peine de mort dans le monde, en particulier aux États-Unis, plutôt qu'en France. Comment expliquez-vous cette évolution du débat ainsi que cette focalisation, sur les États-Unis alors que d'autres grandes puissances, telles que le Japon, continuent d'appliquer la peine de mort ?

Aujourd'hui la peine de mort est bannie de toute l'Europe. La quasi totalité des États européens, y compris à l'Est, ont ratifié le 6ème Protocole à la CEDH.⁶

En ce qui concerne le reste du monde, la cause de l'abolition a grandement progressé depuis 20 ans. En 1981, la France était le 36ème État à abolir la peine de mort. Aujourd'hui, 108 États sont abolitionnistes, sur 189 que comptent les Nations Unies. L'abolition est devenue majoritaire dans le monde. Aujourd'hui, 90 % des exécutions dans le monde sont le fait de 4 États : la Chine, les États-Unis, l'Arabie saoudite et l'Iran. L'alliance entre totalitarisme, fanatisme et peine de mort est historique. La première question, dans la marche à l'abolition universelle, est celle de la situation aux États-Unis, seule grande démocratie à recourir à la peine de mort. En dépit de l'attachement de l'opinion publique américaine à la peine de mort, des signes encourageants se manifestent : moratoires des exécutions dans certains États, diminution du nombre des exécutions et des condamnations à mort depuis le début de l'année, ralliement de grands média à l'abolition.

www.ladocumentationfrancaise.fr/dossiers/abolition-peine-mort/robert-badinter.shtml

a. Qu'est-ce qui a surpris Robert Badinter en 1981 ?
b. Pourquoi la France ne pourrait-elle pas rétablir la peine de mort ?
c. Les Américains ne sont pas les seuls à appliquer la peine de mort. Pourquoi sont-ils tant montrés du doigt ?

Les femmes du 6ᵉ étage

Présentation du film

Paris, années 60. Jean-Louis Joubert vit avec sa femme Suzanne dans un très bel appartement. Il est riche et sérieux, et s'ennuie sans vraiment s'en rendre compte. Un jour, leur nouvelle bonne espagnole lui fait découvrir le 6ᵉ étage du bâtiment. C'est là qu'elle vit, avec d'autres bonnes espagnoles chaleureuses et dégourdies. Jean-Louis découvre un autre monde dont il ne soupçonnait pas l'existence. Sa vie est sur le point de changer radicalement...

Carte d'identité du réalisateur

Philippe Le Guay est né en 1956 et a fait des études de cinéma à l'IDHEC. Il a travaillé comme acteur et scénariste en parallèle de sa carrière de réalisateur. Son premier film, *Les deux Fragonard*, date de 1989. Après ce drame, il se lance dans la comédie en 1995 avec *L'année Juliette*, sa première collaboration avec Fabrice Luchini. Il revient au drame avec *Trois huit*, un film sur le harcèlement moral au travail, puis retrouve sa veine comique avec *Le coût de la vie* (en 2003 avec Fabrice Luchini), *Du jour au lendemain* (une comédie contemporaine en 2006) et enfin *Les femmes du 6ᵉ étage*.

Carte d'identité des acteurs

Fabrice Luchini (né en 1951) a commencé le cinéma à 18 ans après un début de carrière comme coiffeur ! Il a enchaîné avec plusieurs rôles dans des films de Rohmer et a joué pour d'autres très grands réalisateurs : Klapisch (*Riens du tout*, 1992), Lelouch (*Tout ça... pour ça !*, 1993), Leconte (*Confidences trop intimes*, 2004), Ozon (*Potiche*, 2010). Luchini est aussi à l'aise dans les comédies (*Jean-Philippe*, 2006) et dans les comédies dramatiques (*La discrète*, 1990, *Pas de scandale*, 1999, *La fille de Monaco*, 2008) que capable de se glisser dans la peau d'un personnage historique (*Le colonel Chabert*, 1994, *Beaumarchais l'insolent*, 1996, *Le bossu*, 1997, *Molière*, 2007).

Sandrine Kiberlain et Fabrice Luchini

C'est la 3e fois que Fabrice Luchini et Sandrine Kiberlain jouent un couple : d'abord dans *Beaumarchais, l'insolent* en 1996, puis dans *Rien sur Robert* en 1999 et maintenant dans *Les femmes du 6ᵉ étage*.

Sandrine Kiberlain a suivi les cours du Conservatoire et s'est fait remarquer assez vite avec une nomination pour le César du meilleur espoir en 1995 pour *Les patriotes*. Elle avait alors 27 ans et a confirmé avec son premier grand rôle dans *En avoir (ou pas)* de Laetitia Masson. Elle a retrouvé la réalisatrice en 1998 pour *A vendre* et en 2000 pour *Love me*. Elle a changé de registre avec Marivaux et *La fausse suivante* (Jacquot, 2000), s'est frottée au drame dans *Betty Fisher et autres histoires* (Miller, 2001), s'est amusée avec Daniel Auteuil dans *Après vous* (Salvadori, 2003), était une actrice frustrée dans *La vie d'artiste* (Fitoussi, 2007) puis a joué deux institutrices en 2009, dans *Mademoiselle Chambon* et *Le petit Nicolas*. Récemment on l'a vue dans un drame, *L'oiseau*, d'Yves Caumon.

Natalia Verbeke (née en 1975) avait surtout travaillé pour des séries (*La famille Serrano*, 2007-08 et *Doctor Mateo*, 2009-11) avant d'être révélée dans *Les femmes du 6ᵉ étage* en 2011.

L'heure de gloire

Les femmes du 6ᵉ étage a été nommé aux César pour les meilleurs décors et les meilleurs costumes et Carmen Maura a remporté le César de la meilleure actrice dans un second rôle. Le film a aussi gagné le prix du public au festival de COLCOA à Los Angeles.

PREPARATION

1 Vocabulaire

Vocabulaire utile avant de voir le film:

Vous connaissez déjà certains des mots de la liste. Ils sont notés pour que vous les révisiez. Vous devez savoir ce vocabulaire par cœur, avec les genres pour les noms, les prépositions pour les verbes et les orthographes difficiles. Observez bien les exemples, ils vous aideront à vous exprimer correctement.

Les noms

un agent de change : *a stockbroker*

une mondaine : *a socialite**

un pensionnat : *a boarding school***

une bonne : *a maid*

un(e) patron(ne) : *a boss*

un immeuble : *a building*

une mansarde : *a garret*

un escalier de service : *backstairs****

le palier : *the landing*****

un lavabo : *a sink*****

un frigo: *a fridge*

une concierge : *a (building) caretaker*

un œuf à la coque : *a soft-boiled egg*

des toilettes bouchées : *clogged-up toilets******

les convenances : *social conventions*

une vente de charité : *a charity sale*

un salaire élevé : *a high salary*******

un salon de coiffure : *a hair salon*

*Ex : Suzanne est une mondaine.
**Ex : Les enfants ne sont pas là. Leur école est un pensionnat. Ils sont en pension.
***Ex : Les bonnes prennent l'escalier de service.
****Ex : Elles ont un lavabo sur le palier.
*****Ex : Leurs toilettes sont bouchées.
******Ex : En France, les salaires sont plus élevés qu'en Espagne.

A savoir

Grand bourgeois : La bourgeoisie a beaucoup évolué avec les siècles. Qu'est-ce qu'un grand bourgeois en 1962 ? Les grands bourgeois sont des gens qui :
• Ont d'importants revenus (qui dépassent souvent le cadre du simple salaire, aussi impressionnant soit-il)
• Vivent dans de très beaux quartiers
• Mènent une vie sociale qui leur permet de rester entre eux
• Respectent les traditions, les conventions et l'ordre établi
• Ont grandi dans le même milieu et élèvent leurs enfants avec les mêmes valeurs

Province :
Une province : Autrefois, la France était divisée en provinces. Aujourd'hui, elle est divisée en régions.
La province : C'est toute la France à l'exception de Paris et la région parisienne. Ex : Ils habitent en province. Suzanne vient de province (par opposition à Jean-Louis qui a grandi à Paris).
La Provence (avec un "e" et une majuscule) est une région de France. Attention à ne pas confondre "province" et "Provence"!

Les verbes

embaucher qq'un: *to hire s.o.**

exiger: *to demand*

hériter qqch de qq'un : *to inherit sth from s.o.***

regarder qq'un de haut: *to look down one's nose at s.o.*

avoir le caractère bien trempé : *to be self-assured and strong-willed*

économiser: *to save ****

aller à la messe: *to go to mass*

s'enticher de qq'un: *to become infatuated with s.o.*****

remarquer qqch: *to notice sth****

soupçonner qqch: *to suspect sth*

insinuer le doute (dans la tête de qq'un) : *to instill doubt (in s.o.'s mind)*

être au courant de qqch: *to know about sth*****

fuir (un régime, une dictature): *to flee*

demander qq'un en mariage : *to propose to s.o.*

construire (une maison) : *to build (a house)*

retourner au pays: *to go back to one's home country*

*Ex : Suzanne a embauché Maria. Maria a été embauchée.
**Ex : Jean-Louis a hérité sa charge d'agent de change de son père.
***Attention à ne pas utiliser "sauver" dans le contexte de l'argent ! On sauve une personne en danger, on économise l'argent.
****Ex : Jean-Louis s'est entiché de Maria mais Suzanne n'a rien remarqué.
*****Ex : La concierge affirme que tout le quartier est au courant de leur situation.

Les adjectifs

classique: *conservative*
guindé(e) : *stiff-necked*
coincé(e): *uptight*
opulent(e) : *affluent*
exigeant(e) : *demanding*
austère : *austere*
maniaque: *particular, fussy*
vieille France : *old-fashioned, traditional**
monotone: *uneventful, dull*
superficiel(le) : *superficial, shallow*
prétentieux (-euse): *snooty, pretentious*
condescendant(e): *condescending, patronizing*
hautain(e): *haughty*
espagnol(e) : *Spanish*

sociable: *gregarious*
spontané(e): *spontaneous*
franc(he) : *straight, honest*
direct(e) : *direct*
fier(-ère) : *proud*
espiègle / malicieux (-euse) : *mischievous*
volubile : *voluble*
travailleur (-euse) : *hard-working*
révolté(e): *rebellious*
bigot(e): *very religious*
communiste: *communist*

*S'utilise au masculin et au féminin : Il/elle est vieille France.

Traduisez!

1. Jean-Louis is a conservative, uptight and fussy stockbroker who demands perfect soft-boiled eggs.

2. Suzanne was suspecting nothing but her friends instilled doubt in her mind.

3. The Spanish maids have fled Spain because of Franco or because they were looking for higher salaries.

4. Concepción saves her money and sends it to her husband who is building a house for her to return to her country.

Vous n'avez pas besoin du dictionnaire. Tous les mots sont dans la liste ci-dessus !
4e phrase: Comment allez-vous traduire "for her to return"? Vous devez utiliser une structure différente en français.

2   Repères culturels

1. La France de 1962 : Qui était président ? Quelle guerre était en train de se terminer ? Qui va venir se réfugier en France ?

2. L'Espagne en 1962 : Qui gouvernait ? Quel type de régime avait-on ? Quelle était la situation économique ?

3. La jeune femme du film arrive d'Espagne pour travailler comme bonne à Paris. Les articles suivants, proposés par la Cité Nationale de l'Histoire de l'Immigration, vous donneront un contexte pour mieux comprendre les mouvements migratoires entre l'Espagne et la France. Lisez-les et répondez aux questions.

Espagnols et Portugais

Le "miracle économique" des années d'après-guerre nécessite la venue de travailleurs immigrés. On fait d'abord venir dans les années 1950 des Espagnols, qui vont remplacer petit à petit les Italiens et qui seront suivis, à partir des années 1960, par des Portugais.

600 000 Espagnols en France à la fin des années 1960
La période de très forte expansion économique et de reconstruction des années 50 et 60 nécessite la venue de nombreux travailleurs immigrés.
On fait appel, entre autres, aux Espagnols, alors que le gouvernement franquiste ne fait plus obstacle à l'émigration de ses ressortissants, qu'il

tente d'encadrer politiquement par le biais des missions catholiques espagnoles. Les deux vagues espagnoles additionnées, celle de 1939 et celle des années 1950 et 1960, constituent une très importante population, qui atteindra les 600 000 personnes à la fin des années soixante, avant de décliner dans les années 1970.

Les Espagnols remplacent peu à peu la migration italienne, qui a tendance à se stabiliser dans ces années. On les trouve dans le bâtiment mais peu dans l'industrie, tandis que les femmes occupent des emplois de maison. Enfin, le travail saisonnier agricole emploie une grande partie des migrants du Sud de l'Espagne, qui alternent travaux agricoles des deux côtés des Pyrénées en fonction du décalage des saisons.

700 000 Portugais fuyant la misère et le régime de Salazar
Les Portugais prennent la relève à partir du début des années 1960

Malgré un accord d'immigration passé avec l'État portugais, celui-ci tente en vain de limiter l'hémorragie de ses ressortissants. L'immigration devient alors clandestine et prend des proportions d'autant plus importantes que la France régularise systématiquement ces entrées illégales. Les Portugais présents en France sont au nombre de 20 000 en 1959 et de 700 000 au début des années 70, ils seront encore 600 000 en 1990.

La migration portugaise est constituée de travailleurs peu qualifiés fuyant la misère, mais aussi de déserteurs des guerres coloniales et d'opposants politiques au régime de Salazar. Comme leurs prédécesseurs italiens et espagnols, les hommes travaillent beaucoup dans le bâtiment, mais aussi dans l'industrie, tandis que les femmes trouvent du travail dans le domaine des services aux particuliers.

www.histoire-immigration.fr © Cité nationale de l'histoire de l'immigration, 2007

Extrait de "L'immigration espagnole en France au XXe siècle", paragraphe sur l'immigration féminine dans les années 60-70

Le fait nouveau le plus marquant de cette émigration fut la présence importante de femmes seules venues travailler dans le service domestique. Alors que durant l'entre-deux-guerres, elles émigraient toujours accompagnées de leurs pères, maris ou frères, désormais, nombre d'entre elles partaient seules ou avec une sœur ou une cousine.

Beaucoup étaient célibataires, mais des femmes mariées furent aussi des pionnières de l'émigration familiale : une fois placées et logées dans une chambre de bonne, elles faisaient venir leur mari, voire leurs enfants. Si Paris et Neuilly-sur-Seine accueillirent la majorité d'entre elles, d'autres s'installèrent à Bordeaux, Lyon ou Lille.

Dans les années 1960 et 1970, le pourcentage des Espagnoles actives était nettement plus élevé en France qu'en Espagne, les couples, obnubilés par l'idée du retour, choisissant cette stratégie pour accumuler plus rapidement l'argent le permettant.

www.histoire-immigration.fr © Natacha Lillo/Cité nationale de l'histoire de l'immigration, 2007

a. D'où les immigrés venaient-ils ? Qu'est-ce que ces trois pays ont en commun ?

b. Combien y avait-il d'Espagnols en France à la fin des années 60 et de Portugais au début des années 70 ?

c. Dans quels domaines travaillaient-ils ?

d. Qu'est-ce qui a changé pour les Espagnoles après la guerre ?

e. Où allaient-elles ?

f. Quelle différence y avait-il entre les Espagnoles vivant en France et celles vivant en Espagne ?

4. La famille du film vit dans un immeuble haussmannien. Qui était Haussmann ? Qu'a-t-il fait à Paris ? Comment un immeuble haussmannien est-il structuré ? Qui habite au rez-de-chaussée ? Dans les étages ? Au dernier étage ? Qu'est-ce qu'une "chambre de bonne"?

Deux exemples d'immeubles haussmanniens dans le 8e arrondissement

5. Journaux : Les personnages du film lisent, vendent, feuillettent différents journaux. Faites quelques recherches pour associer les titres et leur description.

Les Echos	Quotidien conservateur créé en 1826
Elle	Quotidien spécialisé dans l'actualité économique et financière
Le Figaro	Hebdomadaire féminin de 1958 à 1989, comportant de très nombreuses pages de publicité
L'Humanité	Quotidien communiste fondé par Jean Jaurès
Jours de France	Hebdomadaire féminin aujourd'hui distribué dans le monde entier

Beaux quartiers

Les quartiers les plus huppés de Paris se trouvent dans les 6e, 7e, 8e et 16e arrondissements. Ils se trouvent tous au centre-ouest et à l'ouest de Paris.

Eglise espagnole

L'église dans laquelle les Espagnoles se rendent existe toujours. Il s'agit de l'église Notre-Dame de Grâce (à Passy, dans le 16e arrondissement). C'est une paroisse franco-espagnole qui propose encore aujourd'hui des messes en français et d'autres en espagnol.

3 Le contexte

Les deux personnages principaux sont Jean-Louis Joubert, un grand bourgeois parisien d'une cinquantaine d'années, et Maria, une jeune Espagnole récemment arrivée en France pour travailler comme bonne. Essayez de vous mettre à leur place et répondez aux questions suivantes.

1. Imaginez le quotidien de Jean-Louis : son logement, ses repas, son habillement, ses trajets pour le travail.
2. Quelles relations a-t-il avec sa femme et ses enfants ?
3. Quelle vie sociale a-t-il ?
4. Imaginez le quotidien de Maria : ses horaires, ses responsabilités dans la maison, son logement.
5. Quelles relations a-t-elle avec ses patrons ?
6. Quelle vie sociale a-t-elle ?

4 Bande-annonce

Faites une recherche en tapant "Les femmes du 6e étage bande-annonce VF" et répondez aux questions suivantes.

1. Comment les bonnes sont-elles traitées par la concierge ? Pourquoi à votre avis ?
2. Quelle impression avez-vous de Maria ?
3. Comment les deux garçons se comportent-ils ?
4. Dans quelles conditions les bonnes vivent-elles ?
5. Quel effet Maria et les bonnes ont-elles sur le couple Joubert ?
6. Quelle est l'ambiance générale de la bande-annonce ?

5 A savoir avant de visionner le film

- Durée: 1h46
- Genre: Comédie
- Langue: Le film est en français et en espagnol quand les bonnes parlent entre elles.
- Note: Philippe Le Guay, le réalisateur, a largement puisé dans ses souvenirs pour l'écriture du scénario. En effet, il est issu de la grande bourgeoisie (son père était agent de change comme Jean-Louis) et il avait une bonne espagnole.

PREMIERE APPROCHE

1   L'histoire

Le but de cette activité est double:
- Vérifier que vous avez bien compris l'histoire
- Vous préparer à la discussion en classe

Répondez à chaque question en une ou deux phrases. Utilisez le vocabulaire que vous avez appris.

Les personnages

Jean-Louis Joubert
(Fabrice Luchini)

Suzanne Joubert
(Sandrine Kiberlain)

Maria
(Natalia Verbeke)

Concepción
(Carmen Maura)

Dolores
(Berta Ojea)

Carmen
(Lola Dueñas)

Pilar
(Concha Galán)

Teresa
(Nuria Solé)

Mme Triboulet =
la concierge
(Annie Mercier)

1. **Jean-Louis**
   - Quelles sont les origines de Jean-Louis Joubert ? Que savez-vous sur sa famille et son passé ?
   - Décrivez-le avec quelques adjectifs bien choisis.
   - Que sait-il du 6ᵉ étage ?
   - Comment se comporte-t-il avec sa femme et ses enfants ?
   - A-t-il beaucoup voyagé ?

2. **Suzanne**
   - D'où vient-elle ?
   - Jean-Louis était-il pressé de l'épouser ?
   - Comment Suzanne occupe-t-elle ses journées ?
   - Comment n'a-t-elle pas remarqué l'intérêt porté par son mari à Maria ?

> "Comme le personnage du film, mon père était agent de change. Il assumait pleinement son rang de bourgeois, avec l'autorité que lui conférait sa classe. Mais il était assurément moins neurasthénique que Fabrice Luchini qui incarne dans le récit une sorte de bel endormi."
> Philippe Le Guay, *Le Journal du Dimanche*, 13 février 2011

3. **Les bonnes espagnoles**
    • Pourquoi sont-elles là ?
    • Quelles sont leurs conditions de vie ?
    • Qu'est-ce que Concepción et Teresa espèrent ?
    • Sont-elles semblables ? Ont-elles les mêmes goûts, les mêmes envies, les mêmes croyances, la même situation familiale ? Faites un bref portrait de chaque femme.

Berta Ojea et Concha Galán (qui jouent Dolores et Pilar) ne parlent pas du tout français. Elles ont donc appris à prononcer leurs textes et leur accent est authentique !

4. **Découverte des Espagnoles**
    • Comment Jean-Louis fait-il leur connaissance ?
    • Jean-Louis se passionne-t-il surtout pour Maria, pour les Espagnoles, pour la culture espagnole ou pour leur mode de vie ?
    • Jean-Louis trouve une loge (c'est-à-dire une place comme concierge) pour Pilar. Qu'est-ce que cela révèle sur lui ?
    • Attaqué par Suzanne, Jean-Louis "avoue" qu'il était avec Bettina alors qu'il a passé la soirée avec les Espagnoles, comme il essaye de le dire à sa femme. Pourquoi fait-il cela ?

5. **Madame Triboulet, la concierge**
    • Comment traite-t-elle les Espagnoles ? Pourquoi ?
    • Que dit-elle à Suzanne après le départ de Jean-Louis ? Qu'est-ce que cela indique sur elle ?

6. **La vie sociale**
    Comparez la vie sociale des Joubert à celle des Espagnoles.

7. **Les amies de Suzanne**
    • Comment parlent-elles des bonnes ?
    • Sont-elles gentilles avec Suzanne ? Pensez à leurs propos sur Bettina de Brossolette et à leur réaction après le départ de Jean-Louis.

2 Analyse d'une photo

1. A quel moment cette scène se passe-t-elle ?
2. Où sont-ils ? Où est Suzanne ?
3. Quelle expression chacun a-t-il ?
4. Qui a le contrôle de la situation ?
5. Pourquoi cette scène est-elle importante ?

3 Analyse de citations

Analysez les citations suivantes en les replaçant dans leur contexte :

1. Suzanne : "Quand vous tenez à un homme ma petite Maria, il ne faut plus le lâcher !"

2. Jean-Louis: "Germaine, qui est restée dans cette maison 25 ans, elle me confiait ses joies, ses peines, elle faisait quasiment partie de la famille."
    Maria : "Ah, oui, et elle est où maintenant ?"
    Jean-Louis : "Je ne sais pas."
    Maria : "Et vous dites qu'elle faisait partie de la famille."

3. Suzanne : "Au fond, pour Jean-Louis, je ne suis jamais sortie de ma province. Lui, ce qu'il aime, c'est ce qui brille, c'est les Parisiennes, les élégantes."

APPROFONDISSEMENT

1 Vocabulaire

Enrichissez votre vocabulaire!

Le but de cette deuxième liste est d'élargir votre champ lexical. Ce vocabulaire ciblé sur des thèmes du film va vous permettre d'enrichir votre style.

Le personnel de maison

Termes anciens, peu usités aujourd'hui :

Vous n'aurez pas souvent l'occasion d'utiliser ces mots mais vous les rencontrerez dans la littérature.

un(e) domestique : *a servant, a maid*
un serviteur / une servante : *a servant*
un laquais : *a lackey*
un valet de chambre : *a manservant*
une femme de chambre : *a chambermaid*
une soubrette : *a maid*
un maître d'hôtel = un majordome : *a butler*
un intendant : *a steward*
une nurse = une bonne d'enfant : *a nanny*
un chaperon : *a chaperone*
une duègne : *a duenna*
un(e) précepteur (trice) : *a (private) tutor*
une gouvernante : *a governess*
une dame de compagnie : *a companion*

Termes courants aujourd'hui :

une employée de maison : *domestic help*
une femme de ménage : *a cleaning lady*
une aide ménagère : *home help*
une nourrice: *a nanny*
une assistante maternelle : *a nanny*
un(e) cuisinier (-ère) : *a cook*
un jardinier : *a gardener*
un chauffeur : *a chauffeur*
une auxiliaire de vie : *an in-home caregiver*

Le logement

une habitation : *lodging, dwelling*
un bâtiment : *a building*
un hôtel particulier : *a private mansion in a city**
une propriété : *an estate*
un appartement vide/meublé :
  unfurnished/furnished apartment
un studio : *a studio apartment***
une studette : *a small studio apartment***
un pavillon : *a (detached) house****
une chaumière : *a humble cottage*****
un logis : *a dwelling*****
un galetas : *a garret*****
un taudis : *a slum*
une résidence secondaire : *a second home*
un pied-à-terre : *a pied-a-terre*

*Ce terme n'a pas d'équivalent exact en anglais. Un hôtel particulier est une immense maison de ville, en général construite entre une cour (donnant sur la rue) et un jardin (derrière la maison). Il en existe de nombreux exemples datant des XVIIe et XVIIIe siècles dans les beaux quartiers des grandes villes françaises.
**Les studios et studettes sont de tout petits appartements (une pièce principale + une salle de bain), souvent habités par des étudiants.
***Ce terme est beaucoup plus courant en français que son équivalent en anglais.
****Ces trois mots sont anciens et rarement utilisés aujourd'hui.

Mise en pratique du vocabulaire:

Ecrivez 5 phrases dans lesquelles vous utilisez au moins 10 mots de la liste ci-dessus.

2   Réflexion - Essais

Ces questions vont vous permettre d'approfondir l'étude du film. Ecrivez un paragraphe pour chacune, en utilisant le vocabulaire du chapitre et en soignant votre expression (vérifiez votre orthographe et votre grammaire). En faisant ce travail, vous vous préparez à la prochaine composition.

1. Comment les employées de maison sont-elles traitées par leurs patrons ? Comment sont-elles considérées, appréciées ?

2. Comment les femmes espagnoles du film s'intègrent-elles dans la société française ? Quelles interactions ont-elles avec les Français ? Cherchent-elles à s'intégrer ?

3. Quelles sont les relations parents-enfants dans la famille Joubert ?

4. Quel portrait de la bourgeoisie le film dresse-t-il ?

5. Quel est l'objectif de Maria ? Pourquoi est-elle en France ? Pourquoi ne dit-elle pas la vérité à Jean-Louis avant son départ ?

6. Pourquoi Jean-Louis quitte-t-il Suzanne ?

7. Comment l'argent définit-il les différents personnages ? Pensez à la façon dont ils vivent et se comportent, et à la façon dont ils traitent ceux qui ont moins/plus qu'eux.

8. Pensez aux différentes classes sociales dans le film. Où sont les Joubert ? Que rappelle Carmen à Jean-Louis ? Comment la concierge se positionne-t-elle ?

9. Aujourd'hui, les personnes privilégiées habitent dans les beaux quartiers de Paris. Les autres habitent dans des quartiers moins agréables ou dans des banlieues. Cette ségrégation sociale était-elle la même en 1962 ? Réfléchissez à l'immeuble des Joubert. Qui habite au rez-de-chaussée ? Dans les étages ? Au 6ᵉ étage ?

10. D'après le film, quel rôle les femmes ont-elles ?

11. Les personnages sont présentés de façon réaliste, avec tous leurs défauts : Jean-Louis est guindé et maniaque, Suzanne est superficielle et condescendante, leurs enfants sont méprisants et gâtés, Maria est ambitieuse, Dolores est bigote, Carmen est constamment révoltée. Est-ce que cela les rend négatifs ? Quel regard Philippe Le Guay a-t-il sur eux ?

3   Analyse d'une scène: Visite au 6ᵉ étage (20:37 à 23:44)

Vocabulaire spécifique à cette scène

le grenier (*the attic*) • une blouse (*a smock*) • une usine (*a factory*) • faire sa toilette (*to wash up*) • une bassine (*a washbowl*) • faire la connaissance de qq'un (*to meet s.o.*) • se disputer (*to argue*)

A. **Ecoutez**

1. Jean-Louis parle de sa famille. Pourquoi le fait-il ? Comment Maria réagit-elle ?

2. Qu'est-ce qui accompagne son récit ? Quel effet cela a-t-il ?

3. Qu'est-ce qui, dans les paroles de Jean-Louis, montre qu'il n'a aucune idée des origines et du mode de vie de Maria ?

4. A quels moments Carmen parle-t-elle en espagnol ?

5. Qu'entend-on quand Jean-Louis descend l'escalier ?

B. **Observez**

1. Que remarque-t-on dans les escaliers et le couloir ? Comment sont les murs ?

2. Comparez l'habillement de Maria et celui de Jean-Louis.

3. Où Carmen est-elle placée comparée aux autres personnages ?

4. Observez l'expression sur le visage de Jean-Louis quand il descend l'escalier. Que nous dit-elle ?

C. **Cette scène dans l'histoire**

Pourquoi cette scène est-elle importante ? Qu'est-ce qu'elle change ?

D. **Langue**

1. **L'expression du temps**

Remplissez les blancs avec l'une des conjonctions suivantes :

après • aussi longtemps que • depuis • en même temps que • jusqu'à ce que • lorsque • pendant • tandis que

a. Jean-Louis n'est pas monté au 6ᵉ étage _____ longtemps.

b. Le père de Jean-Louis a été malade _____ toute la traversée de la Manche.

c. Jean-Louis habitera dans cet immeuble _____ il le pourra.

d. Maria n'a rien dit _____ ils soient arrivés dans le grenier.

e. Maria est partie à la ville _____ elle avait 16 ans.

f. Maria a quitté l'Espagne _____ avoir travaillé à l'usine de tabac.

g. Concepción et Teresa sont arrivées _____ Dolores pour voir Jean-Louis.

h. Carmen se tient à l'écart _____ les femmes se présentent.

2. **Passé composé/imparfait**

Les phrases suivantes sont extraites de la scène. Ré-écoutez les dialogues pour remplir les blancs avec un verbe au passé composé ou à l'imparfait. Ensuite, choisissez trois verbes et justifiez l'usage du temps.

Ex : Mon père n'_____ en Angleterre qu'une seule fois.
     Mon père n'a été en Angleterre qu'une seule fois.

Utilisation du passé composé car c'est une action unique et clairement terminée.

a. Ça fait des années que je _____ au 6ᵉ étage.

b. Pourtant, je connais cet immeuble par cœur, j'y _____.

c. La charge d'agent de change _____ par mon grand-père en 1912.

d. Il _____ malade tout le long de la traversée.

e. Dans ma famille, on ne _____ jamais.

f. Au fond, je _____ toute ma vie dans cet immeuble.

g. Moi, j'_____ mon village, j'_____ 16 ans.

h. Vous _____ votre village pour aller faire des études ?

i. Non, je _____ à la ville travailler dans une famille.

j. Et après, j'_____ à l'usine.

k. J'_____ ouvrière dans l'usine à tabac.

l. On _____ sur place dans les dortoirs. On _____ le bruit des machines toute la nuit.

3. Le discours indirect

Les phrases suivantes sont extraites de la scène. Mettez-les au discours indirect au passé en variant les verbes introductifs (répondre, affirmer, assurer, insister, expliquer, constater, demander, se demander, indiquer, ajouter, s'exclamer par exemple). Faites très attention à l'usage des temps !

> C'est un exercice difficile. Pensez bien à tous les changements que vous devez faire (sujets, verbes, pronoms, adjectifs possessifs, ordre des mots).

Ex :   Chaque année nous allons dans notre villa à Arcachon. En hiver les enfants vont au ski à Megève avec leur mère.
     Jean-Louis a expliqué que chaque année ils allaient dans leur villa à Arcachon. Il a ajouté qu'en hiver les enfants allaient au ski à Megève avec leur mère.

a. Vous auriez la gentillesse de me montrer votre chambre ?

b. Non, elle n'est pas en ordre.

c. Soyez gentille, montrez-la moi.

d. Mais où est le lavabo ?

e. Le lavabo ? Il n'y en a pas.

f. Mais comment faites-vous votre toilette ?

g. On met l'eau du robinet dans la bassine et après on l'apporte dans la chambre.

h. Mais c'est de l'eau froide !

E. Comparaison avec d'autres scènes

Vous allez comparer cette scène avec deux autres scènes dans lesquelles Jean-Louis est avec les Espagnoles : la paëlla chez Pilar (59 :16) et la fête pour le mariage de Teresa (1 :16 :16).

1. Qu'est-ce qui montre dans les trois scènes que Jean-Louis n'est pas dans son élément ?

2. Qu'est-ce qui montre qu'il veut participer, faire partie de leur vie ?

3. Qu'est-ce que Jean-Louis aime chez les Espagnoles ?

F. Sketch

Imaginez la discussion des Espagnoles quand Jean-Louis est parti. On les entend se disputer quand il descend l'escalier. Que disent-elles ? Pensez à la personnalité et aux idées de Carmen et à la réaction des autres femmes.

LE COIN DU CINEPHILE

1 Décors et costumes

Que pensez-vous des décors et des costumes ? Vous ont-ils aidés à vous plonger dans l'époque ? Donnez quelques exemples pour illustrer votre propos.

2 Jeu des acteurs

A quelles difficultés particulières Fabrice Luchini (Jean-Louis), Sandrine Kiberlain (Suzanne) et les Espagnoles ont-ils dû faire face ? Est-ce qu'un rôle vous semble particulièrement difficile ? Justifiez votre point de vue.

3 Affiche

Faites une recherche en tapant "Les femmes du 6ᵉ étage affiche" et répondez aux questions suivantes.

    a.   Comment l'affiche est-elle organisée ?

    b.   Que voit-on des décors du film ?

    c.   Qu'est-ce que les personnages expriment ?

    d.   Que comprend-on de l'histoire en voyant l'affiche ?

4 Sous-titres

Jean-Louis est au travail. Il pense à Maria et lui téléphone. Comparez le dialogue en français et les sous-titres en anglais, et répondez aux questions.

1	Allô ? Ah, Mme Joubert est sortie. Je peux prendre un message ?	*Hello ? Mme Joubert is out. Can I take a message?*
2	Qui ça ? Le général De Gaulle ?	*Who is this? General De Gaulle?*
3	Mais non Maria enfin, mais non c'est pas le général De Gaulle ! Vous ne devriez pas croire tout ce qu'on vous dit au téléphone Maria.	*Maria, it's not General De Gaulle. Don't believe all you're told on the phone.*
4	Vous m'avez fait peur !	*You scared me..*
5	Qu'est-ce que vous êtes en train de faire Maria ?	*What are you doing Maria?*
6	L'argenterie.	*The silverware.*
7	L'argenterie. C'est passionnant ça, l'argenterie. Et, vous utilisez quel produit ?	*That's real fun. What product do you use?*
8	Le Miror.	*"Gleamo".*

    a.   1ᵉʳᵉ réplique : Quel mot utilise-t-on en français pour dire "hello" au téléphone ?

    b.   2ᵉᵐᵉ réplique : "Who is this ?" est une question correcte en anglais. L'est-elle aussi en français ?

c. 3ème réplique : Comparez "Vous ne devriez pas croire" et "Don't believe".

d. 7ème réplique : Est-ce que "passionnant" et "fun" ont exactement le même sens ?

e. 8ème réplique : Le Miror est un produit français qui fait briller l'argenterie depuis 1911. Est-ce le cas de Gleamo ? Pourquoi le mot est-il entre guillemets ?

AFFINEZ VOTRE ESPRIT CRITIQUE

1   Crédibilité

Le film est extrêmement positif et on peut se demander s'il est toujours crédible. Pensez notamment aux aspects suivants :

• La fin conte de fée est-elle plausible ?
• Miguel (le fils de Maria) a été adopté. Est-il possible qu'il soit facilement repris par sa mère ?
• Les Espagnoles ne sont pas toujours d'accord mais elles s'entendent bien en général et se soutiennent. N'est-ce pas un peu naïf?

Qu'en pensez-vous?

2   Epouse bourgeoise

La vie de Suzanne est-elle démodée ? Certaines femmes vivent-elles encore comme cela ?

3   Intentions du réalisateur

Quelles étaient les intentions du réalisateur ? Que veut-il montrer ? Que critique-t-il ?

4   Les critiques

1. Dans *L'Humanité Dimanche* du 17 février 2011 on peut lire que "la bonne humeur de la distribution et le regard sans complaisance sur la dureté des rapports sociaux de la France des années 1960 concourent à faire de cette comédie un honnête divertissement." Le film est-il vraiment sur "la dureté des rapports sociaux de la France des années 1960"? Et qu'entend-on ici par "honnête divertissement"? Souvenez-vous que *L'Humanité* est un journal communiste !

2. La critique du film dans *L'Express Styles* du 16 février 2011 affirme qu'"on se régale des facéties heureusement contrôlées de Fabrice Luchini, de l'abattage d'une Sandrine Kiberlain décidément très à son aise dans la comédie, et on regrette le peu d'épaisseur et le consensus accordés au sujet de fond : les rapports maître et valet. De toute évidence, on est là pour se divertir, pas pour débattre." Pensez-vous aussi que le film est trop léger et consensuel ? Le traitement des bonnes et le contexte politique espagnol exigeaient-ils un film plus mordant ? Ou pensez-vous au contraire que le film est mieux servi par la comédie ?

POUR ALLER PLUS LOIN

1 Parallèles avec d'autres films

1. **Point de vue de la femme immigrée :** Maria *(Les femmes du 6ᵉ étage)* a émigré d'Espagne en 1962, Zouina *(Inch'Allah dimanche)* a quitté l'Algérie en 1974. Comparez leur expérience. Pourquoi ont-elles quitté leur pays ? Qui a pris la décision ? Avec qui vivent-elles en France ? Ont-elles l'objectif de s'intégrer ou de retourner au pays ?

2. **Accueil des étrangers :** Dans *Les femmes du 6ᵉ étage, Inch'Allah dimanche* et *Welcome*, des étrangers arrivent en France d'Espagne, d'Algérie et d'Iraq. Comment sont-ils accueillis ? Quelle attitude la population française a-t-elle ?

3. **Femmes:** Plusieurs films font le portrait de femmes qui se battent: Zouina *(Inch'Allah Dimanche)*, Mme La *(La veuve de Saint-Pierre)*, Pauline de Théus *(Le hussard sur le toit)* et Maria *(Les femmes du 6ᵉ étage)*. Contre qui et quoi se battent-elles? Qu'espèrent-elles? Réussissent-elles à obtenir ce qu'elles veulent?

4. **Les rapports de classe :** Réfléchissez au rôle joué par les différences de classes sociales dans *8 femmes, Les femmes du 6ᵉ étage* et *Ressources humaines*. Quel effet les différences de classes ont-elles sur les rapports entre les personnages ? Les personnages respectent-ils les différences ? Les films se passent dans les années 50, 60 et 90. Voyez-vous une évolution ?

5. **Films multilingues :** *Inch'Allah dimanche, Joyeux Noël, Welcome* et *Les femmes du 6e étage* sont en français mais aussi en arabe, en anglais, en allemand, en kurde et en espagnol. Quels problèmes particuliers cela pose-t-il au réalisateur ?

2 Imaginez

Imaginez ce qui s'est passé pendant les trois ans de séparation, entre le départ de Maria et les retrouvailles en Espagne. Qu'est-ce que chacun a fait à cette période ?

3 Lectures

1. **Interview du réalisateur Philippe Le Guay**
   Lisez l'interview suivante et répondez aux questions.

Comment ce projet est-il né ?
Tout a commencé par un souvenir d'enfance. Il se trouve que mes parents avaient engagé une bonne espagnole qui s'appelait Lourdés, et j'ai vécu les premières années de mon enfance en sa compagnie. Je passais finalement plus de temps avec elle qu'avec ma propre mère, au point que lorsque j'ai commencé à parler, je mélangeais le français et l'espagnol. Quand je suis arrivé en maternelle, je parlais une sorte de sabir¹ incompréhensible, je récitais des prières en espagnol. Même si je n'ai pas de souvenirs précis de

1 mumbo-jumbo

ces jeunes années, ma mère m'en a parlé et il en est resté quelque chose en moi. Et puis l'étincelle est venue d'un voyage en Espagne, au cours duquel j'ai rencontré une femme qui m'a raconté sa vie à Paris dans les années 60. L'idée d'un film sur cette communauté des bonnes espagnoles s'est imposée à moi. J'ai écrit une première version du scénario avec Jérôme Tonnerre : c'était l'histoire d'un adolescent, délaissé[2] par ses parents, qui trouvait refuge et affection auprès des bonnes de l'immeuble. Mais nous ne sommes pas arrivés à monter le film. Puis j'ai changé le point de vue, et imaginé que ce serait le père de famille qui découvrirait cet univers du sixième étage. Un autre film s'est mis en place, moins nostalgique, et Jérôme Tonnerre est reparti avec moi dans cette direction. Il avait du reste une gardienne[3] espagnole qui est restée en France quarante ans et nous lui avons posé mille questions… Finalement, notre histoire se situe en 1962, à la fin de la guerre d'Algérie, dans la France de de Gaulle. C'est une époque pas si lointaine et cependant, c'est un autre âge, un autre monde…

Il y a une grande tradition des domestiques et des patrons au cinéma.
Au cinéma et au théâtre aussi ! Il suffit de songer à Molière, à Marivaux… Plus tard, Renoir, Guitry ou Lubitsch ont puisé dans cet héritage. Ce qu'il y a d'excitant dans la présence des domestiques dans une histoire, c'est qu'on touche aux codes, à la politesse, à ce qui se dit, ce qui ne se dit pas. Cela pose tout le temps des problèmes de représentation et donc de mise en scène.

Votre film n'est pas seulement une histoire d'amour, c'est d'abord un parcours vers un autre univers…
Le piège[4] à éviter à tout prix était l'histoire du patron qui tombe amoureux de sa bonne. C'est pourquoi j'ai tenu à ce qu'il y ait non pas une mais plusieurs femmes. Jean-Louis Joubert découvre une communauté, une autre culture fait irruption dans sa vie. Il est dérangé, troublé, et finalement séduit… Le film propose la découverte d'un monde inconnu et pourtant proche. J'aime l'idée que l'étrange est à proximité. Il suffit d'un rien pour sortir de son propre univers et en découvrir d'autres, qui se côtoient, se frôlent sans se mélanger. C'est le concept de "quatrième dimension" propre à la science-fiction, mais ici il est traité sans passer par le fantastique ! Dans le film, Jean-Louis dit cette phrase qui résume tout : "Ces femmes vivent au-dessus de nos têtes et on ne sait rien d'elles".

Comment avez-vous nourri votre scénario ?
Jérôme Tonnerre et moi avons rencontré des anciennes bonnes, installées dans le 16e arrondissement ou ailleurs, et aussi des "patronnes". Je me souviens de l'une d'elles qui était terrorisée par une duègne austère qui faisait la loi dans la maison ! Nous sommes également allés à l'Église espagnole de la rue de la Pompe – où nous avons d'ailleurs tourné quelques séquences. Il y a là un personnage essentiel, el Padre Chuecan, un prêtre qui est là depuis 1947 et incarne la mémoire de cette immigration. C'est un colosse[5] à crâne chauve, âgé de 80 ans, il a accueilli des milliers d'Espagnoles qui venaient chercher du travail par l'intermédiaire de son église. L'église était un point de ralliement culturel et social. C'était le premier endroit où ces femmes se rendaient en arrivant à Paris et c'est là que se déroulaient les entretiens d'embauche.[6] De ces rencontres, nous avons tiré une matière humaine extraordinaire. Il n'y a pas une anecdote du film qui ne soit inspirée de faits réels, comme l'histoire de Josephina

2 neglected
3 caretaker
4 trap
5 giant
6 job interviews

qui croyait être tombée enceinte parce qu'elle avait pris un bain dans la baignoire de son patron...

Où avez-vous puisé votre matière pour l'univers de la famille Joubert ?
Je viens moi-même d'un milieu bourgeois. Mes parents habitaient le 17e arrondissement de Paris, mon propre père était agent de change, et j'ai été envoyé en pension comme les fils Joubert. Cependant, les ressemblances s'arrêtent là, le film n'a rien d'autobiographique ! Le hasard a quand même voulu que nous tournions tous les décors dans un immeuble des impôts désaffecté qui se trouve à trente mètres de l'école où j'allais lorsque j'étais enfant. Nous y avons aménagé l'appartement des Joubert, l'escalier de service et les petites chambres sous les toits. Là haut, des murs ont été abattus et remplacés par des feuilles de décor pour permettre la logistique du tournage, car une caméra pouvait à peine rentrer ! Mais l'espace des chambres est absolument authentique.

A quel moment avez-vous pensé à Fabrice Luchini pour incarner le personnage principal ?
Je dis souvent que j'ai remplacé l'adolescent du premier projet par Fabrice Luchini. [...] Il suffit de voir son regard pour mesurer à quel point il est du côté de l'enfance. L'inspiration du film est là, dans son regard émerveillé sur ces femmes. Au fur et à mesure du tournage, j'ai réalisé que Jean-Louis est un homme qui n'a jamais été aimé. Il le dit en passant à propos de sa mère, "ma mère n'a jamais aimé personne". Et voilà que ces femmes du sixième étage le prennent dans leurs bras, l'embrassent, le soignent. C'est un enfant qui trouve des femmes protectrices, des mères de substitution. Pour moi, le film n'est pas tant une critique de la bourgeoisie qu'une découverte émotionnelle et affective. Dans ce milieu, à cette époque, les affects sont gelés, il y a quelque chose d'obscène à dire les sentiments. Avec sa femme, avec ses enfants, il y a une distance incroyable, personne ne s'embrasse ! Dès le départ, Fabrice m'a fait remarquer que Jean-Louis Joubert était un personnage en creux, qui recevait. C'est assez inhabituel à jouer pour lui, on a plutôt l'habitude de le voir donner...[...]

Face à Luchini, on trouve Suzanne, l'épouse, interprétée par Sandrine Kiberlain.
Fabrice et Sandrine ont déjà tourné ensemble à deux reprises, notamment dans RIEN SUR ROBERT de Pascal Bonitzer, il y a entre eux une grande complicité. Sandrine a tout le côté léger et superficiel propre à certaines femmes de la bourgeoisie, mais elle apporte aussi une fragilité, quelque chose d'inquiet. Suzanne vient de la province, elle n'a pas tout à fait les codes, par opposition à ses deux amies qui les maîtrisent parfaitement. Du coup, elle se sent un peu perdue, elle est souvent déstabilisée et cela la rend touchante. Sandrine restitue tout cela avec une infinie justesse et beaucoup d'humanité. Travailler avec Sandrine, c'est aussi constamment enrichir le scénario, voire le contredire. Par exemple, la scène où les enfants reviennent de pensionnat alors que Jean-Louis s'est installé au sixième : au départ, Suzanne avait une sorte de dignité blessée. L'idée est venue qu'elle accueille ses fils avec une bouteille de vin blanc et elle a tout de suite surenchéri dans la désinvolture...

Comment avez-vous structuré votre communauté espagnole ?
Je ne voulais pas d'une entité chorale, mais une galerie de portraits très individués. J'ai d'abord pensé à un personnage de républicaine, arrivée

en France pour fuir le régime de Franco. A l'opposé, j'ai souhaité une bigote, hyper pratiquante, qui va à l'église tous les jours, et qui ne cesse de se disputer avec la républicaine. Au-dessus de la mêlée, sans doute un mélange des deux, il y a le personnage joué par Carmen Maura, qui calme et tempère les conflits. Il y a Teresa qui veut trouver un mari français, et bien sûr il y a Maria, la nièce de Concepcion, qui arrive en France pour chercher du travail et autour de qui tout va se cristalliser…

Comment avez-vous choisi les interprètes ?

Il y avait d'abord Carmen Maura, la grande actrice emblématique du cinéma espagnol, je n'imaginais pas le film sans elle. C'est la première actrice que j'ai rencontrée. Même si le rôle n'est pas aussi important que ceux auxquels elle peut prétendre, elle avait envie de jouer une Espagnole à Paris, comme tant de femmes qu'elle a pu rencontrer dans sa jeunesse. Du reste, elle a un appartement à Paris composé de plusieurs anciennes chambres de bonnes. Vis-à-vis des autres comédiennes, elle était un peu comme son personnage, une référence, une douce autorité. Pendant le tournage, chacune avait sa loge[7] mais elles n'y étaient jamais ! Elles se regroupaient, discutaient à toute allure en espagnol, comme leurs ancêtres dans les squares[8] de Passy… Il y avait une vraie vie à laquelle Fabrice a souvent participé. Carmen aimait l'idée de jouer à la fois en espagnol et en français, parfois dans une même scène. Je tenais à cette musicalité qu'apporte la langue espagnole : les voir parler si vite devant Fabrice qui ne comprend pas un mot était un élément de comédie !

Et le personnage de Maria, joué par Natalia Verbeke ?

Il fallait une jeune femme belle mais pas trop, qui soit attachante, d'une beauté introvertie. Natalia Verbeke avait toutes ces qualités et en plus elle parlait un peu le français. C'était important pour le lien avec Fabrice. Elle a énormément travaillé son texte, et elle a très vite progressé, ce qui lui permettait d'échanger avec tout le monde sur le plateau.[9] Pour choisir les autres bonnes, je suis retourné régulièrement en Espagne auprès de Rosa Estevez qui s'est occupée du casting espagnol. J'ai privilégié des actrices de théâtre pour ne pas tomber dans le cliché des actrices "almodovariennes". C'est ainsi que j'ai choisi Lola Dueñas, Nuria Sole, Berta Ojea, et Concha Galán. Ces deux dernières ne parlaient pas un mot de français et ont appris leur rôle phonétiquement. Elles ont des tempéraments merveilleux, elles incarnent les Espagnoles dans leur puissance, leur violence, leur volubilité…

Votre film a des allures de fable…

Le film repose sur une utopie : on veut croire que les classes sociales sont poreuses et que le "bourgeois" peut s'installer au sixième étage, chez les "bonnes". Mais cette utopie est refusée par les deux côtés, par les bourgeois pour qui c'est un scandale, mais aussi par les domestiques. Carmen, jouée par Lola Dueñas, croit à la lutte des classes, elle vient demander à Monsieur Joubert de rester à sa place. D'une autre façon, Concepcion (Carmen Maura) va faire tout ce qu'elle peut pour empêcher la relation entre Maria et Jean-Louis. Même si elle ne le formule pas, Concepcion refuse violemment cette utopie amoureuse. Elle croit au principe de réalité. C'est elle qui déclenche le départ de Maria en lui révélant l'endroit où est élevé son fils. Et à la fin, alors que Jean-Louis a divorcé, elle préfère lui mentir plutôt que de lui dire où est Maria. Elle incarne un principe de réalité archaïque, qui contredit la fable.

7 dressing-room
8 public gardens
9 the set

Quels souvenirs garderez-vous de ce film ?

Il y a ce moment de la fête au sixième, cette danse où Jean-Louis se laisse entraîner.[10] Il faut savoir que Fabrice est un excellent danseur, mais je voulais qu'il soit embarrassé, maladroit. Cela lui faisait violence[11] de se retenir, et puis les bonnes l'entraînent peu à peu et il s'est abandonné, sans savoir ce qu'il faisait. Il s'est passé quelque chose, au-delà des mots, un tremblement, une émotion dans son regard. Tout le miracle d'un acteur qui se livre…

Qu'avez-vous appris sur ce projet ?

J'ai toujours aimé les acteurs, mais j'ai découvert le bonheur de mélanger des Français et des acteurs étrangers. Cela fait bouger les repères, les perspectives changent, c'est tellement rafraîchissant. Et puis il y a un sentiment européen dans cette histoire qui me touche. Bien avant que l'Union européenne ne soit une réalité politique, l'Europe s'est construite dans les années 60. Les Espagnols étaient là, parmi nous, au coin des rues, dans les jardins publics… Cela fait partie de l'histoire commune à nos deux pays. De la même façon que le personnage de Jean-Louis découvre les autres dans le film, je crois que le cinéma a été inventé pour mettre en scène un apprentissage. On filme les êtres pour s'approprier quelque chose d'eux, pour s'enrichir de quelque chose qui n'est pas soi…

10   lets himself be dragged
11   it was very difficult for him

a.   Quelles ont été les inspirations de Philippe Le Guay ?

b.   Pourquoi voulait-il qu'il y ait plusieurs bonnes ?

c.   A quelles difficultés techniques a-t-il fait face lors du tournage des scènes du 6ᵉ étage ?

d.   D'après lui, qu'est-ce que Jean-Louis apprécie particulièrement dans les femmes espagnoles ?

e.   Comment a-t-il choisi ses actrices espagnoles ?

f.   Les classes sociales peuvent-elles se mélanger ?

2. **Souvenirs de Vicenta "Tita" Carmeiro, arrivée d'Espagne en 1960 pour être bonne à Paris**

Vous allez comparer l'expérience de Maria et celle de Tita :

En quelle année avez-vous quitté l'Espagne? Quel âge aviez-vous ?
J'ai quitté l'Espagne le 1ᵉʳ avril 1960. J'avais 14 ans.

Pour quelles raisons êtes-vous partie ?
J'avais une tante qui habitait à Paris. Elle était mariée et avait une petite fille. Elle allait bientôt accoucher de son 2ᵉ enfant et souhaitait avoir quelqu'un pour l'aider. Je suis donc partie avec l'idée que j'allais rester quelques temps, puis rentrer en Espagne. En fait, je ne suis jamais rentrée.

Comment votre famille a-t-elle pris cette décision de quitter l'Espagne ?
Comme j'allais chez la sœur de mon père et que je ne partais pas pour toujours, mes parents n'ont pas vu d'inconvénients à ce que je quitte la maison.

Comment votre première expérience de travail chez votre tante s'est-elle passée ?
Cela a été une très mauvaise expérience. Je faisais absolument tout (je tenais la maison et j'élevais les enfants) et ils me traitaient très mal. Je n'avais pas un centime, je n'avais pas assez à manger et ma tante était

jalouse de moi. Je n'avais pas le droit de sortir, même pour aller à la messe. Heureusement, ma sœur (qui avait 3 ans de plus que moi) m'a rejointe. En 1963, j'avais 17 ans, une cousine de ma mère a pris conscience de mes conditions de vie. Elle vivait près de Paris et j'ai pu tout lui raconter. Ensuite j'ai expliqué à mon père que je voulais quitter ce poste et trouver un autre travail.

Qu'avez-vous fait après ?

J'ai trouvé une bonne place chez un médecin français. Je suis restée 14 ans chez eux ! Je partageais un studio avec ma sœur. Dans la journée, je m'occupais des enfants et de la maison mais j'étais bien traitée. En fait, je suis restée très amis avec eux et je les vois toujours. J'ai vu les enfants grandir !

Comment occupiez-vous votre temps libre ? Aviez-vous des sorties, une vie sociale ?

Quand j'ai enfin acquis ma liberté, j'ai commencé à sortir avec ma sœur. Nous allions au cinéma, chez des amis, ou au bal des Espagnols à la Pompe ou au Bataclan. D'ailleurs, c'est comme cela que j'ai rencontré mon mari.

Pouvez-vous nous en dire un peu plus sur votre mari ?

Oui, bien sûr. Nous nous sommes donc rencontrés un samedi au Bataclan. Quand nous nous sommes mariés en 1974, cela faisait déjà 14 ans que je vivais à Paris. Lui, qui est portugais, est arrivé en 1971. J'ai continué à travailler chez mon médecin. Mon mari avait travaillé pour Air Portugal, mais il n'a pas pu continuer. Il a finalement trouvé du travail chez un fleuriste. Il n'y connaissait rien mais est très débrouillard[1] et au bout d'un mois d'essai, il a été embauché.

Quels sont les autres emplois que vous avez eus ?

J'ai d'abord trouvé un poste de gardienne à Vincennes. C'était bien car le logement était plus grand et nous avions nos 2 filles. Nous y sommes restés quelques années. Ensuite j'ai trouvé un poste de gardienne rue de Monttessuy, dans le 7ᵉ arrondissement. J'y suis restée 30 ans, jusqu'à la retraite !

Vous êtes restée en France pendant 50 ans. Quels changements avez-vous remarqués chez les patrons ? Ont-ils évolué ? Le travail a-t-il changé ? Vos relations avec les Français étaient-elles différentes vers la fin ?

Vous savez, je me suis toujours bien entendue avec mes patrons, sauf avec ma tante évidemment. Mes autres patrons m'ont toujours bien traitée, me respectaient et je sais qu'ils m'aimaient bien. Il est vrai aussi que je n'étais jamais malade, jamais absente, toujours à l'heure. Quand j'ai annoncé que j'allais prendre ma retraite, les habitants de mon immeuble ont tout fait pour me retenir !

Que font vos filles aujourd'hui ?

Mes filles sont mariées avec des Français et chacune a un enfant. Elles vivent à Paris et travaillent : l'aînée est avocate et la cadette est ingénieur.

Vous avez pris votre retraite au Portugal. Pouvez-vous nous expliquer ce choix ?

Ce n'était pas mon choix, mais plutôt celui de mon mari qui ne se plaisait pas à Paris. Il avait toujours rêvé de retourner au Portugal. Je ne me plais pas dans ce village, moi qui ai vécu 50 ans à Paris. Heureusement, j'y vais plusieurs fois par an pour voir mes filles et mes petits-enfants.

1 resourceful

a.   Sont-elles parties dans les mêmes conditions ?

b.   Qui ont-elles retrouvé à Paris ?

c.   Comment ont-elles été accueillies ?

d.   Comment étaient leurs relations avec les Français ?

e.   Avec qui avaient-elles une vie sociale ?

3.   **Témoignage d'une Française installée en Espagne**

Marie-Annick s'est mariée avec un Espagnol en 1962 et a vécu en Espagne de 1963 à 1968. Elle raconte sa vie quotidienne et ses relations avec sa belle-famille.

Après un mariage à la va-vite[1] et un séjour de 6 mois à Lausanne (Suisse) où mon mari Jésus terminait ses études d'œnologie, nous avons pris le train à destination de l'Espagne pour arriver à Valladolid.

De juin à décembre nous avons vécu chez les beaux-parents Davila Villalobos, famille soi-disant renommée. Moi, provinciale de 21 ans avec un mari et une fille, Isabelle, je me sentais un peu perdue. Je ne maîtrisais pas complètement la langue et en plus la belle-mère était très stricte. Par exemple, tout était gardé sous clef. Aucun moyen de préparer quoi que ce soit pour Isabelle sans faire appel à elle. Heureusement, Marie-Pili, ma petite belle-sœur, était très gentille et me rendait la vie plus facile. Surtout, elle m'accompagnait dans mes promenades avec Isabelle car ni ma belle-mère, ni mon mari ne me proposaient de sorties.[2]

Au mois de décembre, avec le déménagement dans notre appartement (en face des beaux-parents), je suis devenue autonome, et la petite Française était bien accueillie chez les commerçants (chez le boucher, le poissonnier, l'épicier, etc.). L'argent manquait un peu car je n'ai jamais connu Jésus au travail. Jusqu'à ce que je décide de travailler pour disposer d'un peu plus d'argent, je ne pouvais pas participer à la vie sociale et je n'avais aucun contact.

Sur mon lieu de travail je n'étais pas un matricule[3] mais Mme Legendre de Davila. J'étais très bien acceptée. A l'époque, les jeunes filles ou jeunes femmes espagnoles s'émancipaient. Même issues de très bonnes familles (docteurs, avocats, etc.), elles désiraient gagner leur indépendance. Les patrons étaient toujours très polis et respectueux de la gent féminine. J'ai même donné des cours de français à l'un d'eux. Nous pouvions avoir de nombreux sujets de conversation, mais comme dans la famille où j'étais, il n'était jamais question de Franco, ni de son régime dictatorial.

En revanche, sous Franco, tout le monde pouvait se promener tranquillement sans être agressé[4] par qui que ce soit. Les boutiques ne possédaient pas de rideaux,[5] mais les queues pour les cinémas étaient encadrées par la "guardia civil".

Il y avait, bien sûr, une classe aisée et une classe très moyenne. Cette dernière, si elle hésitait à dépenser pour l'habillement, ne se refusait rien pour la nourriture. J'ai pu le constater moi-même : je mangeais mieux chez l'ancienne nounou[6] de Jésus que chez mes beaux-parents. Elle n'était pas la seule.

Cette classe moyenne fréquentait rarement les bars pour un petit verre avec tapas,[7] contrairement à la classe aisée qui pouvait traîner jusqu'à minuit ou plus. Les bars étaient toujours pleins à craquer et l'été, à l'arrivée des estivants[8] (Allemands et Français), il était impossible de se faire servir.

1   in a rush
2   outings
3   a number
4   attacked
5   shutters
6   = nourrice
7   Spanish snacks
8   tourists

J'avais honte lorsque nous rencontrions ces Français car ils arrivaient en pays conquis avec de l'argent mais leur comportement et leur habillement étaient incorrects. Ils dépensaient car, pour eux, la vie en Espagne n'était pas chère.

A cette époque le petit personnel de maison était relativement bien traité et pouvait rester des années au service d'une même famille, avec les parents puis avec les enfants. Certains, plus audacieux, rejoignaient de la famille en France, ceux qui avaient fui pendant la guerre civile. A partir des années 70, de nombreux jeunes de la classe moyenne sont arrivés en France. Ils ne faisaient que de menus travaux mais étaient mieux rémunérés qu'en Espagne. Les conditions de vie étaient très précaires : à plusieurs dans une petite chambre de bonne, sanitaires[9] sur le palier, pas d'eau chaude, interdiction de cuisiner.

Les enfants de la classe aisée pouvaient suivre de longues études, d'abord dans des collèges[10] privés tenus par des sœurs, puis à l'université. Il y en a de très cotées, comme Salamanque, Madrid et Barcelone.

Je disais que les collèges étaient tenus par des sœurs. Il est vrai qu'à cette époque l'Espagne était très pratiquante. Il ne fallait pas manquer la messe, ni les festivités de la Semaine Sainte et de Noël. Je pense qu'au XXIᵉ siècle la Semaine Sainte est plutôt faite pour attirer le tourisme au même titre que la corrida ou une soirée flamenco.

Quand j'étais étudiante en Espagne au début des années 60, la jeunesse se laissait vivre. Il y avait le soleil, les sorties entre amis. Il nous arrivait de nous voir remettre un petit poème écrit sur le coin d'une table, ou bien d'être réveillée par une sérénade interprétée par un groupe d'amis sous nos balcons. Entre 1963 et 1968, mariée, je n'ai plus eu droit à tout cela, mais cette coutume a dû disparaître petit à petit car au cours de sorties que j'ai pu faire, nous ne rencontrions plus ces groupes de chanteurs qui se déplaçaient de quartier en quartier.

Septembre 1968 : retour définitif en France. Comme je revenais tous les ans en France, je n'ai pas trouvé de grand changement dans la vie courante. Cependant quand j'ai repris une vie active[11] chez Renault la mentalité des collègues m'a choquée. La jalousie se lisait dans leurs yeux. Malgré tout, j'ai toujours gardé un optimisme que rien ne pouvait ébranler et finalement tout est rentré dans l'ordre.

9 toilets
10 *here:* secondary schools
11 a job

Vous allez comparer Marie-Annick et Maria :

a. Pour quelles raisons ont-elles quitté leurs pays ?
b. Qui connaissaient-elles dans leur nouveau pays ?
c. Comment étaient-elles acceptées ?
d. A quelles difficultés particulières devaient-elles faire face ?

Welcome

Présentation du film

Bilal, un réfugié kurde de 17 ans, vient de passer trois mois à traverser l'Europe et est maintenant à Calais. Il est proche de son objectif, l'Angleterre, mais les lois très strictes sur l'immigration l'empêchent de passer la frontière. Il décide alors d'apprendre à nager et rencontre Simon, un maître nageur qui va l'aider à se préparer. Bilal n'a plus qu'un objectif : rejoindre sa petite amie en traversant la Manche à la nage.

Carte d'identité du réalisateur

Philippe Lioret (né en 1955) a été ingénieur du son pendant 15 ans avant de se tourner vers la réalisation. Il a signé son premier film, la comédie *Tombés du ciel* en 1993. Après une deuxième comédie en 1997, *Tenue correcte exigée*, son cinéma a évolué. Il s'est fait plus romantique avec *Mademoiselle* (2001), puis plus sombre et prenant dans *L'équipier* (2004). Cela l'a naturellement amené au drame, d'abord familial avec *Je vais bien, ne t'en fais pas* (2006), puis humain et politique avec *Welcome* (2009) et enfin social et familial avec *Toutes nos envies* (2011).

Carte d'identité des acteurs

Vincent Lindon a commencé au cinéma à 24 ans et a ensuite eu la chance de jouer des seconds rôles dans des films de grands réalisateurs comme Blier, Beineix et Sautet. *La crise*, film dans lequel il a un premier rôle, lui apporte une nomination pour le César du meilleur acteur en 1992. Il alterne ensuite entre thriller (*Fred*, 1997, *Pour elle*, 2008), drame (*L'école de la chair*, 1998, *Chaos*, 2001, *Ceux qui restent*, 2007), film d'aventures (*Le frère du guerrier*, 2002), comédie (*Belle maman*, 1999, *Le coût de la vie*, 2003), comédie dramatique (*La moustache*, 2005), et comédie romantique (*Je crois que je l'aime*, 2007, *Mes amis, mes amours*, 2008). Depuis *Welcome*, en 2009, Vincent Lindon a retrouvé son ex-compagne pour *Mademoiselle Chambon*, puis il a joué un dermatologue dans *La permission de minuit* et un juge dans *Toutes nos envies* en 2011.

Firat Ayverdi n'avait jamais fait de cinéma avant *Welcome*, film pour lequel il a obtenu une nomination pour le César du Meilleur jeune espoir masculin. Il n'a pas refait de cinéma depuis cette première expérience. La jeune fille qui joue Mina est Derya Ayverdi, la sœur de Firat !

L'heure de gloire

Welcome a reçu le prix Louis Delluc dans la catégorie "Meilleur film", le Lumière de la presse étrangère dans la catégorie "Meilleur film", le prix du public au festival COLCOA de Los Angeles et de nombreuses nominations aux César.

PREPARATION

1 Vocabulaire

Vocabulaire utile avant de voir le film :

> Vous connaissez déjà certains des mots de la liste. Ils sont notés pour que vous les révisiez. Vous devez savoir ce vocabulaire par cœur, avec les genres pour les noms, les prépositions pour les verbes et les orthographes difficiles. Observez bien les exemples, ils vous aideront à vous exprimer correctement.

Les noms

un maître nageur : *a swimming instructor*

une piscine : *a swimming-pool*

un cours de natation : *a swimming lesson*

une combinaison : *a wet suit*

un nageur : *a swimmer*

une médaille : *a medal*

un(e) migrant(e) : *a migrant*

un(e) clandestin(e) : *an illegal immigrant*

une personne en situation irrégulière : *an illegal alien*

un passeur : *a smuggler*

un délateur : *an informer*

la police : *the police**
les flics : *the cops***
le commissariat : *the police station*
un(e) juge : *a judge*
une association : *an organization that does charity work*
une ONG : *an NGO****
un(e) bénévole : *a volunteer*
un(e) assistant(e) social(e): *a social worker*
du militantisme social: *social activism*****
un port : *a port*
un camion : *a truck*
une frontière : *a border*
la côte : *the coast*
la Manche : *the English Channel*
l'Angleterre : *England*

la douane : *customs*
un ferry : *a ferry boat*
un cargo: *a cargo ship*
un sac en plastique : *a plastic bag*
un portable : *a cell phone*
une bague : *a ring*
un paillasson : *a doormat*
un nom de famille : *a last name*
un mariage forcé: *forced marriage*

*La police est singulier, les flics est pluriel. Ex : La police cherche les clandestins. Les flics les emmènent au commissariat.
**Prononcez le "c" : [flik]
***Souvenez-vous que le G se prononce [gé]
****Ex : Certains bénévoles font du militantisme social.

Les verbes

se cacher: *to hide*
être sans domicile : *to be homeless*
faire du bénévolat : *to volunteer*
accueillir : *to welcome*
héberger qq'un : *to provide shelter for s.o.*
nourrir : *to feed*
venir en aide à qq'un: *to come to s.o.'s assistance*
porter secours à qq'un : *to help s.o.*
prodiguer des conseils à qq'un : *to give advice to s.o.*
soutenir : *to support (morally, not financially)**
prendre des risques : *to take risks*
avoir le droit de (faire qqch): *to have the right to (do sth)*
prévenir qq'un (d'un danger) : *to warn s.o. (of danger)***
pointer : *to clock in*
être mis en examen: *to be indicted*

être sous contrôle judiciaire : *to be under judicial constraints*
juger: *to try, to judge*
expulser : *to deport*
nager: *to swim*
s'entraîner : *to train*
faire ses courses : *to do one's shopping*
faire la plonge: *to wash the dishes*
se marier: *to get married****
dénoncer qq'un : *to inform on s.o., to denounce*
atteindre un but: *to reach a goal*
échouer: *to fail*
traverser : *to cross*
passer : *to get through*

*Ex : Les bénévoles soutiennent les migrants en leur servant des repas chauds.
**Ex : Marion prévient Simon des risques qu'il prend. Ne confondez pas ce verbe avec "to prevent" (empêcher).
***Attention aux variantes de ce verbe :
être marié(e) : to be married – ex: Je suis mariée depuis 3 ans.
marier qq'un à qq'un : to marry s.o. to s.o. – ex: Le père a marié sa fille à un jeune homme qu'elle ne connaissait pas.
se marier: to get married – ex: Nous nous sommes mariés le 20 juin.

Les adjectifs

kurde : *Kurdish*
obstiné(e) : *stubborn*
entêté(e) : *obstinate, stubborn*
déterminé(e) : *determined*
acharné(e) : *dogged (pour des efforts)*
naïf (-ve) : *naive*
bourru(e) : *gruff*
attendri(e) par qq'un/qqch : *touched, moved by s.o./sth**
impressionné(e) par qq'un/qqch : *impressed by/with s.o./sth*

chaleureux (-euse) : *warm*
accueillant(e) : *welcoming***
indifférent(e) à qqch : *indifferent to sth****
hostile à qq'un : *hostile to s.o.*
dégoûté(e) par qq'un/qqch : *disgusted by s.o./sth*
bafoué(e) : *flouted (pour les droits de qq'un)*****

*Ex : Simon est attendri par la détermination et l'enthousiasme de Bilal.
**Attention à l'orthographe de ce mot. Remarquez l'ordre des voyelles : "uei"
***Ex : Beaucoup de gens sont indifférents au sort des migrants.
****Ex : Les droits fondamentaux des migrants sont bafoués.

Vous n'avez pas besoin du dictionnaire. Tous les mots sont dans la liste ci-dessus !
1e phrase : Le verbe "espérer" est-il suivi d'une préposition?
1e phrase : Comment allez-vous traduire "by"?
3e phrase: Attention à "to swim across". Regardez bien le vocabulaire !

Traduisez!

1. The illegal aliens, who can see the coast of England, hope to cross the border by hiding in a truck.

2. The volunteers are not allowed to feed or provide shelter for illegal immigrants.

3. The Kurdish migrant is training at the swimming-pool because he wants to swim across the Channel.

4. Simon, the swimming instructor, is impressed with Bilal who is so stubborn and determined. He hopes Bilal will reach his goal.

2 Repères culturels

1. Bilal, le jeune homme du film, vient de Mossoul, en Iraq. Quels pays a-t-il traversés pour arriver en France ? Il est maintenant à Calais. Où la ville se trouve-t-elle ?

2. En 1999, la Croix-Rouge a ouvert un centre d'hébergement et d'accueil à Sangatte. Pour qui était-ce ? Combien de places avait-il ? Que s'est-il passé après ? Le centre est-il toujours ouvert ?

3. Bilal s'entraîne pour traverser la Manche à la nage. Quelle est la distance entre Calais et Douvres ? Quelles conditions particulières rendent la traversée périlleuse ?

4. Qu'est-ce qu'un passeur ? Que fait-il ? Est-ce légal ? Est-ce moral ? Quels sont les risques ?

5. Dans le film certains migrants sont envoyés dans un centre de rétention. Qu'est-ce que c'est ? A quoi cela sert-t-il ?

3 Le contexte

Cette activité est importante pour vous préparer au film. Vous pouvez faire des recherches ou juste réfléchir à l'époque et vous baser sur vos connaissances. Répondez à chaque question en quelques phrases.

1. Mettez-vous à la place d'un migrant. A quelles difficultés faites-vous face ? De quoi souffrez-vous ? De quoi avez-vous peur ? Qu'est-ce qui vous manque ?

2. De quelle façon les associations peuvent-elles aider les migrants ?

4 Bande-annonce

1. Quelle est la première image de la bande-annonce ? Que voyez-vous ? Pourquoi ?

2. Que comprenez-vous sur la relation entre Simon et sa femme Marion ?

3. Quelle impression avez-vous de Bilal ?

4. Que pense Marion des activités de Simon ?

5. Quelle réaction le voisin de Simon a-t-il en voyant les jeunes Kurdes ?

6. Quel est le ton général de la bande-annonce ?

5 A savoir avant de visionner le film

- Durée: 1h50
- Genre: Drame
- Public: Le film n'est pas classé mais il convient à un public d'adolescents et d'adultes.
- Scénario: Philippe Lioret savait en écrivant le scénario que Vincent Lindon jouerait le rôle de Simon.
- Tournage: Le réalisateur voulait absolument des décors naturels pour son film. Il a donc tourné sur les lieux mêmes de l'action : la ville de Calais et son immense port, Blériot Plage à Sangatte, et les ferries qui passent constamment.
- Note: Le réalisateur s'est renseigné auprès des associations et des bénévoles qui viennent en aide aux migrants pour s'assurer que son film collait à la réalité. Il a aussi passé plusieurs jours à Calais pour s'imprégner de l'ambiance et la rendre au mieux dans son film.

PREMIERE APPROCHE

1 L'histoire

Le but de cette activité est double:
- Vérifier que vous avez bien compris l'histoire
- Vous préparer à la discussion en classe

Répondez à chaque question en une ou deux phrases. Utilisez le vocabulaire que vous avez appris.

Les personnages

| Simon (Vincent Lindon) | Bilal (Firat Ayverdi) | Marion (Audrey Dana) | Mina (Derya Ayverdi) |

1. **Bilal et les migrants**
   - Comment Bilal est-il traité par les autres migrants, les Kurdes en particulier ?
   - Pourquoi Bilal n'est-il pas expulsé quand il est jugé ?
2. **Simon – Marion**
   - De quelle façon le divorce est-il important pour l'histoire ?
   - Que fait Marion pour essayer d'aider Simon ?
   - Simon a-t-il atteint son but à la fin du film ?
   - Marion a perdu sa bague. Pourquoi Simon ne la lui rend-il pas quand elle en parle ? Et pourquoi lui dit-il à la fin qu'il l'a retrouvée ?

3. **Simon – Bilal**
   - Comment la relation entre les deux hommes évolue-t-elle ? Donnez des exemples précis.
   - Se comprennent-ils toujours très bien ? Leurs différences culturelles ont-elles un impact sur leur relation ?
   - Peut-on dire qu'une relation père-fils se développe entre eux ?

4. **La piscine**
   - Quels succès Simon a-t-il eu en natation dans le passé ?
   - Qu'est-ce que ce lieu représente pour Bilal, en plus d'un espace d'entraînement ?

5. **Mina et sa famille**
   - Que sait-on sur la famille de Mina ? Depuis combien de temps sont-ils à Londres ?
   - Sont-ils traditionnels ?
   - Est-il important que Bilal veuille rejoindre Mina ? En quoi l'histoire serait-elle différente si son unique but était de vivre et de travailler en Angleterre ?

6. **La police**
   - Quelle attitude le policier qui s'occupe de Simon a-t-il ? Se passionne-t-il pour sa mission ?

2 Analyse d'une photo

Sur cette photo, Bilal montre la photo de Mina à Simon.

1. Qu'est-ce que son visage exprime ?
2. Quelle réaction Simon a-t-il ?
3. Pourquoi ce moment est-il important pour Bilal ?
4. Et pour Simon ?

3 Analyse de citations

Analysez les citations suivantes en les replaçant dans leur contexte :

1. Marion à Simon : "Toi, bien sûr, tu ne dis rien. Tu baisses la tête et tu rentres chez toi, c'est ça ?"
2. Simon à Marion: "Moi, quand tu es partie, j'ai même pas été capable de traverser la rue pour te rattraper."
3. Le policier à Simon : "Les Anglais nous l'ont renvoyé dans un sac en plastique. Ils l'ont trouvé à 800 mètres des côtes. Leurs côtes."

APPROFONDISSEMENT

1 Vocabulaire

Enrichissez votre vocabulaire!

Le but de cette deuxième liste est d'élargir votre champ lexical. Ce vocabulaire ciblé sur des thèmes du film va vous permettre d'enrichir votre style.

Migrations et immigration

émigrer de : *to emigrate from*
fuir : *to flee*
immigrer : *to immigrate*
un(e) réfugié(e) : *a refugee*
un demandeur d'asile : *an asylum seeker*
un(e) étranger (-ère) : *a foreigner, an alien*
un sans-papier : *an undocumented immigrant*

être reconduit à la frontière : *to be escorted back to the border*
expulser: *to deport*
délivrer un visa : *to issue a visa*
une politique d'immigration : *immigration policy*

La police

un policier = un agent : *a police officer*
enquêter : *to investigate*
soupçonner : *to suspect*
un fourgon de police : *a police van*
une descente de police : *a raid*
un coup de filet : *a raid*

se faire arrêter : *to be arrested*
des menottes : *handcuffs*
un interrogatoire : *questioning*
une garde à vue : *police custody*
être incarcéré : *to be jailed*
être relâché : *to be released*

Mise en pratique du vocabulaire:

Ecrivez 5 phrases dans lesquelles vous utilisez au moins 10 mots de la liste ci-dessus.

2 Réflexion - Essais

Ces questions vont vous permettre d'approfondir l'étude du film. Ecrivez un paragraphe pour chacune, en utilisant le vocabulaire du chapitre et en soignant votre expression (vérifiez votre orthographe et votre grammaire). En faisant ce travail, vous vous préparez à la prochaine composition.

1. Comment la population française locale se comporte-t-elle avec les migrants ? Pensez à tous les Français du film et comparez leur attitude.
2. Quelle impression la police française vous donne-t-elle ?
3. Le sac en plastique est un objet récurrent. Comme le réalisateur l'a-t-il utilisé ?
4. La justice aide-t-elle les hommes à trouver une solution ?
5. Comment la France et l'Angleterre sont-elles présentées ? Quelle image avez-vous après avoir vu ce film ?
6. Qu'est-ce que la piscine rappelle constamment à Simon ? Dans le contexte de ses performances passées, quels espoirs Simon formule-t-il pour Bilal ?
7. Que pensez-vous des espoirs de Bilal d'être avec Mina ? Avait-il une chance ou était-il naïf ?

3 Analyse d'une scène: Marion découvre Bilal et Zoran chez Simon (42:32 après le début)

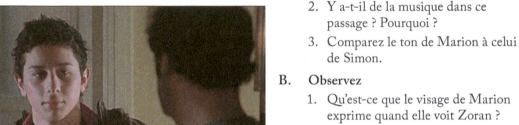

Vocabulaire spécifique à cette scène

trier (*to sort out*) • un couloir (*a hallway*) • une sonnerie (*ringing*) • stupéfait(e) (*astounded*) • dépanner qq'un (*to help s.o. out*) • décontracté(e) (*relaxed*) • une portière (*a car door*)

8. **Ecoutez**

    1. Quels bruits de fond entend-on dans ce passage ?

    2. Y a-t-il de la musique dans ce passage ? Pourquoi ?

    3. Comparez le ton de Marion à celui de Simon.

    B. **Observez**

    1. Qu'est-ce que le visage de Marion exprime quand elle voit Zoran ?

    2. Comment Zoran réagit-il en voyant Marion ?

    3. Quelle attitude Simon a-t-il pendant la rencontre ?

    4. Marion est venue prendre ses livres. Qui est actif dans cette scène ? Qui est immobile ?

    5. Où la caméra est-elle placée pendant le tri des livres, puis pendant le coup de téléphone ?

    6. Que nous indique l'expression de Simon à la fin de la scène, quand il vient de quitter Marion et Bruno ?

C. **Cette scène dans l'histoire**

    Pourquoi cette scène est-elle importante pour l'histoire ? De quelle façon change-t-elle les relations entre Simon et Marion ? Pourquoi Simon est-il encore plus engagé envers les jeunes Kurdes ?

D. Langue

1. **Compréhension**

   Les acteurs parlent vite, pas toujours clairement, et utilisent un vocabulaire familier et des expressions idiomatiques. Ecoutez le dialogue plusieurs fois et essayez de remplir les blancs :

   a. T'es _____ pas tout seul.

   b. Tiens, prends _____.

   c. J'étais dans tes _____.

   d. C'est _____ que je _____.

   e. Qu'est _____ font là ?

   f. _____, 3 jours, 4 jours.

   g. Ils étaient là, dehors, congelés, _____.

   h. Il est à moitié _____, lui, le grand.

   i. Et puis ça va te _____ le dos.

2. **L'interrogation**

   Cette scène est une série de questions, posées de façon informelle. Vous allez les reposer en utilisant 1. Est-ce que et 2. L'inversion.

   Ex : T'as plus tes clés ?
   → Est-ce que tu n'as plus tes clés ?
   → N'as-tu plus tes clés ?

   a. Tu veux un café ?

   b. Qui c'est ?

   c. Ceux-là, tu les prends aussi ?

   d. Ils sont chez toi depuis quand ?

   e. Le petit bureau on fait comment ?

   f. Pourquoi tu fais ça Simon ?

   g. Tu peux prendre mes clés, là ?

   h. Et le bureau on fait ça quand, alors ?

3. **Futur et conditionnel**

   Remplacez chaque blanc par le verbe conjugué au temps qui convient.

   Ex : Quand Marion arrivera, les Kurdes _____ (quitter) l'appartement.
   Quand Marion arrivera, les Kurdes <u>quitteront</u> l'appartement.

   a. Quand Marion sonnera à la porte, Simon lui _____ (ouvrir).

   b. Si elle vivait toujours avec Simon, Marion _____ (ne pas venir) chercher ses livres

   c. Si Marion avait le temps, elle _____ (prendre) un café.

   d. Simon _____ (ne pas héberger) les Kurdes si Marion n'était pas partie.

   e. Quand Simon et Marion quitteront l'appartement, les Kurdes _____ (partir).

f. Si Marion oublie des livres, elle les _____ (emporter) samedi.

g. Quand Marion arrivera au collège, Simon _____ (être) au commissariat et Bilal _____ (aller) à la piscine.

h. Si elle ne l'avait pas vu, Marion _____ (ne jamais croire) que Simon aiderait des migrants.

E. **Comparaison avec une autre scène**

Comparez cette scène avec celle où Marion vient chercher son bureau (1 :15 :50 à 1 :16 :35). Simon et Marion sont dans la cuisine, Simon sait que Bilal est parti pour traverser la Manche et est très inquiet. Comparez l'attitude de Simon dans les deux scènes : son comportement, ses expressions, ses gestes, le ton de sa voix. Comparez aussi les propos de Marion dans les deux scènes. De quelle façon la deuxième répond-elle à la première ?

F. **Sketch**

Imaginez ! Marion voit les deux jeunes Kurdes le soir même à la distribution des repas chauds. Elle discute avec eux après le repas. Ils lui parlent des raisons de leur voyage, de leurs espoirs pour une nouvelle vie en Angleterre, elle leur parle de son action et leur demande ce qu'ils pensent de l'accueil de Simon.

Ecrivez et jouez le dialogue.

LE COIN DU CINEPHILE

1 Premières / dernières images

Vous aurez peut-être besoin de revoir quelques scènes du film pour répondre en détail aux deux premières questions.

Comparez la première scène et la dernière scène. Qu'ont-elles en commun ? Qu'est-ce qui a changé ?

2 Couleurs et lumière

Quelles couleurs dominent dans ce film ? Comment est-il éclairé ?

3 Jeu des acteurs non-professionnels

Les seuls acteurs professionnels du film sont Vincent Lindon et Audrey Dana. Les autres sont des non-professionnels qui faisaient du cinéma pour la première fois. Qu'avez-vous pensé de leur jeu ? Etaient-ils naturels ?

4 L'affiche

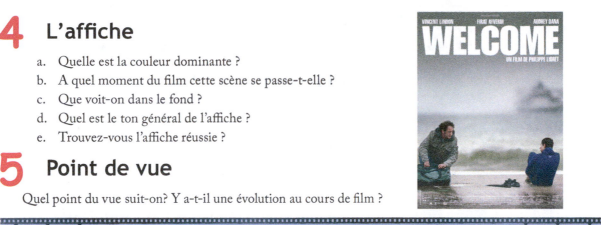

a. Quelle est la couleur dominante ?
b. A quel moment du film cette scène se passe-t-elle ?
c. Que voit-on dans le fond ?
d. Quel est le ton général de l'affiche ?
e. Trouvez-vous l'affiche réussie ?

5 Point de vue

Quel point du vue suit-on? Y a-t-il une évolution au cours de film ?

AFFINEZ VOTRE ESPRIT CRITIQUE

1 Titre

D'où vient le titre du film ? Pourquoi le réalisateur l'a-t-il choisi ?

2 Crédibilité

Le film est-il entièrement crédible ? Certains aspects sont-ils difficiles à croire ?

3 Universalité de l'histoire

Cette histoire est-elle intimement liée à Calais en 2008, ou peut-elle exister ailleurs et à une autre époque ?

4 Intentions du réalisateur

Ce film est-il principalement un film politique ou une histoire d'amour ?

5 Critiques

a. "La force du film n'est pas seulement de montrer un enfer à 250 km de Paris. Elle réside aussi dans l'apprentissage de la dissidence." C'est ce qu'explique Clara Dupont-Monod dans sa critique du film (*Marianne*, 7 mars 2009). Etes-vous d'accord avec elle ? Le film a-t-il deux forces ? Qui fait l'apprentissage de la dissidence ?

b. Pierre Murat, dans sa critique du film (*Télérama*, 11 mars 2009), a le sentiment que malgré la fin dramatique, "ce sont des fragments de fraternité que l'on emporte". Avez-vous la même impression ? Qu'avez-vous emporté de ce film ?

POUR ALLER PLUS LOIN

1 Parallèles avec d'autres films

1. **Accueil des étrangers :** Dans *Les femmes du 6ᵉ étage*, *Inch' Allah dimanche* et *Welcome*, des étrangers arrivent en France d'Espagne, d'Algérie et d'Iraq. Comment sont-ils accueillis ? Quelle attitude la population française a-t-elle ?

2. **Films multilingues :** *Inch' Allah dimanche*, *Joyeux Noël*, *Welcome* et *Les femmes du 6ᵉ étage* sont en français mais aussi en arabe, en anglais, en allemand, en kurde et en espagnol. Quels problèmes particuliers cela pose-t-il au réalisateur ?

2 Imaginez!

Un an plus tard : Mina écrit à Simon et Simon lui répond. Vous allez faire 4 paragraphes :

* Mina repense au drame de l'année d'avant (décès de Bilal, mariage forcé à son cousin).
* Mina explique comment elle vit. Elle lui parle notamment de son mari, des restaurants qu'il a ouverts, de sa famille, de sa vie sociale, de ses espoirs.
* Simon repense à son divorce, au décès de Bilal et à ce qu'il ressentait l'année d'avant.
* Simon raconte ce qu'il fait maintenant (travail, vie sociale, projets). A-t-il continué à s'occuper des migrants ? A-t-il quitté la région ? A-t-il rencontré une femme dont il est tombé amoureux ?

Vous pouvez imaginer ce que vous voulez mais cela doit être plausible. Pensez notamment à la culture de Mina !

3 Autres frontières

La situation décrite dans le film est loin d'être singulière. De nombreux pays sont confrontés au drame des migrants comme terre de passage ou d'accueil. Choisissez un pays et expliquez qui sont les (im)migrants, pourquoi ils ont quitté leur pays, comment ils traversent la frontière, quelle attitude la police et les habitants ont.

4   Lectures

1. Témoignages de bénévoles

L'article suivant est tiré du blog de François Béguin, publié par *Le Monde* le 1er juin 2012.

L'aide aux migrants, une affaire de femmes

Elles ont commencé "comme ça", après leur départ en retraite, parce qu'une amie leur en avait parlé. Elles invoquent un nécessaire "humanisme" et disent : "quand on s'engage, on ne peut pas faire ça en touriste". Elles sont sans doute fichées par la police mais ne s'en inquiètent pas. Elles savent que les migrants, ce qu'ils veulent le plus, ce sont des bonnes baskets.[1] "Parce que pour eux, c'est le nerf de la guerre."[2] Toutes consacrent bénévolement plusieurs demi-journées par semaine à aider les migrants des camps de Téteghem et de Grande-Synthe, à côté de Dunkerque.

Il y a le docteur Brigitte Marc, 68 ans, de Médecins du Monde. Marie-Jo Westrelin, 65 ans, de l'association AMiS (Aide migrants solidarité). Marie, 61 ans et Gillette, bientôt 80 ans, de l'association Salam. L'une prodigue des soins,[3] les autres conduisent les migrants aux douches ou préparent et distribuent des repas. A travers elles, c'est de plusieurs dizaines d'autres bénévoles dont il est question, en grande majorité des femmes, souvent à la retraite.

Certains mardis en fin de matinée, elles se croisent[4] au bord du lac de Téteghem où séjournent en permanence entre 20 et 40 migrants. Des Afghans, des Iraniens, des Irakiens, quelques Vietnamiens aussi, qui passent ici quelques semaines, "rarement plus", en attendant de trouver le bon camion pour l'Angleterre. "Et quand ça traîne[5] trop, ils vont vers Calais."

Leur engagement est postérieur à la fermeture du camp de Sangatte, en décembre 2002, quand les migrants chassés du Calaisis[6] se sont rapprochés de Dunkerque. Celles qui ont connu le camp de Loon-Plage, fermé depuis, parlent de conditions "inhumaines". "La première fois que j'y suis allée, raconte Marie (Salam), je m'en souviens comme si c'était hier. C'était en hiver. J'ai touché les doigts d'un migrant qui dépassaient[7] de son duvet,[8] ils étaient froids comme de la pierre. Je n'en ai pas dormi pendant quinze jours."

"On est là pour préserver la santé. Si on ne fait pas ce métier-là avec des convictions, ce n'est pas la peine de le faire." Le docteur Brigitte Marc, qui travaillait auparavant dans une grosse entreprise sidérurgique du Dunkerquois, est depuis deux mois référent médecin pour Médecins du Monde, ce qui lui prend un à deux jours par semaine. Un mardi matin par mois, elle consacre deux heures à la consultation médicale au camp de Téteghem. "En règle générale, ce sont des populations jeunes qui n'ont pas de gros soucis de santé.[9] Les problèmes fréquents sont liés à leur mode de vie, il y a beaucoup de cas de gale."[10] Au début de l'année, conseillée par l'association, la communauté urbaine de Dunkerque a installé des cabanons[11] et des toilettes sèches dans le camp.

Marie-Jo Westrelin a commencé à s'impliquer après sa retraite (elle était travailleur social) en janvier 2008. "A l'époque, c'était à la bonne franquette,[12] se souvient-elle. C'est parti d'un constat au sein de la

Des bénévoles de l'association Salam, dans la cuisine prêtée par la paroisse de Grande-Synthe. © Elodie Ratsimbazafy.

1 sneakers
2 that's key
3 gives care
4 meet
5 when it takes too long
6 the region around Calais
7 were sticking out
8 sleeping bags
9 health problems
10 scabies
11 sheds
12 informal

paroisse:[13] on parlait d'évangiles[14] et à côté de chez nous, il y avait des gens qui avaient froid et faim." L'association AMiS, montée à Téteghem au début de l'année, compte une trentaine de bénévoles, dont la moitié sont actifs. Outre[15] la préparation et la distribution de repas le samedi matin, chaque mardi, ils sont six à se relayer pour conduire les migrants aux douches des vestiaires du stade municipal de Téteghem et leur proposer des vêtements en bon état. Pour effectuer ce court trajet, Marie-Jo fait monter les migrants par groupe de trois dans sa voiture. Dans l'association, ils ne sont que quatre à le faire. "Pour différentes raisons, les autres ne veulent pas le faire, dit-elle. C'est vrai que quelque part, on n'a pas le droit. Nos voitures sont repérées mais la police ferme les yeux."

Gillette Gillet, de l'association Salam, respecte strictement certaines règles : "On ne les prend pas dans nos voitures, on ne donne pas nos numéros de téléphone, on ne prête pas nos portables,[16] explique-t-elle. Je m'en tiens à[17] l'humanitaire." Chaque mardi, de 7h30 à 16 heures, avec d'autres bénévoles, "des copines", elle prépare puis distribue des repas pour les migrants. Et tous les jours, elle vient au local apporter le pain et la viande donnés par des commerçants. L'aide aux migrants ne représente qu'une partie de ses activités : Gillette s'investit également à ATD-Quart Monde, à Emmaüs, au MRAP, au SAPPEL, à Amnesty International. "Mon engagement, c'est parce que je suis chrétienne." Veuve depuis l'âge de 33 ans (elle en a bientôt 80), "l'amour que je ne donne pas à mon mari, je le donne autour de moi", ajoute-t-elle.

L'époux de Marie évoque parfois en souriant tout le temps qu'elle passe avec "ses Afghanistanais[18] ..." Lui, son truc, c'est le bateau. En retraite depuis un an (elle était secrétaire médicale à mi-temps), Marie consacre ses lundi, jeudi et samedi matins à la préparation et à la distribution de repas. De temps en temps, elle aide pour les douches. Par ailleurs, quand elle ne s'occupe pas de ses petits-enfants, elle donne des cours d'alphabétisation[19] dans une autre association. "Certains nous demandent pourquoi on fait tout ça... Moi, je ne regrette pas une seconde, ça fait partie de ma vie..." Elle dit aussi : "Des fois c'est dur, des fois, ça va tout seul. Parfois, il y a des détresses... Ces gars-là, ils sont écorchés[20] aux trois quarts. Et je ne sais pas comment le quart restant va se remettre debout. Parce qu'une fois en Europe, ils sont foutus.[21] Il n'y a pas un pays qui en veut. Ils tournent. Leur vie, c'est l'errance."[22]

"Ce qui m'interpelle,[23] commente Brigitte Marc, c'est pourquoi il y a des migrants. Si des pays nantis[24] comme les nôtres n'allaient pas tout dérégler[25] pour des questions d'intérêt, il n'y en aurait pas. Pour eux, le rêve serait de travailler tranquillement dans leur pays."

13 parish
14 Gospel
15 in addition to
16 cell phones
17 I stick to
18 Afghans
19 literacy classes
20 hurt
21 in dire straits
22 roving
23 puzzles
24 well-off
25 unsettle

a. Qu'est-ce que ces femmes ont en commun ?
b. Quelle aide apportent-elles aux migrants ?
c. Quel souvenir gardent-elles du camp de Loon-Plage ?
d. Quelle attitude la police a-t-elle ?

2. Article : Calais, d'une jungle à l'autre

Benjamin Roger et Benjamin Damade, journalistes au *Nouvel-Observateur*, ont publié l'article suivant le 22 avril 2012.

Hébergement de fortune,[1] harcèlement[2] policier, urgence humanitaire… Deux ans après la destruction de la "jungle", rien n'a vraiment changé pour les migrants !

Ici, une poupée sous un tas de feuilles. Plus loin, des vêtements, des brosses à dents. Les bulldozers venus détruire la "jungle" de Calais en septembre 2009 n'ont pas tout emporté. L'herbe a repoussé dans cette zone plantée à deux pas du port. Les clandestins, les centaines de CRS[3] et la foule des journalistes ont disparu. Le problème, lui, n'a été déplacé que de quelques kilomètres.

Aujourd'hui, il resterait environ 500 migrants dans la région, dont 200 à Calais. L'intervention musclée de l'ancien ministre de l'immigration, Eric Besson, a bousculé les choses. Face au durcissement de la répression, les migrants se sont dispersés sur tout le littoral.[4] Les Afghans et les Irakiens, majoritaires dans les années 2000, ont laissé la place aux Africains. Et si pour la plupart d'entre eux, l'objectif reste d'atteindre les côtes anglaises, certains se résignent à demander l'asile en France.

"Quand on est là, les policiers n'ont pas le droit d'intervenir"

Depuis la fin de la "jungle", des bénévoles continuent d'offrir quotidiennement des plats chauds aux clandestins de Calais. L'emplacement[5] de distribution des repas qui jouxte[6] le port a été obtenu au prix d'âpres négociations avec la mairie. "C'est un lieu sanctuarisé,[7] explique Sylvie Copyans, militante de l'association Salam. Quand on est là, les policiers n'ont pas le droit d'intervenir." Ils restent donc derrière les grilles. Vigilants, ils surveillent les migrants et gardent un œil sur les bénévoles.

Ce double jeu illustre la position ambiguë de la municipalité. Historiquement communiste, la ville est passée aux mains de l'UMP[8] aux élections de 2008. Elle applique désormais la politique du gouvernement sur la question de l'immigration clandestine. "Nous, nous parlons d'humanisme et de rigueur, assène Philippe Mignonet, adjoint au maire. Plus nous installerons de structures d'accueil, plus ce sera difficile à gérer."[9] Résultat, la mairie investit mais délègue aux bénévoles.

Dans le fond, rien n'a vraiment changé, s'indigne Mariam Guerey, animatrice au Secours catholique. Le vrai problème, c'est l'hébergement… Et à ce niveau-là, la situation des migrants est toujours aussi précaire."

La fermeture de la "jungle" a entraîné la multiplication des refuges de fortune. On compterait aujourd'hui une dizaine de squats à Calais. La police, toujours en patrouille,[10] veille à ce qu'aucun ne prenne trop d'ampleur. Le mois dernier, le plus gros campement sauvage de la ville a été démantelé.[11] Regroupant entre 30 et 40 personnes, l' "African House" était devenue trop voyante. Les CRS ont mis tout le monde dehors. Comme à chaque expulsion, des propositions d'hébergement ont été faites aux demandeurs d'asile. Toutes ont été refusées. Pour les migrants qui rêvent de traverser la Manche, les centres d'accueil, éparpillés[12] dans la région, sont trop éloignés de leur objectif.

1 makeshift
2 harrassment
3 = Compaigne Républicaine de Sécurité (riot police)
4 coast
5 site
6 is next to
7 protected
8 Union pour un Mouvement Populaire (largest right-wing political party)
9 manage
10 on patrol
11 demolished
12 scattered

Ils sont une vingtaine dans la "Palestine House"

C'est donc l'éternel jeu du chat et de la souris. A peine délogés,[13] les migrants réinvestissent d'autres sites. Ce jeudi 19 avril au soir, ils sont une vingtaine dans la "Palestine House", une ancienne fabrique de dentelle proche du centre-ville. Les ruines du bâtiment surplombent un vaste terrain vague[14] remplis de détritus.[15] A l'étage, des Egyptiens ont jeté leurs sacs de couchage.[16] Parmi eux, Youssef ; les yeux verts, Perfecto et sweat à capuche,[17] il ressemble à s'y méprendre à n'importe quel jeune du coin. Sauf que lui n'a pas de papiers. "Je tente d'aller en Angleterre toutes les nuits, confie-t-il. Je vais au port et un ami m'ouvre le coffre[18] d'une voiture. Je me suis déjà fait attraper une dizaine de fois, mais j'y retournerai jusqu'à ce que je passe." Clope[19] à la bouche, dans un anglais approximatif, Youssef raconte aussi les visites incessantes de la police. La veille, les occupants ont été réveillés à deux heures du matin. Trois d'entre eux ont fini leur nuit au poste.[20]

Afghans, Érythréens, Tchadiens, Vietnamiens, Kurdes...

"Ici c'est dégueulasse,[21] c'est pas des conditions de vie", grimace le jeune Égyptien en pointant une canalisation[22] rouillée, seul point d'eau du squat. Dans la pièce voisine, une dizaine d'hommes, assis dans des canapés défoncés,[23] se réchauffent autour du feu.

Soudanais, Erythréens, Tchadiens, ils viennent tous de la Corne de l'Afrique, comme la majorité des migrants présents aujourd'hui à Calais. D'après les bénévoles, les filières migratoires se déplacent régulièrement, remontant vers le Nord jusqu'en Belgique.

Au campement de Téteghem, dans la périphérie de Dunkerque, sont regroupés quelques Afghans, des Vietnamiens mais surtout une majorité de Kurdes. Certains sont là depuis plusieurs mois. C'est le cas de Rêbaz, tout juste 24 ans, dont sept passés dans la banlieue de Londres.

Expulsé peu après sa majorité, il tente depuis de revenir dans son pays d'adoption.

Maintenant que j'ai appris la culture européenne, je ne peux plus rentrer chez moi. Je ne crois pas que je retournerai un jour au Kurdistan... non, jamais."

En attendant, Rêbaz et les autres tournent en rond. À quatre mois seulement des Jeux Olympiques de Londres, ils craignent le renforcement annoncé des contrôles policiers. S'ils ne passent pas maintenant, les migrants savent qu'ils resteront bloqués là encore longtemps.

13 evicted
14 wasteland
15 garbage
16 sleeping bags
17 hoodie
18 trunk
19 cigarette
20 police station
21 (très familier) filthy
22 pipe
23 saggy couches

a. Qu'est-ce qui a changé depuis 2 ans ?
b. Quelle attitude la municipalité a-t-elle face aux migrants et aux bénévoles ?
c. Pourquoi les migrants expulsés refusent-ils les propositions d'hébergement ?
d. Quelle technique Youssef a-t-il adoptée pour essayer de passer en Angleterre ?
e. Quel impact les Jeux Olympiques ont-ils sur les migrants ?

3. Article : Migrants : dix ans après la fermeture de Sangatte, l'urgence humanitaire pour seule réponse

Cet article, écrit par Matthieu Millecamps, a été publié le 20 mai 2012 sur le site de Grotius International, Géopolitiques de l'humanitaire, qui analyse les pratiques humanitaires.

Près de dix ans après la fermeture du centre de la Croix-Rouge de Sangatte, en décembre 2002, l'afflux[1] de migrants ne s'est pas tari.[2] Au contraire… Des "jungle" se sont multipliées dans toute la région, malgré les interventions policières. A Dunkerque, une équipe de Médecins du Monde tente de répondre aux besoins immédiats "sur un mode humanitaire pur et dur" et espère un changement de politique.

Mai 2012. Sous une pluie fine et glaçante, près de Dunkerque, les pieds dans la boue.[3] Nous sommes à Téteghem, à l'entrée de l'un des deux campements de migrants de l'agglomération.[4] Celui-ci est coincé entre un lac et une autoroute. Des bénévoles de l'association Salam distribuent nourriture et vêtements. Une ambulance de Médecins du Monde est assaillie par une foule d'hommes en quête de brosses à dents, savons et paires de chaussettes. Francis Avonture, solide gaillard,[5] chauffeur ambulancier bénévole, fait gentiment la police dans la file d'attente pour les consultations avec le médecin.

Cécile Bossy, coordinatrice des programmes MdM sur le littoral,[6] fait le tour du campement pour distribuer des kits de survie et des tentes. "Où dormez-vous ? Qui a besoin d'une tente ?". Un garçon, 17 ans à peine, la croise sur le chemin boueux. "Vous voulez une tente ?". Il fait signe que non, dit qu'il a mal aux jambes. Il revient de Belgique, une dizaine de kilomètres à pied, après avoir tenté le passage. "On apprend à dormir debout", lâche-t-il, mi-amer, mi-bravache.[7]

Le visage de la jeune femme est connu sur le campement. Ceux des migrants qui se débrouillent en anglais font le lien. "Là-bas, il y en a quatre qui viennent d'arriver, ils n'ont rien". Ce sont des Syriens, arrivés la veille. Lorsque Cécile Bossy leur tend une tente et des duvets,[8] de larges sourires se forment. "Merci ! Thank you !". Des bénévoles de MdM donne le coup de main.[9] Des rires fusent quand on se rend compte que la tente est montée à l'envers. On se tape sur l'épaule, et on recommence l'opération.

Aider, dans la limite du toléré…

Un jeune Afghan, 25 ans au plus, vient plaider sa cause. Après quelques minutes de discussion, il repart avec une tente en bandoulière.[10] "Il faut prendre garde à ne léser[11] personne tout en donnant à ceux qui en ont vraiment besoin", expose Cécile Bossy. Elle doit en plus s'assurer de rester dans les clous[12] de l'accord plus ou moins tacite[13] passé avec les autorités.

La mairie met à disposition un réservoir d'eau. Des latrines et des douches ont été construites. Le minimum de base, le "Watsan" en jargon d'ONG internationale (water and sanitation). A force de négociations, MdM a pu monter en janvier des cabanons[14] de bois sur les deux sites autour de Dunkerque. Ils ont même été chauffés, mais seulement jusqu'au 15 mars. "On intervient ici sur un mode humanitaire pur et dur, comme on le fait en Haïti ou ailleurs", résume Cécile Bossy, qui précise que "la capacité d'accueil en cabanon est actuellement de 21 places, sur chaque site". Mais aujourd'hui, l'afflux est important à Téteghem. Ils sont au

Médecins du Monde est une ONG (Organisation Non-Gouvernementale) dont le but est de venir en aide aux populations en souffrance. Elle regroupe des médecins, des infirmières et d'autres professionnels de la santé et se déplace dans les zones de conflit.

1 flood
2 has not dried up
3 mud
4 city
5 robust fellow
6 coast
7 boasting
8 sleeping bags
9 give a hand
10 slung over his shoulder
11 to be unfair
12 stay within the agreement
13 understood, unspoken
14 sheds

moins une soixantaine à se serrer autour des feux de bois sur lesquels on chauffe l'eau du thé et on tente de faire sécher les chaussures trempées[15] par les courses de la nuit.

Et lorsqu'il y a plus de 40 personnes sur le camp, le risque est de voir rapidement débarquer la police pour une opération de "nettoyage". C'est arrivé le 13 avril. Une pelleteuse[16] a défoncé[17] les bâches[18] installées par les migrants, déchiré les tentes distribuées par MdM et l'AMiS, une association d'habitants. Une semaine après, la "jungle" avait retrouvé son aspect initial... Il faut parfois beaucoup de ténacité pour ne pas baisser les bras.[19] "Si l'on ne fait pas gaffe,[20] c'est un job qui peut rapidement "cramer"[21] quelqu'un", concède Cécile Bossy, avant de continuer son inspection.

"On cherche les plus vulnérables, qui n'osent pas se présenter". La veille, elle a "découvert" un couple d'Iraniens avec un bébé de trois mois. "On les a emmenés immédiatement à l'hôpital. Le bébé allait bien, mais ils ont refusé les solutions d'hébergement qu'on leur a proposées : ils voulaient passer le soir même en Angleterre". Ils sont introuvables. Apparemment, ils sont passés.

Au même moment, à l'entrée du camp, les consultations se succèdent dans l'ambulance. Shakir, un Afghan de 16 ans, est arrivé dans le Nord il y a trois semaines. Il a des démangeaisons[22] à l'oreille. Dans un anglais simplifié, avec force[23] gestes, le Dr Benoît Savatier lui remet plusieurs boîtes de médicaments et d'onguents[24] sur lesquels il a tracé des dessins. Les problèmes dermatologiques sont légion.[25] La gale[26] est répandue, sans atteindre un seuil épidémique grave. "Les gens se repassent[27] les duvets, ça n'aide pas", note ce médecin généraliste à Grande-Synthe, qui intervient aux côtés de MdM depuis 2006. Lorsque les cas sont graves, le médecin dirige les migrants vers la PASS locale (permanence d'accès aux soins, dispositif ouvert à tous). Mais, "il vaut mieux qu'ils soient accompagnés par un bénévole ou un permanent. Il y a parfois une sorte de mépris, de charité mal comprise...", observe le médecin.

Au début, il faisait la tournée avec sa voiture et les consultations se déroulaient "derrière le coffre". "L'ambulance permet de retrouver de l'intimité", ce qui est d'autant plus important que certains sont "pris dans des rapports de domination ou victimes de violences sexuelles".

Violence omniprésente et harcèlement policier

Cet après-midi là, une quinzaine de migrants se sont succédé en consultation devant le Dr Benoît Savatier. Comme d'habitude, il y a "beaucoup de traumatologie. Entorses,[28] fractures, douleurs dorsales[29]... Les gens se blessent la nuit, lorsqu'ils tentent le passage. Il y a aussi des bagarres. Et puis beaucoup se blessent dans les courses poursuites avec la police, ou lorsqu'ils sont arrêtés. La violence est omniprésente".

En juin 2011, MdM a saisi le défenseur des Droits, Dominique Baudis. Une démarche menée à la suite des "No Border" et du Gisti. La saisine[30] de Médecins du Monde concerne Calais, et le "harcèlement de la part de la police qui empêche [les migrants] de s'établir ne serait-ce que pour quelques heures et qui détruit leur matériel de première nécessité". "Nous ne sommes pas là pour juger, ni pour prendre parti. On récolte la parole, on constate les problèmes : c'est notre mission de témoigner", insiste Cécile Bossy. Le défenseur des Droits devrait donner ses conclusions en juin, mais l'avis ne sera que consultatif.

"Depuis 2002, et la fermeture de Sangatte, qu'est-ce qui a changé ?

15 soaked
16 excavator
17 knocked down
18 tarps
19 to not get discouraged
20 pay attention
21 burn out
22 itches
23 many
24 ointments
25 are common
26 scabies
27 share
28 sprains
29 back aches
30 seizure of jurisdiction

Rien", martèle Mathieu Quinette, coordinateur de la mission MdM Dunkerque de 2009 à janvier 2012. Désormais chargé de missions d'évaluation au sein de MdM France, il a profité de quelques jours de congé pour revenir à Dunkerque. Son engagement est intact, sa vision sans concession.[31] "A Sangatte, en trois ans, 67.500 personnes sont passées. C'était il y a dix ans. Si le flux a été constant, on parle de combien ? 100.000, 200.000 ?". La théorie de "l'appel d'air" que constituerait la mise en place de structures d'accueil dignes est, pour lui, un non-sens. "C'est un problème complexe. Mais l'État a préféré le nier,[32] le rendre invisible, en dépensant des sommes colossales dans la machine répressive, sans résultat sauf l'atteinte[33] aux droits. Nous sommes face à une situation humanitaire exactement comparable à ce que l'on peut observer dans des pays en situation de conflit".

31 uncompromising
32 negate, deny the obvious
33 infringement

    a. Quelles sont les responsabilités de Cécile Bossy ?

    b. De quel "confort" les migrants disposent-ils dans les camps autour de Dunkerque ?

    c. Sur quel mode Médecins du Monde opère-t-il dans les camps ? A quoi Cécile Bossy compare-t-elle leur intervention ?

    d. Qu'est-ce qui est très dur moralement ?

    e. Pourquoi les migrants vont-ils à l'ambulance ? Que viennent-ils chercher, comme objets et comme service ?

    f. Qu'est-ce que Mathieu Quinette reproche à l'Etat ?

Au revoir les enfants

Présentation du film

Janvier 1944. Julien, 11 ans, est pensionnaire dans une école catholique. Un jour, un nouvel élève, Jean Bonnet, arrive au collège. Il est brillant, réservé et semble cacher un lourd secret. Julien et Jean deviennent amis.

Carte d'identité du réalisateur

Louis Malle (1932-1995) a réalisé des films d'une remarquable diversité, cherchant sans cesse à se renouveler. Il a d'abord été co-réalisateur, avec Jacques-Yves Cousteau, du *Monde du silence* (1956), puis a été l'assistant de Robert Bresson. Il a ensuite alterné des documentaires (*Vive le Tour*, 1963, *Calcutta*, 1969) et des films de fiction. Il aimait briser les tabous et a donc souvent fait l'objet de controverses (*Les amants*, 1959, *Fatale*, 1992), notamment aux Etats-Unis. Ses autres films marquants sont *Ascenseur pour l'échafaud* (1957), *Zazie dans le métro* (1959), *Le souffle au cœur* (1971), *Lacombe Lucien* (1974), *Atlantic City* (1981), *Au revoir les enfants* (1987), et *Milou en mai* (1990).

Carte d'identité des acteurs

Les jeunes acteurs d'*Au revoir les enfants* ont conservé un lien avec le cinéma. Gaspard Manesse est devenu compositeur (il a composé la musique de *Comme il vient* en 2002) et il a joué quelques petits rôles. Raphaël Fejtö est réalisateur (il a écrit et réalisé *Osmose* en 2003 et *L'âge d'homme… maintenant ou jamais* en 2007).

L'heure de gloire

Au revoir les enfants a eu un immense succès critique et public. Il a remporté 7 César (dont ceux du meilleur film, meilleur réalisateur, meilleur scénario), a gagné le Prix Méliès et le Prix Louis-Delluc du meilleur film. A l'étranger il a, entre autres, remporté le Lion d'or du meilleur film étranger au Festival de Venise et a été nommé pour le Golden Globe et l'Oscar du meilleur film étranger.

Raphaël Fejtö et Gaspard Manesse

PREPARATION

1 Vocabulaire

Vocabulaire utile avant de voir le film :

> Vous connaissez déjà certains des mots de la liste. Ils sont notés pour que vous les révisiez. Vous devez savoir ce vocabulaire par cœur, avec les genres pour les noms, les prépositions pour les verbes et les orthographes difficiles. Observez bien les exemples, ils vous aideront à vous exprimer correctement.

Les noms

une guerre: *a war*
un pensionnat: *a boarding school*
un dortoir: *a dorm*
les échasses: *stilts**
une alerte: *a warning*
un raid aérien: *an air-raid*
un abri: *a shelter*
un prêtre: *a priest*
un casier: *a locker*
le marché noir: *the black-market***
l'amitié: *friendship*

une chasse au trésor: *a treasure hunt*
une hostie: *a host (at communion)*
la milice: *the militia****
l'infirmerie: *the infirmary*
la culpabilité: *guilt*

> **A savoir**
>
> "Guerre" et "war" ont la même origine. Ils viennent tous deux du francique (la langue des Francs) "werra".

> *Ex : Ils jouent aux échasses. Ils sont sur des échasses.
> **Ex : Il vendait des confitures <u>au</u> marché noir.
> ***Nom singulier, donc verbe au singulier, même s'il y a plusieurs miliciens (ex : La milice est entrée dans le restaurant).

Les verbes

pleurer: *to cry*

se moquer de qq'un: *to make fun of s.o.**

se cacher: *to hide*

protéger qq'un: *to protect s.o.*

fouiller (un endroit): *to search (a place)*

prier: *to pray*

se perdre: *to get lost***

avoir peur de qq'un/qqch: *to be scared of s.o./sth****

se battre contre: *to fight against*

communier: *to receive Holy Communion*

boiter: *to limp*

renvoyer qq'un: *to fire s.o.*

échanger: *to exchange*

dénoncer qq'un: *to inform against s.o./ to give s.o. away to the police*

trahir qq'un: *to betray s.o.*****

se venger de qqch/qq'un: *to take one's revenge for sth/s.o.*

s'échapper: *to escape*

> *Ex : Les enfants se moquent de Joseph. Ils se moquent <u>de lui</u>.
> **Ex : Ne vous perdez pas ! Nous nous sommes perdu<u>s</u>.
> ***Ex : Ils ont peur des soldats. Ils ont peur <u>d'eux</u>. Ils ont peur des bruits dans la forêt. Ils <u>en</u> ont peur.
> ****Ex : Il a trahi ses camarades. Ils ont été trahis.

Les adjectifs

juif(-ve): *jewish*

privilégié(e): *privileged*

privé(e): *private*

jaloux(-se): *jealous**

chaleureux (-se): *warm (person)*

courageux(-euse): *courageous*

(in)juste: *(un)fair*

interdit(e): *forbidden*

raciste: *racist*

poignant(e): *deeply moving*

> *Ex: Il est jaloux <u>des</u> bonnes notes du nouvel élève. Il est jaloux <u>du</u> nouvel élève. Il est jaloux <u>de lui</u>.

Traduisez!

1. The priest and the Jewish children were scared of the militia searching the boarding school.
2. He prayed at the dorm while the other children slept.
3. The whole school hid in the shelter during the air-raids.
4. Joseph betrayed the children by informing against them.

> Vous n'avez pas besoin du dictionnaire. Tous les mots sont dans la liste ci-dessus !
> Comment allez-vous traduire "searching"? Comment allez-vous construire la phrase? Quel temps allez-vous utiliser ?

2 Repères culturels

Le film se passe pendant la Deuxième Guerre mondiale. Pour mieux comprendre le contexte, faites des recherches et répondez aux questions suivantes:

1. **L'Occupation :** A quelle période et par qui la France a-t-elle été occupée?

2. **Pétain:** Quel rôle avait-il pendant la guerre?

3. **Le régime de Vichy:** Qui était à la tête du gouvernement? Pourquoi s'est-il installé à Vichy? Avec qui le régime de Vichy travaillait-il?

4. **Les zones:** Que voulait dire "zone occupée", "zone libre", et "ligne de démarcation"?

5. **La collaboration/les collaborateurs:** Qui étaient les collaborateurs? Qui aidaient-ils?

6. **Le couvre-feu:** Qu'est-ce que c'est?

7. **Le S.T.O. (Service du Travail obligatoire) :** Qui était concerné? Où allait-on travailler?

8. **La milice :** Quand et par qui a-t-elle été créée? A quoi servait-elle?

Le maréchal Pétain s'addressant par la radio aux écoliers depuis l'école du village de Périgny, octobre 1941.

A savoir

L'Eglise catholique était partagée pendant l'Occupation. Une partie était favorable au nazisme pour lutter contre le communisme, tandis qu'une autre s'est engagée dans la Résistance et a protégé des Juifs.

9. **La Gestapo :** Qu'est-ce que c'était? Quels étaient ses pouvoirs?

10. **La Résistance :** Quand et comment a-t-elle commencé? Que faisaient les résistants?

3 Témoignages

Lisez les témoignages suivants pour mieux comprendre ce que ressentaient les enfants et les adolescents pendant la guerre.

Gabriel Houdebine

- Né en 1934
- Habitait à Gonnord, un village du Maine-et-Loire
- Ecole primaire, externe

1. Vos professeurs parlaient-ils de la guerre en classe?

   Non, nous étions trop jeunes.

2. En parliez-vous avec vos camarades?

   Très peu pour la même raison et nos parents évitaient d'en parler devant nous. Les enfants étaient tenus à l'écart des grandes informations.

3. De quoi avez-vous souffert pendant la guerre?

   De quelques privations alimentaires mais en campagne nous étions privilégiés avec les fermes proches et la production familiale: jardin, basse-cour (poules, lapins) et cochon.

4. Saviez-vous que des gens étaient cachés?

   Nous avions très peu d'informations. Peu de journaux (censurés), pas de radio.

5. Saviez-vous que des gens étaient déportés?

   Il était beaucoup question des prisonniers et travailleurs obligatoires (STO), mais nous n'étions pas directement concernés par la déportation et ce n'est qu'à la fin de la guerre qu'il en a été question.

Bernadette Gaillard

- 6 à 10 ans pendant l'Occupation
- Habitait à Azay-sur Thouet, un village des Deux-Sèvres.
- Ecole primaire, externe

1. Vos professeurs parlaient-ils de la guerre en classe?

   Non, nous n'étions que de tout jeunes enfants.

2. En parliez-vous avec vos camarades?

   Non, les informations n'étaient pas les mêmes qu'aujourd'hui.

3. De quoi avez-vous souffert pendant la guerre?
   - Beaucoup de privations (nourriture, habillement)
   - Nous ne sortions pas (aucun moyen financier, aucun moyen de locomotion)
   - Nous n'avions pas de jouets (à Noël: une orange et une paire de chaussettes tricotées par ma grand-mère avec de la laine de récupération)
   - Mais nous avions une famille très soudée, des parents attentifs et aimants. Nous étions heureux.

4. Saviez-vous que des gens étaient cachés?

Deux couples de réfugiés du Nord étaient hébergés chez mon grand-père. Une seule chambre sans eau ni toilettes les abritait. Après la guerre ils sont revenus, reconnaissants.

5. Saviez-vous que des gens étaient déportés?

Non. Par contre je me souviens de maquisards cachés dans la nature. L'un d'eux ayant tiré sur un cheval allemand, la vengeance a failli être très sévère. Les Allemands voulaient incendier tout le bourg. Devant cette terrible menace, mes parents voulaient nous mettre à l'abri dans des ravins (à 2 km). Mais interdiction de sortir. Nous avons donc passé toute la nuit dans l'angoisse. Jamais je n'ai pu oublier.

Philippe Séjourné

- 12.5-16.5 ans pendant l'Occupation
- Habitait à Honfleur, en Normandie (zone très contrôlée) jusqu'à octobre 1942, puis à Beaune, en Bourgogne jusqu'en août 1944
- Pensionnaire à partir d'octobre 1941

1. Vos professeurs parlaient-ils de la guerre en classe?

Assez peu. Pourtant trois de mes professeurs furent arrêtés par la Police Allemande.

2. En parliez-vous avec vos camarades?

Oui. J'ai même été battu par deux plus grands (dont le papa était fonctionnaire de Vichy) pour avoir tenu des propos gaullistes.

3. De quoi avez-vous souffert pendant la guerre?

Physiquement: Nourriture insuffisante (d'où problèmes de santé et de croissance) mais les grandes villes étaient plus à plaindre que celles (petites et proches de la campagne) où nous habitions. Moralement: Surtout à partir du moment où mon frère aîné est entré dans l'Armée Secrète (renseignements pour la Résistance et les Alliés). Nous n'avions que très peu de nouvelles de lui.

4. Saviez-vous que des gens étaient cachés?

Peu informés.

5. Saviez-vous que des gens étaient déportés?

Nous savions surtout que les résistants étaient arrêtés et fusillés. Nous savions aussi que certains gros commerçants (producteurs de vin en Bourgogne) exportaient vers l'Allemagne, ce qui était très mal considéré.

Lucienne Miège

- 9 ans au début de l'Occupation
- Habitait à Saint-Baldoph, un petit village de Savoie de 300 habitants.
- Petite école, externe.

1. Vos professeurs parlaient-ils de la guerre en classe?

En général nos institutrices ne nous parlaient pas de la guerre, sauf lorsqu'il y avait alerte. Nous sortions de la classe pour aller dans les vignes toutes proches.

2. En parliez-vous avec vos camarades?

Non, je ne me souviens pas que nous en parlions.

3. De quoi avez-vous souffert pendant la guerre?

Nous ne souffrions pas de la faim dans ma famille car nous avions poules, lapins, cochon, vache, potager, arbres fruitiers. Nous portions le lait à la laiterie et en échange nous avions du beurre et du fromage et le complément en argent. Je me souviens que mon père a donné du sucre et du beurre au cordonnier pour qu'il me fasse une paire de chaussures d'hiver. Tous les étés une cousine femme de ménage à Paris nous apportait des vêtements. Une amie couturière en tirait profit et réadaptait les vêtements en taille et en longueur.

4. Saviez-vous que des gens étaient cachés?

Oui, des jeunes gens de la commune se cachaient car les Allemands les recherchaient. Ils ont été dénoncés par une collaboratrice et son frère qui étaient favorables à la présence allemande. Ces derniers ont été tués par le maquis plus tard.

5. Saviez-vous que des gens étaient déportés?

Un cafetier du village a été déporté en Allemagne et sa famille n'a plus jamais eu de ses nouvelles.

Joseph Séchet

- 13 à 17 ans pendant l'Occupation
- J'habitais à 10 km de Cholet dans la campagne profonde où l'occupant n'est pratiquement jamais passé. Une seule fois j'ai vu chez ma grand-mère épicière deux ou trois Allemands acheter du papier à lettre.
- Pensionnaire dans un petit séminaire où la vie était réglée comme dans un monastère, avec peu de contacts avec le monde extérieur.

1. Vos professeurs parlaient-ils de la guerre en classe?

Je ne m'en souviens vraiment pas! Le corps professoral en exercice était très discret. Certains semblaient faire confiance à Pétain. Le prof de gym nous faisait chanter "Maréchal, nous voilà!".

2. En parliez-vous avec vos camarades?

Assez peu, sauf à partir du mois de juin 1944. On savait des villes voisines bombardées. On voyait les avions.

3. De quoi avez-vous souffert pendant la guerre?

D'avoir vu la débâcle des soldats français. Vu aussi des réfugiés de la région parisienne chez nous. Très peu de manque de nourriture car la campagne environnante fournissait l'essentiel. La distribution avec tickets me semble avoir assuré un minimum correct (sucre, café, huile...). Au petit séminaire, l'économat se fournissait dans les fermes des Mauges, généreuses.

4. Saviez-vous que des gens étaient cachés?

Peu renseignés sur la situation des Juifs. Plus inquiets, surtout pendant les vacances où je vivais dans mon village familial, du recrutement pour le STO, ce travail obligatoire qui recrutait les jeunes de 18-20 ans. J'en ai connu, dans ma famille, qui se sont cachés pour échapper à cet enrôlement.

5. Saviez-vous que des gens étaient déportés?

> Dans le quartier où habitaient mes parents il y avait des radios et je me souviens de ces mots mystérieux qui mobilisaient la résistance. C'est à partir de ces derniers mois qu'on a appris toutes les misérables déportations du nazisme.

4 Bande-annonce

Allez sur YouTube pour trouver la bande-annonce du film. Regardez-la plusieurs fois et répondez aux questions suivantes:

1. La bande-annonce présente les deux enfants principaux du film: Julien (le blond) et Jean (le brun). Que font-ils quand on les voit?

2. Quels lieux sont présentés dans le film?

3. La bande-annonce est en deux parties. En quoi sont-elles différentes?

4. Que sait-on à la fin de la bande-annonce? Qu'a-t-on appris, compris? Quel rôle joue la musique?

5 A savoir avant de visionner le film

- Durée: 1h44
- Genre: Drame
- Public: Adultes et adolescents (PG)
- Tournage: Le film a été tourné à Provins, en Seine-et Marne (à une centaine de kilomètres à l'est de Paris).
- Notes: *Au revoir les enfants* est basé sur un incident que Louis Malle a vécu. Quand il était au collège d'Avon, le Père Jacques (le Père Jean du film), dont la personnalité réelle était différente du personnage du film, cachait trois enfants juifs. Hans-Helmut Michel (Jean Bonnet dans le film) est resté un an au collège mais Louis Malle le connaissait peu et ils n'étaient pas amis. Il ne savait pas non plus que le garçon était juif et qu'il était caché. Les dernières scènes du film sont fidèles aux souvenirs de Louis Malle. Le reste du film a été inventé par le réalisateur qui aurait voulu être ami avec ce garçon brillant et différent. En janvier 1944 les Français savaient qu'un débarquement allié était en préparation. Ils ne savaient évidemment ni quand ni où il aurait lieu.

Le Père Jacques

PREMIÈRE APPROCHE

1 L'histoire

Le but de cette activité est double:
• Vérifier que vous avez bien compris l'histoire
• Vous préparer à la discussion en classe
Répondez à chaque question en une ou deux phrases. Utilisez le vocabulaire que vous avez appris.

Les personnages

Julien

Jean

François
(le frère de Julien)

Madame Quentin
(la mère de Julien et François)

le Père Jean

Joseph
(travaille à la cuisine)

1. **La famille**
   • Pourquoi la mère de Julien ne peut-elle pas le garder avec elle?
   • Comment décririez-vous la mère de Julien?

2. **La vie à l'école**
   • Comment les enfants sont-ils habillés?
   • Comment Jean est-il accueilli par les autres élèves?

3. **Les relations Julien-Jean**
   • Comment Julien commence-t-il à comprendre que Jean est différent?
   • Qu'est-ce qui fait comprendre à Julien que Jean est juif?
   • Qu'est-ce qui soude leur amitié?
   • Comment Jean réagit-il quand Julien lui dit qu'il sait qu'il s'appelle Kippelstein?
   • Qu'est ce que Julien et Jean ont en commun?

> Remarquez que les enfants du collège appartiennent à la grande bourgeoisie. C'est très clair le jour où les parents viennent. Malgré la guerre, ils sont très élégants. Notez aussi que François et Julien vouvoient leur mère. Cela ne se faisait que dans les milieux très favorisés.

4. **La guerre**
   - Que font les élèves et les professeurs quand il y a une alerte?
   - Décrivez la scène au restaurant. Pourquoi la Milice est-elle là? Quelle est la réaction de l'Allemand? Est-ce surprenant?

5. **La religion**
   - Le prêtre donne-t-il une hostie à Jean pendant la communion? Pourquoi? A-t-il raison à votre avis? Pourquoi Jean a-t-il voulu communier?

6. **Le marché noir**
   - Qu'est-ce qui est échangé au marché noir?
   - Pourquoi Joseph est-il renvoyé?

7. **L'arrestation**
   - Comment les Allemands trouvent-ils Jean dans la classe?
   - Comment trouvent-ils Négus?
   - La Gestapo a des raisons différentes de rechercher les trois enfants, le père Jean et Moreau (le surveillant). Quelles sont-elles?

8. **La fin**
   - Pourquoi est-ce que le Père Jean dit "A bientôt" aux enfants?
   - Qu'est-ce que Julien apprend sur le monde des adultes quand Jean est arrêté?

En réalité

Les trois enfants juifs et le Père Jacques ont été arrêtés le 15 janvier 1944, puis emprisonnés séparément. Le 18 janvier les enfants ont été emmenés au camp de Drancy (au nord-est de Paris). Ils y sont restés jusqu'au 3 février. Ce jour-là, ils ont été déportés à Auschwitz-Birkenau, où ils sont arrivés le 6 février. Les enfants, ainsi que 982 autres déportés de leur convoi, ont été gazés à leur arrivée. Le Père Jacques est resté en prison jusqu'au 28 mars, date de sa déportation au camp de Sarrebrück, Neue-Breme. Le 21 avril 1944 il a été transféré au camp de Mauthausen. Quand le camp a été libéré le 5 mai 1945, il était très faible. Il a été transporté dans un hôpital autrichien, où il est mort le 2 juin 1945.

2 Analyse d'une photo

1. Où et à quel moment de la journée cette scène se passe-t-elle?

2. Que tient Julien?

3. Quelles expressions lisez-vous sur leur visage? Pourquoi? Que regardent-ils? Qu'entendent-ils?

3 Analyse de citations

Analysez les citations suivantes en les replaçant dans leur contexte:

1. Père Jean: "Comme je comprends la colère de ceux qui n'ont rien quand les riches banquettent avec arrogance".

2. Jean: "T'en fais pas. Ils m'auraient eu de toute façon".

3. Joseph: "C'est la guerre mon vieux".

APPROFONDISSEMENT

1 Vocabulaire

Enrichissez votre vocabulaire!

Le but de cette deuxième liste est d'élargir votre champ lexical. Ce vocabulaire ciblé sur des thèmes du film va vous permettre d'enrichir votre style.

L'école

un(e) élève: *a student (up to high school)*
un(e) étudiant(e): *a student (in college)*
l'année scolaire: *the school year*
un programme: *a syllabus*
un emploi du temps: *a schedule*
les devoirs (à la maison): *homework*
une rédaction: *an essay*
une dissertation: *a paper*
le/la directeur(-trice): *the headmaster*
le proviseur: *the principal*
une note: *a grade*
un bulletin: *a school report*
mixte: *co-ed*
les matières: *the subjects*
   le français: *French*
   l'orthographe: *spelling*
   les maths: *maths*
   les langues vivantes/mortes:
      modern /classical languages
   l'histoire: *history*
   la géographie: *geography*
   la physique: *physics*
   la biologie: *biology*
   la chimie: *chemistry*
   la musique: *music*
   l'éducation physique: *physical education*
la salle de classe: *the classroom*
   le tableau: *the board*
   la craie: *chalk*
   un bureau: *a desk*
   une carte: *a map*
les fournitures scolaires: *school supplies*
   un cartable: *a school bag*
   du papier: *paper*

une feuille: *a sheet*
un manuel: *a textbook*
un cahier d'exercices: *a workbook*
un classeur: *a binder*
un stylo: *a pen*
un crayon: *a pencil*
une gomme: *an eraser*
une règle: *a ruler*
la colle: *glue*
un trombone: *a paperclip*
la maternelle: *nursery school**
l'école primaire: *elementary school*
le collège: *junior high school***
le lycée: *high school*
   un(e) élève de seconde: *a sophomore*
   un(e) élève de première: *a junior*
   un(e) élève de terminale: *a senior*
l'université: *university*
   s'inscrire: *to register*
      les frais de scolarité: *tuition fees*
   une bourse: *a scholarship*
   le corps enseignant: *the faculty*
   la licence: *B.A.****
   la maîtrise: *M.A.****
   un(e) ancien(ne) élève: *an alumnus/alumna*

***Souvenez-vous:**
  la maternelle: 3-6 ans
  le primaire: 6-11 ans
  le collège: 11-15 ans
  le lycée: 15-18 ans
****Attention!** Ne confondez pas "le collège" et "college" aux Etats-Unis!
*****A savoir:** Les systèmes universitaires français et américains étant très différents, les équivalences licence / B.A. et maîtrise / M.A. sont approximatives.

Le racisme

un préjugé: *a prejudice**
un stéréotype: *a stereotype*
la tolérance: *tolerance*
l'intolérance: *intolerance*
la couleur de la peau: *skin color*
les Blancs: *the Whites*
les Noirs: *the Blacks*
la discrimination: *discrimination*

xénophobe: *xenophobic*
l'apartheid: *apartheid*
opprimé(e): *oppressed*
un camp de concentration: *a concentration camp*
la haine: *hatred*

*Ex: A l'époque du film, certaines personnes racistes avaient des préjugés contre les Juifs. (Remarquez que "to be prejudiced" ne se traduit pas latéralement !)

Mise en pratique du vocabulaire:

Ecrivez 5 phrases dans lesquelles vous utilisez au moins 10 mots de la liste ci-dessus.

2   Réflexion - Essais

Ces questions vont vous permettre d'approfondir l'étude du film. Ecrivez un paragraphe pour chacune, en utilisant le vocabulaire du chapitre et en soignant votre expression (vérifiez votre orthographe et votre grammaire). En faisant ce travail, vous vous préparez à la prochaine composition.

1. Comparez la vie d'un pensionnaire dans cette école et la vie d'un pensionnaire dans une école privée aujourd'hui. Qu'est-ce qui a changé? Qu'est-ce qui est resté le même?

2. Etudiez la personnalité du Père Jean.

3. Qui est Joseph? Quelles sont ses activités à l'école? Comment est-il traité par les élèves? Pourquoi est-il sûr de ne pas être envoyé en Allemagne pour le STO?

4. Que pensez-vous du marché noir organisé à l'école? Trouvez-vous l'idée acceptable ou répugnante?

Le marché noir s'est développé pendant la guerre car les gens étaient rationnés. Pour se ravitailler, ils vendaient et achetaient clandestinement des marchandises à des prix très élevés. On en voit un autre exemple dans *Le dernier métro,* avec le jambon que Marion se procure.

5. Etudiez la progression dans la relation entre Julien et Jean. Comment commence-t-elle? Comment finit-elle? Que s'est-il passé entre les deux? Donnez des exemples précis.

6. Quelle place la religion a-t-elle dans la vie du collège? Comment les religieux sont-ils présentés?

7. La peur est un thème constant dans le film. Qui a peur, de qui et de quoi?

8. Dans *Au revoir les enfants*, les Français sont-ils tous bons et les Allemands tous méchants? Qui trouvez-vous le plus antipathique?

9. Que pensez-vous du fait que Joseph ait dénoncé les enfants et le Père Jean? Comprenez-vous son acte?

10. La trahison est un thème récurrent dans le film. Qui trahit qui?

11. Analysez la façon dont la culpabilité est traitée dans le film. A-t-on le sentiment que Julien est responsable de l'arrestation de Jean? Qui est vraiment coupable?

Cour du petit collège d'Avon (Collège de Louis Malle)

A savoir

En 1940 il y avait 330 000 Juifs en France. 76 000 ont été déportés, 2500 sont revenus (3%). Un tiers était français, deux tiers étaient étrangers.

3 Analyse d'une scène: La forêt (48:10 à 57:45)

> **Vocabulaire spécifique à cette scène**
>
> une forêt (*a forest*) • une équipe (*a team*) • une culotte courte (*short pants*) • un foulard (*a scarf*) • attraper (*to catch*) • une boîte (*a box/a tin*) • un loup (*a wolf*) • un sanglier (*a wild boar*) • se vanter de (*to brag about*) • sombre/foncé(e) (*dark*) • les Boches (*the Krauts*) • le couvre-feu (*curfew*) • faire (qqch) exprès (*to do sth on purpose*)

A. Ecoutez

1. Pourquoi les commentaires de Julien sur la mort sont-ils importants?
2. Quels bruits entend-on pendant la fuite de Julien? Comment évoluent-ils?
3. Qu'est-ce que Julien entend au loin quand il est couché par terre?
4. Pourquoi n'y a-t-il pas de musique de fond quand Julien est perdu? Qu'entend-on au contraire?
5. Ecoutez le dialogue entre Jean et Julien quand ils se retrouvent. Quelles questions Jean pose-t-il? Quelle attitude Julien a-t-il?
6. Que font ensuite les enfants pour essayer de se rassurer?

B. Observez

1. Comment les enfants sont-ils habillés? Est-ce adapté au temps qu'il fait?
2. Quel geste Julien fait-il envers Jean quand l'autre équipe veut les attaquer?
3. A quel moment précis Julien comprend-il qu'il est perdu?
4. Comment la caméra est-elle ensuite placée pour renforcer l'impression que les enfants sont complètement perdus?
5. Quel point de vue a-t-on dans cette scène? A-t-on celui de Julien ou sommes-nous à l'extérieur?
6. Quelles couleurs dominent au début de la scène? Et à la fin?

C. Cette scène dans l'histoire

Qu'est-ce que cette scène apporte à l'histoire? Qu'est-ce qu'elle change pour Julien et Jean?

D. Langue

1. Vocabulaire

Faites des phrases en utilisant le vocabulaire donné. Vos phrases doivent avoir un lien avec la scène.

a. une chasse au trésor:

b. une équipe:

c. un foulard:

d. attraper:

e. se perdre:

Forêt de Fontainebleau

f. se vanter:

g. un sanglier:

h. avoir peur de:

2. Pronoms relatifs

Remplissez les blancs avec l'un des pronoms relatifs suivants:

> qui • que • dont • ce qui • ce que • ce dont • où

Ex : La scène se passe dans une forêt _____ les enfants ne connaissent
pas bien.
La scène se passe dans une forêt <u>que</u> les enfants ne connaissent
pas bien.

a. Julien trouve ça incroyable _____ personne ne pense à la mort.

b. L'équipe rouge voulait attraper Julien et Jean, _____ les a
obligés à courir.

c. _____ fait l'équipe rouge est vraiment cruel.

d. Julien a trouvé la boîte _____ tout le monde cherchait.

e. Il a vu les flèches, c'est _____ l'a aidé à la trouver.

f. Julien se demande _____ sont les autres.

g. Les loups, les sangliers, les bruits bizarres, c'est _____ les
enfants ont peur.

h. Ils ont été ramenés par des Allemands, _____ les a terrifiés.

i. Ils vont à l'école _____ est à côté de l'église.

j. Julien est accusé d'avoir fait l'imbécile, _____ il trouve injuste.

k. Le 17 janvier 1944 est le jour _____ ils se sont perdus.

l. C'est une chasse au trésor _____ les enfants parleront
longtemps.

3. Le discours indirect

Transposez ces phrases au discours indirect.

Ex : Un garçon a ordonné: "Taisez-vous les petits!"
Un garçon a ordonné <u>aux petits de se taire</u>.

a. Julien a dit: "Il n'y a que moi qui pense à la mort dans ce collège."

b. Son camarade lui a répondu: "Allez, viens!"

c. Julien a annoncé: "J'ai le trésor!"

d. Jean a demandé: "Ils ne t'ont pas attrapé?"

e. A la fin, l'Allemand demande: "Est-ce que vous avez perdu des
enfants?"

f. Un garçon a demandé: "Qu'est-ce qui leur est arrivé?"

g. L'Allemand demande au Père Jean: "Vous n'avez pas entendu
parler du couvre-feu?"

h. Le Père Jean répond en lui demandant: "Vous croyez que nous
l'avons fait exprès?"

E. **Comparaison avec une autre scène**

Comparez cette scène avec celle qui suit (59:00 à 1:01:24). Les enfants
sont à l'infirmerie. Qu'est-ce que Julien et Jean partagent? Pourquoi se
battent-ils? Pourquoi leur amitié est-elle si fragile?

F. Sketch

Jean et Julien racontent à leurs camarades ce qui leur est arrivé. Les enfants posent des questions auxquelles les "héros" répondent. Choisissez un des thèmes suivants pour le dialogue:

a. Les garçons racontent leur aventure en exagérant. Qu'ont-ils vu de terrifiant? Qu'ont-ils fait d'extraordinaire? Contre quoi/qui se sont-ils battus?

b. Insistez sur le point de vue de Jean. Qu'a-t-il vu dans la forêt? Qu'a-t-il ressenti? A quoi pensait-il quand il était tout seul? Que voulait-il faire? (Attention! Jean ne va peut-être pas dire toute la vérité pour ne pas révéler son identité.)

LE COIN DU CINEPHILE

1 Première / dernière scène

Comparez la première et la dernière scène. Qui est le personnage principal? Pourquoi? Comment est l'ambiance dans les deux scènes? En quoi le personnage a-t-il changé à la fin du film? Ces scènes sont-elles filmées en plan large ou en gros plan?

2 Couleurs

Quelles couleurs dominent dans le film? Sont-elles vives ou tristes? Donnez des exemples précis.

3 Sous-titres

Comparez ce dialogue entre Julien et Jean et les sous-titres en anglais, puis répondez aux questions:

1	Pourquoi tu fais pas de grec?	*Why don't you take Greek?*
2	Je faisais latin moderne.	*I took Latin and Math.*
3	Où ça?	*Where?*
4	Au lycée. A Marseille.	*At school… in Marseille.*
5	T'es marseillais? T'as pas l'accent.	*Marseille? You have no Southern accent.*
6	Je ne suis pas né à Marseille.	*I wasn't born there.*
7	Où t'es né?	*Where, then?*
8	Si je te le disais, tu saurais pas où c'est. […]	*The place wouldn't mean anything to you. […]*
9	Tes parents sont à Marseille?	*Are your folks in Marseille?*
10	Non. Mon père est prisonnier.	*Dad's a POW.*

a. 2ème réplique: Pourquoi avoir traduit "latin moderne" par "Latin and Math"? Pouvez-vous deviner?

b. 4ème réplique: Auriez-vous traduit "lycée" par "school" ou "high school"? À l'époque du film, que voulait dire "lycée" à votre avis?

c. 5ème réplique: Pourquoi le sous-titre ajoute-t-il "Southern"?

d. 10ème réplique: Que pensez-vous de la traduction de "prisonnier" par "POW"?

e. Ce court passage comporte plusieurs références culturelles difficiles à traduire. Pensez-vous que les sous-titres sont réussis?

4 La projection du film de Charlie Chaplin

Pourquoi Louis Malle a-t-il choisi de projeter *L'émigrant* de Chaplin? Pourquoi est-ce symbolique?

> La réponse à cette question n'est pas évidente. Si vous ne connaissez pas le film, voyez-le. C'est un immense classique ! Faites aussi des recherches sur Chaplin et sur sa situation pendant la guerre. Le film n'a pas été choisi au hasard...

AFFINEZ VOTRE ESPRIT CRITIQUE

1 Producteurs / public

Louis Malle a eu du mal à obtenir assez d'argent pour monter son film. Les producteurs pensaient que le sujet de l'Occupation avait déjà été beaucoup traité, et que sans acteur célèbre le film n'attirerait pas grand monde. Le film a pourtant fait une très belle carrière. Comment peut-on expliquer cette différence d'opinion entre les producteurs et le public?

2 Universalité de cette histoire

Louis Malle a déclaré : "Cette histoire est quelque chose de complètement personnel, mais elle a peut-être un intérêt universel par son côté exemplaire et finalement intemporel."[1] Quels sont les éléments de cette histoire qui sont universels (l'histoire aurait-elle pu se passer dans un autre pays?) et intemporels (à une autre époque)?

3 Les critiques

1. Dans une interview accordée à Olivier Péretié pour *Le Nouvel Observateur* du 2 octobre 1987, Louis Malle parle des Allemands ainsi: "Ça fait beaucoup plus peur que les Allemands soient si "corrects", comme on disait à l'époque. Ce côté presque ordinaire du fascisme le rend justement insoutenable." Trouvez-vous les Allemands "corrects" dans le film? Le fascisme est-il décrit comme étant un fait ordinaire?

2. A propos des acteurs de son film, Louis Malle a déclaré: "Il est très difficile de savoir si les enfants ont vraiment conscience de la gravité des situations qu'ils jouent" (*Les Cahiers du Cinéma*, juillet-août 1987). Qu'en pensez-vous? Croyez-vous qu'il est possible pour un enfant d'aujourd'hui de vraiment comprendre l'époque du film, et de se mettre complètement dans la peau de leur personnage?

1   *Le Nouvel–Observateur*, 2 octobre 1987

POUR ALLER PLUS LOIN

1 Parallèles avec d'autres films

1. **La Deuxième Guerre mondiale:** *Au revoir les enfants* et *Le dernier métro* se passent pendant la Deuxième Guerre mondiale. Quel éclairage chaque film apporte-t-il sur la guerre? En quelle année les films se passent-ils? Où l'intrigue a-t-elle lieu? Qui se cache et pourquoi? La guerre est-elle au centre de l'histoire ou est-ce un accessoire?

2. **Autobiographie:** *Inch' Allah dimanche* et *Au revoir les enfants* sont des films en partie autobiographiques. Les réalisateurs ont écrit une histoire basée sur leurs souvenirs. Qu'est-ce que ces deux autobiographies ont en commun? En quoi sont-elles différentes?

2 Lecture

La Creuse

Récemment, des élèves du lycée Raymond Loewy (anciennement "La Souterraine") dans le village de La Souterraine dans la Creuse ont retrouvé d'anciens élèves de leur école, cachés là pendant la guerre. Ils ont recueilli leur témoignage, dont celui de Bella Goldstein.

Lisez-le puis répondez aux questions.

> Cette lecture est assez longue mais vraiment intéressante. C'est un témoignage personnel et touchant qui nous éclaire sur la période.

Ecole Primaire Supérieure de
La Souterraine

1 boarding school
2 tailor
3 roundup
4 sealing off
5 extremely weak and skinny
6 barely
7 to cross
8 hamlet
9 building

Bella Goldstein, élève au Collège de La Souterraine

Bella Goldstein a quatorze ans quand, en septembre 1942, elle entre à l'internat[1] de l'Ecole Primaire Supérieure qui deviendra le Collège de Jeunes Filles de La Souterraine.

Bella Goldstein est née en France de parents d'origine polonaise naturalisés en 1930. Son père, ouvrier tailleur[2] à Paris, est arrêté le 20 août 1941, lors d'une rafle[3] consécutive au bouclage[4] du Xème arrondissement. Quoique français, il est enfermé à Drancy où les privations que subissent les prisonniers dégradent rapidement son état de santé. Il ne pèse plus que 36 kg quand, cachectique,[5] il est libéré deux mois et demi plus tard pour raison médicale. Il rejoint ensuite, clandestinement, la zone sud.

Sa mère, qui échappe de peu[6] à la rafle du Vel d'Hiv' parvient elle aussi à franchir[7] la ligne de démarcation avec son plus jeune fils.

La famille se retrouve, au cours de l'été 1942, dans un hameau[8] de l'Indre, près de Saint-Benoît-du-Sault.

Voici son témoignage :

L'entrée à l'internat

[…]. Je pris le train pour La Souterraine.

La bâtisse[9] de l'E.P.S., à côté de l'église massive, n'avait rien d'engageant : malgré le petit jardin sur le devant, elle paraissait bien sévère et la perspective d'y être interne n'avait rien d'enthousiasmant.

Mon père, tailleur au Joux où nous étions réfugiés, un petit hameau à quatre kilomètres de Saint-Benoît, m'avait confectionné[10] pour la circonstance une jolie petite veste bicolore, bleu marine dans le dos, bleu ciel sur le devant, avec des boutons métalliques bien brillants. Manifestement,[11] cela ne suffit[12] pas à rendre souriante Madame Noël, la directrice, qui me parut très circonspecte.[13] Je ne compris que plus tard que c'était sans doute la première fois qu'elle admettait une interne de quatorze ans non accompagnée de quelque parent adulte (et boursière[14] de surcroît[15]). J'entrai en troisième.[16]

[…]

La première année fut terrible de solitude…

L'examen soupçonneux[17] de Madame Noël ne fut finalement qu'une bagatelle.[18] Etre dans une école, c'était pour moi une mise entre parenthèses, dans un coin protégé et paisible.[19] Mais être interne, comment ce serait ? La première année fut terrible de solitude.

L'internat en 1942…

Je fus surprise par le dortoir, grand rectangle où il y avait bien une trentaine de lits côte à côte le long de trois murs, avec en plus une rangée[20] centrale. Le mur vide était occupé par une kyrielle[21] de robinets d'eau froide. C'est là qu'on se lavait.

Avec le recul,[22] ça paraît sommaire.[23] Je ne me souviens pas avoir vu quiconque[24] faire sa toilette intime. Il est vrai que la plupart des internes partait en "décale"[25] toutes les quinzaines.[26] Les autres - dont j'étais - on pouvait toujours aller chercher un broc[27] d'eau chaude le week-end à la cuisine. Il n'y avait pas d'endroit isolé, à part le lit de la pionne,[28] entouré de draps suspendus et formant alcôve. […]

Les internes[29] étaient chargées du ménage[30] qu'il fallait effectuer sitôt[31] le petit déjeuner avalé, juste avant la classe. Moi qui m'étais toujours arrangée pour y couper à la maison[32] parce que j'avais toujours un livre à lire, j'ai eu du mal à m'y faire.[33] Le "bon ménage", c'était de récupérer[34] le salon, où il y avait le piano. Le pire était d'être chargée du grenier,[35] où s'empilaient malles[36] et paniers, et où il fallait chasser[37] la moindre toile d'araignée.[38] […]

Il fallait aussi faire le feu dans les classes. Je crois que cette fois c'était le lot[39] des externes.[40] J'étais fascinée par celles qui réussissaient à faire flamber la tourbe[41] sans trop de fumée, dans ces gros poêles[42] cylindriques qui se mettaient à ronfler.[43] Je ne me souviens pas avoir eu froid en classe: par contre,[44] certaines nuits d'hiver m'ont paru interminables quand l'endormissement ne m'avalait pas d'un coup.[45] […]

10 had made
11 obviously
12 it was not enough
13 cautious
14 on a scholarship
15 on top of it
16 in 9th grade
17 suspicious
18 ended up being of no importance
19 peaceful
20 a row
21 a long line of cold water faucets
22 looking back
23 spartan
24 anyone
25 went home
26 every other weekend
27 a pitcher
28 supervisor
29 boarders
30 cleaning
31 right after
32 considering I had always managed not to do it at home
33 I had a hard time getting used to it
34 to get
35 attic
36 trunks
37 hunt down
38 cobweb
39 the responsibility
40 day students
41 to light the peat
42 stoves
43 to roar
44 on the other hand
45 when I didn't fall asleep right away

La promotion des filles pour l'année 1942-43. Bella est au 1er rang, 2ème à droite.

Les noms des élèves. Bella est l'avant-dernier nom.

Je détestais les promenades du dimanche...

Je détestais les promenades du dimanche où il fallait déambuler[46] en rangs dans les rues de la ville. On se dispersait[47] en troupeau[48] passé la dernière maison - "direction l'étang[49] du Cheix" ou bien "la tour de Bridiers", au gré[50] des surveillantes.[51]

Je n'ai rien vu de la campagne environnante. Ce n'est que tout récemment que j'ai découvert comme elle était grandiose avec ses collines[52] et ses prairies, ses chênes[53] et ses châtaigneraies,[54] sauvage et par là même accueillante, pleine de douceur par l'intimité de ses haies.[55]

N'ayant pas "grandi" dans l'internat, j'en ignorais les ficelles.[56] Avec un correspondant[57] en ville, j'aurais pu sortir du bahut[58] les jeudis et dimanches. Peut-être me sentais-je protégée de ne pas savoir ce qui se passait au-dehors, dans la ville qui pour moi ne pouvait être que cruelle? [...]

La nourriture...

Et la nourriture demanderez-vous ? Le problème majeur de la quasi-totalité des Français durant ces années-là. Bien sûr, il y eut au menu beaucoup de topinambours[59] dont je raffolais[60] car ils ont vraiment le goût d'artichaut, et des rutabagas et des haricots aux charançons.[61] Le réfectoire[62] était spacieux avec des tables de dix à douze élèves. Le repas fini, une grande soupière[63] d'eau chaude était ramenée de la cuisine et posée au milieu de la table. On y trempait[64] en choeur[65] nos couverts[66] personnels pour les laver : j'ai viré ma cuti[67] cette année-là.

Mon meilleur repas de la journée, c'était le "café" au lait du matin. Je n'ai jamais su de quelle orge[68] il était préparé, mais sa bonne odeur me nourrissait déjà. Le pire moment était le goûter[69] où Mademoiselle D. distribuait équitablement les tranches[70] de pain. Tout le monde se précipitait[71] ensuite dans une grande pièce au sous-sol[72] où se trouvaient, bien cadenassées,[73] les boîtes à provision personnelles des internes. Mon problème était de disposer d'une boîte à provision quasiment[74] vide. Valait-il mieux manger tout de suite le beurre que je recevais de mes parents - obtenu par troc,[75] du beurre contre une vareuse[76] confectionnée à partir d'une couverture - ou bien le tronçonner[77] en tout petits bouts, quitte à[78] ce qu'il soit rance à la fin ? A côté de moi, mes camarades extirpaient[79] de leurs boîtes pain blanc, pâtés en croûte,[80] brioches dorées à point. Il était bon alors d'être fille de paysan, mais quel supplice[81] pour moi.

Cependant, rassurez-vous, globalement deux années de ce régime m'ont parfaitement réussi : chétive[82] gamine à l'arrivée, je suis retournée à Paris avec dix kilos de plus et la puberté finie.

Les études surveillées[83]

Après le goûter, c'était l'étude surveillée jusqu'au souper. Si j'en crois les propos désabusés[84] des professeurs d'aujourd'hui, les salles d'étude leur apparaîtraient comme d'impensables[85] lieux de sérieux. Bien sûr, il y avait parfois quelque chahut,[86] ou des demandes de renseignements de l'une à l'autre un peu bruyantes.

- X. taisez-vous.

- X. encore une fois, taisez-vous ou je vous envoie chez la directrice.

- Oh non mademoiselle !... étaient les répliques habituelles. Quelle mouche m'a piquée[87] un jour quand j'ai changé le scénario qui au fond n'était pas une menace réelle. Au lieu du "oh non, mademoiselle, je me suis levée et j'ai dit : - Eh bien j'y vais ! Et, dans le silence général, je suis

46 to stroll
47 we would break up
48 herd
49 pond
50 depending on
51 supervisors
52 hills
53 oak trees
54 chestnut groves
55 hedges
56 I didn't know how things worked
57 guardian
58 school
59 Jerusalem artichokes
60 that I was crazy about
61 weevils (a type of insect)
62 dining hall
63 tureen
64 we would dip
65 together
66 silverware
67 I completely changed
68 barley
69 afternoon snack
70 slices
71 rushed
72 in the basement
73 padlocked
74 practically
75 bartered for
76 jacket
77 to cut up
78 even if it meant
79 took out
80 pork pies
81 torture
82 puny
83 supervised study periods
84 disillusioned remarks
85 hard to imagine
86 uproar
87 what got into me

sortie. La porte refermée, j'étais plutôt paniquée à l'idée de cette seconde entrevue avec la directrice. Elle était majestueuse, Madame Noël, mais avait une réputation de sévérité épouvantable.[88] C'est vrai que ses colères[89] étaient terribles. Je revois la scène : - Vous faites preuve[90] d'une indiscipline inadmissible !

Je crois pourtant que cet éclat[91] fut à l'origine de la sympathie qu'elle me témoigna[92] par la suite.

Des cours qui m'ont aidée à vivre

Heureusement, il y avait les cours qui m'ont aidée à vivre. La réputation de La Souterraine n'était pas surfaite.[93]

Seule la prof d'anglais, vieille fille[94] que les élèves qualifiaient d'obsédée sexuelle, déparait[95] le niveau général. Elle avait un accent détestable et "the ballad of the ancient mariner" se déroulait[96] dans un climat bizarre. […] Je ne fis aucun progrès en anglais, mais grâce à l'anglais, j'eus un peu d'argent de poche, car la directrice me chargea[97] de servir de répétitrice[98] à des élèves de quatrième.[99] […]

J'adorais les mathématiques depuis toujours et je ne fus pas déçue, la surprise, inattendue[100] dans cette petite ville de province, vint de l'ouverture à la culture qui pour moi fut extraordinaire. C'est ainsi que le français devint aussi pour moi source de joie. Je revois Madame D. nous faisant lire et, dénichant[101] au fond de la classe une élève habituellement assez terne,[102] mais aux talents certains de tragédienne.

Il y eut cette année-là un spectacle[103] d'élèves, inoubliable[104] Paulette en reine Barberine, avec qui je me suis liée[105] l'année suivante. Comme je souhaite ardemment que la vie ait été douce[106] pour elle, ainsi que pour Sarah, le mouton bêlant[107] irrésistible de drôlerie dans la "Farce de maître Patelin". […]

Le brevet et le baccalauréat

L'année suivante, les maquis s'organisaient et j'attendais le débarquement.[108] Le brevet était passé, et la solitude avait fait place[109] à l'amitié.

Nous n'étions que neuf élèves dans la classe de préparation à l'Ecole normale[110] d'institutrices. Par suite des lois raciales de Vichy, je n'avais pas le droit de me présenter au concours.[111] Grâce à la directrice et à mes professeurs de français et de mathématiques, je me préparais au baccalauréat première partie, qui à l'époque comportait[112] toutes les matières. […]

88 dreadful
89 fits of anger
90 you are showing
91 outburst
92 she showed me
93 overrated
94 old maid
95 spoiled
96 took place
97 asked me
98 tutor
99 8th grade
100 unexpected
101 discovering
102 dull
103 a show
104 unforgettable
105 I became friends with
106 sweet
107 bleating
108 landing
109 had given way to
110 teacher training classes
111 competitive exam
112 covered

Candidates au brevet. Bella est accroupie au premier rang à gauche. Son amie Andrée Anglard, chez qui elle se cachait en ville, est assise à droite.

Dans les derniers jours de la débâcle allemande tout le monde m'aida. Notre jeune professeur de mathématiques, que j'aimais beaucoup, me procura[113] une fausse carte d'identité. La directrice, madame Noël, fournit[114] les tickets d'alimentation et j'allai me cacher en ville chez mon amie dont les parents m'accueillirent chaleureusement.

Je savais que mes parents se cachaient aussi dans l'Indre, car j'avais reçu un mot laconique de mon frère "tu n'es plus ma soeur" ce qui avait une signification très claire pour moi.

La sympathie agissante,[115] et comme allant de soi,[116] dont on m'a entourée m'a beaucoup touchée. Pendant ces deux années passées à la BDB je n'avais jamais eu à subir[117] la moindre manifestation d'hostilité, la moindre parole blessante. Je connaissais les risques que prenaient ces personnes pour me protéger. Je me souvenais de la rafle du 20 août 1941 quand mon père a été arrêté et envoyé à Drancy dans l'indifférence, voire[118] l'hostilité de nos voisins (c'est la concierge qui l'a dénoncé).

Fin mai 1944, je partis à Guéret passer le bac, la vraie carte dans la poche gauche pour les salles d'examen et la fausse dans la poche droite pour la ville. Ce n'était pas malin[119] et cela m'a occasionné[120] quelques angoisses. Heureusement la milice n'est pas venue.

Puis je revins à La Souterraine. Chez mon amie régnait une atmosphère d'harmonie comme j'en ai rarement connu depuis.

Et le 6 juin 1944 arriva...

Bella Goldstein-Belbeoch

N.B. - Il est fort possible qu'il y ait eu des élèves juives externes sous de fausses identités. Si c'est le cas je n'en ai rien su, car, bien sûr, elles ne se sont pas manifestées ouvertement. Il y avait deux autres élèves juives internes à la BDB dans les classes de 5ème et de 4ème, Noémie et Sarah. A la fin de l'année scolaire 1944 Sarah a été cachée chez notre professeur de physique.

113 provided me with
114 supplied
115 active
116 as if completely normal
117 I never suffered from
118 even
119 smart
120 it gave me a few scares

a. Qu'est-il arrivé aux parents de Bella?
b. Pourquoi Bella est-elle contente d'être à l'école?
c. Comparez la vie quotidienne de Bella à celle de Julien et Jean (pensez au dortoir, à la toilette, au ménage, au froid, aux promenades, aux sorties, aux repas). Qu'est-ce qui est similaire? Qu'est-ce qui est différent? N'oubliez pas que Bella a 14 ans et est dans une école de filles, alors que les garçons n'ont que 11 ans et sont dans une école de garçons.
d. Bella aime-t-elle les cours et les études? A votre avis, pourquoi est-ce particulièrement important pour elle?
e. Comparez les professeurs de Bella à ceux de Julien et Jean. Sont-ils gentils avec les élèves?
f. Qu'est-ce qui a changé pour Bella entre sa première année à La Souterraine (1942-43) et sa deuxième année (1943-1944)?
g. Quelles études Bella fait-elle? Quel métier aura-t-elle?
h. En quoi la situation familiale de Bella est-elle différente de celle de Jean?
i. Qu'est-ce que ce témoignage indique sur son caractère? Quelle impression générale avez-vous de cette jeune fille?

8 femmes

Présentation du film

Années 50. Une tempête de neige quelques jours avant Noël. Un homme est retrouvé mort dans une grande maison isolée. La coupable est sans doute une des huit femmes qui vivent auprès de lui. Est-ce sa femme? Une de ses filles? Sa sœur? Sa belle-mère? Sa belle-sœur? La cuisinière? La femme de chambre?

Carte d'identité du réalisateur

François Ozon (né en 1967): Après de solides études de cinéma Ozon commence sa carrière par une série de courts-métrages qui reçoivent des critiques élogieuses. Son premier long métrage, *Sitcom* (1998), est étrange et provoquant et le fait connaître auprès du grand public. La consécration vient en 2000 avec *Sous le sable*, et *8 femmes* (2002) est un gros succès. Depuis, il tourne un film par an en alternant les genres et les sujets : une femme face à la disparition de son mari dans *Swimming pool* (2003), un jeune homme gravement malade dans *Le temps qui reste* (2005), un bébé avec des pouvoirs extraordinaires dans *Ricky* (2009) et enfin *Potiche* (2010), une comédie drôle et acide dans laquelle il retrouve Catherine Deneuve. Les films d'Ozon sont variés et déroutants. Certains adorent, d'autres n'aiment pas du tout, mais personne n'est indifférent.

Les 8 actrices

L'un des gros atouts du film est la brochette d'actrices que le réalisateur a réussi à rassembler. Fanny Ardant, Emmanuelle Béart, Danielle Darrieux, Catherine Deneuve, Isabelle Huppert, Virginie Ledoyen, Firmine Richard, Ludivine Sagnier viennent d'horizons différents et ont eu des expériences très variées. Faites quelques recherches pour découvrir laquelle se cache derrière chaque portrait.

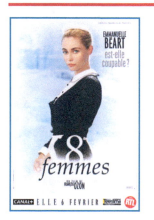 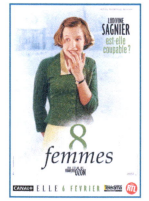  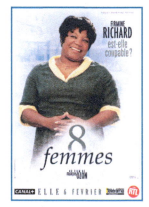

- Elle avait 10 ans quand elle a joué dans son premier film.
- Elle a joué avec Leonardo DiCaprio.
- Elle est ambassadrice pour L'Oréal.

QUI EST-CE?

- Elle est née en Guadeloupe.
- Elle est devenue actrice par hasard.
- Elle a tourné son premier film en 1988. Elle jouait avec Daniel Auteuil.

QUI EST-CE?

- Son père était un compositeur célèbre.
- Elle a vécu 10 ans avec Daniel Auteuil.
- Elle a joué aux Etats-Unis dans *Mission: Impossible*.
- Elle est ambassadrice de l'UNICEF.

QUI EST-CE?

- C'est la plus jeune des huit actrices du film.
- Elle est entrée à 15 ans au Conservatoire d'art dramatique de Versailles.
- Elle avait déjà tourné avec Ozon.
- C'est la fée Clochette dans *Peter Pan*.

QUI EST-CE?

L'heure de gloire

Le film s'est fait remarquer dans de nombreux festivals. Les huit actrices ont gagné l'Ours d'argent au festival de Berlin et le prix d'interprétation de l'Académie du film européen. Aux César le film a été nommé comme meilleur film, meilleur réalisateur, meilleure actrice, meilleur décor, meilleurs costumes et meilleur scénario. *8 femmes* a aussi remporté le prix Lumière du meilleur réalisateur.

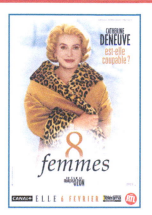 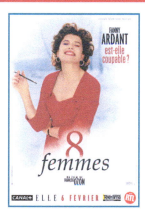 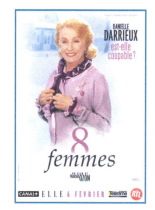 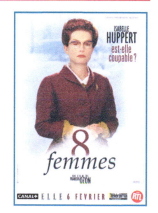

- Elle a beaucoup voyagé avec sa famille quand elle était enfant.
- Elle a fait de solides études de sciences politiques.
- Elle a été mariée à Truffaut.
- C'est Madame de Blayac dans *Ridicule*.
- Elle a réalisé un court métrage dans le film collectif *Paris, je t'aime*.

QUI EST-CE?

- Le public l'a découverte en 1976 dans *Le juge et l'assassin*.
- C'était l'actrice préférée de Claude Chabrol.
- Elle a reçu deux prix d'interprétation à Cannes.
- Au théâtre elle a interprété Molière, Musset, Tourgueniev, Shakespeare.

QUI EST-CE?

- Elle vient d'une famille de théâtre.
- Elle avait déjà chanté, avant *8 femmes*, dans *Les parapluies de Cherbourg*.
- Elle a joué avec Danielle Darrieux dans *Les demoiselles de Rochefort* en 1966.
- Elle a été choisie comme modèle pour le buste de Marianne (qui symbolise la France).

QUI EST-CE?

- Elle avait 85 ans à la sortie du film.
- Elle a chanté dans des comédies musicales dans les années 30.
- Elle a eu le plus beau rôle de sa carrière en 1953 dans *Madame de …*
- Elle est Chevalier de la Légion d'honneur et Officier des Arts et des Lettres.

QUI EST-CE?

PREPARATION

1 Vocabulaire

Vocabulaire utile avant de voir le film:

> Vous connaissez déjà certains des mots de la liste. Ils sont notés pour que vous les révisiez. Vous devez savoir ce vocabulaire par cœur, avec les genres pour les noms, les prépositions pour les verbes et les orthographes difficiles. Observez bien les exemples, ils vous aideront à vous exprimer correctement.

Les noms

la famille:
  la femme: *the wife**
  le mari: *the husband*
  la belle-mère: *the mother-in-law*
  le gendre: *the son-in-law*
  la belle-sœur: *the sister-in-law*
  la fille aînée: *the older daughter*
  la fille cadette: *the younger daughter*
les domestiques: *the domestic servants*
  la gouvernante: *the governess*
  la cuisinière: *the cook*
  la femme de chambre: *the maid*
un meurtre: *a murder***
un couteau: *a knife*
le dos: *(someone's) back*
le/la coupable: *the culprit, the guilty party*
le/la meurtrier (-ère): *the murderer*

une vieille fille: *an old maid*
un roman d'amour: *a love story*
un roman policier: *a detective novel*
une piqûre: *a shot****
une tempête de neige: *a snow storm*
des actions: *shares, stock*
un testament: *a will*
un amant: *a lover*
une maîtresse: *a mistress*
un associé: *a partner (in business)*
un pavillon de chasse: *a hunting lodge*
une trahison: *betrayal*
un mensonge: *a lie*
une clé: *a key*

> *Prononciation: Femme se prononce comme si le "e" était un "a".
> **Ex : Un meurtre a été commis.
> ***L'orthographe de ce mot va peut-être vous sembler étrange. Il est très ancien et n'a pas évolué.

Les verbes

assassiner qq'un: *to murder s.o.*
tirer (un coup de feu, une balle): *to shoot*
faire faillite: *to go bankrupt*
s'écrouler: *to collapse*
se suicider: *to commit suicide*
recueillir qq'un chez soi: *to receive s.o. in one's home**
se plaindre de qqch: *to complain about sth*
faire chanter qq'un: *to blackmail s.o.***
taire qqch: *to keep silent about sth*

coucher avec qq'un: *to sleep with s.o.*
soupçonner qq'un de qqch: *to suspect s.o. of sth****
cacher qqch: *to hide sth*
faire qqch en cachette: *to do sth secretly*****
jouer aux cartes: *to play cards*
mentir à qq'un: *to lie to s.o.*
trahir qq'un: *to betray s.o.******
voler qqch à qq'un: *to steal sth from s.o.*
se disculper: *to exonerate o.s.*

> *Attention à l'orthographe de ce mot ! Remarquez bien les trois voyelles qui se suivent.
> **Ex: Elle connaît son secret donc elle le fait chanter.
> ***Ex: Je soupçonne la bonne de ne pas dire la vérité.
> ****Ex : Est-ce que Mamy a vendu ses actions en cachette ?
> *****Ex : Louise avait promis de tenir le secret mais elle a trahi Pierrette.

> **Assassiner :** Ce verbe vient d'un mot arabe qui voulait dire "buveur de hachisch"! Il est entré dans la langue française au Moyen Age, à l'époque des croisades.
> **Se suicider :** Mot inventé à la fin du XVIIIe siècle et construit sur le modèle d' "homicide" ("sui" veut dire "de soi", comme "self" en anglais).

Les adjectifs

coupable (de): *guilty (of)**
avare: *miserly*
alcoolique: *alcoholic***
invalide: *disabled*
hypocondriaque: *hypochondriac*
enceinte: *pregnant*
véreux (-se): *corrupt*

insolent(e): *cheeky*
provocant(e): *provocative*
espiègle: *mischievous*
déluré(e): *sassy*
jaloux (-se): *jealous*
fidèle: *loyal*
dévoué(e): *devoted, dedicated****

*Ex : Qui est coupable du crime ?
**Cet adjective se prononce comme s'il n'y avait qu'un seul "o".
***Ex : Chanel est dévouée à la famille depuis longtemps.

Le saviez-vous?
Molière a écrit une célèbre comédie, *L'avare*, en 1668.

Traduisez!

Vous n'avez pas besoin du dictionnaire. Tous les mots sont dans la liste ci-dessus !
3ᵉ phrase : Ne traduisez pas "was" par "était"! Que faut-il choisir?
4ᵉ phrase : Comparez la traduction des deux "him".

1. Marcel's sister-in-law is a hypochondriac old maid. She secretly reads love stories.

2. Catherine, the younger daughter, is mischievous and cheeky, but she can't have murdered her father.

3. Did Marcel commit suicide? No, he was found with a knife in his back.

4. Who betrayed Marcel? Who lied to him? Who blackmailed him? Who is guilty of murder?

5. Is it his miserly and alcoholic mother-in-law? Is it his corrupt partner? Is it the dedicated but jealous cook? Who is the murderer?

2 Repères culturels

A savoir
Quand il a créé *8 femmes*, Robert Thomas a proposé le rôle principal (celui de Gaby, interprété par Deneuve) à Danielle Darrieux! Comme elle était prise par un autre projet elle a refusé.

1. Le film est basé sur une pièce de théâtre (du même nom) de Robert Thomas. Faites quelques recherches sur cet auteur. Quand a-t-il écrit *Huit femmes*? La pièce a-t-elle eu du succès? Comment Thomas est-il devenu célèbre? Quelles sont les différentes fonctions qu'il a exercées au théâtre et au cinéma? Comment peut-on définir le style des pièces de Robert Thomas?

2. Le roman policier est un genre qui a inspiré de nombreux auteurs et certains détectives sont devenus des célébrités. Pouvez-vous, dans la liste suivante, associer chaque détective et son auteur? Notez aussi la nationalité de l'auteur.

Nestor Burma ◄ ► Raymond Chandler
Sherlock Holmes ◄ ► Agatha Christie
Commissaire Maigret ◄ ► Arthur Conan Doyle
Arsène Lupin ◄ ► Frédéric Dard
Philip Marlowe ◄ ► Maurice Leblanc
Miss Marple ◄ ► Gaston Leroux
Hercule Poirot ◄ ► Léo Malet
Joseph Rouletabille ◄ ► Georges Simenon
San-Antonio ◄
Dr Watson ◄

3 Le contexte

Le film se passe dans les années 50, au sein d'une famille bourgeoise. Essayez d'imaginer comment une famille américaine aisée vivait à cette époque-là. Dans quel type d'habitation et de quartier la famille vivait-elle? Que faisait la mère? Comment les enfants étaient-ils élevés? Quelles étaient les valeurs de la famille? Qu'est-ce qui était important? Comment la société voyait-elle le rôle des hommes et celui des femmes?

4 Bande-annonce[1]

Regardez la bande-annonce plusieurs fois et répondez aux questions suivantes:

1. Quels sont les lieux que vous voyez dans la bande-annonce? Décrivez-les.
2. Quels mots s'affichent sur l'écran?
3. Comment peut-on décrire le ton, l'humeur de la bande-annonce? Ecoutez bien la musique!
4. A votre avis, que va-t-il se passer dans ce film?

5 A savoir avant de visionner le film

- Durée: 1h47
- Genre: Suspense policier/comédie musicale
- Public: Adultes et adolescents
- Note:
  - Le film est une parodie de vieux films: films policiers et comédies musicales des années 50.
  - Le casting est inhabituel (il n'y a que des femmes) et prestigieux (plusieurs grandes stars du cinéma français comme Catherine Deneuve, Isabelle Huppert, Emmanuelle Béart et Fanny Ardant). Cela est assez incroyable pour un réalisateur de 34 ans.
  - Les actrices parlent beaucoup et vite, c'est un des éléments comiques. Ecoutez bien les dialogues!
  - Le film est très original et va peut-être vous surprendre. L'histoire est en effet interrompue régulièrement par des numéros chantés et dansés. Ecoutez attentivement les paroles des chansons et observez bien les chorégraphies car elles en disent long sur chaque personnage. Remarquez aussi que les actrices chantent elles-mêmes, elles ne sont pas doublées.
  - Le film n'est ni réaliste ni vraisemblable. Laissez-vous porter par l'histoire sans chercher à en faire une analyse scientifique !
  - Enfin le film aborde plusieurs sujets sensibles. Certaines scènes sont surprenantes, peut-être même dérangeantes. N'oubliez pas que le film est une comédie!

---

1   Disponible sur le DVD

PREMIERE APPROCHE

1 L'histoire

Les personnages en relation au mort:

Gaby (Catherine Deneuve)
sa femme

Suzon (Virginie Ledoyen)
sa fille aînée

Catherine
(Ludivine Sagnier)
sa fille cadette

Mamy (Danielle Darrieux)
sa belle-mère

Augustine
(Isabelle Huppert)
sa belle-sœur

Pierrette (Fanny Ardant)
sa sœur

Mme Chanel
(Firmine Richard)
la cuisinière

Louise
(Emmanuelle Béart)
la femme de chambre

Le film est une succession de mensonges, de découvertes et de révélations. Pour vous aider à y voir plus clair, prenez des notes en regardant le film. Ensuite, remplissez les cases suivantes en faisant la liste de toutes les révélations. N'oubliez pas de noter qui apporte l'information.

Le saviez-vous?

C'était la 4e fois que Danielle Darrieux incarnait la mère de Catherine Deneuve au cinéma!

Ex: Gaby

• Sort très souvent le soir, en cachette. (Louise)
• Etait enceinte quand elle s'est mariée. (Pierrette)
• Ne s'est pas beaucoup occupée de ses filles. (Chanel)
• Avait prévu de quitter Marcel pour Jacques Farnoux ce jour-là. (Gaby)

Augustine:

Mamy:

Chanel:

Suzon:

Louise:

Pierrette:

Catherine:

Retrouvez maintenant le déroulement exact de la soirée. Qui est venu voir Marcel aux heures suivantes, et pourquoi?

10h: Mamy refuse de lui donner son argent. Elle fait croire qu'il a été volé.
10h30: flivFS
11h: wife tells leaving him for Jacques Farnoux
11h30: Fake maid enters
Minuit:
1h-1h30:
4h:
6h: Crying (bad) ~

2 Analyse d'une photo

1. Qui les sept femmes regardent-elles?
2. Pourquoi est-elle par terre? Qu'est-ce qui vient de se passer?
3. Qu'est-ce que la position de leur corps révèle?
4. Où la caméra est-elle placée à ce moment-là? De qui a-t-on le point de vue?

Analyse de citations

1. Gaby: "C'est une vraie perle, j'en suis ravie. Et puis, quelqu'un qui accepte de s'enfermer comme ça au fond d'un trou en plein hiver, c'est une chance pour nous!"

2. Gaby: "Je suis belle et riche, alors qu'elle est laide et pauvre!"

3. Pierrette: "L'amour de l'argent vous étouffera, ma chère belle-sœur."

4. Augustine: "Ah! C'est terrible. J'ai le cœur arrêté."

   Mamy: "Ne bouge pas, il va repartir."

5. Catherine: "Cette fois, c'est vraiment vous qui l'avez tué!"

> **A savoir**
>
> Quand Gaby parle à Suzon de son père, elle lui dit: "Te voir près de moi, c'est à la fois une joie... et une souffrance." C'est exactement ce que Gérard Depardieu dit à Catherine Deneuve dans la pièce qu'ils jouent dans *Le dernier métro*!

APPROFONDISSEMENT

1 Vocabulaire

Enrichissez votre vocabulaire!

> Le but de cette deuxième liste est d'élargir votre champ lexical. Ce vocabulaire ciblé sur des thèmes du film va vous permettre d'enrichir votre style.

L'argent

faire fortune (dans): *to make one's fortune (in)**
l'opulence: *wealth*
cossu(e): *rich-looking*
épargner: *to save*
avoir de l'argent de côté: *to have money aside*
l'avarice: *miserliness*
la cupidité: *greed*
économe: *thrifty*
radin(e): *stingy*
vénal(e): *venal*

une dette: *a debt*
devoir (de l'argent): *to owe (money)*
emprunter qqch à qq'un: *to borrow sth from s.o.***
prêter qqch à qq'un: *to lend sth to s.o.***
rembourser: *to reimburse*
un compte en banque: *a bank account*
une tirelire: *a piggy bank*
l'argent ne fait pas le bonheur: *money can't buy happiness (proverb)*

> *Ex: Il a fait fortune dans l'immobilier.
> **Ex : Pierre a emprunté de l'argent à Paul. Paul lui a prêté de l'argent.

> **Le saviez-vous?**
>
> Le latin "argentum" avait le sens de "silver" et de "monnaie". Il a gardé ces 2 sens en français moderne.

Mensonges et révélations

mentir à qq'un: *to lie to s.o.*
mensonger (-ère): *untrue, false*
il ment comme il respire = il ment tout le temps:
   he's a compulsive liar
falsifier: *to falsify, to forge*
cacher qqch à qq'un: *to hide sth from s.o.**

tromper qq'un: *to mislead s.o. / to cheat on s.o.***
la calomnie: *slander*
révéler: *to reveal, to disclose*
dévoiler: *to expose, to uncover*

> *Ex : Catherine cache la vérité aux femmes. Elle la leur cache.
> **Ex: Farnoux trompe Marcel. Gaby trompe Marcel avec Farnoux.

Crime et justice

accuser qq'un de qqch: *to accuse s.o. of sth**
un délit: *an offense*
prendre qq'un en flagrant délit:
  to catch s.o. red-handed
un homicide: *a murder*
une enquête: *investigation*
un témoin: *a witness*
prouver: *to prove*
l'arme du crime: *the murder weapon*
le mobile (du crime): *the motive*
chercher à qui profite le crime: *to look for s.o. with
  a motive*

interroger qq'un: *to question s.o.*
le procès: *the trial*
le tribunal: *the court*
un juge: *a judge*
la loi: *the law*
le verdict: *the verdict*
condamner qq'un à qqch: *to sentence s.o. to sth***
le crime ne paie pas: *crime doesn't pay (proverb)*

*Ex: Le juge accuse M. Dupuis du crime / d'avoir commis le crime.
**Attention: On ne prononce pas le "m" dans "condamner".

Mise en pratique du vocabulaire:

Ecrivez 5 phrases dans lesquelles vous utilisez au moins 10 mots de la liste ci-dessus.

2   Réflexion - Essais

Ces questions vont vous permettre d'approfondir l'étude du film. Ecrivez un paragraphe pour chacune, en utilisant le vocabulaire du chapitre et en soignant votre expression (vérifiez votre orthographe et votre grammaire). En faisant ce travail, vous vous préparez à la prochaine composition.

1. Quel est le but du film? Le regarde-t-on pour l'histoire ou pour autre chose?

2. Qui a un mobile pour tuer Marcel? Comment se disculpent-elles toutes??

3. Qu'est-ce que le huis-clos force chaque femme à faire? Qu'auraient-elles fait si elles avaient pu sortir?

4. Finalement qui, ou qu'est-ce qui, a tué Marcel? Pourquoi s'est-il suicidé?

5. Qu'est-ce que Marcel apprend dans la journée qu'il ne savait pas déjà? Lequel des neuf personnages était le mieux renseigné?

6. Quel portrait le film dresse-t-il de la bourgeoisie?

7. Quel rôle ont les domestiques? Chanel et Louise sont-elles au second plan? A-t-on le sentiment qu'elles font vraiment partie de la famille? Contrastent-elles avec la famille bourgeoise?

8. Quel rôle l'argent joue-t-il dans cette histoire?

9. Trouvez-vous le film méchant? Choquant? Charmant? Drôle?

Un huis-clos est une situation où les personnages sont enfermés et ne peuvent pas sortir.

3 Analyse d'une scène: Emploi du temps et révélations (41:08 à 47:40)

> ## Vocabulaire spécifique à cette scène
> un emploi du temps (*a schedule*) • un interrogatoire (*questioning*) • interroger qq'un (*to question s.o.*) • se méfier de qq'un (*to be suspicious of s.o.*) • se remettre de ses émotions (here: *to cheer up*)

A. **Ecoutez**

1. Cette scène nous permet de faire le point sur l'emploi du temps de chacune. Qu'est-ce que nous apprenons de nouveau?

2. Qui mène l'interrogatoire? Comment cela se retourne-t-il contre elle?

3. Il y a plusieurs confrontations: Gaby-Pierrette, Gaby-Louise, Catherine-Augustine, Pierrette-Louise, Suzon-Catherine. De quelle nature sont-elles?

4. Nous avons deux fois de la musique pendant la scène. A quel moment et pourquoi?

B. **Observez**

1. Comment voit-on que Suzon prend très au sérieux son rôle d'inspecteur?

2. Comment les actrices sont-elles filmées lorsqu'elles présentent leur emploi du temps? Pourquoi ce choix?

3. Pourquoi Pierrette est-elle de dos quand Gaby l'interroge?

4. Que fait Mamy pour se remettre de ses émotions?

5. Comment les actrices sont-elles placées au moment où Louise quitte la maison? Qui fait face à qui? Que font ensuite Suzon et Catherine?

6. Vers qui Suzon est-elle tournée quand Catherine annonce qu'elle était dans la maison à 4h du matin? Que font toutes les femmes à ce moment-là?

C. **Cette scène dans l'histoire**

Pourquoi cette scène est-elle importante? Qu'est-ce qu'elle apporte à l'histoire? Où est-elle placée dans le film?

D. **Langue**

1. **Prépositions et adverbes**

Remplissez les blancs avec la préposition ou l'adverbe qui convient. Tous les mots de la liste doivent être utilisés.

à côté de • au milieu • autour de • dans • d'après • dedans • dehors • derrière • dessus • devant • en bas • en face de • en haut de • par • parmi • sauf • vers

a. La chambre de Marcel est _____ (les) escaliers.

b. Quand Louise a monté le tilleul _____ la chambre de Marcel, Pierrette était déjà _____.

c. Pierrette était _____ Marcel quand elle l'a menacé de le tuer.

d. Chanel ne sait plus quand elle est partie mais c'était _____ minuit.

e. Catherine a regardé _____ le trou de la serrure et a vu Augustine _____ sa glace.

f. Mamy s'est levée _____ une heure du matin pour aller chercher son tricot _____.

g. Pierrette est de dos quand Gaby l'interroge. La caméra est _____ elle.

h. Mamy est _____ la table avec les alcools. Elle pose son verre _____.

i. Pour Suzon il est évident que l'assassin est _____ elles.

j. _____ Catherine, Suzon était déjà dans la maison la veille au soir.

k. Les femmes (_____ Louise, qui est _____) forment un cercle et Suzon est _____.

2. Adjectifs possesifs

Remplissez les blancs avec l'adjectif possessif (**mon, ma, mes, ton, ta, tes**, etc.) qui convient.

a. Mamy: Je suis allée chercher la laine de _____ tricot.

b. Gaby: Maman, tu as retrouvé l'usage de _____ jambes?

c. Louise dit qu'elle était dans la chambre avec Marcel et Pierrette mais qu'elle n'a pas assisté à _____ conversation.

d. Suzon et Catherine: _____ tante Pierrette est bien mystérieuse.

e. Louise à Pierrette: Désolée, mais _____ arrangement ne tient plus. Je ne peux pas garder _____ secrets.

f. Augustine était devant _____ glace et elle nettoyait _____ peigne en nacre.

g. Gaby ne veut pas être jugée par _____ enfants.

h. Les domestiques, comme Chanel et Louise, connaissent souvent les secrets de _____ maîtres.

3. Depuis

Traduisez les phrases suivantes en utilisant **depuis, depuis que, depuis quand**, ou **depuis combien de temps**. Faites bien attention, ils ne sont pas interchangeables et les verbes ne sont pas conjugués au même temps qu'en anglais.

a. How long have you been coming to this house?

b. I have been coming since I have had money problems.

c. How long had Louise known Marcel when she was hired?

d. She had known him for 5 years.

e. How long have the eight women been telling the truth?

f. They have been telling the truth since Marcel was murdered.

g. Much has happened since Suzon's return.

E. Comparaison avec une autre scène

Comparez cette scène avec celle des révélations de Catherine à la fin (1:38:08 à 1:42:35).

a. Qui est présent dans les deux scènes?

b. Qui est au centre?

c. Quel est le ton de chaque scène?

F. Sketch

Imaginez que Suzon ait révélé quelque chose de différent. Elle n'est pas enceinte, elle a un autre problème ou elle a été témoin de quelque chose de bouleversant. Ecrivez un dialogue dans lequel elle annonce ce qui l'inquiète. Chaque personnage intervient tour à tour pour la disputer, la consoler, la critiquer, l'humilier, l'encourager. Pensez bien aux mœurs de l'époque!

LE COIN DU CINEPHILE

1 Première / dernière scène

Vous allez comparer le début du film (jusqu'à 7:30) et la fin (de 1:43:10 au mot "Fin").

> Revoyez le début et la fin du film pour pouvoir faire cette activité. Vous devez vous attacher aux détails.

1. Comment le nom de chaque actrice est-il présenté?

2. Que voit-on avant de voir les actrices?

3. Comment chaque personnage est-il introduit?

4. Quelle est l'humeur générale de ce début de film?

5. Qu'est-ce qui a changé à la fin? Quelle est l'humeur de la scène?

6. Observez l'habillement et la coiffure des femmes. Qu'est-ce qui a changé entre le début et la fin?

7. A votre avis, quelle scène est la plus étrange? Pourquoi?

8. Pourquoi les actrices sont-elles alignées et nous regardent-elles? A quoi cela vous fait-il penser?

2 Chansons et danses

Qu'est-ce que les chansons et les danses / chorégraphies apportent à l'histoire et aux personnages? A votre avis, était-ce facile pour les actrices, qui chantent toutes elles-mêmes, de faire ce numéro?

3   Couleurs / Vêtements / Coiffures

Comment les actrices sont-elles habillées? Quelles couleurs ont été choisies pour chacune? Comment sont-elles coiffées?

4   Sous-titres

Les dialogues suivants sont tirés de la chanson de Catherine.
Comparez le texte français et les sous-titres, et répondez aux questions.

1	Tu devrais ma parole	*What you need to do*
2	Retourner bien vite à l'école	*Is hurry back to school*
3	Réviser ton jugement	*Learn something new*
4	Crois-moi ce serait plus prudent […]	*[You really need to […]*
5	Papa papa papa, t'es plus dans l'coup papa, papa papa papa, t'es plus dans l'coup papa	*Daddy Daddy, you ain't with it, Daddy*
6	Tu m'avais dit ce garçon est volage	*You said the boy was a cad*
7	Fais attention il va te faire souffrir	*You said he would make me cry*
8	Pourtant depuis je vis dans un nuage	*But he never makes me feel bad*
9	Et le bonheur danse sur mon sourire	*He sends me right up to the sky*

1. Le texte français rime. Qu'en est-il du texte anglais?
2. 3ème ligne: Comment "Réviser ton jugement" est-il traduit? Est-ce que la traduction a le même sens?
3. 5ème ligne: "T'es plus dans l'coup" (you're old-fashioned) est une expression familière. Comment le sous-titreur s'est-il arrangé pour que le registre de langue soit respecté?
4. 6ème ligne: "Volage" et "cad" n'ont pas exactement le même sens. Pourquoi "cad" a-t-il été choisi à votre avis?
5. 8ème et 9ème lignes: Comparez le français et les sous-titres. Qu'est-ce qui vous frappe?
6. En général, les sous-titres doivent respecter le fond (les idées) et la forme (vocabulaire, niveau de langue). Etait-ce la même chose ici? Qu'est-ce qui était le plus important?

AFFINEZ VOTRE ESPRIT CRITIQUE

1 Comparaison d'affiches

Vous allez comparer l'affiche française et l'affiche américaine de *8 femmes*. Pour trouver les affiches, allez sur www.affichescinema.com, cliquez sur "Voir la collection", puis sur "H", puis sur "Huit femmes". Pour l'affiche américaine allez sur www.imdb.com. Vous pouvez agrandir et imprimer les affiches pour faciliter votre travail.[2]

1. Qu'est-ce que les deux affiches ont en commun?
2. Quelle question l'affiche française pose-t-elle?
3. Laquelle des deux affiches trouvez-vous la plus originale?
4. Que remarquez-vous dans le "O" de "WOMEN"? A-t-on la même chose sur l'affiche française? Est-ce une bonne idée d'inclure cet objet sur l'affiche?
5. Quelle affiche préférez-vous? Pourquoi?

2 Traitement des actrices

Pensez-vous que les huit actrices sont traitées de façon égale dans le film? Certaines sont des stars, d'autres sont moins connues. Est-ce que cela se voit? Elles n'ont pas toutes été payées pareil: Catherine Deneuve, Isabelle Huppert et Emmanuelle Béart ont reçu plus que les autres. Est-ce juste?

3 Classement

Aux Etats-Unis le film est classé "R", alors qu'en France il est considéré comme étant pour tous publics. Comment peut-on expliquer cette différence? Qu'est-ce qui justifie le classement américain à votre avis? A partir de quel âge le film vous semble-t-il approprié?

4 Modernité de l'histoire

Cette histoire vous semble-t-elle toujours d'actualité? Pourrait-elle avoir lieu aujourd'hui?

5 Les critiques

1. Dans sa critique du film, Pierre Murat (*Télérama*, 6 février 2002) note que l'"on est à cent lieues du réalisme, de la vraisemblance, du naturel." Etes-vous d'accord? Le film est-il réaliste, vraisemblable? Qu'est-ce qui est artificiel? Qu'est-ce qui est exagéré?
2. Quant à Jean-Marc Lalanne, il écrit dans *Les cahiers du cinéma* de février 2002 que "*Huit femmes* est un film totalement régressif, l'œuvre d'un cinéaste au cœur de son désir, celui infantile et capricieux de continuer à jouer avec ses poupées, pour les chérir et les martyriser." Qu'est-ce que cela veut dire? Etes-vous d'accord avec cette analyse?

A savoir

En France il n'y a que deux classements: "Interdit aux -13 ans" et "Interdit aux -18 ans". Comme ce sont des interdictions strictes (et non des recommandations), la plupart des films français sont ouverts à tous. Il revient aux parents de décider ce qui convient à leurs enfants.

---

2 Vous remarquerez que les affiches ne sont pas de très bonne qualité, surtout si vous les agrandissez. C'est la seule solution qu'ont les sites internet qui hébergent des photos et des affiches de films. La loi les autorise à le faire si les photos sont de basse résolution.

POUR ALLER PLUS LOIN

1 Parallèles avec d'autres films

1. **Le théâtre:** *Cyrano de Bergerac*, *8 femmes* et *Le dîner de cons* étaient des pièces de théâtre avant d'être des films. Quels sont les éléments de théâtre que l'on retrouve dans chacun de ces films? A quelles difficultés particulières les réalisateurs ont-ils dû faire face?

2. **Les rapports de classe:** Réfléchissez au rôle joué par les différences de classes sociales dans *8 femmes*, *Les femmes du 6e étage* et *Ressources humaines*. Quel impact les différences de classes ont-elles sur les rapports entre les personnages ? Les personnages respectent-ils les différences ? Les films se passent dans les années 50, 60 et 90. Voyez-vous une évolution ?

3. **Les actrices:** Fanny Ardant et Catherine Deneuve ont joué dans de nombreux films et ont eu des rôles extrêmement variés. Pourtant, on retrouve un type de personnage qu'elles ont tendance à jouer régulièrement. Comparez Pierrette et Madame de Blayac (*Ridicule*) et Gaby et Marion Steiner (*Le dernier métro*). Qu'est-ce que les deux personnages de chaque paire ont en commun? Pourrait-on imaginer que les actrices échangent leurs rôles?

2 Imaginez!

1. A votre avis, que va-t-il se passer maintenant que Marcel est mort? Que vont faire les 8 femmes? Qui va hériter? Quelles décisions vont-elles prendre? Les domestiques vont-elles rester ou être renvoyées? Ecrivez la suite de l'histoire en utilisant votre imagination tout en restant plausible.

2. Imaginez qu'elles aient réussi à faire venir la police. Chaque femme parle en privé avec le commissaire de police. Vont-elles dire la vérité, toute la vérité? Vont-elles essayer d'accuser les autres pour se disculper?

3 Lectures

1. **Poème d'Aragon : "Il n'y a pas d'amour heureux"**

   La chanson de Mamy est, à l'origine, un poème d'Aragon que
   Georges Brassens a mis en musique. Lisez-le attentivement et
   répondez aux questions.

Rien n'est jamais acquis[1] à l'homme Ni sa force
Ni sa faiblesse ni son cœur Et quand il croit
Ouvrir ses bras son ombre est celle d'une croix
Et quand il croit serrer[2] son bonheur il le broie[3]
Sa vie est un étrange et douloureux divorce
    Il n'y a pas d'amour heureux

Sa vie Elle ressemble à ces soldats sans armes
Qu'on avait habillés pour un autre destin
A quoi peut leur servir de se lever matin
Eux qu'on retrouve au soir désœuvrés[4] incertains
Dites ces mots Ma vie Et retenez vos larmes
    Il n'y a pas d'amour heureux

Mon bel amour mon cher amour ma déchirure[5]
Je te porte dans moi comme un oiseau blessé
Et ceux-là sans savoir nous regardent passer
Répétant après moi les mots que j'ai tressés[6]
Et qui pour tes grands yeux tout aussitôt moururent
    Il n'y a pas d'amour heureux

Le temps d'apprendre à vivre il est déjà trop tard
Que pleurent dans la nuit nos cœurs à l'unisson
Ce qu'il faut de malheur pour la moindre[7] chanson
Ce qu'il faut de regrets pour payer un frisson[8]
Ce qu'il faut de sanglots[9] pour un air de guitare
    Il n'y a pas d'amour heureux

Il n'y a pas d'amour qui ne soit à douleur
Il n'y a pas d'amour dont on ne soit meurtri[10]
Il n'y a pas d'amour dont on ne soit flétri[11]
Et pas plus que de toi l'amour de la patrie
Il n'y a pas d'amour qui ne vive de pleurs
    Il n'y a pas d'amour heureux
    Mais c'est notre amour à tous les deux

Louis Aragon (*La Diane Francaise*, Seghers 1946)

1 given forever
2 to hold tight
3 he crushes it
4 idle
5 *here:* my wound
6 I wove
7 the least little song
8 a shiver/a thrill
9 sobs
10 wounded
11 withered, wilted

a. Quel est le message général du poème?

b. A quoi le refrain sert-il?

c. 1ère strophe:
   • Expliquez l'image de la croix.
   • Que fait l'homme de son bonheur?

d. 2ème strophe:
   • Qu'est-ce que les soldats étaient censés faire?
   • Pourquoi sont-ils désœuvrés?
   • Pourquoi l'homme peut-il comparer sa vie à celle des soldats?

e. 3ème strophe:
- Pourquoi Aragon associe-t-il "amour" et "déchirure"? Quel est l'effet recherché?
- Qui est l'"oiseau blessé"?

f. 4ème strophe:
- Qu'est-ce que l'auteur regrette?
- Qu'est-ce qu'il faut avoir vécu pour une "chanson", "un frisson" et "un air de guitare"?

g. 5ème strophe:
- Quel effet l'amour a-t-il sur l'homme?
- Comment comprenez-vous le dernier vers?
- Cette strophe n'est pas chantée par Mamy. Pourquoi à votre avis?

h. Pourquoi Ozon a-t-il choisi cette chanson pour Mamy?

i. Pourquoi est-ce la dernière chanson du film?

2. **Les femmes françaises: l'éducation**

a. **Quelques dates[3]:**

Jules Ferry

1836	Création de l'enseignement primaire féminin.
1882	Loi Ferry : école élémentaire obligatoire pour tous les enfants
1861	Première femme à passer le baccalauréat
1900	Ouverture aux femmes de l'Ecole des Beaux-Arts.
1924	Les programmes du secondaire deviennent identiques pour les garçons et les filles.
1938	Les femmes peuvent s'inscrire à l'université sans l'autorisation de leur mari.
1959	Mise en place progressive de la mixité dans l'enseignement secondaire.

---

3   Adapté du site www.chez.com/lisa67/infos/femme.htm

b. **Diplôme le plus élevé obtenu selon l'âge et le sexe**

En 2007, en %

	25-34 ans		35-44 ans		45-54 ans		55-64 ans	
	Femmes	Hommes	Femmes	Hommes	Femmes	Hommes	Femmes	Hommes
Aucun diplôme ou CEP	10,6	12,3	17,7	18,8	27,5	24,9	40,8	34,4
BEPC seul	4,9	6,0	7,9	6,3	11,9	8,7	9,8	7,5
CAP, BEP ou équivalent	15,4	21,7	25,8	33,2	24,2	34,2	21,7	29,2
Baccalauréat ou brevet professionnel	23,0	23,3	17,2	14,5	16,1	12,2	12,1	11,2
Baccalauréat + 2 ans	21,4	16,5	15,5	12,3	11,4	8,5	7,9	5,7
Diplôme supérieur	24,8	20,3	15,8	15,0	9,0	11,6	7,7	11,9
% de bacheliers ou plus	**69,1**	**60,0**	**48,5**	**41,7**	**36,4**	**32,2**	**27,7**	**28,9**

Champ : France métropolitaine, individus de 25 à 64 ans.
Source : INSEE, enquêtes Emploi.

Questions:

1. A votre avis, quelles sont les deux dates les plus importantes pour l'accès des femmes à l'école et à l'enseignement supérieur (universitaire)?

2. Comparez les diplômes des 55-64 ans et ceux des 25-24 ans. Qu'est-ce qui vous frappe?

3. Qui, parmi les 25-34 ans, a le plus de diplômes? Les hommes ou les femmes?

3. **Les femmes françaises: la famille et la contraception**

a. **Quelques dates:**[4]

1810 Le Code pénal qualifie l'adultère de la femme de délit : celui du mari n'est passible que d'une amende, si les faits ont eu lieu au domicile conjugal et de façon répétée.

1810 Le Code pénal punit de réclusion toute personne qui pratique, aide ou subit un avortement ; les médecins et les pharmaciens sont condamnés aux travaux forcés.

1884 Loi rétablissant le divorce.

1927 Une femme mariée à un étranger garde sa nationalité.

1942 La femme est l'adjoint du mari dans la direction de la famille.

1955 L'avortement thérapeutique est autorisé.

1956 Fondation de "Maternité heureuse" qui deviendra le Mouvement français pour le planning familial en 1960.

1967 Loi autorisant la contraception.

1970 Loi relative à l'autorité parentale conjointe. Le père n'est plus le chef de famille.

1973 Education sexuelle dans les collèges et lycées.

1974 Remboursement de la contraception par l'Assurance maladie.

1975 Loi Veil légalisant l'I.V.G. (Interruption volontaire de grossesse).

1975   Instauration du divorce par consentement mutuel.

1982 Remboursement de l'avortement

1992 Loi sanctionnant le harcèlement sexuel dans les relations de travail.

2000   La pilule du lendemain est en vente libre dans les pharmacies.

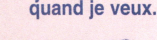

1979 Affiche pour le planning familial

---
4   Adapté du site www.chez.com/lisa67/infos/femme.htm

b. **Evolution de la fécondité par groupe d'âges**

	1980	2010
15 ans	0,1	0,1
20 ans	7,7	2,8
25 ans	16,2	9,7
30 ans	10,4	15,0
35 ans	3,9	9,3
40 ans	1,1	3,0
45 ans	0,1	0,2

Nombre de naissances pour 100 femmes de chaque âge (en %)

Source : INSEE, estimations de population et statistiques de l'état civil.

c. **Evolution des temps sociaux au cours d'une journée moyenne**

En heures et minutes

	Femmes		Hommes	
	1986	1999	1986	1999
Temps physiologique	11 h 40	11 h 48	11 h 28	11 h 32
Travail, études, formation	3 h 16	3 h 27	5 h 47	5 h 30
Temps domestique	5 h 07	4 h 36	2 h 07	2 h 13
dont : *Ménage, courses*	4 h 10	3 h 40	1 h 10	1 h 15
Soins aux enfants	0 h 42	0 h 38	0 h 10	0 h 11
Jardinage, bricolage	0 h 15	0 h 18	0 h 47	0 h 47
Temps libre	3 h 13	3 h 31	3 h 53	4 h 09
Trajet	0 h 44	0 h 38	0 h 45	0 h 36
Ensemble	**24 h 00**	**24 h 00**	**24 h 00**	**24 h 00**

Champ : France métropolitaine, individus âgés de 15 ans à 60 ans, hors étudiants et retraités.
Source : INSEE, Enquêtes emploi du temps 1986 et 1999.

Questions:

1. Le Code pénal traitait-il équitablement les hommes et les femmes au XIXe siècle?

2. Comment les mentalités et la loi ont-elles évolué en ce qui concerne la contraception et l'avortement?

3. Pourquoi la fondation de "Maternité heureuse" en 1956 était-elle importante? Qu'est-ce qu'elle permettait aux femmes de faire?

4. Observez le premier tableau. Autour de quel âge les femmes avaient-elles le plus d'enfants ? Et en 2010 ? Pouvez-vous expliquer ce phénomène?

5. Qu'est-ce qui vous frappe dans le 2ème tableau? Quelles différences remarquez-vous entre les hommes et les femmes? Qu'est-ce qui a changé entre 1986 et 1999?

4. Les femmes françaises : le travail

a. Quelques dates :[5]

Femmes poussant des chariots remontant de la mine - Bruay-en-Artois (Pas-de-Calais). Vers 1910.

1892	Interdiction du travail de nuit ; repos hebdomadaire, journée de 11h.
1900	Journée de 10h pour les femmes et les enfants.
1907	Loi autorisant les femmes mariées à disposer de leur salaire.
1909	Congé maternité de huit semaines sans traitement.
1920	Les femmes peuvent adhérer à un syndicat sans l'autorisation de leur mari.
1928	Congé maternité de deux mois à plein traitement étendu à toute la Fonction Publique.
1938	Institution d'une prime pour la femme au foyer.
1965	Une femme mariée peut exercer une activité professionnelle sans le consentement de son mari.
1971	Congé maternité indemnisé à 90%.
1972	Loi sur l'égalité de rémunération entre hommes et femmes.
1984	Congé parental ouvert à chacun des parents salariés sans distinction de sexe.

b. Article de *Label-France*, 1er trimestre 2006

La France bat des records en Europe en cumulant le taux de fécondité le plus élevé (1,9 enfant par femme comme l'Irlande, devant le Danemark et la Norvège, très loin devant l'Allemagne et l'Italie) et l'un des plus forts taux d'activité professionnelle féminine (80 % pour les vingt-quatre-quarante-neuf ans). Cette exception française s'explique sans doute, en partie, par l'existence d'aides financières pour les familles (allocations, subventions pour les gardes privées, mesures fiscales favorables aux parents) et par un système de prise en charge de la petite enfance (crèches municipales, maternelles publiques et gratuites, cantines...) - toutefois encore insuffisant. Mais ce " modèle" doit aussi beaucoup à la volonté des femmes elles-mêmes de ne renoncer à aucun de leurs rôles. En France, avoir des enfants, pour une femme, ne signifie pas un changement d'identité : une fois mères, les Françaises gardent leur capital scolaire, professionnel, mais aussi leur séduction...

c. Taux d'activité des femmes selon l'âge

En %

	1975	1985	1995	2005	2009
15-24 ans	45,5	39,7	26,5	29,9	33,1
25-49 ans	58,6	70,8	78,3	81,1	84,0
50 ans et +	42,9	39,8	43,9	54,6	55,5
Ensemble	**51,5**	**55,6**	**59,9**	**63,8**	**66,1**

Champ : Femmes de 15 à 64 ans.
Source : INSEE, enquêtes Emploi du 1er au 4ème trimestre 2009.

5   Adapté du site www.chez.com/lisa67/infos/femme.htm

d. **Evolution des salaires nets annuels moyens par sexe dans la fonction publique (en euros)**

	1982	1990	2000	2007
Femmes	11 021	16 749	21 865	25 311
Hommes	13 545	19 997	25 383	29 207
Rapport des salaires Femmes/Hommes (en %)	81,4	83,8	86,1	86,7

Source : INSEE, fichiers de paie des agents de l'Etat

Questions:

1. Qu'est-ce que la loi de 1907 change? Qui disposait du salaire des femmes avant cette date?

2. Que faisaient les femmes avant la loi de 1909 sur le congé maternité?

3. Comment les femmes françaises réussissent-elles à combiner travail et enfants?

4. Premier tableau: qu'est-ce qui a changé entre 1975 et 2009?

5. Que remarquez-vous sur les salaires des femmes et des hommes?

5. **Les femmes françaises: les droits politiques**

a. **Quelques dates:[6]**

1793	Instauration du suffrage universel ; mais citoyenneté refusée aux femmes
1876	Hubertine Auclert fonde "Le Droit des Femmes", premier groupe suffragiste, qui deviendra le Suffrage des Femmes en 1883.
1914	Organisation d'un vote blanc, sondage auprès des femmes sur leur désir de voter. Plus de 500 000 réponses favorables.
1919	La Chambre des députés se prononce en faveur des droits politiques intégraux. Le Sénat émet un rapport défavorable.
1944	"Les femmes sont électrices et éligibles dans les mêmes conditions que les hommes" (Général de Gaulle).
1945	Les femmes votent et sont élues pour la première fois aux élections municipales d'avril puis en octobre pour l'Assemblée constituante.
1947	Première femme ministre : Germaine Poiso-Chapuis.

1945 - Les femmes votent pour la première fois

6   Adapté du site www.chez.com/lisa67/infos/femme.htm

b. **Part des femmes candidates et élues à l'Assemblée nationale**

En %

Années	Part des femmes parmi les candidats	Part des femmes parmi les élus
1958	2,3	1,3
1968	3,3	1,7
1978	16,3	4,0
1986	25,1	5,8
1993	19,5	5,9
1997	23,2	10,8
2002	39,3	12,1
2007	41,6	18,5
2012	40,0	26,9

Champ : France métropolitaine.
Source : ministère de l'Intérieur.

L'Assemblée nationale

c. **Les femmes au parlement européen (liste partielle)**
    (législature 2009/2014)

	part des femmes (en %)
Rép. tchèque	18,2
Pologne	22,0
Italie	22,2
Irlande	25,0
Grèce	31,8
Royaume-Uni	33,3
Espagne	36,0
Hongrie	36,4
Allemagne	37,4
Autriche	41,2
France	44,4
Pays-Bas	48,0
Estonie	50,0
Suède	55,6
Finlande	61,5

Parlement européen, Strassbourg

Questions:

1. Qui est Hubertine Auclert?
2. Pourquoi les femmes n'ont-elles pas eu le droit de vote en 1919? Qui était pour? Qui était contre? En quelle année l'ont-elles eu?
3. Que remarquez-vous à l'Assemblée nationale?
4. Où la France se situe-t-elle au parlement européen?

• **Récapitulons!**

1. Qu'est-ce que les femmes de *8 femmes* n'avaient pas encore obtenu?
2. Quel chemin reste à parcourir aujourd'hui pour qu'il y ait une véritable égalité entre les hommes et les femmes?

Cyrano de Bergerac

Présentation du film

Cyrano est passionné, généreux, héroïque et il a de l'esprit. Il a aussi un nez proéminent qui le complexe et le force à cacher ses sentiments pour sa cousine Roxane. Il prête alors son éloquence et sa plume à son rival Christian pour séduire la belle jeune fille. Le film a lieu en 1640, la fin en 1655.

Carte d'identité du réalisateur

Jean-Paul Rappeneau (né en 1932) a travaillé plusieurs années comme scénariste avant de tourner son premier film, *La vie de château*, en 1966. Il a ensuite réalisé des comédies (*Les mariés de l'an II*, 1971, *Le sauvage*, 1975, *Tout feu tout flamme*, 1981), avant de s'intéresser aux grandes productions en costumes (*Cyrano de Bergerac*, 1990, *Le hussard sur le toit*, 1995, et *Bon voyage*, 2003). Méticuleux, perfectionniste, Rappeneau prend son temps entre chaque film et aime tourner avec des stars.

Carte d'identité des acteurs

Gérard Depardieu (né en 1948) est l'un des plus grands acteurs français de tous les temps. Energique, travailleur, généreux, excessif, il est capable de tout jouer. Il s'est imposé en 1974 dans *Les valseuses*, puis nombre de ses films ont été de très grands succès: *Le dernier métro* (1980), *Le retour de Martin Guerre* (1982), *Danton* (1983), *Camille Claudel* (1988), *Cyrano de Bergerac* (1990), *Le Colonel Chabert* (1994), *Astérix et Obélix contre César* (1999), *Bon voyage* (2002), *Les temps qui changent* (2004).

Ces dernières années on l'a vu dans des rôles nombreux et variés, notamment en amant de Catherine Deneuve dans *Potiche*, en analphabète ami d'une vieille dame dans *La tête en friche*, en retraité à moto dans *Mammuth*, en malade d'Alzheimer dans *Je n'ai rien oublié*, et en Obélix dans *Astérix et Obélix : Au service de sa majesté*.

Il a été nommé 16 fois aux César et a reçu la Palme d'Or à Cannes pour *Cyrano de Bergerac*.

Anne Brochet (née en 1965) a commencé sa carrière en triomphant dans deux grands films: *Cyrano de Bergerac* (qui l'a révélée au grand public) et *Tous les matins du monde* (1991). Elle a ensuite travaillé avec de grands réalisateurs, entre autres Miller (*La chambre des magiciennes*, 2000) et Rivette (*Histoire de Marie et Julien*, 2003). Elle poursuit en même temps une belle carrière au théâtre et elle écrit des nouvelles. En 2010 on l'a vue dans *La rafle* de Rose Bosch.

Vincent Perez (né en 1964) a un physique de charmeur romantique et semble prédisposé pour les rôles de séducteur dans de grandes productions en costumes d'époque: *Cyrano de Bergerac* (1990), *Indochine* (1992), *La Reine Margot* (1994), *Le bossu* (1997), *Fanfan la Tulipe* (2003). Il a aussi joué pour de nombreux réalisateurs étrangers et s'est appliqué à alterner les genres : le thriller (*Un pharmacien de garde*, 2003), la comédie (*Je reste !*, 2003 et *Monsieur Papa*, 2011), le drame (*Demain dès l'aube*, 2009) et la comédie dramatique (*Un baiser papillon*, 2011). Il a aussi réalisé deux longs-métrages, *Peau d'ange*, en 2002 et *Si j'étais toi*, en 2007.

Anne Brochet et Gérard Depardieu

L'heure de gloire

Cyrano de Bergerac a eu un immense succès public et critique: prix d'interprétation masculine pour Gérard Depardieu et nomination pour la Palme d'Or pour Jean-Paul Rappeneau au Festival de Cannes, prix du meilleur film décerné par l'Académie Nationale du Cinéma, et de très belles récompenses aux César: meilleur film, meilleur réalisateur et meilleur acteur (Gérard Depardieu). Aux Etats-Unis, il a reçu le Golden Globe du meilleur film étranger et l'Oscar des meilleurs costumes.

PREPARATION

1 Vocabulaire

Vocabulaire utile avant de voir le film:

Vous connaissez déjà certains des mots de la liste. Ils sont notés pour que vous les révisiez. Vous devez savoir ce vocabulaire par cœur, avec les genres pour les noms, les prépositions pour les verbes et les orthographes difficiles. Observez bien les exemples, ils vous aideront à vous exprimer correctement.

Les noms

une pièce: *a play*
une tirade: *a monologue*
un héros: *a hero**
le nez: *the nose***
un régiment: *a regiment*
une bataille: *a battle*
un siège: *a siege*
un duel: *a duel*
la bravoure: *bravery*
les préjugés: *prejudice*
la vengeance: *revenge*

une épée: *a sword*
un(e) ennemi(e): *an enemy*
un couvent: *a convent*
une duègne: *a chaperone*
une ruse: *a trick*
une écharpe: *a scarf*
l'honnêteté: *honesty*
le courage: *courage*
l'égoïsme: *selfishness*
la lâcheté: *cowardice*

*Attention! Le héros, pas l'héros.
**Prononciation : le "né"

Les verbes

se comporter: *to behave*
donner un conseil à qq'un: *to give s.o. advice*
espérer: *to hope*
avoir confiance en soi: *to be self confident**
se bagarrer: *to fight*
provoquer qq'un en duel: *to challenge s.o. to a duel*
se venger de qq'un: *to have one's revenge against s.o.***
avouer qqch à qq'un: *to confess sth to s.o.****
mentir à qq'un: *to lie to s.o.*
être amoureux (-euse) de qq'un: *to be in love with****
faire la cour à qq'un: *to court s.o.*****
faire de l'esprit: *to be witty*

se soumettre à qqch: *to submit o.s. to sth*
être en première ligne: *to be on the front line*
humilier qq'un: *to humiliate s.o.*
assassiner qq'un: *to murder s.o.*

*Ex: Cyrano n'a pas confiance en lui. Roxane a confiance en elle.
**Ex : Il s'est vengé de Cyrano et Christian. Il s'est vengé d'eux.
***Ex : Il avoue son amour à Roxane. Il le lui avoue.
****Mémorisez cette expression ! On ne dit jamais "être en amour". De plus, on est amoureux de quelqu'un (pas avec).
*****Ex : Il fait la cour à Roxane. Il lui fait la cour.

Les adjectifs

courageux (-euse): *courageous*
honnête: *honest*
sensible: *sensitive**
fidèle: *faithful*
franc (-che): *frank*
héroïque: *heroic*
spirituel(le): *witty*
éloquent(e): *eloquent*
laid(e): *ugly*

redouté(e): *feared*
timide: *shy*
naïf (-ve): *naïve*
égoïste: *selfish*
orgueilleux (-euse): *proud / arrogant*
fier (-ère): *proud / haughty***
arrogant(e): *arrogant*
lâche: *cowardly*
bagarreur (-euse): *quarrelsome*

*Souvenez-vous: "sensible" en anglais se dit "sensé, raisonnable" en français.
**Ex : Il est fier de ses exploits.

Vous n'avez pas besoin du dictionnaire. Tous les mots sont dans la liste ci-dessus.
1e phrase : Les adjectifs doivent évidemment être accordés.
2e phrase : Souvenez-vous que le verbe "préférer" n'est pas suivi de "de".

Traduisez!

1. I like men who are courageous, faithful and witty.

2. Cyrano is in love with Roxane, but he prefers to be witty rather than to court her.

3. He challenged Valvert to a duel to have his revenge.

4. Our regiment was on the front line at the battle of Arras.

2   Repères culturels[1]

Histoire

> **Souvenez-vous**
> le 17e siècle dans les colonies américaines
>
> 1603: 1ère colonie à Jamestown, VA
> 1613: Mariage Pocahontas-John Rolfe
> 1620: Les pèlerins à Plymouth, MA
> 1626: Fondation de Salem
> 1630: Fondation de Boston
> 1632: Fondation de la colonie du MD
> 1636: Création de Harvard College
> 1638: Fondation de la colonie du RI
> 1664: La ville et la région de NY sont prises par les Anglais (aux Hollandais)
> 1682: Création de la PA
> 1692: Procès des sorcières de Salem

1. Qui était roi de France en 1640, à l'époque du film? et en 1655, à la fin du film? Que savez-vous sur eux? Faites quelques recherches sur ces deux rois (leurs dates, leur personnalité, leur famille, leurs grandes actions, par exemple)

2. Qui était Richelieu? Pour qui travaillait-il? Pour quoi est-il connu?

3. Cyrano est un mousquetaire. Qu'est-ce que cela voulait dire au XVIIe siècle? Pour qui les mousquetaires travaillaient-ils?

> ### A savoir
>
> **Les cadets:** Dans les familles, seul l'aîné héritait des biens. Les cadets s'engageaient alors dans l'armée ou dans les ordres religieux. Voilà l'origine des "cadets" de West Point !

4. Cyrano de Bergerac a véritablement existé. A quelle période a-t-il vécu? Que sait-on sur lui? Pour quoi est-il connu?

Cardinal Richelieu, par Philippe de Champaigne

Le vrai Cyrano de Bergerac

Mousquetaires du Roi

---

1   Il existe un excellent site internet sur Cyrano: www.cyranodebergerac.fr. Vous trouverez beaucoup d'information sur le vrai Cyrano, le XVIIe siècle et la pièce de Rostand.

Géographie / Histoire

5. Cherchez la ville d'Arras sur une carte de France. A-t-elle toujours été française? Que s'est-il passé en 1640?

Littérature

6. Le film est basé sur une pièce de théâtre écrite par Edmond Rostand en 1897. Faites quelques recherches sur l'auteur et l'accueil reçu par la pièce à sa sortie.

Arras au XVIIe siècle

> ### A savoir
>
> *Cyrano de Bergerac* est l'une des 4 ou 5 pièces les plus jouées dans le monde, et la pièce française la plus jouée. Elle a du succès partout, quelle que soit la langue dans laquelle elle est traduite.

7. Dans le film, Roxane est une "Précieuse". Qu'est-ce que cela veut dire? Qu'est-ce que la Préciosité?

8. Qui sont les grands écrivains du XVIIe siècle? Trouvez 3 écrivains et notez au moins une œuvre pour chacun d'eux.

Rostand académicien

Art

9. Rappeneau, le réalisateur, et Pierre Lhomme, le chef opérateur, ont étudié la peinture de Vermeer et composé plusieurs scènes du film en s'inspirant de ses tableaux. Cherchez et observez bien les tableaux suivants: *La laitière*, *La jeune fille à la perle*, *La dentellière*, *Le géographe*, *La liseuse à la fenêtre*. Souvenez-vous des couleurs et de la lumière de ces tableaux quand vous regarderez le film.

3 Bande-annonce

Allez sur YouTube et faites une recherche pour "Bande-annonce Cyrano de Bergerac vf".

1. Où et comment les personnages principaux sont-ils présentés?

2. Quels aspects de Cyrano sont dévoilés?

3. Quelle impression avez-vous de Roxane?

4. Quel objet traverse le titre à la fin de la bande-annonce? Pourquoi?

Les précieuses

Image d'Epinal

4 A savoir avant de visionner le film

- Durée: 2h15 (attendez-vous à ce que la fin vous semble longue!)
- Genre: Drame historique, héroïque et romantique
- Public: PG
- Tournage: Le film a été tourné en France et en Hongrie. Rappeneau a embauché 2000 acteurs et figurants!
- Personnages: Tous les personnages principaux (Cyrano, Roxane, Christian, Le Brêt, Ragueneau, De Guiche et même Montfleury) ont réellement existé. Rostand a pris quelques libertés mais dans l'ensemble ils sont conformes à l'histoire.
- Note: Le film est très fidèle à la pièce de théâtre, et est donc en vers. Les dialogues étant difficiles à comprendre, ne vous inquiétez pas si vous éprouvez des difficultés. Observez le jeu des acteurs, les décors, les costumes, et laissez-vous bercer par la poésie de la langue.

PREMIERE APPROCHE

1 L'histoire

Le but de cette activité est double:
- Vérifier que vous avez bien compris l'histoire
- Vous préparer à la discussion en classe
Répondez à chaque question en une ou deux phrases. Utilisez le vocabulaire que vous avez appris.

Les personnages

Cyrano de Bergerac
(Gérard Depardieu)

Roxane
(Anne Brochet)

Christian de Neuvillette
(Vincent Perez)

le Comte de Guiche
(Jacques Weber)

Le Brêt
(l'ami)

Ragueneau
(l'ami pâtissier)

1. **Le théâtre**
   * Quelle est la population qui va au théâtre? Comment les gens se comportent-ils?

2. **Christian**

Image publicitaire: Rendez-vous de Christian et de Roxane

   * Pourquoi Christian provoque-t-il Cyrano en interrompant le récit de la bataille avec des expressions utilisant le mot "nez"? Est-ce dans la nature de Cyrano de ne pas réagir? Pourquoi reste-t-il calme?
   * Christian se soumet-il facilement à la proposition de Cyrano? Pourquoi? Que pensez-vous de cette proposition?
   * Comment Christian se débrouille-t-il en tête-à-tête avec Roxane? Que fait-il ensuite pour donner l'illusion qu'il sait parler?
   * Comment Christian meurt-il? Est-ce un accident?

3. **De Guiche et la guerre**
   * Que veut faire de Guiche pour se débarrasser de Cyrano? Quelle est la ruse de Roxane pour garder Christian?
   * Quelles sont les conditions de vie des soldats pendant le siège d'Arras?
   * Quelle est la vengeance de De Guiche pendant le siège?
   * Etiez-vous surpris que Roxane fasse le voyage à Arras pour rejoindre Christian? Cela va-t-il avec le comportement qu'elle a eu auparavant? De quelle façon l'ambiance change-t-elle quand elle arrive?
   * Pourquoi De Guiche se bat-il avec les cadets de Gascogne, alors qu'il avait prévu de les abandonner à leur triste sort? Qu'est-ce que cette décision indique sur De Guiche?

Image publicitaire: Arrivée de Roxane au camp d'Arras

4. **Le triangle amoureux**
   * Pourquoi le mariage de Roxane et Christian est-il célébré en toute hâte? Que fait Cyrano pour que la cérémonie ne soit pas interrompue par De Guiche?
   * Que comprend Christian quand Roxane dit qu'elle est venue le rejoindre à cause des lettres qu'elle recevait, et qu'elle l'aimerait même s'il était laid?
   * Pourquoi Christian veut-il que Cyrano avoue son amour à Roxane?
   * Que dit Cyrano à Christian quand il meurt? Pourquoi fait-il ce sacrifice?

Image publicitaire allemande: Dernière
rencontre de Cyrano at de Roxane

5. **Roxane / Cyrano**
   • Quels sont les espoirs de Cyrano quand la duègne de Roxane
     vient lui dire que la jeune femme veut le voir le lendemain?
   • A la fin, Roxane est-elle consciente que Cyrano a eu un accident?
     Pourquoi?
   • Quel effet la lecture de la lettre a-t-elle sur Roxane? Pourquoi
     est-ce si important pour Cyrano de la lire ce jour-là, et tout haut?
   • A la fin, Cyrano dit: "J'aurai tout manqué, même ma mort".
     Etes-vous d'accord qu'il a tout manqué dans sa vie ?

6. **La fin**
   • Quel est le dernier mot que Cyrano prononce avant de mourir?
   • Observez la dernière scène: qu'est-ce qui brille dans le ciel?
     Pourquoi? Que fait la caméra? Où va-t-elle?

2   Analyse d'une photo

1. Où et à quel moment cette scène se passe-t-elle?
2. Qu'est-ce que Christian vient de dire à Cyrano? Où va-t-il?
3. Qu'est-ce que les visages de Christian et de Roxane expriment?
4. Qu'est-ce qui rend cette photo très dynamique?

3   Analyse de citations

Analysez les citations suivantes en les replaçant dans leur contexte:

Note : Le film est tellement bien écrit qu'il se prête très bien à
cet exercice. Votre professeur choisira quelques-unes des citations
suivantes que vous étudierez.

1. Cyrano (au théâtre):
   "Que tous ceux qui veulent mourir lèvent le doigt."

2. Cyrano à Le Brêt:
   "Regarde-moi, mon cher et dis quelle espérance
   Pourrait bien me laisser cette protubérance!"

3. Le Brêt à Cyrano:
   "Fais tout haut l'orgueilleux et l'amer, mais, tout bas,
   Dis-moi simplement qu'elle ne t'aime pas."

4. Cyrano:
   "Ne pas monter bien haut, peut-être, mais tout seul!"

5. Roxane à Christian:
   "Et la beauté par quoi tout d'abord tu me plus
   Maintenant j'y vois mieux… et je ne la vois plus ! "

6. Christian à Cyrano:
   "Je suis las de porter en moi-même un rival!"

7. Cyrano à Roxane:
   "Non, non, mon cher amour, je ne vous aimais pas ! "

8. Cyrano à Roxane:
   "Pendant que je restais en bas dans l'ombre noire
   D'autres montaient cueillir le baiser de la gloire."

9. Cyrano:
   "Ci-gît Hercule-Savinien
   De Cyrano de Bergerac
   Qui fut tout, et qui ne fut rien."

Mort de Cyrano (carte postale de 1911)

APPROFONDISSEMENT

1 Vocabulaire

Enrichissez votre vocabulaire!

Le but de cette deuxième liste est d'élargir votre champ lexical. Ce vocabulaire ciblé sur des thèmes du film va vous permettre d'enrichir votre style.

L'amour

tomber amoureux(-euse) de: *to fall in love with*
un coup de foudre: *love at first sight*
séduire: *to seduce*
avoir du charme: *to be charming*
un amour platonique: *platonic love*
une histoire d'amour: *a love story*
une lettre d'amour: *a love letter*
un chagrin d'amour: *an unhappy love affair*
une chanson d'amour: *a love song*

un petit ami: *a boyfriend*
une petite amie: *a girlfriend*
le/la fiancée: *the fiancée*
le mari: *the husband*
la femme: *the wife*

Le saviez-vous?

En français on utilise le verbe "flirter", de l'anglais "to flirt". L'anglais vient de l'ancien français "conter <u>fleurette</u>" (être galant).

Duels et combats

un coup d'épée: *a swordthrust*
être blessé(e): *to be wounded*
une blessure: *a wound*
être atteint(e): *to be hit*
une feinte: *a feint*
parer: *to parry a blow*
toucher: *to hit*
en garde!: *en garde!*

A savoir

Un duel est un combat (généralement à l'épée au XVIIe siècle) entre deux personnes. Les duels ont été interdits par Richelieu en 1626, mais ils ont continué jusqu'à la fin du XIXe siècle.

Duel: Ne vient pas du latin "duo" (deux) mais de "duellum", forme ancienne de "bellum" (la guerre).

Les qualités et les défauts

la générosité: *generosity*
  être généreux (-euse): *to be generous*
la sincérité: *sincerity*
  être sincère: *to be sincere*
la droiture: *honesty*
  être droit(e): *to be honest*
la gentillesse: *kindness*
  être gentil (-ille): *to be kind*
la franchise: *frankness*
  être franc (-che): *to be frank*
la tolérance: *tolerance*
  être tolérant(e): *to be tolerant*
l'intelligence: *intelligence*
  être intelligent(e): *to be intelligent*
l'avarice: *miserliness*
  être avare: *to be miserly*

la malhonnêteté: *dishonesty*
  être malhonnête: *to be dishonest*
la méchanceté: *maliciousness*
  être méchant(e): *to be malicious*
l'infidélité: *unfaithfulness*
  être infidèle: *to be unfaithful*
l'hypocrisie: *hypocrisy*
  être hypocrite: *to be hypocritical*
l'intolérance: *intolerance*
  être intolérant(e): *to be intolerant*
la bêtise: *stupidity*
  être bête: *to be stupid*
la paresse: *laziness*
  être paresseux (-euse): *to be lazy*

Mise en pratique du vocabulaire:

Ecrivez 5 phrases dans lesquelles vous utilisez au moins 10 mots de la liste ci-dessus.

2 Réflexion - Essais

Ces questions vont vous permettre d'approfondir l'étude du film. Ecrivez un paragraphe pour chacune, en utilisant le vocabulaire du chapitre et en soignant votre expression (vérifiez votre orthographe et votre grammaire). En faisant ce travail, vous vous préparez à la prochaine composition.

1. Analysez l'entrée en scène de Cyrano. Tous les personnages principaux apparaissent avant lui. Pourquoi se fait-il attendre? Quelle impression a-t-on de lui avant de le voir et de l'entendre?

2. Quel personnage préférez-vous? Duquel vous sentez-vous le plus proche? Pourquoi?

3. Donnez des exemples qui montrent que Cyrano est différent des autres et tient à le rester. Parle-t-il, s'habille-t-il, se comporte-t-il comme tout le monde?

4. Que pensez-vous du stratagème mis en place par Cyrano pour aider Christian à séduire Roxane? Approuvez-vous ou le trouvez-vous condamnable?

5. Ragueneau et Le Brêt sont tous les deux amis de Cyrano. Qu'ont-ils en commun? En quoi sont-ils différents?

6. Analysez le personnage de De Guiche. Quelle opinion aviez-vous de lui pendant le film? Est-ce un personnage fondamentalement mauvais? Votre opinion a-t-elle évolué au fil de l'histoire?

7. La scène du balcon vous rappelle-t-elle une autre scène de balcon célèbre?

8. Pourquoi la guerre est-elle importante dans cette histoire? Qu'est-ce qu'elle force les personnages à faire?

9. A votre avis, quel est l'acte le plus grandiose que Cyrano accomplisse?

10. Pensez aux espoirs que formulaient Roxane, Christian, Cyrano et de Guiche au début de l'histoire. Ont-ils obtenu ce qu'ils espéraient?

11. Les spectateurs s'identifient facilement aux personnages, mais cette histoire est-elle possible? Les personnages (leur caractère et leurs actes) sont-ils crédibles?

12. Ce film a rencontré un immense succès, aussi bien en France qu'à l'étranger. Comment peut-on expliquer que l'histoire plaise tant aux spectateurs?

3 Analyse d'une scène: le mariage (1:17:13 à 1:24:50)

> ## Vocabulaire spécifique à cette scène
>
> une porte *(a door)* • un roulement de tambour *(a drum roll)* • ralentir *(to slow down)* • un foulard *(a scarf)* • bien/mal éclairé(e) *(well/poorly lit)* • duper qq'un *(to fool s.o.)* • un moulin à vent *(a windmill)* • de la boue *(mud)*

Préparation:

- Qu'est-ce qui vient de se passer ?
- Cette scène peut être découpée en trois parties. Comment ?

A. **Ecoutez**

1. Qui ne parle presque pas dans cette scène ? Pourquoi ?

2. On entend trois fois de la musique. A quels moments ? Pourquoi a-t-on de la musique dans ces moments-là ?

3. Combien de fois De Guiche et Cyrano sont-ils poussés contre la porte ? Qui l'avait fermée une fois auparavant? Qu'est-ce que ces bruits représentent au théâtre ?

4. Qu'est-ce qu'on entend au loin quand Christian quitte Roxane ? Quelle impression a-t-on en entendant ces bruits ?

B. **Observez**

1. Comment les personnages sont-ils habillés ? De quelles couleurs sont leurs vêtements ? Comment Roxane est-elle habillée au début ? La couleur est-elle symbolique ?

2. Que fait Cyrano pour ralentir la progression de De Guiche ? (observez ses gestes, ses déplacements).

3. Cette scène est très dynamique. Qui apporte de l'énergie ? Pourquoi les acteurs se déplacent-ils ? Pour aller où ? Pour faire quoi ?

4. Où la caméra est-elle placée? Voit-on toujours la scène sous le même angle? Que fait la caméra? Pourquoi est-ce important?

5. Les émotions des personnages se lisent facilement sur leurs visages. Observez notamment :
   - Le capucin (le religieux) : Regardez bien ses yeux. Qu'est-ce qu'ils expriment ?
   - Christian : Qu'est-ce que son visage indique sur son état d'esprit ?
   - De Guiche : Quelle tête fait-il en entrant dans l'église ? Que ressent-il ?

6. Comment la scène est-elle éclairée ? Quelles sont les sources de lumière à l'intérieur et à l'extérieur ?

C. **Cette scène dans l'histoire**

1. Pourquoi est-elle importante?

2. Qu'est-ce qui change entre le début et la fin?

3. Qui gagne la partie? Roxane, Christian, Cyrano ou de Guiche?

4. Qui est le moins dupé?

5. Pourquoi, et pour qui, ce mariage est-il important?

D. Langue

1. **Subjonctif ou indicatif?**

    Conjuguez les verbes au subjonctif ou au temps de l'indicatif qui convient.

    Ex : Les amis de Cyrano arrivent avant qu'il _____ (mourir).
         Les amis de Cyrano arrivent avant qu'il <u>meure.</u>

    a. Cyrano écrit des lettres tous les jours pour que Roxane _____ (croire) que Christian pense à elle.

    b. Il vaudrait mieux que Cyrano _____ (dire) la vérité à Roxane.

    c. De Guiche espère que Roxane l' _____ (aimer) un jour.

    d. Cyrano ne veut pas avouer ses sentiments à Le Brêt bien qu'il __ (être) son meilleur ami.

    e. Il est regrettable que les soldats n'_____ (avoir) rien à manger au siège d'Arras.

    f. Il est probable que Christian _____ (se suicider) car il avait compris que Roxane ne l'aimait pas.

    g. La foule admire Cyrano quand il _____ (se battre) en duel avec Valvert.

    h. Cyrano craint que Christian ne _____ (pouvoir) pas exprimer ses sentiments.

    i. Cyrano a retenu de Guiche jusqu'à ce que le capucin _____ (célébrer) le mariage.

    j. Roxane croit que les précieuses _____ (être) passionnantes.

    k. Les soldats étaient étonnés que Roxane et Ragueneau _____ (faire) le voyage.

    l. Christian monte au balcon de Roxane après que Cyrano _____ (la séduire).

2. **Pronoms relatifs**

    Remplissez les blancs avec l'un des pronoms relatifs suivants:

    > qui • que • dont • ce qui • ce que • ce dont • où

    a. _____ je préfère dans ce film, ce sont les costumes.

    b. Christian est le jeune homme _____ Roxane est amoureuse.

    c. Ragueneau est l'ami _____ est pâtissier.

    d. Vous souvenez-vous du jour _____ Cyrano s'est battu contre cent hommes?

    e. Le couvent _____ Roxane vit est calme et reposant.

    f. Cyrano fera _____ Roxane lui demande.

    g. C'est à la bataille d'Arras _____ Christian est mort.

    h. Roxane et Ragueneau savent _____ les soldats ont besoin.

    i. J'admire la façon _____ Depardieu joue ce rôle si difficile.

    j. Cyrano ne sait pas _____ arrivera s'il parle à Roxane.

    k. Rappeneau est un réalisateur _____ nous impressionne.

    l. _____ plaît à Roxane c'est la beauté de Christian et l'intelligence de Cyrano.

Image d'Epinal

3. Comparatifs et superlatifs

Mettez le mot entre parenthèses à la forme comparative ou superlative. Dans certains cas plusieurs réponses sont possibles.

Ex : Cyrano est (spirituel) Christian.
  Cyrano est <u>plus spirituel que</u> Christian.

a. Roxane ment (bien) les autres personnages.

b. Cyrano est l'homme (courageux) je connaisse.

c. Le Brêt est (fidèle) Ragueneau.

d. Pour Roxane, le départ de Christian pour Arras est la (mauvais) chose que de Guiche pouvait faire.

e. Valvert a gagné (duels) Cyrano.

f. Cyrano est le mousquetaire (redouté).

g. Quel est le personnage (héroïque) l'histoire?

h. Cyrano a (panache) Christian.

i. Roxane est (naïf) vous ne pensez.

j. *Cyrano de Bergerac* est la (bon) pièce de Rostand.

De Guiche

E. Comparaison avec d'autre scènes

Comparez cette scène avec deux autres scènes de confrontations entre Cyrano et De Guiche:

1. La salle d'armes (43:38 à 45:25)

a. Qu'est-ce que Cyrano refuse? Pourquoi?

b. Quels aspects de la personnalité de Cyrano et de De Guiche sont mis en relief dans cette scène?

c. Que veut dire De Guiche en parlant des moulins et de la boue?

d. Cyrano a-t-il peur? Que croit-il?

2. L'écharpe blanche (1:32:16 à 1:34:45)

a. Sur quel ton De Guiche raconte-t-il sa bataille?

b. Pourquoi Cyrano le laisse-t-il raconter toute son histoire avant de lui rendre son écharpe?

c. Comment De Guiche réagit-il en voyant l'écharpe?

d. Qui sort de ces trois scènes la tête haute? Que doit faire De Guiche à chaque fois pour ne pas être complètement ridicule?

A savoir

Don Quichotte se bat contre des moulins à vent, en croyant que ce sont ses ennemis.

F. Sketch

Imaginez que Cyrano n'ait pas réussi à retenir de Guiche assez longtemps. Celui-ci interrompt le mariage. Que se passe-t-il? Comment les différents personnages vont-ils réagir? Ecrivez le dialogue et jouez-le avec vos camarades.

LE COIN DU CINEPHILE

1 Première / dernière scène

Comparez la première et la dernière scène. Qui apparaît avant Cyrano dans la première scène? Quels personnages retrouve-t-on à la fin? Qu'est-ce qui a changé? Comparez l'attitude de Cyrano dans les deux scènes. Comparez le rythme des deux scènes.

2 Genre

A quel genre ce film appartient-il? Est-ce une comédie, une tragédie, une comédie dramatique, un mélodrame, un film d'aventures, un film de cape et d'épée? Est-ce un mélange des genres?

3 Interprétation

Que pensez-vous de Gérard Depardieu dans le rôle de Cyrano? Le trouvez-vous bien choisi? Pourquoi? Trouvez-vous ce Cyrano laid ou beau? Que pensez-vous de son nez?

4 Sous-titres

Comparez cet extrait de *Cyrano de Bergerac* (scène du balcon, acte III, scène X) et les sous-titres correspondants, puis répondez aux questions:

1	Un baiser, mais à tout prendre, qu'est-ce?	*How shall we define a kiss?*
2	Un serment fait d'un peu plus près, une promesse	*The seal set on a promise*
3	Plus précise, un aveu qui veut se confirmer,	*A promissory note on the bank of love*
4	Un point rose qu'on met sur l'i du verbe aimer;	*The "O" of love on waiting lips*
5	C'est un secret qui prend la bouche pour oreille,	*A secret with the mouth as its ear*
6	Un instant d'infini qui fait un bruit d'abeille,	*Eternity in the instant the bee sips*
7	Une communion ayant un goût de fleur,	*A flower-scented host*
8	Une façon d'un peu se respirer le cœur,	*A way to know the other's heart*
9	Et d'un peu se goûter, au bord des lèvres, l'âme!	*And touch the portals of his soul*

   a. Est-il facile de sous-titrer un film comme *Cyrano de Bergerac*? Pourquoi?
   b. Peut-on dire que les idées sont bien rendues?
   c. Etait-il possible de faire rimer le texte anglais? Etait-ce important?
   d. Qu'est-ce qui rend le texte anglais poétique?
   e. Trouvez-vous les sous-titres de bonne qualité? Pourquoi?

AFFINEZ VOTRE ESPRIT CRITIQUE

1 Cyrano au féminin?

Cette histoire aurait-elle été possible si Cyrano avait été une femme? Peut-on transposer les personnages, leur caractère et leurs actes, ou est-ce impossible?

2 Modernité de Cyrano

Cyrano avait beaucoup d'ennemis, qui finissent par l'assassiner. Pouvait-on s'attendre à cette fin? Est-ce facile d'être, comme Cyrano, complètement indépendant et de dire tout ce que l'on pense, quitte à déplaire au pouvoir? La situation a-t-elle évolué entre le XVIIe siècle et aujourd'hui?

3 Comparaison d'affiches

Vous allez comparer l'affiche française de *Cyrano de Bergerac* et l'affiche américaine en allant sur www.cyranodebergerac.fr. Dans "Actualité" cliquez sur "Lire toutes les actualités". Trouvez le 19/10/2006. Cliquez sur "Cinema for French Conversation".

1. Qui est en évidence sur l'affiche française?
2. Pourquoi l'affiche américaine a-t-elle ajouté Roxane? Qu'est-ce que sa présence implique?
3. Où Cyrano se trouve-t-il sur l'affiche française? Que fait-il?
4. Que voit-on au premier plan de l'affiche américaine? Pourquoi?
5. Quelles sont les couleurs dominantes? Comment sont-elles utilisées?
6. Quelle affiche est la plus dynamique?
7. Laquelle préférez-vous? Pourquoi?

4 Les critiques

1. Frédéric Strauss, dans sa critique de *Cyrano de Bergerac* (*Les Cahiers du Cinéma*, avril 1990) écrit que Rappeneau ne voulait "surtout pas de théâtre filmé: il faut que le spectateur reconnaisse le cinéma". Si vous n'aviez pas su que le film est basé sur une pièce de théâtre, auriez-vous pu le deviner? Grâce à quoi? Aimeriez-vous voir cette pièce au théâtre? Qu'est-ce qui serait mieux? moins bien?
2. Jean-Paul Rappeneau explique pourquoi *Cyrano de Bergerac* touche tant le cœur du spectateur en disant: "C'est le mythe de la Belle et la Bête" (*Télérama* du 24 décembre 1997). Pourquoi fait-il cette comparaison? La trouvez-vous justifiée?

POUR ALLER PLUS LOIN

1 Parallèles avec d'autres films

1. **Le XVIIe siècle :** *Cyrano de Bergerac* et *Molière* se passent au XVIIe siècle, en 1640 et 1655 pour le premier et en 1645 et 1658 pour le second. Quels aspects de la vie de l'époque chacun nous présente-t-il ?

2. **Le théâtre:** *Cyrano de Bergerac*, *8 femmes* et *Le dîner de cons* étaient des pièces de théâtre avant d'être des films. Quels sont les éléments de théâtre que l'on retrouve dans chacun de ces films? A quelles difficultés particulières les réalisateurs ont-ils dû faire face?

2 Art

La famille heureuse ou le retour du baptême

Allez sur le site de la Réunion des Musées Nationaux (www.photo.rmn.fr) ou sur Google Images et cherchez les peintures suivantes:
- Le Nain, Louis: *Intérieur paysan au vieux joueur de flageolet*
- Le Nain, Louis: *La famille heureuse ou le retour du baptême*
- La Tour, Georges de: *Les mangeurs de pois*
- Michelin, Jean: *Le marchand de pains et les porteuses d'eau*
- Michelin, Jean: *Soldats au repos dans une auberge*
- Dou, Gérard: *L'épicière de village, avec le portrait du peintre à l'arrière plan*

Choisissez-en une ou deux et analysez-la/les. Comment ces peintures, qui datent toutes du XVIIe siècle, décrivent-elles la vie quotidienne de l'époque? Certaines personnes ressemblent-elles à celles vues dans le film? Lesquelles sont différentes? Pourquoi? Comment vivent-elles?

3 Lectures

1. **Analyse de deux extraits de la pièce**

    A. **Premier extrait:** Cyrano vient de répondre au vicomte de Valvert avec sa grande tirade[1] du nez. Le vicomte essaie péniblement de se défendre (acte I, scène 4)

> LE VICOMTE,
> *suffoqué.*[2]
> Ces grands airs arrogants!
> Un hobereau[3] qui... qui... n'a même pas de gants![4]
> Et qui sort sans rubans, sans bouffettes, sans ganses![5]
>
> CYRANO
> Moi, c'est moralement que j'ai mes élégances.
> Je ne m'attife[6] pas ainsi qu'un freluquet,[7]
> Mais je suis plus soigné[8] si je suis moins coquet;[9]
> Je ne sortirais pas avec, par négligence,
> Un affront[10] pas très bien lavé, la conscience
> jaune encor[11] de sommeil dans le coin de son œil,

1 monologue
2 astounded
3 (*pejorative*) a countryman
4 gloves
5 fine 17th century attire
6 I don't dress
7 a whippersnapper
8 better-groomed
9 stylish
10 *here*: my presentation
11 old spelling of "encore"

Un honneur chiffonné,[12] des scrupules en deuil.[13]
Mais je marche sans rien sur moi qui ne reluise,[14]
Empanaché[15] d'indépendance et de franchise;
[…]

LE VICOMTE
Mais, monsieur…

CYRANO
Je n'ai pas de gants?… la belle affaire![16]
Il m'en restait[17] un seul… d'une très vieille paire!
– Lequel m'était d'ailleurs encor fort importun:[18]
Je l'ai laissé dans la figure[19] de quelqu'un.

LE VICOMTE
Maraud, faquin, butor de pied plat ridicule![20]

CYRANO,
ôtant[21] son chapeau et saluant[22] comme si le vicomte venait de se présenter.
Ah?… Et moi, Cyrano Savinien-Hercule
De Bergerac.
Rires

12 crumpled
13 in mourning
14 shine
15 plumed
16 what a fuss!
17 I only had one left
18 very troublesome
19 in somebody's face
20 string of insults
21 removing
22 bowing

a. Valvert est-il capable de répondre à Cyrano? A-t-il la même aisance verbale?

b. Sur quoi juge-t-il Cyrano?

c. Commentez la réponse de Cyrano ("Moi, c'est moralement que j'ai mes élégances.") Qu'est-ce que cela veut dire?

d. Le dernier vers de la tirade ("Empanaché d'indépendance et de franchise") décrit-il bien le caractère de Cyrano?

e. Comment Cyrano a-t-il utilisé son dernier gant? Valvert peut-il comprendre ce genre de geste?

f. Pourquoi la réponse de Cyrano aux insultes de Valvert est-elle très drôle?

B. **Deuxième extrait:** La scène se passe à l'aube,[23] dans la boutique de Ragueneau. Cyrano attend anxieusement son rendez-vous avec Roxane, et hésite entre lui parler et lui écrire (acte II, scène 3)

Image publicitaire allemande: Duel avec Valvert

CYRANO
Ecrire, - plier,[24] —
    à lui-même.
Lui donner, — me sauver…
    Jetant la plume.[25]
Lâche!… Mais que je meure,
Si j'ose lui parler, lui dire un seul mot…
    A Ragueneau.
L'heure?

RAGUENEAU
Six et quart!…

CYRANO,
    frappant sa poitrine.[26]

23 dawn
24 to fold
25 the quill (pen)
26 chest

...un seul mot de tous ceux que j'ai là!
Tandis qu'en écrivant...
Il reprend la plume.
Eh bien! écrivons-la,
Cette lettre d'amour qu'en moi-même j'ai faite
Et refaite cent fois, de sorte qu'elle est prête,
Et que mettant mon âme à côté du papier,
Je n'ai tout simplement qu'à[27] la recopier.
Il écrit.

27 I just need to

a. Quel côté de Cyrano apparaît dans ce passage?

b. Pourquoi demande-t-il l'heure à Ragueneau?

c. Qu'envisage-t-il même de faire? Cette attitude est-elle conforme au Cyrano héroïque que l'on connaît?

d. Quels vers indiquent l'ancienneté de l'amour de Cyrano?

e. Que veut dire la métaphore suivante:
    "Et que mettant mon âme à côté du papier,
    Je n'ai tout simplement qu'à la recopier."

f. Que peut-on imaginer pour la suite de l'histoire si Cyrano avait laissé une lettre à Roxane lui déclarant sa flamme?

2. Critique de la pièce en 1897

Le critique Henry Fouquier a assisté à la toute première représentation de la pièce le 28 décembre 1897 au Théâtre de la Porte-Saint-Martin. Il a ensuite écrit la critique suivante qui est parue dans *Le Figaro* le lendemain.

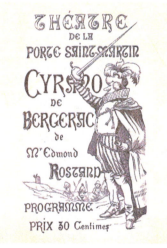

Programme

J'ai vraiment l'esprit épanoui[1] et l'âme réjouie au grand succès – un des plus grands et peut-être le plus grand de ceux auxquels nous avons eu le plaisir d'assister depuis longtemps – qui a accueilli *Cyrano de Bergerac*. Et ce n'est pas seulement mon goût d'artiste qui est satisfait à entendre parler au théâtre une langue de poésie exquise, de fantaisie franche, telle que celle qui éclata sur la scène avec *Ruy Blas*;[2] il y a quelque chose de plus et de supérieur, à mon gré. Et ce quelque chose, c'est le bonheur de voir un poète faire comprendre et acclamer par la foule les sentiments les plus délicats, les plus subtils raffinements du cœur. Ceci met M. E. Rostand hors de pair.[3]

La pièce est bien faite. C'est une comédie d'aventure et un drame de cape et d'épée,[4] fort intéressants en soi, mais qui se grandissent et s'ennoblissent par la peinture d'un amour souverain et exquis, véritable fleur du sentiment. Voici l'aventure. [Très longue description détaillée de la pièce].

Je ne ferai pas, pour ainsi dire, de commentaire sur cette pièce. Elle n'en appelle pas. C'est le propre des belles oeuvres. L'action, comique et dramatique alternativement, est des plus ingénieuses et des plus heureuses. Mais ce qui m'a pris au coeur, c'est la délicatesse des sentiments. Ce personnage de Cyrano est une merveille. Au fond, il est né de Hugo. [...]

Mais on invente un caractère quand on le pousse à la perfection. Et remarquez que la souffrance de Cyrano reste discrète. Il ne la mène pas lui-même au tragique. C'est un résigné qui trouve une joie dans sa

1 radiant
2 1838 play by Victor Hugo
3 unparalleled
4 a swashbuckler

résignation. ll nous persuade qu'il a été heureux du sacrifice. Et qui sait? Peut-être! N'a-t-il pas eu de l'amour quelque chose que bien peu d'hommes y ont trouvé? Quant à la langue, elle peut aussi se réclamer du Hugo de don César de Bazan.[5] [...] Et, par-dessus tout, une langue qui est et qui reste toujours une langue de théâtre, sans lassitude[6] et sans que le poète apparaisse derrière l'acteur.

Cette très belle œuvre est bien jouée à la Porte-Saint-Martin, et d'une façon tout à fait supérieure, par M. Coquelin. Il y est tout à fait admirable, et j'arrête là aussi le commentaire. Son rôle est écrasant[7] et tous les autres s'effacent[8] devant lui. [Il termine l'article en citant tous les acteurs].

5 a character from *Ruy Blas*
6 weariness
7 gruelling
8 seem to disappear

Coquelin

La critique d'Henry Fouquier était suivie de l'article suivant, écrit par un spectateur:

La Soirée

Qu'on aime ou non le drame en vers, il faut se faire un plaisir de reconnaître que la soirée d'hier est une victoire pour la poésie dramatique. Vous entendiez couramment dire, dans les couloirs:

- Voilà trente ans qu'on n'a pas entendu au théâtre une oeuvre pareille![1] [...]

M. Debruyère, directeur de la Gaîté,[2] qui connaît au moins le public moyen, disait à Coquelin:

- Vous jouerez cela un an!

Il fallait voir ce défilé[3] après chaque acte dans la loge[4] de Coquelin! J'ai déjà vu quelques premières[5] à la Porte-Saint-Martin, jamais je n'ai assisté à pareille fête. [...]

On se serre,[6] on se tasse[7] autour du paravent[8] où Coquelin se change. [...] Ce soir, ce sont des dames, d'aimables et de moins aimables artistes qui forcent l'entrée du paravent, avec des exclamants et des adjectifs plein les mains:

- Exquis! adorable! délicieux! Quel rôle! Ecrasant, hein? Combien de vers?

- Quatorze cents!

Et Coquelin explique:

- C'est le plus long de tous les rôles possibles. Mascarille[9] en a 1,170, Ruy Blas 1,250, Hamlet à peu près autant. Et la pièce a 2,400 vers.

On raconte des histoires :

Mlle Legault[10] s'étant trouvée fatiguée la veille[11] de la répétition[12] générale, et n'ayant prévenu[13] qu'à la dernière minute, comment allait-on faire pour ne pas perdre une soirée, et pour que les quelques invités ne s'en retournent pas bredouilles?[14] [...]

- C'est bien simple! s'est écriée Mme Rostand. Je vais jouer le rôle!

1 such a work
2 the name of a theater
3 stream of people
4 dressing room
5 first nights
6 crowd around
7 cram in around
8 screen
9 a character from Molière's *Les Précieuses ridicules*
10 the actress who was supposed to play Roxanne
11 the day before
12 rehearsal
13 since she had let them know
14 empty-handed

Coquelin et Rostand

15 goes on stage
16 a presence of mind
17 unaffectedly
18 the extras
19 boxes
20 who suddenly lost their
    cool
21 staged
22 skillfulness
23 cleverness
24 endless
25 burst of applause
26 sensibly
27 theater founded in 1680 by
    Louis XIV

Sarah Bernhardt jouant Roxane à New York

A savoir

Sarah Bernhardt (1844-1923) est une des plus grandes actrices françaises de tous les temps. Elle avait une voix et une puissance dramatique extraordinaires. Elle a joué les plus grands rôles (notamment *Phèdre, Hernani, Ruy Blas, Lorenzaccio, Hamlet*) et a créé *L'Aiglon*, de Rostand, dans son théâtre en 1900.

Et, en effet, instantanément, la jolie poétesse - qui connaît par coeur non seulement les 2,400 vers de *Cyrano*, mais tous les vers de son mari - monte sur les planches,[15] et, avec une présence d'esprit,[16] un sans façon,[17] un naturel et un charme accomplis, la voilà jouant jusqu'au bout le rôle de Roxane Robin! [...]

Mais, le plus amusant, ç'a été avant-hier, à la répétition générale. Comme la veille, au 1er acte, les seigneurs n'avaient pas joué tout à fait dans le mouvement la scène de l' Hôtel de Bourgogne, l'auteur s'est fait donner un superbe costume de Don César de Bazan, et a dirigé la figuration[18] sur la scène ! On s'attendait si peu à cette fantaisie que personne dans la salle ne l'a reconnu, et que les figurants en ont été un instant troublés. Il allait et venait avec grâce, parmi les groupes, faisait visite aux dames figurantes des loges,[19] qui en perdaient soudain tout sang-froid.[20] C'était charmant!

- D'ailleurs, disait Coquelin, c'est lui qui a mis tout en scène,[21] avec une habileté,[22] une ingéniosité,[23] une sûreté de coup d'oeil extraordinaires. Je ne vois personne, parmi les auteurs dramatiques, capables à l'heure qu'il est, excepté Sardou, de faire aussi bien!

Une avalanche de lettres et de télégrammes est tombée sur le théâtre, à l'adresse de M. Rostand et de Coquelin. Celle de Sarah Bernhardt est à citer. [...] Voici ce qu'elle écrivait hier à Coquelin:

"Je ne puis te dire ma joie pour ton − notre − triomphe d'hier et de ce soir. Quel bonheur, mon Coq! Quel bonheur! C'est l'art, c'est la beauté qui triomphent; c'est ton immense talent, c'est le génie de notre poète! Je suis si heureuse, oh! Si! Je t'embrasse, le cœur battant de la plus pure des joies et de la plus sincère amitié. Sarah"

On vous a dit que la soirée a fini en triomphe. Quand le nom de l'auteur a été proclamé, ça a été une intarissable[24] salve[25] d'applaudissements et de bravos. On criait: "L'auteur! l'auteur!" Mais il avait sensément[26] quitté le théâtre.

En sortant j'ai entendu des artistes dire très sincèrement:

- Voilà la plus belle revanche que Coquelin pouvait attendre de sa malchance. C'est ce qu'il a fait de plus beau, de plus complet, de plus parfait depuis le commencement de sa carrière. Quelle rentrée pour lui, avec ce rôle, à la Comédie-Française![27]

A quoi Coquelin avait, par avance, répondu par ces mots:

- On se tue avec plaisir pour une œuvre comme celle-là!

a. Qu'est-ce qu'Henry Fouquier a aimé dans *Cyrano de Bergerac*?
b. Que faisaient les spectateurs entre les actes?
c. Qu'est-ce qui différencie le rôle de Cyrano des autres grands rôles?
d. Qu'a fait Mme Rostand pour la répétition générale?
e. Comment Rostand dirigeait-il ses acteurs?
f. Pourquoi Sarah Bernhardt s'associe-t-elle au triomphe de Coquelin?

3. **Critique du film en 1990**

La critique suivante a été écrite par René Bernard et est parue dans *L'Express* du 23 mars 1990. Lisez-la et répondez aux questions.

Cyrano, c'est lui!

Gérard Depardieu est le Gascon tonitruant[1] du film de Jean-Paul Rappeneau. Un rôle qu'il déclame comme on chante un lyrique, à l'énergie.

Cyrano. Derechef.[2] Jean-Paul Belmondo vient à peine de caser[3] son interminable nez sur les planches[4] du théâtre Marigny que, déjà, à l'écran, Gérard Depardieu, comme un chien truffier,[5] bouleverse avec l'aide du sien le drame d'Edmond Rostand et en tire des trésors enfouis.[6] D'emblée,[7] crions-le: "Cyrano de Bergerac", adapté par Jean-Claude Carrière et Jean-Paul Rappeneau, mis en scène par Jean-Paul Rappeneau, est la pièce, toute la pièce, de Rostand, telle qu'on ne l'a jamais vue, et un film, totalement un film, tel qu'il s'en tourne en France quand les meilleurs vents sont assurés. C'est-à-dire une fois sur cent, et encore, à condition qu'ils soufflent du même côté.

"Cyrano de Bergerac", on le connaît par cœur, sans l'avoir appris. Il a, pour sa popularité, la chance unique d'être un vainqueur[8] que le malheur d'être laid range[9] dans le parti des vaincus.[10] Au temps de Louis XIII, il rimaille[11] comme il se bat, avec délice. Et aime par procuration,[12] avec un goût de l'échec[13] qui le sauve du trivial. La caméra le rend d'autant plus dru[14] que le metteur en scène et son scénariste ont élagué[15] par-ci,[16] coupé par-là,[17] débarrassant Rostand de ses obscurités, répétitions, allusions pédantes ou mythologiques. [...] "Nous avons simplement toiletté[18] la pièce, explique Jean-Claude Carrière. Je pense que le cœur de l'œuvre[19] y gagne, et ce cœur est magnifique."

Certes. Et Rostand se révèle, là, scénariste avant la lettre, d'une générosité dans l'invention qui découragerait les plus doués.[20] L'admirable est que le vers, ce sacré vers qui dicte les attitudes, paraît, en fin de compte,[21] indispensable. Il sonne, tonne,[22] s'alanguit,[23] se désarticule,[24] rebondit, si propre[25] aux personnages que les mêmes, parlant en prose, sembleraient faux. Très vite, on oublie que le texte est en alexandrins, sans cesser d'en entendre la musique. Ce "Cyrano", dont Velazquez inspire les images, prend des allures d'opéra parlé. Avec prélude, grands airs, duos, trios et chœurs, jusqu'à l'adagio final Cyrano-Roxane.

Au pupitre,[26] Jean-Paul Rappeneau dirige ses divas et ses foules avec une ampleur et un dynamisme qui ne fléchissent[27] pas. Les moyens?[28] Enormes. Un budget de 100 millions de francs, 2000 comédiens et figurants,[29] 3000 costumes et accessoires, un millier d'armes, 40 décors,[30] une rivière élargie,[31] une forêt entière réaménagée[32] et des tournages[33] jusqu'en Hongrie. La corne d'abondance.[34] Folle. Nécessaire: en quelques coups de rapière,[35] Cyrano fait se lever un monde.

Ce sont les foules bigarrées[36] de l'hôtel de Bourgogne, les réunions littéraires et fardées[37] des précieuses, les ventrées de mangeaille[38] dans les auberges, l'entraînement[39] des cadets dans leur caserne,[40] les redoutes enlevées au canon, les chevauchées,[41] les duels, les batailles et, derrière une fenêtre, un enfant émerveillé[42] qui regarde passer les mousquetaires sous leurs étendards.[43] Du roman de cape et d'épée,[44] du western – Christian

1 thundering
2 once again
3 has just placed
4 the stage
5 a truffle hound
6 buried
7 right away
8 a winner
9 places
10 defeated
11 he versifies
12 by proxy
13 failure
14 dense
15 have pruned (the text)
16 here
17 there
18 tidied up
19 the work
20 gifted
21 all things considered
22 thunders
23 languishes
24 contorts itself
25 appropriate
26 at the rostrum
27 falter
28 the means
29 extras
30 sets
31 widened
32 relandscaped
33 shootings
34 cornucopia
35 rapier (type of sword)
36 colorful
37 made up
38 the mounds of food
39 training
40 barracks
41 cavalcades
42 filled with wonder
43 standards
44 cloak and dagger novel

défend le carrosse[45] de Roxane comme une diligence, Cyrano dégaine[46] plus vite que son ombre.[47]

Le héros de Rostand a eu déjà tous les visages. Au cinéma, il commença sa carrière – paradoxe – dans deux films muets italiens. Il eut pour interprète Claude Dauphin, après la guerre, et José Ferrer, et on l'a revu récemment à la télévision sous les traits de Daniel Sorano. Gérard Depardieu les effacera[48] tous. Monstre fragile, ogre délicat, il fait éclater[49] le personnage dans ses moindres[50] nuances, de l'impétuosité au doute, de l'insolence à la douleur. Légendaire, étonnamment proche, ne redoutons[51] pas l'épithète: prodigieux.

En contrepoint, Jacques Weber, qui reste le plus accompli des Cyrano du théâtre, donne une force irrésistible à son de Guiche, grand fauve qui s'attendrit.[52] Et il faudrait citer encore Anne Brochet en Roxane, Roland Bertin – le Galilée de la Comédie-Française – en Ragueneau, Vincent Perez, Christian enfin moins délavé.[53]

"Cyrano? Un homme libre, même s'il en crève",[54] dit Rappeneau. C'est expliquer l'impact du personnage. Son nez, dans le film, ne paraît plus ridicule. Quant à son panache, on pourrait bien finir par y voir un drapeau.

45 coach
46 draws his sword faster than his shadow
47 this sentence is in reference to Lucky Luke, a French comicbook cowboy who shoots faster than his shadow
48 outshine
49 burst
50 slightest
51 let's not fear to use the right description
52 a big cat who mellows with age
53 washed out
54 even if it kills him

a. Quel est le ton général de cette critique?
b. Pourquoi dit-on que l'on "connaît [*Cyrano de Bergerac*] par cœur, sans l'avoir appris". Est-ce vrai?
c. Qu'est-ce que le metteur en scène et le scénariste ont fait? Pourquoi?
d. Que pense l'auteur du fait que les acteurs parlent en vers?
e. Pourquoi était-il nécessaire d'avoir des moyens énormes?
f. Que pense-t-il de la performance de Gérard Depardieu?

Le hussard sur le toit

Présentation du film

En 1832, Angelo, un italien en exil, se cache en Provence. Lorsqu'il décide de rentrer en Italie, il doit faire face à une épidémie de choléra, des foules hystériques, et des soldats qui veulent l'envoyer en quarantaine. Il rencontre aussi Pauline de Théus, une jeune marquise belle et mystérieuse...

Carte d'identité du réalisateur

Jean-Paul Rappeneau (né en 1932) a travaillé plusieurs années comme scénariste avant de tourner son premier film, *La vie de château*, en 1966. Il a ensuite réalisé des comédies (*Les mariés de l'an II*, 1971, *Le sauvage*, 1975, *Tout feu tout flamme*, 1981), avant de s'intéresser aux grandes productions en costumes (*Cyrano de Bergerac*, 1990, *Le hussard sur le toit*, 1995, et *Bon voyage*, 2003). Méticuleux, perfectionniste, Rappeneau prend son temps entre chaque film et aime tourner avec des stars.

Carte d'identité des acteurs

Juliette Binoche (née en 1964) a débuté très jeune au théâtre, avant de se consacrer au cinéma. *Rendez-vous* l'a fait connaître en 1985. Ouverte, agréable, simple, Juliette a de la personnalité et son franc-parler. Parmi ses films les plus marquants on peut citer *Mauvais sang* (1986), *Les amants du Pont-Neuf* (1991), *Le hussard sur le toit* (1995), *Alice et Martin* (1998), *La veuve de Saint-Pierre* (2000), ainsi que des films pour des réalisateurs étrangers (*L'insoutenable légèreté de l'être*, 1988, *Bleu*, 1993, *Le patient anglais*, 1997, *Chocolat*, 2000, *Caché*, 2005). C'est une actrice très appréciée des spectateurs et constamment demandée par les réalisateurs. Elle a retrouvé Minghella (du *Patient anglais*) pour *Par effraction* (2007), puis a enchaîné avec le taïwanais Hsiao Hsien dans *Le voyage du ballon rouge* (2008), a retrouvé ses collègues français dans le *Paris* de Klapisch (2008), a tourné *Copie conforme* en Italie avec l'Iranien Kiarostami (2010) et enfin la comédie dramatique *La vie d'une autre* en 2012.

Juliette Binoche poursuit une carrière riche de rencontres, de personnages forts et de rôles marquants.

Olivier Martinez et Juliette Binoche

Olivier Martinez (né en 1964), profitant d'un physique séduisant et romantique, a été révélé au public par *Le hussard sur le toit* (1995), son premier grand rôle. On l'a ensuite vu dans *Mon homme* (1995), *La femme de chambre du Titanic* (1997), *La taule* (2000) et dans des films américains (*Bullfighter*, 2000, *Unfaithful*, 2002, *S.W.A.T.*, 2003, et *Taking Lives*, 2004). Il a peu joué depuis 2004 mais on va bientôt le voir aux côtés de Halle Berry !

> Quand il a été question de faire ce film, de nombreux acteurs connus voulaient absolument le rôle d'Angelo et se sont proposés. Aucun n'a été retenu puisque Rappeneau voulait un (presque) inconnu.

L'heure de gloire

Le Hussard sur le toit a été nommé dans de nombreuses catégories aux César: meilleur film, meilleur réalisateur, meilleure actrice (Juliette Binoche), meilleure musique, meilleurs costumes. Il a remporté le César de la meilleure photographie et celui du meilleur son.

PREPARATION

1 Vocabulaire

Vocabulaire utile avant de voir le film:

Vous connaissez déjà certains des mots de la liste. Ils sont notés pour que vous les révisiez. Vous devez savoir ce vocabulaire par cœur, avec les genres pour les noms, les prépositions pour les verbes et les orthographes difficiles. Observez bien les exemples, ils vous aideront à vous exprimer correctement.

Les noms

un hussard: *a hussar**
une marquise: *a marchioness*
une maladie: *a disease*
le choléra: *cholera***
une épidémie: *an epidemic*
un cadavre: *a (dead) body*
un grade: *a rank (in the military)*
un bûcher: *a pyre*
un empoisonneur: *a poisoner****

un toit: *a roof*
une lucarne: *a dormer-window*
un grenier: *an attic*
un traître: *a traitor*
un cauchemar: *a nightmare*
un corbeau: *a crow*
un colporteur: *a huckster*
une quarantaine: *a quarantine*

*Attention! Pas de liaison avec "un hussard" (ne dites pas un-N-hussard mais un / hussard).
**Le "h" de choléra est muet. Prononcez [coléra].
***Avec 2 "n" en français

Le saviez-vous?

Le mot **"quarantaine"** (et "quarantine" en anglais) vient de la durée de l'isolement, qui était de 40 jours.
Les mots **"choléra"** et "colère" ont la même origine. Attention aux adjectifs !
Cholérique (atteint du choléra) / colérique (qui se met facilement en colère)

Les verbes

arrêter qq'un: *to arrest s.o.*
fuir: *to flee*
se cacher: *to hide*
allumer (un feu): *to light (a fire)*
se battre contre qq'un: *to fight against s.o.*
mettre le feu à qqch: *to set fire to sth*
soupçonner qq'un de qqch: *to suspect s.o. of sth**
se moquer de qq'un: *to make fun of s.o.*
s'échapper: *to escape***
échapper à qq'un: *to escape from s.o.***

éblouir: *to dazzle****
tirer sur qq'un: *to shoot at s.o.*
réussir à (faire qqch): *to succeed in (doing sth)*
frictionner: *to rub*
sauver (qq'un): *to save (s.o.)*

*Ex: Les Autrichiens soupçonnent Angelo d'être un révolutionnaire.
**Ex : Ils se sont échappés. Ils ont échappé à la police.
***Ex : Le soleil a ébloui les soldats. Ils ont été éblouis par le soleil.

Les adjectifs

italien(ne): *Italian**
autrichien(ne): *Austrian**
contagieux (-se): *contagious*
mort(e): *dead*
terrorisé(e): *terrorized*

susceptible: *touchy*
mal-à-l'aise: *ill at ease***
dévoué(e): *devoted*
épuisé(e): *exhausted*

*Souvenez-vous que les noms prennent une majuscule (un Italien, des Autrichiens) mais les adjectifs n'en prennent pas (un garçon italien, des soldats autrichiens).
**Mal-à-l'aise est invariable. Ex: Ils sont mal-à-l'aise.

Vous n'avez pas besoin du dictionnaire. Tous les mots sont dans la liste ci-dessus !
2e phrase : Attention à la traduction de "hiding"!
Réfléchissez à la structure et au sens de la phrase, et à l'ordre des actions

LE CHOLÉRA

Traduisez!

1. People fled because of the epidemic of cholera.
2. After hiding on the roofs the hussar entered the marchioness' house through a dormer window.
3. The Italian traitor died of the disease.
4. To escape they set fire to the quarantine.

2   Repères culturels

1. Qu'est-ce qu'un hussard?
2. Le film se passe en Provence. Où se trouve-t-elle? Sur une carte, situez les villes d'Aix-en-Provence, Manosque, Théus, et Gap, et les Alpes. Quelle distance y a-t-il entre Aix et Gap?
3. *Le hussard sur le toit* est basé sur un roman du même nom de Jean Giono. Que savez-vous sur lui? Où vivait-il? D'où venait son père? Qu'a-t-il écrit?
4. Le choléra:
   • Quel genre de maladie est-ce?
   • Comment l'attrape-t-on?
   • Comment la maladie se manifeste-t-elle?
   • Quelles sont les chances de survie si l'on n'est pas soigné?
   • Comment peut-on s'en protéger?
   • En 1832 les gens étaient-ils bien préparés pour lutter contre le choléra?

> A cette époque, contrairement à la peste ou la tuberculose, le choléra était une maladie nouvelle en France, ce qui aggravait le sentiment de panique de la population. Cette première épidémie fera 100 000 morts en France. D'autres suivront en 1848-1849, 1865 et 1883.

Louis-Philippe

5. France, 1832:
   • Quelle était la situation politique en France?
   • Depuis quand Louis-Philippe était-il roi? Comment était-il arrivé sur le trône?
   • A quelles périodes fait-on allusion quand on parle de "Restauration" et de "Monarchie de Juillet"?
   • Qui étaient les légitimistes?

> Ces deux questions, sur la France et l'Italie en 1832, ne sont pas faciles. Vous allez faire des recherches et vous allez trouver la situation complexe. Vous avez besoin des réponses aux questions pour bien comprendre le film.

6. Italie, 1832:
   • Quelle était la situation politique en Italie en 1832?
   • Le pays était-il unifié?
   • Qui était considéré comme étant l'oppresseur de l'Italie?
   • Que faisaient les Carbonari?

3 Bande-annonce

Allez sur YouTube et faites une recherche pour "Le hussard sur le toit bande-annonce". Regardez-la plusieurs fois et répondez aux questions suivantes:

1. Qui sont les personnages principaux?
2. De quoi parlent les extraits de dialogues?
3. Quel genre de musique accompagne les images?
4. Quelle est l'ambiance générale?
5. De quoi le film semble-t-il parler? Que va-t-il se passer à votre avis?

4 A savoir avant de visionner le film

Manosque, place de l'église et fontaine

- Durée: 1h58
- Genre: Fresque historique et romantique
- Tournage: Le film a été tourné en Provence (Aix, Forcalquier, Manosque, Sisteron), dans les Alpes et à Lyon.
- Note: La première partie du film (les 45 premières minutes environ) est un peu violente et certaines images sont difficiles. Vous allez notamment voir des cadavres de gens qui sont morts du choléra, ce qui n'a rien d'agréable. Si cela peut vous rassurer, ces cadavres sont des mannequins, pas des figurants! L'amour et l'aventure dominent la suite du film et valent bien que l'on s'accroche au début!

PREMIERE APPROCHE

1 L'histoire

Les personnages

Pauline, marquise de Théus
(Juliette Binoche)

Angelo Pardi
(Olivier Martinez)

Le docteur
(François Cluzet)

M. Peyrolle
(Pierre Arditi)

Le colporteur
(Jean Yanne)

1. Aventures

Le film est une suite d'aventures. Pouvez-vous remettre dans l'ordre les événements ci-dessous en vous aidant du tableau?

a. Nuit passée chez les tantes de Pauline

b. Pauline est arrêtée

c. Maggionari tue l'Autrichien

d. Pauline est frappée par un corbeau

e. Angelo ramène Pauline à Théus

f. Pauline et Angelo passent la journée en quarantaine

g. Mort du docteur

h. Angelo est à Aix. Il a failli être assassiné par les Autrichiens

i. Mort de Maggionari

j. Rencontre Angelo-Pauline

k. Ils s'échappent ensemble

l. Angelo passe la journée sur les toits

m. Angelo frictionne et sauve Pauline

n. Angelo retrouve Giuseppe

o. Ils se reposent dans une maison inhabitée

p. Angelo et Pauline se retrouvent

q. Soir : ils s'échappent de la quarantaine

r. Pauline est à Manosque

s. Rencontre avec M. Peyrolle

t. Il est à nouveau surpris par les Autrichiens

u. Pauline est terrassée par le choléra

v. Ils rencontrent le colporteur dans les collines

	Où sont Angelo et Pauline? Que se passe-t-il?
Nuit 1	• Angelo : • Pauline:
Jour 1	• Angelo est à cheval dans la campagne • Il s'arrête dans une auberge et:
Nuit 2	• Angelo passe la nuit sur son cheval dans la campagne
Jour 2	• Angelo rencontre le docteur dans le village dévasté par le choléra • • Arrivée à Manosque. Angelo échappe aux villageois. • •
Nuit 3	•
Jour 3	• Pauline et Angelo quittent Manosque séparément •
Nuit 4	• Angelo fait des projets avec Giuseppe
Jour 4	• Départ d'Angelo (matin) • • •
Nuit 5	• Nuit passée dehors. Ils ne dorment pas
Jour 5	• • • Arrivée à Montjay • • Fuite de Montjay
Nuit 6	• Nuit passée dans une chapelle abandonnée
Jour 6	• Pauline décide de retourner à Manosque • • • Soir:
Nuit 7	• Nuit passée à marcher
Jour 7	• Pauline et Angelo sont conduits en charrette • Ils marchent dans une forêt en direction de Théus • •
Nuit 8	•
Jour 8	•

2. **Autrichiens et Carbonari**
   - Pourquoi et par qui l'homme est-il arrêté et exécuté au début du film?
   - Qui est Maggionari? Qui tue-t-il? Pourquoi? Quel sera son sort?

3. **Le choléra**
   - Quelle est la première rencontre d'Angelo avec la maladie?
   - A quoi servent les bûchers que les gens allument dans les villages?
   - Quel cauchemar Pauline fait-elle à propos du corbeau? Qu'est-ce que cela représente? A-t-elle été piquée?
   - Comment est la vie en quarantaine?
   - Qu'est-ce qui arrive à Pauline dans la maison où ils ont trouvé refuge ? Comment l'a-t-elle attrapé?

4. **Les gens face au choléra**
   - Pourquoi Angelo est-il maltraité par les villageois quand il arrive à Manosque?
   - Pourquoi les gens de Montjay changent-ils d'attitude à l'égard de Pauline? Qui est la seule personne loyale? Pourquoi?

> **A savoir**
>
> Quand il a été choisi pour le rôle, Olivier Martinez ne savait ni parler italien, ni monter à cheval, ni manier l'épée. Il a appris et a ensuite réalisé toutes les scènes d'action lui-même, sans doublure.

5. **Le voyage**
   - Quel rôle le soleil joue-t-il dans l'échappée d'Angelo et de Pauline?
   - Où vont-ils après la quarantaine?
   - Où trouvent-ils refuge quand il se met à pleuvoir? Que font-ils pour se reposer?

6. **Angelo et Pauline**
   - Comment Angelo rencontre-t-il la marquise de Théus?
   - Pourquoi veut-il quitter la maison de Pauline?
   - Que fait Angelo pour ne pas perdre Pauline quand elle a été arrêtée par les soldats? Comment s'échappent-ils?
   - Que fait Angelo quand Pauline tombe malade? Avait-il déjà fait cela? Pourquoi n'avait-il pas sauvé le docteur alors qu'il sauve Pauline?
   - Qui Pauline retrouve-t-elle ensuite? Que fait alors Angelo?
   - Pauline a-t-elle oublié Angelo? Que fait-elle? Sa lettre reste-t-elle sans réponse?
   - Qu'est-ce que Monsieur de Théus est prêt à faire? Pourquoi?

2 Analyse d'une photo

1. A quel moment cette scène se passe-t-elle? Où sont Pauline et Angelo?
2. Comment Pauline est-elle habillée?
3. Que veut faire Angelo? Pauline est-elle d'accord?
4. Pourquoi Pauline ferme-t-elle les yeux?
5. Qui, sur la photo, attire l'attention? Pourquoi?

3 Analyse de citations

Analysez les citations suivantes en les replaçant dans leur contexte:

1. Angelo: "Ils ne craignent plus l'homme depuis qu'ils en mangent tant qu'ils veulent".
2. Angelo: "Le choléra me craint comme la peste".

APPROFONDISSEMENT

1 Vocabulaire

Enrichissez votre vocabulaire!

Le but de cette deuxième liste est d'élargir votre champ lexical. Ce vocabulaire ciblé sur des thèmes du film va vous permettre d'enrichir votre style.

Maladies et épidémies

un symptôme: *a symptom*
attraper une maladie: *to catch a disease*
tomber malade: *to fall ill*
diagnostiquer: *to diagnose*
se déclarer: *to break out**
souffrir de: *to suffer from*
faible: *weak*
contagieux (-euse): *contagious*
la coqueluche: *whooping cough*
la varicelle: *chicken pox*
la rougeole: *the measles*
la lèpre: *leprosy*
la peste: *the plague*

être cloué(e) au lit: *to be bedridden*
la fièvre: *fever*
grave: *serious***
s'aggraver: *to worsen***
saigner: *to bleed*
traiter: *to treat*
un traitement: *a treatment*
s'améliorer: *to improve*
reprendre des forces: *to regain strength*
guérir: *to cure*

*Ex: la maladie s'est déclarée hier.
**Ex : C'est un cas très grave. La situation s'aggrave de jour en jour.

La peur

avoir peur de qqch: *to be afraid of sth*
faire peur à qq'un: *to frighten s.o.**
craindre: *to fear***
redouter: *to dread***
se faire du souci: *to worry*
anxieux (-euse): *anxious*
effrayé(e): *frightened*
effrayant(e): *frightening*

angoissé(e): *distressed*
angoissant(e): *distressing*
terrifié(e): *terrified*
terrifiant(e): *terrifying*
épouvanté(e): *terror-stricken*
peureux (-euse): *fearful*
craintif (-ve): *timid*

*Ex: La maladie fait peur aux gens. Elle leur fait peur.
**Ex : Ils craignent/ redoutent de l'attraper.

Mise en pratique du vocabulaire:

Ecrivez 5 phrases dans lesquelles vous utilisez au moins 10 mots de la liste ci-dessus.

2 Réflexion - Essais

Ces questions vont vous permettre d'approfondir l'étude du film. Ecrivez un paragraphe pour chacune, en utilisant le vocabulaire du chapitre et en soignant votre expression (vérifiez votre orthographe et votre grammaire). En faisant ce travail, vous vous préparez à la prochaine composition.

1. Analysez l'amour entre Pauline et Angelo.
   a. Comment le décririez-vous? Quelles en sont les caractéristiques?
   b. Comparez l'attitude d'Angelo à celle de Pauline.
   c. Comment savons-nous qu'Angelo et Pauline s'aiment? Donnez quelques exemples.

2. Que sait-on sur Pauline? Décrivez-la.

3. Analysez le personnage d'Angelo.

   a. Décrivez les qualités morales d'Angelo.

   b. Que savons-nous sur les parents d'Angelo? Quel rôle sa mère joue-t-elle tout au long du film?

   c. Angelo et l'Italie: Qu'est-ce que l'Italie représente pour Angelo? Quelle est sa mission?

   d. Angelo et l'aventure: Pour qui part-il à l'aventure? Quelles sont les difficultés qu'il rencontre?

   e. Angelo fait trois rencontres (le médecin, Giuseppe, Pauline) qui sont déterminantes pour des raisons différentes. Pouvez-vous déterminer ces raisons?

4. La maladie et la mort:

   a. Que voit Angelo du choléra?

   b. Comment la maladie est-elle traitée? Que font les gens pour tenter de se préserver?

   c. Quel rôle le choléra joue-t-il dans l'histoire?

5. Décrivez l'attitude des villageois face au choléra.

6. Les animaux sont souvent présents dans le film. Quels rôles jouent le bétail (les moutons et les cochons), le chat, les chevaux et les corbeaux?

7. Les personnages sont en grande partie mystérieux et énigmatiques. Le film pose beaucoup de questions auxquelles il ne répond pas, ou seulement à la fin. Pouvez-vous en citer quelques unes?

   Ex: D'où vient Angelo?

   Pourquoi Pauline n'a-t-elle pas réveillé Angelo lorsqu'elle a quitté sa maison?

3 Analyse d'une scène: Pauline et Angelo rencontrent le colporteur (1:04:34 à 1:08:19)

> ## Vocabulaire spécifique à cette scène
>
> une colline (*a hill*) • un parapluie (*an umbrella*) • un remède (*a cure*) • efficace (*effective*) • le chemin (*the way*) • mener (*to lead*) • valoir (*to be worth*) • éviter (*to avoid*) • avoir confiance en qq'un (*to trust s.o.*) • se méfier de qq'un (*to be suspicious of s.o.*) • une mouche (*a fly*)

A. **Ecoutez**

   1. Comment le colporteur réagit-il quand il rencontre Pauline et Angelo?

   2. Comment sait-on très vite qu'il n'est pas honnête?

   3. Qu'est-ce qui pousse Angelo à rester avec Pauline?

   4. Qu'est-ce que le colporteur raconte sur la maladie?

   5. La rencontre est encadrée par deux scènes avec de la musique. Qu'est-ce que cette musique évoque? Pourquoi n'a-t-on pas de musique pendant la scène de rencontre? Qu'entend-on comme bruits de fond?

B. **Observez**

1. Pourquoi le colporteur se promène-t-il avec un parapluie? De quoi cherche-t-il à se protéger? Comment l'utilise-t-il quand il rencontre Pauline et Angelo?

2. Observez Angelo quand Pauline annonce qu'elle veut aller à Montjay. Qu'est-ce que ses gestes révèlent?

3. Qu'est-ce que le visage de Pauline exprime quand Angelo accepte de payer les 3 francs pour aller à Montjay?

4. Dans cette scène les plans larges alternent avec les gros plans. Quelle est la fonction de chacun?

5. Réfléchissez au point de vue. Adopte-t-on le point de vue d'un des personnages, ou sommes-nous à l'extérieur? Que fait la caméra pour nous le montrer?

C. **Cette scène dans l'histoire**

Qu'est-ce que cette rencontre change pour Pauline et Angelo? Qu'est-ce qui se serait passé s'ils n'avaient pas rencontré le colporteur? Pourquoi ce personnage est-il important? Qu'est-ce qu'il montre et apprend au spectateur?

D. **Langue**

1. Vocabulaire

Avec le vocabulaire suivant, tiré des dialogues, faites des phrases qui ont un lien avec la scène étudiée.

a. craindre:
b. le chemin:
c. conseiller:
d. mener:
e. le remède:
f. valoir:
g. passer par:
h. éviter:
i. tout à l'heure:
j. les mouches:

2. Pronoms

Les phrases ci-dessous sont extraites des dialogues de la scène. Remplacez les blancs par le pronom personnel (direct, indirect, tonique, y, en) qui convient.

a. "Ne craignez rien. Ecoutez-_____."
b. "Là-bas non plus je ne _____ _____ conseille pas."
c. "C'est mon élixir. Vous _____ voulez?"
d. "Ah, j'_____ ai sauvé des gens!"
e. "Vous _____ vendez?"
f. "J'_____ ai donné une ou deux fois."
g. "Je _____ _____ achète."
h. "Dites-_____ par où passer pour être tranquilles."
i. "Vous prenez à droite, pas à gauche. Marquez-_____."
j. "En Italie vos amis _____ attendent."
k. "Et on _____ explique que c'est les mouches!"
l. "Ils _____ font rigoler avec leurs mouches."

3. L'interrogation

Remplacez chaque blanc par le mot interrogatif qui convient. Faites attention à l'ordre des mots dans la question!

Ex : _____ (who) Pauline et Angelo rencontrent-ils?
　　Qui Pauline et Angelo rencontrent-ils ?

   a.　_____ (what) le colporteur a-t-il peur?

   b.　_____ (what) fait-il pour se protéger?

   c.　_____ (what) est important pour que sa potion soit efficace?

   d.　_____ (which one) des deux routes est la plus dangereuse?

   e.　_____ (which) est le meilleur chemin?

   f.　_____ (where) est-ce que Pauline veut aller?

   g.　_____ (to whom) Pauline veut parler à Montjay?

   h.　_____ (what) pousse Angelo à rester avec Pauline?

   i.　_____ (whom) n'a-t-il pas confiance?

   j.　_____ (what) histoire le colporteur raconte-t-il sur la maladie?

E. Comparaison avec une autre scène

Comparez cette scène avec celle où Angelo retrouve Pauline au campement, près de la rivière (49:28). Comment Angelo se comporte-t-il avec elle? Qu'est-ce qui est évident pour lui? Accepte-t-elle facilement son aide? Pourquoi? Quel rôle la troisième personne (Maggionari / le colporteur) a-t-elle? Comment les deux scènes se terminent-elles?

F. Sketch

Imaginez que le colporteur parle avec un ami de sa rencontre avec Pauline et Angelo. De quoi parlera-t-il? Quel sera son point de vue? Imaginez ce qu'il pensait, ressentait et espérait quand il était avec eux.

LE COIN DU CINEPHILE

1 Première / dernière scène

Comparez la première et la dernière scène. Où et quand se passent-elles? Comment est l'ambiance? Qu'est-ce qui a changé pour Pauline et Angelo entre les deux scènes? Sont-elles filmées en mouvement ou en plan fixe? Pourquoi?

2 Budget

Manosque vue des toits

Avec un budget de 176 millions de francs, ce film était (à l'époque) le plus cher que la France ait jamais réalisé. Il a nécessité 6 mois de tournage, 100 techniciens, 100 décors installés dans 60 lieux différents dans le sud de la France, 1000 figurants (tous avec des costumes originaux), 15000 m2 de tuiles anciennes pour recouvrir les maisons de Manosque pour la scène sur les toits.

Certains critiques ont trouvé que l'investissement n'en valait pas la peine et que le film aurait profité d'un budget plus restreint. Pour d'autres au contraire il était capital que le film soit réalisé avec un gros budget. Qu'en pensez-vous? Fallait-il de gros moyens pour que le film soit réussi?

3 Jeu

La plupart des critiques ont trouvé Juliette Binoche parfaite mais n'ont pas compris le choix d'Olivier Martinez dans le rôle d'Angelo. Rappeneau s'est justifié en expliquant qu'Angelo est énigmatique et qu'on ne sait pas grand-chose sur son passé. Il n'était donc pas possible de prendre un acteur connu car les spectateurs auraient associé Angelo aux rôles précédents de cet acteur. Certains ont trouvé qu'Olivier Martinez avait le physique adéquat et qu'il jouait bien les scènes d'action, mais qu'il ne savait pas parler! Et vous? Pensez-vous qu'il était bien choisi pour ce rôle?

4 Sous-titres

Pauline est chez M. Peyrolle. Elle parle avec lui de ses hésitations et de ses angoisses. Elle vient de lui dire qu'elle veut partir. Comparez le dialogue original et les sous-titres en anglais, puis répondez aux questions.

1	Mais où allez-vous? En pleine nuit, qu'allez-vous faire? Vous rentrez à Théus?	*Where to? At night? Are you going back to Théus?*
2	Je ne sais pas. Oui, peut-être.	*I don't know.*
3	Alors écoutez-moi. Je vais vous emmener si vous voulez bien. Là-haut dans les montagnes, vous serez à l'abri. La maladie n'ira jamais jusque là.	*So, listen. I'll take you! You'll be safe in the mountains.*
4	Et si Laurent ne revient pas?	*If he doesn't return?*
5	Il reviendra! Les hommes comme lui ne meurent pas du choléra, vous le savez. Au moins lui il sait pourquoi il vit. On meurt quand on le veut bien.	*He'll be back! Men like him don't die of cholera. At least he knows for whom he lives.*

a. Comparez les deux colonnes. Laquelle a le plus de texte? Pourquoi?

b. 1ère réplique: Quelle question n'est pas traduite? Est-ce gênant pour la compréhension générale?

c. 2ème réplique: La réponse de Pauline est-elle identique dans les deux langues? Quelle indication n'a-t-on pas en anglais?

d. 3ème réplique: Qu'est-ce qui manque en anglais? Pourquoi l'auteur des sous-titres a-t-il décidé d'omettre ces passages?

e. 4ème réplique: Pourquoi ne pas avoir gardé "Laurent"? Le pronom personnel est-il clair?

f. 5ème réplique: Là encore, la dernière phrase n'est pas traduite. Pourquoi?

g. Les échanges de ce dialogue sont-ils lents ou rapides? Quel problème cela pose-t-il pour les sous-titres? Qu'a dû faire le sous-titreur?

AFFINEZ VOTRE ESPRIT CRITIQUE

1 Titre

Que pensez-vous du titre? Le trouvez-vous bien choisi?

2 Affiches

Vous allez comparer l'affiche française du *Hussard sur le toit* et l'affiche américaine. Pour les trouver, allez sur www.cinemovies.fr, tapez "Hussard sur le toit", puis cliquez sur "Photos". Vous verrez les affiches à droite.

1. Les couleurs choisies pour chacune sont très différentes. Qu'est-ce qu'elles évoquent?
2. Qui est mentionné sur l'affiche française seulement? Pourquoi?
3. Quelles informations l'affiche américaine donne-t-elle aux spectateurs?
4. Pourquoi ne les a-t-on pas sur l'affiche française?
5. Quelle impression générale chaque affiche donne-t-elle?

3 Aujourd'hui

Imaginez qu'une épidémie similaire ait lieu aujourd'hui. Comment les gens réagiraient-ils? Seraient-ils différents de ceux du film?

Quelques vaccins:
1796: la variole
1879: le choléra
1882: la rage
1890: le tétanos
1890: la diphtérie
1897: la peste
1927: la tuberculose
1945: la grippe
1952: la poliomyélite
1974: la varicelle
1977: la pneumonie
1981: l'hépatite B
1992: l'hépatite A

4 Les critiques

1. Pierre Murat décrit Angelo en disant que "les épreuves qu'il traverse ne le défont pas; au contraire, elle le font" (*Télérama*, 18 mars 1998). Qu'est-ce qu'il veut dire?
2. Sophie Chérer, dans le *Première* d'octobre 1995, décrit Pauline ainsi: "vigilante, inquiète, douce et téméraire". Pouvez-vous donner des exemples pour illustrer son propos?

POUR ALLER PLUS LOIN

1 Parallèles avec d'autres films

Champ de lavande en Provence

1. **La Provence:** Trois films se passent en Provence (*Jean de Florette*, *Manon des sources* et *Le hussard sur le toit*). Est-elle filmée de la même façon? Quels aspects de la Provence voit-on?
2. **La condition des femmes:** Comparez la condition des femmes dans *Molière*, *Ridicule* et *Le hussard sur le toit*. Pourquoi se marient-elles? Comment sont leurs maris? Quelle importance l'argent a-t-il? Sont-elles libres?

3. **Littérature:** *Jean de Florette*, *Manon des sources* et *Le hussard sur le toit* sont des adaptations d'œuvres littéraires. A votre avis, les réalisateurs ont-ils rencontré les mêmes difficultés? Quels choix ont-ils dû faire?

4. **Juliette Binoche:** Comparez ses rôles dans *Le hussard sur le toit* et *La veuve de Saint-Pierre*. Pauline de Théus et Madame La vivent à des époques proches (1832 et 1850) dans deux mondes forts différents.

   a. Qu'est-ce que ces deux femmes ont en commun? (pensez à leur caractère)

   b. Qu'essaient-elles de faire?

   c. Comparez le triangle Pauline – M. de Théus – Angelo à celui que forment Madame La, le Capitaine et Neel. Les deux femmes sont-elles amoureuses de leur mari? Quelle place Angelo et Neel occupent-ils?

2   Art

Utilisez votre esprit critique pour cette activité. Certaines œuvres sont à prendre au second degré. Pour qui / pourquoi ont-elles été réalisées ? Est-ce juste de l'art ? Ont-elles un autre objectif ?

Allez sur le site de la Réunion des Musées Nationaux (www.photo.rmn.fr) ou utilisez Google Images et cherchez les peintures et la photo suivantes:
- Granet: *La peste à Aix en 1720*
- Monsiau: *Le dévouement de Monseigneur de Belzunce durant la peste de Marseille en 1720*
- Picot: *Episode de la peste de Florence*
- Richemont: *La Sœur Rosalie (1787-1856) reconnue et acclamée dans un quartier populeux de Paris, après l'épidémie cholérique de 1832*
- *Bonaparte touchant les pestiférés*
- Photo: *Une séance de vaccination publique à la Mairie*

1. Qu'est-ce que les quatre premières peintures nous montrent et nous apprennent sur les épidémies de peste et de choléra? Est-ce qu'elles ressemblent aux scènes du film?

2. Quel était le but de l'affiche de Bonaparte touchant un malade?

3. Qu'est-ce qui a changé en 1898?

3   Lectures

1. **Extrait du roman**

   L'extrait qui suit relate la rencontre d'Angelo et de Pauline. Etudiez-le et comparez-le au film en répondant aux questions.

Cet extrait est littéraire et difficile. Ne vous inquiétez pas si vous ne comprenez pas tout, et souvenez-vous que vous connaissez déjà l'histoire ! Le but est de comparer le texte et le film.

A partir d'ici il y avait un tapis dans l'escalier. Quelque chose passa entre les jambes d'Angelo. Ce devait être le chat. Il y avait vingt-trois marches[1] entre les greniers et le troisième; vingt-trois entre le troisième et le second. Angelo était sur la vingt et unième marche, entre le second et le premier quand, en face de lui, une brusque raie d'or encadra[2] une porte qui s'ouvrit. C'était une très jeune femme. Elle tenait un chandelier à trois branches à la hauteur d'un petit visage en fer de lance[3] encadré de lourds cheveux bruns.

1 steps
2 framed
3 spearhead-shaped

"Je suis un gentilhomme", dit bêtement[4] Angelo.

Il y eut un tout petit instant de silence et elle dit:

"Je crois que c'est exactement ce qu'il fallait dire."

Elle tremblait si peu que les trois flammes de son chandelier étaient raides comme des pointes de fourche.[5]

"C'est vrai, dit Angelo.

- Le plus curieux c'est qu'en effet cela semble vrai, dit-elle.

- Les brigands n'ont pas de chat, dit Angelo qui avait vu le chat glisser[6] devant lui.

- Mais qui a des chats? dit-elle.

- Celui-ci n'est pas à moi, dit Angelo, mais il me suit parce qu'il a reconnu un homme paisible.[7]

- Et que fait un homme paisible à cette heure et là où vous êtes?

- Je suis arrivé dans cette ville il y a trois ou quatre jours, dit Angelo, j'ai failli être écharpé[8] comme empoisonneur de fontaine. Des gens qui avaient de la suite dans les idées[9] m'ont poursuivi[10] dans les rues. En me dissimulant dans une encoignure[11] une porte s'est ouverte et je me suis caché dans la maison. Mais il y avait des cadavres, ou plus exactement un cadavre. Alors j'ai gagné[12] les toits. C'est là-haut dessus que j'ai vécu depuis."

Elle l'avait écouté sans bouger d'une ligne. Cette fois le silence fut un tout petit peu plus long. Puis elle dit:

"Vous devez avoir faim alors?

- C'est pourquoi j'étais descendu chercher, dit Angelo, je croyais la maison déserte.

- Félicitez[13]-vous qu'elle ne le soit pas, dit la jeune femme avec un sourire. Les brisées[14] de mes tantes sont des déserts."

Elle s'effaça,[15] tout en continuant à éclairer le palier.[16]

"Entrez, dit-elle.

- J'ai scrupule à m'imposer, dit Angelo, je vais troubler votre réunion.

- Vous ne vous imposez pas, dit-elle, je vous invite. Et vous ne troublez aucune réunion: je suis seule. Ces dames sont parties depuis cinq jours. J'ai eu moi-même beaucoup de mal à me nourrir après leur départ. Je suis néanmoins plus riche que vous.

- Vous n'avez pas peur? dit Angelo en s'approchant.

- Pas le moins du monde.

- Sinon de moi, et je vous rends mille grâces,[17] dit Angelo, mais de la contagion?

- Ne me rendez aucune grâce, monsieur, dit-elle. Entrez. Nos bagatelles[18] de la porte sont ridicules."

- Angelo pénétra[19] dans un beau salon. Il vit tout de suite son propre reflet dans une grande glace.[20] Il avait une barbe[21] de huit jours et de longues rayures de sueur noirâtre[22] sur tout le visage. Sa chemise en lambeaux[23] sur ses bras nus et sa poitrine couverte de poils[24] noirs, ses culottes poussiéreuses[25] et où restaient les traces de plâtre de son passage à travers la lucarne,[26] ses bas déchirés[27] d'où dépassaient des arpions[28] assez sauvages composaient un personnage fort regrettable. Il n'avait plus pour lui que ses yeux qui donnaient toujours cependant des feux aimables.[29]

- "Je suis navré,[30] dit-il.

- De quoi êtes-vous navré? dit la jeune femme qui était en train

4 *here:* simply
5 straight like the tines of a fork
6 glide
7 peaceful
8 torn to pieces
9 people that I could not shake off
10 chased after me
11 in a corner
12 I reached
13 You should be thankful
14 *here:* my aunts' cupboards
15 she stepped aside
16 to light the landing
17 I am deeply grateful
18 *here:* our pleasantries
19 entered
20 a mirror
21 a beard
22 long streaks of blackish sweat marks
23 his tattered shirt
24 hairs
25 his dusty pants
26 the skylight
27 his torn stockings
28 from which his toes were sticking out
29 pleasant
30 I'm terribly sorry

d'allumer la mèche[31] d'un petit réchaud à esprit-de-vin.[32]

- Je reconnais, dit Angelo, que vous avez toutes les raisons du monde de vous méfier[33] de moi.

- Où voyez-vous que je me méfie? Je vous fais du thé."

Elle se déplaçait[34] sans bruit sur les tapis.

"Je suppose que vous n'avez plus eu d'aliments chauds depuis longtemps?

- Je ne sais plus depuis quand!

- Je n'ai malheureusement pas de café. Je ne saurais d'ailleurs trouver de cafetière.[35] Hors de chez soi[36] on ne sait où mettre la main.[37] Je suis arrivée ici il y a huit jours. Mes tantes ont fait le vide[38] derrière elles; le contraire m'aurait surprise. Ceci est du thé que j'avais heureusement pris la précaution d'emporter.

- Je m'excuse, dit Angelo d'une voix étranglée.[39]

- Les temps ne sont plus aux excuses, dit-elle. Que faites-vous debout? Si vous voulez vraiment me rassurer, comportez[40]-vous de façon rassurante. Assoyez-vous."

Docilement,[41] Angelo posa la pointe de ses fesses[42] au bord d'un fauteuil mirobolant.[43]

"Du fromage qui sent le bouc[44] (c'est d'ailleurs pourquoi elles l'ont laissé), un fond[45] de pot de miel, et naturellement du pain. Est-ce que ça vous va?

- Je ne me souviens plus du goût du pain.

- Celui-ci est dur. Il faut de bonnes dents. Quel âge avez-vous?

- Vingt-cinq ans, dit Angelo.

- Tant que ça?"[46] dit-elle.

Elle avait débarrassé[47] un coin de guéridon[48] et installé un gros bol à soupe sur une assiette.

"Vous êtes trop bonne, dit Angelo. Je vous remercie de tout mon cœur de ce que vous voudrez bien me donner car je meurs de faim. Mais je vais l'emporter, je ne saurais[49] me mettre à manger devant vous.

- Pourquoi? dit-elle. Suis-je écœurante?[50] Et dans quoi emporteriez-vous votre thé? Il n'est pas question de vous prêter bol ou casserole;[51] n'y comptez pas. Sucrez[52]-vous abondamment et émiettez[53] votre pain comme pour tremper[54] la soupe. J'ai fait le thé très fort et il est bouillant. Rien ne peut vous être plus salutaire.[55] Si je vous gêne,[56] je peux sortir.

- C'est ma saleté[57] qui me gêne", dit Angelo. Il avait parlé brusquement mais il ajouta: "Je suis timide." Et il sourit.

Elle avait les yeux verts et elle pouvait les ouvrir si grands qu'ils tenaient tout son visage.

"Je n'ose[58] pas vous donner de quoi vous laver, dit-elle doucement. Toutes les eaux de cette ville sont malsaines.[59] Il est actuellement[60] beaucoup plus sage[61] d'être sale mais sain.[62] Mangez paisiblement. La seule chose que je pourrai vous conseiller, ajouta-t-elle avec également un sourire, c'est de mettre si possible des souliers,[63] dorénavant.[64]

- Oh! dit Angelo, j'ai des bottes là-haut, même fort belles. Mais j'ai dû les tirer[65] pour pouvoir marcher sur les tuiles[66] qui sont glissantes[67] et aussi pour descendre dans les maisons sans faire de bruit."

Il se disait: "Je suis bête comme chou",[68] mais une sorte d'esprit critique ajoutait: "Au moins l'es-tu d'une façon naturelle?"

Le thé était excellent. A la troisième cuillerée[69] de pain trempé, il ne

31 the wick
32 a small alcohol/spirits stove
33 to be suspicious
34 she was moving around
35 a coffeepot
36 at somebody else's house
37 you can't put your hands on anything
38 left nothing behind them
39 choking up
40 behave
41 obediently
42 sat on the edge
43 fabulous
44 that stinks of goat
45 the bottom
46 that much?
47 cleared
48 a pedestal table
49 I could not
50 disgusting
51 a saucepan
52 sweeten
53 crumble
54 to soak
55 healthier
56 if I make you uncomfortable
57 filth
58 I don't dare
59 unhealthy
60 at the moment
61 much wiser
62 healthy
63 shoes
64 from now on
65 to pull them off
66 tiles
67 slippery
68 *here*: I must sound so dumb
69 spoonful

pensa plus qu'à manger avec voracité et à boire ce liquide bouillant. Pour la première fois depuis longtemps il se désaltérait.[70] Il ne pensait vraiment plus à la jeune femme. Elle marchait sur les tapis. En réalité, elle était en train de préparer une deuxième casserole de thé. Comme il finissait, elle lui remplit de nouveau son bol à ras bord.[71]

Il aurait voulu parler mais sa déglutition[72] s'était mise à fonctionner d'une façon folle. Il ne pouvait plus s'arrêter d'avaler[73] sa salive. Il avait l'impression de faire un bruit terrible. La jeune femme le regardait avec des yeux immenses mais elle n'avait pas l'air d'être étonnée.

"Ici, je ne vous céderai[74] plus", dit-il d'un ton ferme quand il eut fini son deuxième bol de thé.

"J'ai réussi à parler ferme mais gentiment", se dit-il.

"Vous ne m'avez pas cédé, dit-elle. Vous avez cédé à une fringale[75] encore plus grande que ce que je croyais et surtout à la soif. Ce thé est vraiment une bénédiction.

- Je vous en ai privée?[76]

- Personne ne me prive, dit-elle, soyez rassuré.

- J'accepterai un de vos fromages et un morceau de pain que j'emporterai, si vous voulez bien et je vous demanderai la permission de me retirer.

- Où? dit-elle.

- J'étais tout à l'heure[77] dans votre grenier, dit Angelo, il va sans dire que je vais en sortir tout de suite.

- Pourquoi, il va sans dire?

- Je ne sais pas, il me semble.

- Si vous ne savez pas, vous feriez aussi bien d'y rester cette nuit. Vous aviserez[78] demain, au jour."

Angelo s'inclina.[79]

"Puis-je vous faire une proposition? dit-il.

- Je vous en prie.

- J'ai deux pistolets dont[80] un vide. Voulez-vous accepter celui qui est chargé?[81] Ces temps exceptionnels ont libéré beaucoup de passions exceptionnelles.

- Je suis assez bien pourvue,[82] dit-elle, voyez vous-même."

Elle souleva[83] un châle[84] qui était resté de tout ce temps à côté du réchaud à esprit-de-vin. Il recouvrait[85] deux forts pistolets d'arçon.[86]

"Vous êtes mieux fournie[87] que moi, dit froidement Angelo, mais ce sont des armes lourdes.

- J'en ai l'habitude, dit-elle.

- J'aurais voulu vous remercier.

- Vous l'avez fait.

- Bonsoir, madame. Demain à la première heure j'aurai quitté le grenier.

70	he was quenching his thirst
71	to the brim
72	swallowing
73	to swallow
74	I will no longer give in
75	ravenous hunger
76	did I deprive you?
77	just now
78	you will see
79	bowed
80	one of which is
81	loaded
82	I am well-equipped
83	lifted
84	a shawl
85	it was covering
86	horse pistols
87	better-supplied

a. Comment le roman décrit-il les moments qui précèdent la rencontre avec Pauline? Est-ce la même chose dans le film? Angelo descend-il l'escalier pour la même raison dans les deux cas?

b. A votre avis, pourquoi la conversation initiale a-t-elle été abrégée (et changée) par Rappeneau?

c. Etudiez les dialogues: sont-ils représentatifs du caractère des deux personnages?

d. Comment Pauline retient-elle Angelo? Le fait-elle de la même façon dans le film?

e. Comment découvre-t-on dans le roman et dans le film qu'elle est armée?

f. Qu'est-ce que le film a ajouté à cette scène?

g. Remarquez le point de vue du narrateur: sait-on ce que pensent et ressentent Angelo et Pauline? Pourquoi les deux personnages ne sont-ils pas traités de la même façon? Rappeneau a-t-il gardé ce procédé dans le film?

h. L'impression générale qui se dégage de cette scène est-elle bien restituée dans le film?

2. **Entretien avec Juliette Binoche**

Lisez l'entretien suivant, réalisé par Gilles Médioni pour *L'Express* du 14 septembre 1995 (six jours avant la sortie du film), et répondez aux questions.

Juliette au pays de Giono

Dans "Le Hussard sur le toit", *Juliette Binoche est Pauline, chère au cœur d'Angelo. Pour elle, ce tournage*[1] *fut un nouveau "parcours initiatique".*[2]

Longtemps, Luis Buñuel l'a rêvé. Angelo a effleuré[3] un instant les traits de Gérard Philipe, d'Alain Delon, de Marlon Brando. Et, quarante ans plus tard, le monument stendhalien[4] de Giono a enfin rencontré son maître d'œuvre,[5] Jean-Paul Rappeneau, l'homme de "Cyrano", le gage[6] de qualité et de fidélité aux classiques, de l'entrelacs[7] des images et des mots. Ce "Hussard", le sien, porté par une maîtrise formelle époustouflante[8] (les scènes sont des tableaux vivants) et une dramaturgie renforcée par des séquences d' "Angelo" et du "Bonheur fou",[9] installe d'abord un héros de cape et d'épée[10] (Olivier Martinez, tout en panache). Mais, dès la scène mythique des toits de Manosque, Angelo, sensible à sa voix intérieure, ouvre son cœur et escorte Pauline de Théus, son Iseult, sa sœur (Juliette Binoche). L'amour et la mort, la beauté et la mort, la vertu et la mort suintent[11] de cette promenade hantée par un chant sombre, heurtée[12] d'images obsédantes, habitée d'émotion rentrée[13] et par Juliette Binoche, frémissante,[14] passionnante, qui oppose sa force et sa douceur à un monde de désolation. A Rome, où elle tourne "The English Patient", d'Anthony Minghella, L'Express a rencontré cette comédienne des silences et des non-dits.

L'Express: *Qu'est-ce qui vous a frappée dans le livre de Jean Giono?*

Juliette Binoche: La grandeur d'âme[15] de Pauline et d'Angelo. La nature. La lumière. Giono décrit des correspondances que je ressens et que je ne pourrais exprimer.

—*Pourquoi choisit-on d'incarner Pauline de Théus?*

—Il y a des rôles qui vous choisissent. Et, lorsqu'on a souhaité ce métier, s'y refuser serait se suicider. Pourtant, quand j'ai approché Pauline, je me suis demandé ce que j'allais jouer: Pauline est "la" femme. Une énigme. On la sent, on la vit. Peut-on l'interpréter?

—*Elle a "ce petit visage en fer de lance*[16] *encadré de lourds cheveux noirs"?*

—Ah! ce visage m'a intriguée avant le tournage [*silence*]. Enormément

1 this shooting
2 journey of initiation
3 grazed
4 reminiscent of Stendhal, great 19th century novelist *here:* the man of the hour
5 *here:* the man of the hour
6 the guarantee
7 weaving together
8 amazing formal mastery
9 "Angelo" precedes "Le Hussard sur le toit". "Le Bonheur fou" is the sequel.
10 a cloak and dagger hero
11 ooze
12 jolting with
13 suppressed
14 quivering
15 the nobility of soul
16 spearhead-shaped

intriguée. Et puis, j'ai lu "Mort d'un personnage". Giono y décrit Pauline âgée. Soudain, son caractère, son sale[17] caractère, et ce visage en fer de lance m'ont sauté au cœur. "Mort d'un personnage" m'a bouleversée.

—Pour quelles raisons?

—En général, j'approche un rôle en imaginant son enfance, sa jeunesse. Mais là, tout d'un coup, défilaient[18] les dix dernières années de l'existence de Pauline. C'est une perception très troublante, car la fin d'une vie renvoie[19] à sa fin à soi. On dirait[20] que les personnages existent pour de vrai et qu'il faut retracer leur réalité. [...]

—De quelle façon traverse-t-on un si long tournage?

—Un tournage ressemble à un parcours initiatique, mais j'ai résolu les éternelles interrogations: dois-je ou non dormir avec les bottes de Pauline? Le soir, je redeviens Juliette. Plus question de verser[21] dans l'ambiguïté malsaine. A force de m'immerger,[22] j'ai parfois failli me noyer.[23]

—De quoi vous aidez-vous pour apprivoiser[24] un rôle?

—De tout. Avant, j'évoluais[25] dans des loges[26] encombrées[27] de poèmes, de photos, d'objets. Longtemps, je n'ai même utilisé que ces marques. Maintenant, plus du tout. Il faut savoir se libérer. J'ai d'autres repères:[28] des bougies dans ma chambre. De la musique: Bach, Barbara, Camaron, Vissotsky.

—Rêviez-vous de cette vie?

—Non. J'avais soif de brûler les planches[29] ou d'évoluer dans un décor de théâtre. Franchement, je ne me projetais[30] pas dans le temps. Jamais je n'aurais imaginé voyager, recevoir des propositions de tous les horizons.

—Vous avez donné corps[31] à des femmes mythiques?

—Elles sont toutes sœurs, cousines, belles-sœurs.[32] Leur point commun reste d'abord moi, bien sûr. Ensuite, et ça me surprend vraiment, c'est la présence de la mort. Voilà des filles pleines de vie, poursuivies par la mort, même si celle-ci se traduit différemment dans "Rendez-vous", "Mauvais Sang", "Les Amants", "Fatale" ou "Bleu".

—Est-ce un hasard?[33]

—Je connais peu l'expérience de la mort, mais j'ai enduré celle de la séparation, une autre perte: mes parents ont divorcé lorsque j'avais 2 ans et demi. L'apprentissage[34] de la séparation m'a appris à vivre, à survivre et à trouver la joie de vivre. Je suis une optimiste. [...]

—Comment apprend-on à jouer les silences?

—Je crois que les regards[35] expriment surtout les pensées, les "ressentirs".[36] Les yeux figurent[37] les portes de l'âme. Ce sont des fils[38] par lesquels passe, ou non, l'électricité. Les miens ne sont pas extraordinaires. Faut pas commencer à virer[39] au mythe, sinon on finit vite miteux[40] [*rire*].

—Sait-on un jour pourquoi l'on devient comédienne?

—Sait-on un jour pourquoi l'on vit? [*Silence.*]

17 her foul temper
18 were passing through my mind
19 makes you think about
20 it is as if
21 to lapse into
22 by immersing myself so much
23 I almost drowned
24 *here*: to get into
25 I used to dwell
26 dressing rooms
27 cluttered with
28 guides
29 *here*: to be successful in theater
30 I was not thinking ahead
31 *here*: you have embodied
32 sisters-in-law
33 a coincidence
34 dealing with
35 looks
36 *here*: feelings
37 represent
38 wires
39 to fall into
40 the word is not so much used for its meaning ("shabby") as for the pun with "mythe"

   a. Aviez-vous l'impression, en regardant le film, que les scènes étaient des "tableaux vivants"?

   b. Pourquoi Pauline est-elle l'"Iseult" d'Angelo? Qui est Iseult?

   c. L'introduction décrit Juliette Binoche ainsi: elle "oppose sa force et sa douceur à un monde de désolation". Citez des passages où

Pauline fait preuve de force et de douceur.

   d. Peut-on deviner, en voyant *Le hussard sur le toit*, que Pauline aura un caractère difficile en vieillissant?

   e. Les yeux de Juliette Binoche étaient-ils expressifs dans le film? Son regard était-il éloquent?

   f. Quelle impression générale Juliette Binoche vous donne-t-elle? Parle-t-elle comme une star?

3. **Entretien avec Jean-Paul Rappeneau**

L'entretien suivant a été réalisé par Anne Rapin pour *Label-France* (novembre 1995). Lisez-le et répondez aux questions.

Label-France : Qu'est-ce qui vous a amené à penser que vous parviendriez[1] à mettre en images ce roman réputé inadaptable?[2]

Jean-Paul Rappeneau : La forte émotion de lecteur que j'ai eue, il y a trente ans, quand j'ai lu, pour la première fois, *le Hussard sur le toit* de Giono. J'avais vingt ans et n'avais jamais rien lu d'aussi beau. Je continue à penser que ce livre est un des plus grands romans français du siècle, avec ceux de Proust et de Céline. Je ne pouvais pas imaginer que je n'arriverais pas à restituer[3] dans un film un peu de cette émotion ancienne.

Après la sortie de *Cyrano* en 1990, je me suis demandé s'il n'y avait pas d'autres grandes œuvres réputées jusqu'alors inadaptables. *Le Hussard* s'est très vite retrouvé sur ma table. Je l'ai relu avec un œil de cinéaste et les problèmes d'adaptation sont alors apparus. En effet, le livre est un peu un voyage intérieur, souvent méditatif, avec des images somptueuses, mais peu d'action. J'ai donc dû introduire, à ma façon, un rythme et une dramaturgie[4] dans cette histoire.

En fait, pour moi, écrire un scénario consiste, avant tout, à établir une stratégie de la tension. Dans le livre de Giono, rien n'a l'air de se passer vraiment entre Angelo et Pauline. C'est d'ailleurs une des beautés du livre. Avec Nina Companeez et Jean-Claude Carrière, nous avons construit entre eux une relation allant de l'intérêt à l'agacement,[5] de l'attirance[6] à la rupture,[7] et cherché à faire sentir que quelque chose montait[8] petit à petit entre eux. Mais, d'après les admirateurs de Giono et sa propre famille, son esprit est respecté.

A part ce "réservoir d'images" que constitue, à vos yeux, le livre de Giono, avez-vous eu d'autres sources d'inspiration?

Lorsque nous étions devant ces paysages, ces champs de blé[9] au milieu desquels arrivaient les personnages en costumes, et que je mettais mon œil dans l'appareil,[10] je me disais : on dirait un tableau mais je ne sais pas de qui. C'était devenu un sujet de boutade[11] avec le cadreur.[12]

Quelle est la modernité de cette histoire d'amour chevaleresque[13] et romantique, qui parle du choléra il y a cent cinquante ans?

Etre intemporel[14] est le privilège des grands artistes, mais je crois que le livre est encore plus moderne aujourd'hui qu'en 1951. Giono voyait le choléra comme une métaphore sur la guerre et toute la "vacherie"[15] du monde. Aujourd'hui, on ne peut pas s'empêcher de penser aux épidémies qui nous menacent, au sida[16] notamment[17] qui angoisse tant les jeunes gens.

1 you would succeed in
2 impossible to adapt
3 to convey
4 dramatic tension
5 irritation
6 attraction
7 break-up
8 *here*: was building
9 wheat fields
10 *here*: the camera
11 joke
12 the cameraman
13 chivalrous
14 timeless
15 *slang*: meanness
16 AIDS
17 in particular

Ces scènes d'exode, ces gens qu'on rassemble[18] dans des quarantaines, ces cordons sanitaires[19] qui protègent le pays occupé par le choléra de la zone libre... Tout cela nous parle de choses à la fois actuelles[20] et éternelles. Le thème de la recherche du bouc émissaire[21] est, lui aussi, d'actualité. D'un mal[22] mystérieux, on dit toujours qu'il est apporté par l'étranger...

Cyrano et Angelo appartiennent à la même famille de héros, généreux et idéalistes. Comment les percevez-vous?

Leur courage, leur intrépidité les rapproche[23] en même temps que leur timidité paralysante devant toutes les choses de l'amour. Ils ont une même peur de leurs émotions, peur que le barrage ne lâche[24]...

Pensez-vous que l'avenir du cinéma français, chez lui comme à l'étranger, passe par de grosses productions, à forte identité culturelle comme le Hussard?

Oui, entre autres. En fait, je fais les films que j'aimerais voir comme spectateur. Ce qui est merveilleux dans le cinéma français, c'est sa diversité. Mais, je regrette souvent que l'aspect visuel de la plupart des films ne soit pas à la hauteur[25] de leurs ambitions. Au cinéma, il doit y avoir des émotions, une pensée, mais aussi des images. Et je pense que cette dimension de spectacle[26] fait aussi partie de la tradition française. Il faut continuer à faire des films qui "donnent à voir".

Avez-vous déjà de nouveaux projets?

En France, un film ressemble à une pyramide renversée,[27] c'est-à-dire que l'ensemble de sa réalisation repose[28] sur un seul homme, le metteur en scène. La loi[29] française fait de lui l'auteur du film, lui reconnaît de nombreux droits mais aussi des responsabilités à tous les niveaux. Ce qui fait que lorsqu'on sort d'une telle entreprise - ce film a pris quatre ans de ma vie -, on ne peut pas enchaîner[30] tout de suite avec autre chose. Le cinéma en France n'est pas une industrie, c'est un métier d'art. Quand on arrive à le réussir, il y a une âme dans un film, celle de ceux qui l'ont fait avec le réalisateur. Un film se fait comme un stradivarius: à la main, sur l'établi.[31]

18 that are being rounded up
19 quarantine lines
20 current
21 a scapegoat
22 ill
23 bring them together
24 afraid that the dam might break
25 is not up to the level
26 show
27 upside down
28 rests on
29 law
30 move on
31 on the work bench

a. Pourquoi Rappeneau a-t-il eu envie de réaliser *Le hussard sur le toit*?

b. Comment a-t-il contourné le fait qu'il y a très peu d'action dans le roman?

c. Etes-vous d'accord que cette histoire est toujours d'actualité?

d. La comparaison avec Cyrano est-elle justifiée? Qu'est-ce que les deux personnages ont en commun? Qu'est-ce qui les différencie?

e. Quel genre de film Rappeneau aime-t-il voir et faire?

f. Comment décrit-il le cinéma?

Molière

Présentation du film

1645. Molière a 22 ans, est inconnu et criblé de dettes. Il est jeté en prison puis disparaît pendant plusieurs mois. Il va alors rencontrer ses futurs personnages : Monsieur Jourdain, Célimène, Dorante et Elmire alors qu'il se fait appeler Monsieur Tartuffe !

Carte d'identité du réalisateur

Après des études de cinéma à NYU, **Laurent Tirard** a travaillé comme journaliste pour *Studio Magazine* et a publié deux livres d'entretiens avec des réalisateurs (*Leçons de cinéma* en 2004 et 2006). Parallèlement, il a réalisé des courts-métrages et écrit des scénarios avant de se lancer dans la réalisation de son premier long-métrage, *Mensonges et trahisons et plus si affinités* en 2004 et a ensuite travaillé sur *Molière*, qui est sorti en 2007. Son succès l'a encouragé et il a adapté et réalisé *Le petit Nicolas*, basé sur le célèbre roman, en 2009.

Carte d'identité des acteurs

Romain Duris (né en 1974) faisait des études de dessin quand il a été choisi pour *Le péril jeune*, téléfilm de Klapisch. Duris cultive depuis un look rebelle et charmeur qui plaît aux réalisateurs et au public. Il retrouve Klapisch en 1996 pour *Chacun cherche son chat* et en 1999 pour *Peut-être*. Entre-temps il découvre le monde des gitans grâce au tournage de *Gadjo Dilo*, de Tony Gatlif, pour lequel il est nommé au César du meilleur espoir. Sa célébrité est assurée avec *L'auberge espagnole*, qui lui permet d'élargir sa palette: il est gentleman cambrioleur dans *Arsène Lupin* en 2004 et surtout un agent immobilier pianiste dans *De battre mon cœur s'est arrêté* en 2005. Son interprétation remarquable est saluée par toute la critique. La même année il retrouve ses camarades de *L'auberge espagnole* pour *Les poupées russes* et en 2007 il crève l'écran dans *Molière*. Il participe aussi au film choral *Paris* (de Klapisch), puis tourne l'inquiétant *Persécution* de Patrice Chéreau en 2009 et change de registre avec la comédie romantique *L'arnacœur* en 2010.

Fabrice Luchini (né en 1951) a commencé le cinéma à 18 ans après un début de carrière comme coiffeur ! Il a enchaîné avec plusieurs rôles dans des films de Rohmer et a joué pour d'autres très grands réalisateurs : Klapisch (*Riens du tout*, 1992), Lelouch (*Tout ça… pour ça !*, 1993), Leconte (*Confidences trop intimes*, 2004), Ozon (*Potiche*, 2010). Luchini est aussi à l'aise dans les comédies (*Jean-Philippe*, 2006, *Les femmes du 6e étage*, 2011), dans les comédies dramatiques (*La discrète*, 1990, *Pas de scandale*, 1999, *La fille de Monaco*, 2008) que capable de se glisser dans la peau d'un personnage historique (*Le colonel Chabert*, 1994, *Beaumarchais l'insolent*, 1996, *Le bossu*, 1997, *Molière*, 2007).

Romain Duris et Fabrice Luchini

Laura Morante est une actrice italienne née en en 1956. Elle a commencé le cinéma avec les frères Bertolucci, puis a joué dans plusieurs films de Nanni Moretti (dont *Bianca* en 1986 et *La chambre du fils* en 2001) qui l'ont fait connaître. Elle parle français couramment et a eu de beaux rôles dans des productions de qualité. Plus récemment, on l'a vue aux côtés de grands acteurs français dans *Fauteuils d'orchestre* (2006), *Cœurs* (2006), puis *Molière* (2007). En 2012 elle est passée derrière la caméra pour la première fois avec *La cerise sur le* gâteau.

Edouard Baer a travaillé comme animateur de radio et d'émissions à la télévision avant de se faire connaître au cinéma. Il a travaillé avec Laurent Tirard en 2004 sur *Mensonges et trahisons* puis a partagé l'affiche des *Brigades du tigre* en 2006. Après *Molière*, il est choisi pour le film policier *J'ai toujours rêvé d'être un gangster* (2008), puis le drame *Un monde à nous*. Sa palette s'est élargie, il joue maintenant dans tous les registres et sert même de narrateur dans *Le petit Nicolas* (2009). Plus récemment on l'a vu dans le drame historique *Une exécution ordinaire* (2010) et endosser le rôle d'Astérix dans *Astérix et Obélix : Au service de sa Majesté*, sa 4e collaboration avec Laurent Tirard.

Ludivine Sagnier a fait de solides études de théâtre et a eu de petits rôles avant de rencontrer François Ozon qui l'a lancée en 2000 avec *Gouttes d'eau sur pierres brûlantes*. Elle a continué avec lui dans *8 femmes* (2002) et *Swimming pool* (2003). Claude Miller lui a ensuite offert deux très beaux rôles dans *La petite Lili* en 2003 et *Un secret* en 2007. Entre temps, elle a été la fée Clochette dans *Peter Pan* (2004) et Gabrielle dans *La fille coupée en deux* (2007). Elle a ensuite eu des rôles beaucoup plus sombres dans *Mesrine* et *Crime d'amour* (2010) avant de renouer avec la comédie en chansons dans *Les bien-aimés* en 2011.

L'heure de gloire

Molière a été nommé dans 4 catégories aux César : Meilleur acteur dans un second rôle (Fabrice Luchini), Meilleur scénario original, Meilleurs costumes et Meilleurs décors.

PREPARATION

1 Vocabulaire

Vocabulaire utile avant de voir le film :

> Vous connaissez déjà certains des mots de la liste. Ils sont notés pour que vous les révisiez. Vous devez savoir ce vocabulaire par cœur, avec les genres pour les noms, les prépositions pour les verbes et les orthographes difficiles. Observez bien les exemples, ils vous aideront à vous exprimer correctement.

Les noms

Molière :

un(e) acteur (-rice) : *an actor*

un dramaturge : *a playwright*

un metteur en scène : *a director*

une pièce : *a play*

une tragédie : *a tragedy*

une comédie : *a comedy*

une farce : *a farce*

une plume : *a quill (pen)*

un personnage : *a character**

une troupe : *a theater company***

une représentation : *a performance*

une tournée : *a tour***

un créancier : *a creditor*

M. Jourdain :

un marchand : *a merchant*

une propriété : *an estate*

un diamant : *a diamond (ring)*

un billet doux : *a love letter*

le paraître = les apparences : *appearances****

une partie de chasse : *a hunting party*

un mariage arrangé : *an arranged marriage*

une perruque : *a wig*

Mme Jourdain :

une liaison : *an affair*

Tartuffe :

un dévot : *a deeply religious person*

une soutane : *a cassock*

un précepteur : *a tutor*

une supercherie : *an act of deception*

un mensonge : *a lie*

Dorante :

un gentilhomme : *a gentleman*****

un titre de noblesse : *a title*

*Attention ! Une personne, un personnage (quel que soit le genre de la personne ou du personnage)
**Ex : La troupe de Molière est partie en tournée pendant 13 ans.
***Ex : Pour M. Jourdain les apparences sont très importantes.
****Remarquez que ce mot est formé exactement comme en anglais.

A savoir

Comédie: Au XVIIᵉ siècle, une "comédie" est parfois synonyme de "pièce de théâtre" et même de "théâtre". La Comédie-Française présentait donc des pièces, pas forcément des comédies au sens actuel du terme.
Plume : On a utilisé des plumes (en général d'oie) de l'antiquité au XIXᵉ siècle.
Dévot : A l'origine, "dévot" veut juste dire "pieux". Il est devenu péjoratif au XVIIᵉ siècle.

Les verbes

Molière:

jouer (dans une pièce): *to act (in a play)*

s'entêter à faire qqch: *to persist in doing sth**

séduire qq'un: *to seduce s.o.*

suivre un conseil: *to follow advice***

triompher: *to triumph*

M. Jourdain :

se faire bien voir de qq'un: *to ingratiate oneself with s.o.****

avoir des ambitions: *to be ambitious*

être amoureux (-euse) de qu'un: *to be in love with s.o.*

courtiser qq'un: *to woo s.o.*

faire la révérence : *to bow*

prêter de l'argent à qq'un: *to lend money to s.o.*

se ridiculiser: *to ridicule o.s.*

marier (sa fille) à qq'un: *to marry one's daughter to s.o.*

Mme Jourdain :

apprécier qq'un/qqch : *to appreciate s.o./sth*

conseiller qq'un : *to advise s.o.*

Tartuffe :

se déguiser en : *to disguise o.s. as*

Dorante :

hériter de qqch: *to inherit sth****

flatter qq'un : *to flatter s.o.*

profiter de qqch/qq'un: *to take advantage of sth/s.o.*****

sauver les apparences: *to save face*

être sans scrupules : *to be without scruples*

emprunter de l'argent à qq'un: *to borrow money from s.o.*

tromper qq'un: *to deceive s.o.*

duper : *to fool s.o.******

mentir à qq'un : *to lie to s.o.******

mépriser qq'un : *to despise s.o.******

présenter qq'un à qq'un : *to introduce s.o. to s.o.******

Célimène :

tenir salon : *to hold court*

faire de l'esprit : *to be witty*

briller : *to shine*

séduire : *to charm*

*Vous remarquez le mot "tête" dans ce verbe.
**Ex : Molière a fini par suivre les conseils d'Elmire.
***Ex : M. Jourdain veut se faire bien voir de Célimène en lui offrant un diamant.
****Ex : Dorante a hérité de ses titres et de ses biens.
*****Ex : Il profite de M. Jourdain. Il profite de la naïveté de M. Jourdain.
******Ex : Dorante dupe M. Jourdain, le méprise et lui ment mais est obligé de le présenter à Célimène.

Les adjectifs

Molière :

criblé(e) de dettes: *debt-ridden*

M. Jourdain :

ambitieux (-euse): *ambitious*

envieux (-euse) : *envious*

vaniteux (-euse): *vain, conceited*

naïf (-ve): *naïve*

crédule: *gullible*

vieux jeu : *old-fashioned**

ridicule : *ridiculous*

dupé(e) : *fooled, deceived*

humilié(e): *humiliated*

Mme Jourdain :

lucide : *clear-sighted*

sincère : *sincere*

Tartuffe :

dévot(e): *devout*

Dorante:

élégant(e) : *elegant*

séduisant(e) : *attractive*

désargenté(e) : *penniless*

flatteur (-euse) : *sycophantic*

méprisant(e) : *disdainful*

arrogant(e) : *arrogant*

menteur (-euse) : *liar*

intrigant(e) : *scheming*

Célimène :

vif (-ve) : *lively, vivacious*

brillant(e) : *bright*

pétillant(e) : *bubbly*

séduisant(e) : *seductive*

égocentrique: *self-centered*

médisant(e) : *disparaging*

*S'utilise de la même façon au féminin : Elle est vieux jeu.

Traduisez!

1. Molière persists in acting in tragedies but ends up triumphing with his comedies as a playwright, director and actor.
2. Mr Jourdain, an ambitious and vain merchant, woos Célimène and sends her a diamond and a love letter.
3. Dorante is a penniless gentleman without scruples who takes advantage of Mr Jourdain and borrows money from him to save face.
4. Célimène is lively, bright and seductive. She holds court and is witty.

Molière

2   Repères culturels

1. Qui était Molière? Répondez plus précisément aux questions suivantes:
   • Quelles sont ses dates de naissance et de mort ? En est-on sûr ?
   • Quelles étaient ses origines familiales et sociales ?
   • Quelles études a-t-il faites ?
   • L'Illustre-Théâtre : Qu'est-ce que c'était ? Avec qui l'a-t-il fondé ? Combien de temps cela a-t-il duré ?
   • Qu'a-t-il fait de 1645 à 1658 ?
   • A-t-il eu du succès rapidement ?
   • Par qui a-t-il été soutenu ?
   • Par qui a-t-il été attaqué ?
   • Citez quelques-unes de ses pièces les plus célèbres.
   • Pour quoi Molière est-il connu aujourd'hui ?
   • Comment surnomme-t-on aujourd'hui la Comédie-Française ? Pourquoi ?

2. M. Jourdain, Tartuffe et Célimène sont des personnages du film. Le réalisateur ne les a pas inventés, ils viennent de pièces de Molière. Qui sont-ils ?

3. Les salons étaient à la mode au XVIIᵉ siècle. Par qui étaient-ils tenus ? Qu'y faisait-on ?

4. Molière a attaqué les dévots qui l'ont attaqué aussi. Qu'entendait-on par "dévot" au XVIIe siècle ?

Frontispice du *Tartuffe* en 1682

Le XVIIᵉ - Une période faste

Les auteurs	Les artistes	Les musiciens
Descartes (philosophie)	De la Tour (peintre)	Lully (composition)
Corneille (tragédies)	Poussin (peintre)	Charpentier (composition)
Molière (comédies)	Mansart (architecte)	Sainte-Colombe (composition, viole)
La Fontaine (fables)	De Champaigne (peintre)	Marais (composition, viole)
Pascal (philosophie)	Le Vau (architecte)	De Lalande (composition)
Perrault (contes)	Mignard (peintre)	Desmarest (composition)
Racine (tragédies)	Le Nôtre (jardinier)	Couperin (composition, clavecin, orgue)
La Bruyère (morale)	Le Brun (peintre)	

3 **Le contexte**

> Cette activité est importante pour vous préparer au film. Vous pouvez faire des recherches ou juste réfléchir à l'époque et vous baser sur vos connaissances. Répondez à chaque question en quelques phrases.

1. Quelle est la différence entre un noble et un bourgeois ? Comment vivaient-ils ? Quelles étaient leurs aspirations ?

2. Comment les mariages étaient-ils décidés ? Qui décidait ? Sur quelles bases ?

3. Comment les acteurs étaient-ils considérés à l'époque ? Où jouaient-ils ? Comment gagnaient-ils leur vie ?

4 **Bande-annonce**

1. La bande-annonce présente les personnages principaux. Que comprenez-vous sur
   - Molière/Tartuffe
   - M. Jourdain
   - Elvire Jourdain
   - Dorante

2. Ecoutez bien la musique. Que ressentez-vous en l'entendant ? Reconnaissez-vous le morceau à la fin de la bande-annonce ? Est-ce de la même époque que Molière ?

3. Que comprenez-vous quand à la fin Molière déclare : "J'ai besoin de faire entendre ma voix"?

5 **A savoir avant de visionner le film**

- Durée: 2h00
- Genre: Comédie historique et romantique
- Public: Classé PG-13
- Tournage: Le film a été tourné dans deux châteaux, un pour la façade, l'autre pour les scènes d'intérieur.
- Note: Le film intègre de nombreuses citations des pièces de Molière. Vous les reconnaîtrez peut-être si vous en avez lu !

PREMIÈRE APPROCHE

1 L'histoire

Les personnages

Le but de cette activité est double:
- Vérifier que vous avez bien compris l'histoire
- Vous préparer à la discussion en classe

Répondez à chaque question en une ou deux phrases. Utilisez le vocabulaire que vous avez appris.

Molière/Tartuffe
(Romain Duris)

M. Jourdain
(Fabrice Luchini)

Elvire Jourdain
(Laura Morante)

Dorante
(Edouard Baer)

Célimène
(Ludivine Sagnier)

Henriette et Valère

Louison

Thomas
(le fils de Dorante)

Bonnefoy

1. **Molière/Tartuffe**
   - Pourquoi M. Jourdain choisit-il de déguiser Molière en dévot ?
   - Molière est acteur. Réussit-il à cacher son jeu devant Elvire ?
   - Qu'est-ce que sa présence dans la maison change à court terme et à long terme pour les différents personnages ?

2. **M. Jourdain : le bourgeois**
   - Dans quelles disciplines M. Jourdain prend-il des leçons ? Comment ses leçons se passent-elles ?
   - Pourquoi prend-il ces leçons ?

A savoir

M. Jourdain est la synthèse de plusieurs personnages. C'est, bien sûr, le bourgeois du *Bourgeois gentilhomme*, mais il emprunte aussi des traits à Orgon dans *Tartuffe* et à Chrysale des *Femmes savantes*.

A savoir

Le personnage de Célimène est basé sur la Célimène du *Misanthrope* et la Philaminte des *Femmes savantes*. Les *Précieuses ridicules* se pressent dans son salon.

A savoir

Henriette et Valère sont Lucile et Cléonte dans *Le bourgeois gentilhomme*.

- Quelles ambitions a-t-il pour sa fille ?

3. **Dorante : le noble**
   - Quelle est votre première impression de Dorante ?
   - Pourquoi est-il "ami" avec M. Jourdain ?
   - A-t-il l'intention, comme il le prétend, de présenter M. Jourdain à Célimène ?
   - Qu'est-ce qui motive Dorante ?
   - Quelles ambitions a-t-il pour son fils ?
   - Quelle est votre dernière impression de lui à la fin du film ?

4. **Célimène et les salons**
   - Quelle attitude a-t-elle avec tous les hommes ?
   - Quel est son but ? A quoi travaille-t-elle ?
   - Comment considère-t-elle Dorante ? A-t-il une place spéciale dans son cœur ?

5. **Elvire Jourdain**
   - De quelles façons est-elle différente de son mari ?
   - Quelle influence a-t-elle sur Molière ?

6. **Le mariage**
   - Comment le mariage est-il arrangé ?
   - Cela est-il négociable ?
   - Quel rôle Bonnefoy, le notaire, a-t-il ?

2 Analyse d'une photo

1. Que s'est-il passé dans la scène précédente ?
2. Où les personnages se trouvent-ils ?
3. Comparez les murs et le mobilier des deux chambres.
4. Que viennent-ils de faire ?
5. Que vont-ils faire juste après ?
6. Que pensez-vous de cette scène imaginée par le réalisateur ?

3 Analyse de citations

Analysez les citations suivantes en les replaçant dans leur contexte :

1. Dorante : "Mme Jourdain, l'esprit et la grâce dans un même corps ! Comment se porte-t-elle ?"
   Elvire : "Elle se porte sur ses deux jambes, merci. "

2. Molière : "C'est un métier, M. Jourdain. Un métier du sentir et non du paraître."

3. Dorante : "Chez nous, mon fils, l'argent ne se gagne pas. Il s'épouse."

APPROFONDISSEMENT

1 Vocabulaire

Enrichissez votre vocabulaire!

Le but de cette deuxième liste est d'élargir votre champ lexical. Ce vocabulaire ciblé sur des thèmes du film va vous permettre d'enrichir votre style.

La création d'une pièce de théâtre

être inspiré(e) : *to be inspired*
la rédaction : *writing*
le processus de création : *the creative process*
la distribution des rôles : *casting*
apprendre son texte : *to learn one's lines*
la mise en scène : *staging, directing*
une répétition : *a rehearsal*
les décors : *the set*

les costumes : *costumes*
monter une pièce : *to stage a play*
réserver les salles : *to book the theater houses*
le public : *the audience*
le succès : *a hit*
l'échec : *a flop*
les recettes : *earnings, takings*

Mensonge et imposture

un(e) menteur (-euse) : *a liar*
un mythomane : *a mythomaniac*
un imposteur : *an impostor, a pretender*
un usurpateur : *a usurper*
inventer : *to invent*
feindre : *to feign, dissimulate*

leurrer : *to deceive*
trahir : *to betray*
mensonger (-ère) : *deceitful*
trompeur (-euse) : *misleading*
fallacieux (-euse) : *deceptive*

Mise en pratique du vocabulaire:

Ecrivez 5 phrases dans lesquelles vous utilisez au moins 10 mots de la liste ci-dessus.

2 Réflexion - Essais

Ces questions vont vous permettre d'approfondir l'étude du film. Ecrivez un paragraphe pour chacune, en utilisant le vocabulaire du chapitre et en soignant votre expression (vérifiez votre orthographe et votre grammaire). En faisant ce travail, vous vous préparez à la prochaine composition.

1. Qu'est-ce qui motive M. Jourdain, Dorante et Célimène ? Montrez ce qu'ils ont en commun en les opposant à Molière.
2. Quelle est l'importance des classes sociales ? Qu'est-ce qui différencie la noblesse de la bourgeoisie ?
3. Comment le film présente-t-il l'amour et le mariage ? Comparez les différents couples et la façon dont le mariage est traité.
4. D'après ce que vous observez dans le film, quel est l'objectif des salons ? Quel est le niveau de la conversation dans celui de Célimène ?
5. Comment chacun réagit-il à l'arrivée du dévot Tartuffe ?
6. La tromperie : Qui trompe qui ? Quel personnage est le mieux renseigné de tous ?

7. Le théâtre :
   a. Comment est-il perçu par le père de Molière ?
   b. Comment Molière conçoit-il le théâtre ?
   c. Qu'est-ce qu'il voudrait faire ?
   d. Quels conseils Elmire lui donne-t-elle ?

8. Comment les pièces de Molière sont-elles insérées ?

9. La comédie : quels ressorts le réalisateur utilise-t-il pour nous faire rire ?

10. Quelle est la structure narrative du film ? L'histoire est-elle chronologique ?

3 Analyse d'une scène: Molière et M. Jourdain chez Célimène (1:31:56 à 1:36:45)

> **Vocabulaire spécifique à cette scène**
>
> une réplique (*a line*) • être éclairé(e) (*to be lit*) • un éventail (*a fan*) • se déplacer (*to move*) • des boucles d'oreilles (*earrings*) • une perruque (*a wig*) • la honte (*shame*)

A. **Ecoutez**

1. Célimène interrompt le marquis en disant : "De grâce, marquis. Cessez donc de prendre Aristote pour un parapluie sous lequel vous vous abritez par peur des gouttes". Quel effet cela a-t-il sur l'assistance et le marquis ?

2. Quel est le niveau de conversation entre Molière et Célimène ? Citez deux répliques qui vous semblent particulièrement fines.

3. Comment l'assemblée réagit-elle quand Célimène mentionne M. Jourdain ?

4. De quoi M. Jourdain accuse-t-il Célimène ?

5. Comment peut-on qualifier l'intervention de M. Jourdain ?

6. A quel moment cette scène est-elle accompagnée de musique ?

B. **Observez**

1. De quelles couleurs sont le salon et les vêtements ?

2. Comment la pièce est-elle éclairée ?

3. Comment M. Jourdain apparaît-il aux spectateurs ?

4. De quelle façon Célimène se déplace-t-elle dans son salon ?

5. De quelle couleur le costume de Molière est-il ? Pourquoi ?

6. Observez l'évolution dans les expressions de Célimène quand elle fait la connaissance de Molière.

7. Qu'est-ce qui, dans les attitudes, les gestes, les expressions de Molière, montre qu'il est habitué à jouer la comédie ?

8. Qu'est-ce que l'expression de Molière révèle quand Célimène se moque de M. Jourdain ? Et ensuite, quand ce dernier parle à Célimène ?

9. M. Jourdain ôte ses boucles d'oreilles et sa perruque. Quel effet visuel cela a-t-il ?

C. **Cette scène dans l'histoire**

Qu'est-ce que cette scène nous apprend sur les personnages ?
Qu'apprennent-ils eux-mêmes ? Quel effet a-t-elle sur leurs relations ?

D. **Langue**

1. **Vocabulaire**

Les répliques suivantes sont extraites de la scène. Ré-écoutez-les et
notez les mots qui manquent. Pour vous aider, un synonyme est placé
entre parenthèses.

    a. _____ (arrêtez) donc de prendre Aristote pour un parapluie.

    b. Comment _____ (s'appelle)-t-il ?

    c. Je serais bien aise de connaître _____ (la raison) de votre
        visite.

    d. C'est bien pour combler _____ (ce vide) que je suis ici.

    e. Si vous avez quelques vers à nous _____ (proposer), nous
        sommes ravis.

    f. Nous avons été jusques-ici dans un _____ (manque)
        effroyable de divertissements.

    g. Je croyais que _____ (se pressait) chez vous tout ce que l'on
        compte de beaux esprits à la ronde.

    h. Comme votre esprit est _____ (fort) à démasquer nos
        faiblesses.

    i. Votre âme est tout entière _____ (dévouée) à la méchanceté.

    j. C'est faire insulte à votre beauté, à votre esprit et à votre _____
        (place) que de n'être pas capable d'_____ (faire face) les
        gens.

2. **Déterminants**

Remplissez les blancs avec le déterminant qui convient : un article
défini (le, la les) ou indéfini (un, une, des), un adjectif possessif (mon,
ma, mes, etc.) ou un adjectif démonstratif (ce, cet, cette, ces).

    a. _____ discours du marquis ennuie Célimène, _____ précieuse
        fatiguée des avances de _____ admirateurs.

    b. _____ serviteur annonce _____ visite de/d'_____
        gentilhomme qui n'a pas voulu donner _____ nom.

    c. Molière est magnifique. _____ habit, _____ chaussures, _____
        allure font forte impression.

    d. Molière explique à Célimène qu'il a déjà forcé _____ porte, il
        ne va pas abuser _____ fauteuil.

    e. Il déclame _____ impromptu (_____ sorte de poème) qui
        plaît à _____ assemblée. En fait, _____ impromptu vient
        de/d'_____ pièce de Molière.

    f. M. Jourdain ôte _____ boucles d'oreilles et _____ perruque et
        dit à Célimène ce qu'il a sur _____ cœur.

    g. _____ scène est drôle et touchante car M. Jourdain n'est pas
        _____ idiot que l'on a vu jusque-là.

3. **Verbes pronominaux**

Composez des phrases en lien avec la scène avec les sujets et les verbes pronominaux qui vous sont donnés.

Ex : Célimène – s'amuser de
  Célimène s'amuse de l'esprit du jeune homme.

a. Célimène – s'apercevoir

b. Molière – se pencher

c. Célimène – s'intéresser à

d. Célimène – s'ennuyer

e. Célimène – se moquer de

f. M. Jourdain – s'avancer

g. Célimène – s'attendre à

h. M. Jourdain – s'en aller

E. **Comparaison avec une autre scène: Première rencontre M. Jourdain – Célimène (1:15:32 à 1:18:39)**

1. Comparez la façon dont Célimène reçoit M. Jourdain dans les deux scènes.

2. Comment M. Jourdain se comporte-t-il ?

3. Montrez de quelle façon les deux scènes se répondent. N'oubliez pas qu'ils se sont vus une fois entre les deux, quand M. Jourdain a présenté sa pièce.

F. **Sketch**

Imaginez la discussion que Molière et M. Jourdain ont après la scène chez Célimène. M. Jourdain est déçu, choqué et fâché contre Dorante, Célimène et lui-même. Molière est dans une situation délicate : il doit écouter et soutenir M. Jourdain, mais il trouve la scène plutôt amusante. Ecrivez le dialogue et jouez-le avec vos camarades.

LE COIN DU CINEPHILE

Vous aurez peut-être besoin de revoir quelques scènes du film pour répondre en détail aux deux premières questions.

1 Première / dernière scène

a. Qui sont les personnages dans les deux scènes ?

b. Où sont-ils au début du film ? Et à la fin ?

c. Comment Molière est-il présenté dans la première scène ? Qui est présenté avant lui ?

d. Où est-il à la fin ?

e. Par qui est-il observé dans les deux scènes ?

f. Comparez l'heure du jour et la lumière des deux scènes.

g. Comment le statut de Molière a-t-il évolué entre les deux scènes ?

2 Décors et costumes

A savoir

Les scènes de théâtre ont été tournées au Petit Théâtre de Versailles, en utilisant la machinerie d'époque. Il est rare que le public voie ce théâtre, car il n'est pas conforme aux normes de sécurité actuelles.

Que pensez-vous des décors et des costumes ? Est-ce qu'ils restituent bien l'époque de Molière ? Vous ont-ils aidé à apprécier la période ?

3   Jeu des acteurs

Que pensez-vous du jeu des acteurs ? A votre avis, quel rôle était le plus difficile ? Fabrice Luchini (qui joue M. Jourdain) a été nommé pour le César du meilleur acteur dans un second rôle. Romain Duris (qui joue Molière), n'a rien reçu. Cela vous semble-t-il justifié ?

4   Affiche

a.   Qu'est-ce qui domine dans cette affiche ?

b.   Quelles couleurs ont été choisies ?

c.   Quelle est votre opinion de cette affiche, maintenant que vous avez vu le film ?

5   Sous-titres

Le dialogue suivant a lieu entre Dorante et Célimène. Comparez l'original en français et les sous-titres en anglais, puis répondez aux questions:

1	Mais enfin Madame, ce billet est une insulte.	*Madame, this letter is an insult.*
2	Je ne dis pas le contraire, mais il est parfois des insultes qui savent vous mettre en émoi.	*Quite, only certain insults put one's heart in a flutter.*
3	Pardonnez-moi, Madame, si je n'ai pas l'art de vous mettre en émoi, mais peut-être ceci comblera-t-il cette lacune ?	*Pardon me, Madame, for not putting your heart in a flutter. Perhaps this will make up for my shortcomings?*
4	Monsieur, il est vrai que vous me surprenez beaucoup.	*I admit you surprise me greatly.*
5	Et moi, Madame, il est vrai que vous me faites beaucoup souffrir.	*And you, Madame, make me suffer greatly.*
6	Et de quel mal, grand Dieu ?	*From what ill, pray tell?*
7	Cela me peine de voir cette meute de galants japper autour de vous en frétillant.	*I suffer from your pack of yapping admirers.*
8	Mais de tout l'univers vous devenez jaloux.	*You're jealous of everyone.*
9	C'est que tout l'univers est bien reçu de vous.	*Everyone is so well received here.*
10	Ma foi, puis-je empêcher les gens de me trouver aimable ? Et lorsqu'ils viennent me présenter leurs hommages, dois-je prendre un bâton pour les jeter dehors ?	*My word, am I to blame if people enjoy my company? Must I throw them out with insults when they pay visits?*
11	Allons, Dorante, vous savez bien que le désir de plaire vient chez une femme avant toute chose.	*Come now, Dorante, a woman's desire to please comes before all else.*
12	Un désir futile, j'en conviens, mais ce n'est pas le temps d'être sage à 20 ans.	*A frivolous desire, I admit, but 20 is not an age to behave.*

a.   A quelle difficulté le sous-titreur a-t-il dû faire face dans ce film ?

b.   Les répliques 4 et 5 se répondent en français. Est-ce le cas en anglais aussi ?

c.   7ᵉ réplique : Les références aux chiens sont-elles rendues en anglais ?

> Les répliques 8 et 9 sont des citations du *Misanthrope* (voir lectures en fin de chapitre).

d. 8ᵉ et 9ᵉ répliques : Que manque-t-il dans les sous-titres ?

e. 12ᵉ réplique : Quelle différence remarquez-vous entre l'original et le sous-titre ?

AFFINEZ VOTRE ESPRIT CRITIQUE

1 Titres d'articles de journaux

> "Le Molière imaginaire"
> *Télérama*, 16 août 2006

> "Mais que diable vont faire Duris et Luchini dans cette galère?"
> *Télérama*, 31 janvier 2007

> "*Molière* sans la poussière"
> *Libération*, 31 janvier 2007

> "Molière et la culture fast-food"
> *La Croix*, 31 janvier 2007

Vous voyez ci-dessus les titres ou sous-titres de quatre articles de journaux sur *Molière*. Réfléchissez et répondez aux questions :

a. Les deux articles de *Télérama* (le premier pendant le tournage, le second à la sortie du film) font référence à l'œuvre de Molière. Quel titre le premier évoque-t-il ? De quelle fameuse citation le deuxième s'inspire-t-il ?

b. Comparez les titres de *Libération* et de *La Croix*. Sur quoi chacun insiste-t-il ?

2 Modernité de l'histoire

Qu'est-ce qui, dans cette histoire, est toujours d'actualité ? Pensez aux défauts du genre humain, à la place de l'individu dans la société et à la vie d'artiste.

3 Les critiques

1. *Le Figaro* du 31 janvier 2007 affirme que "Laurent Tirard a le sens de la farce et en trouve le rythme. Il le perd en revanche dès qu'il faudrait se montrer plus sensible." Etes-vous d'accord ?

2. Pensez-vous, comme Clara Dupont-Monod (*Marianne*, 27 janvier 2007), que "loin d'être intouchables, les mythes sont faits pour être bousculés" ?

POUR ALLER PLUS LOIN

1 Parallèles avec d'autres films

1. **Le XVIIᵉ siècle :** *Cyrano de Bergerac* et *Molière* se passent au XVIIe siècle, en 1640 et 1655 pour le premier et en 1645 et 1658 pour le second. Quels aspects de la vie de l'époque chacun nous présente-t-il ?

2. **La condition des femmes:** Comparez la condition des femmes dans *Molière*, *Ridicule* et *Le hussard sur le toit*. Pourquoi se marient-elles ? Comment sont leurs maris? Quelle importance l'argent a-t-il? Sont-elles libres?

3. **Le théâtre:** Quel rôle les pièces de théâtre jouent-elles dans *L'esquive*, dans *Le dernier métro* et dans *Molière*? Qu'apportent-elles à l'histoire? Que révèlent-elles sur les personnages?

4. **La moquerie:** la moquerie joue un rôle-clé dans *Ridicule*, *Le diner de cons* et *Molière*. Est-elle traitée de la même façon? Réfléchissez à ceux qui sont moqués:

    a. Pourquoi le sont-ils?

    b. En sont-ils conscients?

    c. Quelle(s) conséquence(s) les moqueries ont-elles sur eux?

    d. Qui remporte la bataille: les moqueurs ou les moqués?

2 Art

Vous trouverez ci-dessous les titres de 5 gravures et peintures de théâtres au XVIIᵉ siècle. Choisissez-en deux, et comparez-les au film.
- G. Zearnko : *La salle du Petit-Bourbon lors de l'ouverture des Etats généraux de 1614*
- Van Lochun : *Première salle du Palais-Royal, 1643*
- Jean de Saint-Igny : *Représentation de Mirame au palais Cardinal devant Louis XIII, Anne d'Autriche et Richelieu*
- Anonyme, *Les Farceurs français et italiens depuis 60 ans et plus peints en 1670*
- Edmond Geoffroy : *Molière et les sarcastiques de sa troupe*

3 Imaginez!

Imaginez que Dorante ait assisté à la scène chez Célimène (celle où M. Jourdain est déguisé). Il confie à son journal ce qui s'est passé et ce qu'il en pense. Quelle opinion a-t-il de la performance de Molière ? Est-il amusé, ennuyé, jaloux ? Comment voit-il M. Jourdain désormais ? Son attachement à Célimène est-il intact ?

Gardez bien en tête que vous écrivez du point de vue de Dorante !

4   Lectures

1.   **Extrait du *Bourgeois gentilhomme***

Dans la scène suivante (acte II, scène 4), M. Jourdain demande à son maître de philosophie (Tartuffe/Molière dans le film) de l'aider à composer un billet doux pour Célimène.

Monsieur Jourdain. - Il faut que je vous fasse une confidence. Je suis amoureux d'une personne de grande qualité,[1] et je souhaiterois[2] que vous m'aidassiez[3] à lui écrire quelque chose dans un petit billet que je veux laisser tomber à ses pieds.

Maître de philosophie. - Fort bien.

Monsieur Jourdain. - Cela sera galant, oui.

Maître de philosophie. - Sans doute. Sont-ce des vers que vous lui voulez écrire ?

Monsieur Jourdain. - Non, non, point de[4] vers.

Maître de philosophie. - Vous ne voulez que de la prose?

Monsieur Jourdain. - Non, je ne veux ni prose ni vers.

Maître de philosophie. - Il faut bien que ce soit l'un, ou l'autre.

Monsieur Jourdain. - Pourquoi ?

Maître de philosophie. - Par la raison, monsieur, qu'il n'y a pour s'exprimer que la prose, ou les vers.

Monsieur Jourdain. - Il n'y a que la prose ou les vers ?

Maître de philosophie. - Non, monsieur : tout ce qui n'est point prose est vers ; et tout ce qui n'est point vers est prose.

Monsieur Jourdain. - Et comme l'on parle qu'est-ce que c'est donc que cela ?

Maître de philosophie. - De la prose.

Monsieur Jourdain. - Quoi ? Quand je dis : " Nicole,[5] apportez-moi mes pantoufles,[6] et me donnez[7] mon bonnet de nuit,[8] " c'est de la prose ?

Maître de philosophie. - Oui, monsieur.

Monsieur Jourdain. - Par ma foi,[9] il y a plus de quarante ans que je dis de la prose sans que j'en susse[10] rien, et je vous suis le plus obligé du monde de m'avoir appris cela. Je voudrois[11] donc lui mettre dans un billet: *Belle Marquise, vos beaux yeux me font mourir d'amour* ; mais je voudrois que cela fût[12] mis d'une manière galante, que cela fût tourné gentiment.[13]

Maître de philosophie. - Mettre que les feux de ses yeux réduisent votre cœur en cendres;[14] que vous souffrez nuit et jour pour elle les violences d'un...

Monsieur Jourdain. - Non, non, non, je ne veux point tout cela ; je ne veux que ce que je vous ai dit : *Belle Marquise, vos beaux yeux me font mourir d'amour.*

Maître de philosophie. - Il faut bien étendre[15] un peu la chose.

Monsieur Jourdain. - Non, vous dis-je, je ne veux que ces seules paroles-là dans le billet ; mais tournées à la mode; bien arrangées comme il faut. Je vous prie de me dire un peu, pour voir, les diverses manières dont on les peut mettre.

1   noble
2   old form of "souhaiterais"
3   This tense is the imparfait du subjonctif, very rarely used today. We would use the présent du subjonctif: "que vous m'aidiez".
4   = pas de
5   M. Jourdain's maid
6   slippers
7   = donnez-moi
8   my nightcap
9   Good Lord
10   imparfait du subjonctif of "savour"
11   old form of "voudrais"
12   imparfait du subjonctif of "être"
13   said pleasantly
14   ashes
15   stretch

Maître de philosophie. - On les peut mettre premièrement comme vous avez dit : *Belle Marquise, vos beaux yeux me font mourir d'amour.* Ou bien : *D'amour mourir me font, Belle Marquise, vos beaux yeux.* Ou bien : *Vos yeux beaux d'amour me font, Belle Marquise, mourir.* Ou bien : *Mourir vos beaux yeux, Belle Marquise, d'amour me font.* Ou bien : *Me font vos yeux beaux mourir, Belle Marquise, d'amour.*

Monsieur Jourdain. - Mais de toutes ces façons-là, laquelle est la meilleure?

Maître de philosophie. - Celle que vous avez dite : *Belle Marquise, vos beaux yeux me font mourir d'amour.*

Monsieur Jourdain. - Cependant[16] je n'ai point étudié, et j'ai fait cela tout du premier coup. Je vous remercie de tout mon cœur, et vous prie de venir demain de bonne heure.[17]

Maître de philosophie. - Je n'y manquerai pas.

16 today we would use "bien que + subjonctif"
17 early

a. Qu'est-ce que l'échange sur la prose et les vers révèle sur M. Jourdain?
b. Pourquoi M. Jourdain n'aime-t-il pas les recommandations du maître pour le billet d'amour?
c. Pourquoi les suggestions du maître sont-elles comiques?
d. Pourquoi M. Jourdain aime-t-il son maître de philosophie?
e. Comment le maître traite-t-il M. Jourdain?
f. Qu'est-ce que le réalisateur a changé à cette scène pour les besoins du film ?

2. **Extraits de *Tartuffe***

Orgon a décidé de marier sa fille Mariane à Tartuffe. Elle aime Valère, qui vient d'apprendre la nouvelle (acte II, scène 4).

Valère
On vient de débiter,[1] Madame, une nouvelle,
Que je ne savais pas, et qui sans doute[2] est belle.

Mariane
Quoi?

Valère
Que vous épousez Tartuffe.

Mariane
Il est certain
Que mon père s'est mis en tête ce dessein.[3]

Valère
Votre père, Madame...

Mariane
A changé de visée.[4]
La chose vient par lui de m'être proposée.

Valère
Quoi, sérieusement?

1 = d'annoncer
2 = sans aucun doute
3 intention
4 = a changé d'avis

Mariane

Oui, sérieusement;
Il s'est, pour cet hymen,[5] déclaré hautement.

Valère
Et quel est le dessein où votre âme s'arrête,[6] Madame?

Mariane

Je ne sais.

Valère

La réponse est honnête.
Vous ne savez?

Mariane

Non.

Valère

Non?

Mariane

Que me conseillez-vous?

Valère
Je vous conseille, moi, de prendre cet époux.

Mariane
Vous me le conseillez?

Valère

Oui.

Mariane

Tout de bon?

Valère

Sans doute.
Le choix est glorieux, et vaut bien qu'on l'écoute.

Mariane
Hé bien, c'est un conseil, Monsieur, que je reçois.

Valère
Vous n'aurez pas grand'peine à le suivre, je crois.

Mariane
Pas plus qu'à le donner en a souffert votre âme.

5 = ce mariage
6 And how do you feel about it?

a. Dans quel état d'esprit Valère est-il au début de la scène ?

b. Comment Mariane réagit-elle ? Quels sentiments montre-t-elle ?

c. Pourquoi lui conseille-t-il d'accepter Tartuffe comme époux ?

d. Sur quel ton la scène se termine-t-elle ?

e. La fin de la scène a été reprise par le réalisateur pour les dernières paroles que Molière et Elvire échangent en 1645. Cette transposition est-elle habile ?

Dans l'extrait suivant, tiré de l'acte III, scène 2, Dorine, la servante de Mariane, vient dire à Tartuffe qu'Elmire (mère de Mariane dont Tartuffe est amoureux) veut s'entretenir avec lui.

Tartuffe
Que voulez-vous?

Dorine
        Vous dire…

Tartuffe. *Il tire un mouchoir de sa poche.*
              Ah! mon Dieu, je vous prie,
Avant que de parler, prenez-moi ce mouchoir.

Dorine
Comment?

Tartuffe
        Couvrez ce sein,[7] que je ne saurais voir.
Par de pareils objets les âmes sont blessées,
Et cela fait venir de coupables pensées.

Dorine
Vous êtes donc bien tendre à la tentation;
Et la chair,[8] sur vos sens, fait grande impression?
Certes, je ne sais pas quelle chaleur vous monte:
Mais à convoiter,[9] moi, je ne suis pas si prompte
Et je vous verrais nu du haut jusques en bas,
Que toute votre peau ne me tenterait pas.

7 cover your bosom
8 flesh
9 to desire

a.   Qu'est-ce qui "choque" Tartuffe ?

b.   Quel est, d'après lui, le risque de montrer tant de peau ?

c.   Sur quel ton Dorine répond-elle ? Comment peut-on décrire sa réponse ?

d.   Dans le film la célèbre phrase "Couvrez ce sein que je ne saurais voir" est dite par M. Jourdain et adressée à sa femme. Comment le réalisateur l'a-t-il introduite pour qu'elle ait du sens dans ce contexte ?

3.   **Extrait du *Misanthrope***

Alceste déteste tout le monde, et notamment l'hypocrisie, la méchanceté et les petits arrangements qu'il voit autour de lui. Cela ne l'empêche pas d'être amoureux de Célimène, une jeune veuve coquette qui utilise son charme et son esprit pour attirer les hommes et médire de tout le monde. Dans l'extrait suivant, Alceste reproche à Célimène d'avoir trop d'amants (acte II, scène 1).

Cet extrait est plus difficile que les autres. Essayez d'en comprendre l'essentiel !

Alceste
Je ne querelle point ; mais votre humeur, Madame,
Ouvre, au premier venu, trop d'accès dans votre âme ;
Vous avez trop d'amants, qu'on voit vous obséder,[1]
Et mon cœur, de cela, ne peut s'accommoder.
Célimène
Des amants que je fais, me rendez-vous coupable ?
Puis-je empêcher les gens, de me trouver aimable ?

1 follow

Et lorsque, pour me voir, ils font de doux efforts,
Dois-je prendre un bâton,[2] pour les mettre dehors ?

Alceste
Non, ce n'est pas, Madame, un bâton qu'il faut prendre,
Mais un cœur, à leurs vœux, moins facile, et moins tendre.
Je sais que vos appas[3] vous suivent en tous lieux,
Mais votre accueil retient ceux qu'attirent vos yeux ;
Et sa douceur offerte à qui vous rend les armes,[4]
Achève, sur les cœurs, l'ouvrage de vos charmes.
Le trop riant espoir que vous leur présentez,
Attache, autour de vous, leurs assiduités ;
Et votre complaisance,[5] un peu moins étendue,
De tant de soupirants[6] chasserait la cohue.
Mais, au moins, dites-moi, Madame, par quel sort,
Votre Clitandre a l'heur[7] de vous plaire si fort ?
Sur quel fonds de mérite, et de vertu sublime,
Appuyez-vous, en lui, l'honneur de votre estime ? [...]

Célimène
Qu'injustement, de lui, vous prenez de l'ombrage !
Ne savez-vous pas bien, pourquoi je le ménage ?
Et que, dans mon procès, ainsi qu'il m'a promis,
Il peut intéresser tout ce qu'il a d'amis ?

Alceste
Perdez votre procès, Madame, avec constance,
Et ne ménagez point un rival qui m'offense.

Célimène
Mais, de tout l'univers, vous devenez jaloux.

Alceste
C'est que tout l'univers est bien reçu de vous.

Célimène
C'est ce qui doit rasseoir votre âme effarouchée,[8]
Puisque ma complaisance est sur tous épanchée :
Et vous auriez plus lieu de vous en offenser,
Si vous me la voyiez, sur un seul, ramasser.

Alceste
Mais, moi, que vous blâmez de trop de jalousie,
Qu'ai-je de plus qu'eux tous, Madame, je vous prie ?

Célimène
Le bonheur de savoir que vous êtes aimé.

Alceste
Et quel lieu de le croire, a mon cœur enflammé ?

Célimène
Je pense qu'ayant pris le soin de vous le dire,
Un aveu de la sorte, a de quoi vous suffire.

Alceste
Mais qui m'assurera que, dans le même instant,
Vous n'en disiez, peut-être, aux autres tout autant ?

2 a stick
3 charms
4 who abandons himself to you
5 softness
6 suitors
7 good fortune
8 alarmed

a. Comment Célimène réagit-elle aux critiques d'Alceste ?

b. Qu'est-ce qu'Alceste voudrait voir comme changement dans l'attitude de sa bien-aimée ?

c. Pourquoi Célimène entretient-elle de bonnes relations avec Clitandre ?

d. Pourquoi, d'après Célimène, Alceste n'a-t-il pas lieu de s'inquiéter ? Est-elle sincère ? Alceste est-il dupe ?

e. Comment cette scène est-elle adaptée dans le film ? Qu'est-ce que le réalisateur a changé ?

4. **Extrait de *L'avare***

Cléante et Elise sont frère et sœur. Cléante vient d'avouer à Elise qu'il est amoureux de Mariane, une jeune fille pauvre mais charmante. Il craint fort que son père, Harpagon, refuse cette union. Elise est elle-même amoureuse de Valère, mais ni son frère ni son père ne le sait (acte I, scène 4).

Cléante.- C'est de mariage, mon père, que nous désirons vous parler.

Harpagon.- Et c'est de mariage aussi que je veux vous entretenir.

Elise.- Ah ! mon père.

Harpagon.- Pourquoi ce cri ? Est-ce le mot, ma fille, ou la chose, qui vous fait peur ?

Cléante.- Le mariage peut nous faire peur à tous deux, de la façon que vous pouvez l'entendre;[1] et nous craignons que nos sentiments ne soient pas d'accord avec votre choix.

Harpagon.- Un peu de patience. Ne vous alarmez point. Je sais ce qu'il faut à tous deux ; et vous n'aurez ni l'un, ni l'autre, aucun lieu de vous plaindre de tout ce que je prétends[2] faire. Et pour commencer par un bout ; avez-vous vu, dites moi, une jeune personne appelée Mariane, qui ne loge pas loin d'ici ?

Cléante.- Oui, mon père.

Harpagon.- Et vous ?

Elise.- J'en ai ouï parler.[3]

Harpagon.- Comment, mon fils, trouvez-vous cette fille ?

Cléante.- Une fort charmante personne.

Harpagon.- Sa physionomie ?

Cléante.- Toute honnête, et pleine d'esprit.

Harpagon.- Son air, et sa manière ?

Cléante.- Admirables, sans doute.

Harpagon.- Ne croyez-vous pas, qu'une fille comme cela, mériterait assez que l'on songeât à elle ?

Cléante.- Oui, mon père.

Harpagon.- Que ce serait un parti[4] souhaitable ?

Cléante.- Très souhaitable.

Harpagon.- Qu'elle a toute la mine de faire un bon ménage ?

Cléante.- Sans doute.

Harpagon.- Et qu'un mari aurait satisfaction avec elle ?

1 = le comprendre
2 = ce que j'ai l'intention
3 = entendu parler
4 a match

Cléante.- Assurément.

Harpagon.- Il y a une petite difficulté ; c'est que j'ai peur qu'il n'y ait pas avec elle tout le bien[5] qu'on pourrait prétendre.

Cléante.- Ah ! mon père, le bien n'est pas considérable, lorsqu'il est question d'épouser une honnête personne.

Harpagon.- Pardonnez-moi, pardonnez-moi. Mais ce qu'il y a à dire, c'est que si l'on n'y trouve pas tout le bien qu'on souhaite, on peut tâcher de regagner cela sur autre chose.

Cléante.- Cela s'entend.

Harpagon.- Enfin je suis bien aise de vous voir dans mes sentiments : car son maintien honnête, et sa douceur, m'ont gagné l'âme ; et je suis résolu de l'épouser, pourvu que j'y trouve quelque bien.

Cléante.- Euh ?

Harpagon.- Comment ?

Cléante.- Vous êtes résolu, dites-vous...

Harpagon.- D'épouser Mariane.

Cléante.- Qui vous ? vous ?

Harpagon.- Oui, moi, moi ; moi. Que veut dire cela ?

Cléante.- Il m'a pris tout à coup un éblouissement,[6] et je me retire d'ici.

Harpagon.- Cela ne sera rien. Allez vite boire dans la cuisine un grand verre d'eau claire. Voilà de mes damoiseaux flouets,[7] qui n'ont non plus de vigueur que des poules. C'est là, ma fille, ce que j'ai résolu pour moi. Quant à ton frère, je lui destine une certaine veuve dont ce matin on m'est venu parler ; et pour toi, je te donne au seigneur Anselme.

Elise.- Au seigneur Anselme ?

Harpagon.- Oui. Un homme mûr, prudent et sage, qui n'a pas plus de cinquante ans, et dont on vante les grands biens.

Elise.- *Elle fait une révérence.-* Je ne veux point me marier, mon père, s'il vous plaît.

Harpagon.- *Il contrefait sa révérence.-* Et moi, ma petite fille ma mie, je veux que vous vous mariiez, s'il vous plaît.

Elise.- Je vous demande pardon, mon père.

Harpagon.- Je vous demande pardon, ma fille.

Elise.- Je suis très humble servante au seigneur Anselme ; mais, avec votre permission, je ne l'épouserai point.

Harpagon.- Je suis votre très humble valet ; mais, avec votre permission, vous l'épouserez dès ce soir.

Elise.- Dès ce soir ?

Harpagon.- Dès ce soir.

Elise.- Cela ne sera pas, mon père.

Harpagon.- Cela sera, ma fille.

Elise.- Non.

Harpagon.- Si.

Elise.- Non, vous dis-je.

Harpagon.- Si, vous dis-je.

5 money
6 I am not feeling well
7 weak young men

Elise.- C'est une chose où vous ne me réduirez[8] point.

Harpagon.- C'est une chose où je te réduirai.

Elise.- Je me tuerai plutôt, que d'épouser un tel mari.

Harpagon.- Tu ne te tueras point, et tu l'épouseras. Mais voyez quelle audace ! A-t-on jamais vu une fille parler de la sorte à son père ?

Elise.- Mais a-t-on jamais vu un père marier sa fille de la sorte ?

8 that you will not force me to do

a. Sur quoi repose l'humour de cette scène ?

b. Quelle est la seule hésitation d'Harpagon ?

c. Comparez le nombre de répliques au sujet de Mariane au nombre de répliques au sujet des mariages de Valère et d'Elise. Qu'est-ce que cela suggère sur Harpagon ?

d. Comment Elise répond-elle à son père ?

e. Comparez cette scène à celle du film dans laquelle M. Jourdain annonce à sa fille qu'elle va épouser Thomas.

Le dernier métro

Présentation du film

Paris, 1942. Marion Steiner a repris la direction du théâtre Montmartre, car son mari a dû fuir. Lucas Steiner, qui est juif, est en fait caché dans la cave du théâtre, d'où il peut suivre les répétitions sur la scène. Marion doit composer avec les acteurs, les critiques pro-nazis, le couvre-feu, la milice et les fouilles...

Carte d'identité du réalisateur

François Truffaut (1932-1984): Passionné de lecture et de cinéma durant une enfance difficile, il est devenu critique de cinéma avant de remporter un immense succès public et critique avec son premier film, *Les quatre cents coups*, en 1959. Grande figure de la Nouvelle Vague, il a alterné les genres: le film policier (*La mariée était en noir*, 1967, *La sirène du Mississippi*, 1968, *Vivement dimanche*, 1983), la comédie dramatique (*La nuit américaine*, 1973 et *L'argent de poche*, 1976) et surtout le drame (*Jules et Jim*, 1962, *L'enfant sauvage*, 1969, *L'histoire d'Adèle H.*, 1975, *La chambre verte*, 1978, *Le dernier métro*, 1980 et *La femme d'à-côté*, 1981). Truffaut était un cinéaste personnel, passionné, chaleureux, sensible et très attachant.

> Truffaut avait de 8 à 12 ans pendant l'Occupation. Il en a donc gardé des souvenirs précis qu'il a utilisés pour son film.

Carte d'identité des acteurs

Catherine Deneuve (née en 1943) a remporté son premier succès en 1964 avec *Les parapluies de Cherbourg*. D'autres ont suivi (*Les demoiselles de Rochefort*, 1967, *Belle de jour*, 1967), dans lesquels les réalisateurs exploitaient surtout sa beauté. C'est dans les années 80 qu'elle a commencé à avoir de grands rôles, qui ont révélé l'intelligence et la profondeur de son jeu, notamment dans *Le dernier métro* en 1980. Les années 90 ont été un couronnement pour l'actrice qui a atteint les sommets grâce à *Indochine* (1992), *Place Vendôme* (1998) et *Le temps retrouvé* (1999). Toujours prête à prendre des risques, elle a ensuite accepté de beaux rôles dans des films aussi variés que *Dancer in the Dark* (2000), *8 femmes* (2002), *Rois et reine* (2004), *Le héros de la famille* (2006), *Je veux voir* (2008), *Potiche* (2010) et *Les bien-aimés* (2011). Catherine Deneuve est une grande star, admirée, respectée, constamment demandée et qui étonne toujours grâce aux multiples facettes de son jeu.

Gérard Depardieu (né en 1948) est l'un des plus grands acteurs français de tous les temps. Energique, travailleur, généreux, excessif, il est capable de tout jouer. Il s'est imposé en 1974 dans *Les valseuses*, puis nombre de ses films ont été de très grands succès: *Le dernier métro* (1980), *Le retour de Martin Guerre* (1982), *Danton* (1983), *Camille Claudel* (1988), *Cyrano de Bergerac* (1990), *Le Colonel Chabert* (1994), *Astérix et Obélix contre César* (1999), *Les temps qui changent* (2004).

Ces dernières années on l'a vu dans des rôles nombreux et variés, notamment en amant de Catherine Deneuve dans *Potiche*, en analphabète ami d'une vieille dame dans *La tête en friche*, en retraité à moto dans *Mammuth*, en malade d'Alzheimer dans *Je n'ai rien oublié*, et en Obélix dans *Astérix et Obélix : Au service de sa majesté*.

Il a été nommé 16 fois aux César et a reçu la Palme d'Or à Cannes pour *Cyrano de Bergerac*.

L'heure de gloire

Le dernier métro est l'un des plus grands succès du cinéma français. Il a été très largement récompensé aux César: meilleur film, meilleur réalisateur, meilleur acteur (Gérard Depardieu) et meilleure actrice (Catherine Deneuve). Aux Etats-Unis il a été nommé pour l'Oscar et le Golden Globe du meilleur film étranger.

PREPARATION

1 Vocabulaire

Vocabulaire utile avant de voir le film:

Les noms

le théâtre:

une pièce de théâtre: *a play*

le metteur en scène: *the director*

l'administrateur: *the theater manager*

le régisseur: *the stage manager*

le/la décorateur (-trice): *the set designer*

le/la costumier (-ière): the wardrobe keeper

la troupe: the company

la scène: the stage

la première: the first night

le trac: stage fright*

une représentation: *a performance**

le public: *the audience***

un jambon: *a ham*

une cave: *a cellar*

un passeur: *a smuggler*

un trou: *a hole*

un tuyau: *a pipe*

une bombe: a bomb

un piège: a trap

un/des bijou(x): jewel(s)

un vestiaire: a cloakroom

un cercueil: *a coffin***

une corde: *a rope*

une menace: *a threat*

*Ex : Marion a le trac avant la première représentation.
**"le public" est singulier, même si le sens est pluriel. Ex : Le public <u>a</u> beaucoup applaudi la pièce.
***Attention à l'orthographe du mot "cercueil"!

A savoir

Le théâtre : Ce mot a très peu évolué. Il vient du grec theatron (lieu où l'on assiste à un spectacle) en passant par le latin theatrum.
Performance : Ce mot existe en français mais il a le sens de "result / achievement".

Les verbes

cacher qqch /qq'un: *to hide sth/s.o.*

fuir: *to flee*

arrêter qq'un: *to arrest s.o.*

envahir: *to invade*

dissuader qq'un de faire qqch: *to talk s.o. out of doing sth**

rassurer qq'un: *to reassure s.o.*

applaudir: *to applaud*

serrer la main de qq'un: *to shake hands with s.o.***

gifler qq'un: *to slap (s.o.'s face)*

fouiller: *to search (a place)*

réussir à (faire qqch): *to succeed in (doing sth)*

*Ex : Marion dissuade Lucas de quitter la cave.
**Ex: Marion a serré la main de Bernard. Elle lui a serré la main.

Les adjectifs

connu(e): *well-known**

antisémite: *antisemitic*

outré(e): *outraged*

blessé(e): *wounded*

risqué(e): *risky**

censuré(e): *censored*

*Attention! On ne dit pas ~~bien-connu~~. Ex: Bernard est un acteur connu.
**Ex : Il était très risqué de cacher un Juif chez soi pendant l'Occupation.

Traduisez!

> Vous n'avez pas besoin du dictionnaire. Tous les mots sont dans la liste ci-dessus !
> 2ᵉ phrase : Comment allez-vous traduire les 2 prépositions "in" et les 2 "to"?

1. The director is hidden in the cellar under the stage.
2. Lucas succeeded in listening to the play thanks to a hole in a pipe.
3. Marion talked him out of fleeing because he could be arrested.
4. She had stage fright before the performance but she was reassured when the audience applauded.

> Vous avez des recherches assez longues à faire pour ce film. Le contexte est compliqué et riche, vous allez beaucoup apprendre !

2   Repères culturels

1. Le film se passe dans un théâtre. Pouvez-vous nommer quelques dramaturges *(playwrights)* français, ainsi que des pièces qu'ils ont écrites?

	Dramaturges	Pièces
XVIIe s.		
XVIIIe s.		
XIXe s.		
XXe s.		

A savoir

1943 est une année faste pour les théâtres parisiens: 318 millions de francs de recettes (pour l'ensemble des théâtres) contre 101 millions en 1938.
Le soulier de satin, de Paul Claudel, a été créé le 27 novembre 1943. En décembre la police était parfois obligée de s'interposer car les gens prenaient d'assaut les bureaux de location. Le théâtre faisait salle comble à toutes les représentations.

Affiche de la Comédie-Française, novembre 1943

Queue à l'entrée du Théâtre du Châtelet pour "Valses de Vienne," opérette en deux actes de Johann Strauss père et fils. Paris, décembre 1941.

2. Le film se passe pendant la Deuxième Guerre mondiale. Pour mieux comprendre le contexte, faites des recherches et répondez aux questions suivantes:

   a. **L'Occupation:** A quelle période et par qui la France a-t-elle été occupée?

   b. **Le régime de Vichy:** Qui était à la tête du gouvernement? Pourquoi s'est-il installé à Vichy? Avec qui le régime de Vichy travaillait-il?

   c. **Les zones:** Que voulait dire "zone occupée", "zone libre" et "ligne de démarcation"?

   d. **La milice:** Quand et par qui a-t-elle été créée? A quoi servait-elle?

   e. **La Gestapo:** Qu'est-ce que c'était? Quels étaient ses pouvoirs?

f. **La collaboration /les collaborateurs:** Qui étaient les collaborateurs? Qui aidaient-ils?

g. **La Résistance:** Quand et comment a-t-elle commencé? Que faisaient les résistants?

h. **L'étoile jaune:** Qui la portait? Où et quand?

i. **Les passeurs:** Quel était leur rôle pendant la guerre? Quel service proposaient-ils?

j. **Le couvre-feu:** Qu'est-ce que c'est?

k. **Le marché noir:** Qu'est-ce que c'est? Dans quelles situations se développe-t-il?

l. **Libération:** Quand la ville de Paris a-t-elle été libérée?

m. *Je suis partout* est le nom d'un journal important dans le film. Quel genre de journal était-ce? Quelles idées défendait-il?

Passage de la ligne de démarcation à Moulins (Allier) – 1er mars 1943

3 Bande-annonce

1. Comment les personnages sont-ils introduits ? Que font-ils ?
2. Comment comprend-on que le film se passe pendant l'Occupation ?
3. Que comprenez-vous sur les relations entre Marion (Catherine Deneuve) et Bernard (Gérard Depardieu) ? Est-ce clair ?
4. Quel est le ton de la bande-annonce ?

4 A savoir avant de visionner le film

- Durée: 2h10
- Genre: Tragi-comédie
- Tournage: Le film a été tourné dans une ancienne chocolaterie! Truffaut a pu y recréer tous les décors du film (intérieurs et extérieurs).
- Note: Truffaut a cherché à faire une reconstitution très précise de la vie sous l'Occupation. Vous pourrez remarquer beaucoup de détails de l'époque.

  L'idée qu'une actrice dirige un théâtre est basée sur la réalité. En effet, plusieurs théâtres parisiens étaient dirigés par des actrices pendant l'Occupation.

  Ne vous attendez pas à ce que la fin soit claire et nette. Vous serez sûrement surpris et vous aurez des questions auxquelles le film ne répondra pas.

La période de l'Occupation a inspiré de nombreux réalisateurs. Parmi les films ayant eu du succès, on peut citer:
- *Le silence de la mer* (1949)
- *Jeux interdits* (1952)
- *Nuit et brouillard* (1955)
- *La grande vadrouille* (1966)
- *Paris brûle-t-il?* (1967)
- *L'armée des ombres* (1969)
- *Lacombe Lucien* (1974)
- *Le dernier métro* (1980)
- *Lucie Aubrac* (1997)
- *Laissez-passer* (2002)
- *M. Batignole* (2002)
- *Bon voyage* (2003)
- *Les égarés* (2003)
- *L'armée du crime* (2009)
- *La rafle* (2010)
- *Les convois de la honte* (2010)
- *Elle s'appelait Sarah* (2010)

PREMIERE APPROCHE

1 L'histoire

Les personnages

Le but de cette activité est double:
* Vérifier que vous avez bien compris l'histoire
* Vous préparer à la discussion en classe

Répondez à chaque question en une ou deux phrases. Utilisez le vocabulaire que vous avez appris.

Marion Steiner
(Catherine Deneuve)

Lucas Steiner
(Heinz Bennent)

Bernard Granger
(Gérard Depardieu)

Jean-Loup Cottins
(Jean Poiret)

Raymond
(le régisseur)

Arlette Guillaume
(la décoratrice/costumière)

Nadine
(la jeune actrice)

Daxiat
(le critique)

1. **Guerre et Occupation**
   * Pourquoi les Parisiens vont-ils aux spectacles?
   * Au début du film, pourquoi Marion ne veut-elle pas embaucher l'acteur juif Rosen?
   * Comment Marion se procure-t-elle son jambon de 7kg? Pour qui est-il?
   * Pourquoi Lucas ne peut-il fuir?
   * Que fait Marion pour tenter de sauver le théâtre? Voit-elle l'homme qu'elle voulait? Que se passe-t-il avec l'autre Allemand?

2. **Daxiat**
   * Pourquoi Jean-Loup accepte-t-il de dîner avec Daxiat? Pourquoi Marion refuse-t-elle?
   * Quelle nouvelle Daxiat croit-il apprendre à Marion? Qu'essaie-t-il de faire à votre avis?
   * Que sont le cercueil et la corde que le théâtre reçoit?
   * Quelle proposition malhonnête Daxiat fait-il à Jean-Loup?

3. **La Résistance**
   - Comment sait-on que Bernard est un résistant? Que prépare-t-il quand il dit qu'il fait l'ingénieur?
   - Quel type de musique accompagne les scènes liées à la Résistance?
   - A quoi Bernard assiste-t-il dans l'église?
   - Pourquoi Bernard veut-il quitter le théâtre? Que croit Marion? Pourquoi le gifle-t-elle?

4. **La troupe**
   - La soirée au cabaret est-elle réussie? Pourquoi?
   - Pourquoi Bernard veut-il que Daxiat fasse des excuses à Marion? Marion apprécie-t-elle la scène provoquée par Bernard? Quelles en seront les conséquences sur leurs relations?
   - Nadine a-t-elle fini par réussir?

5. **Première représentation**
   - Comment est Lucas avant la première? et Marion?
   - Décrivez l'attitude de Daxiat pendant la première.
   - Que se passe-t-il entre Marion et Lucas après la pièce? Que fait la troupe?

6. **Lucas – Marion – Bernard**
   - Quelle installation Lucas fait-il dans la cave pour pouvoir diriger la pièce?
   - A quel nouveau rôle Lucas a-t-il pensé pour Marion?
   - Que demande Marion à Bernard quand la milice est dans le théâtre?
   - Que se passe-t-il entre Lucas et Bernard dans la cave?
   - Décrivez la dernière scène du film.

> Cet incident a réellement eu lieu: Jean Marais, un grand acteur de l'époque, s'est battu avec Alain Laubreaux, un critique de *Je suis partout*.

2 Analyse d'une photo

1. Où cette scène se passe-t-elle? Que font les acteurs?
2. A quel moment de l'histoire a-t-elle lieu? Bernard fait-il partie du groupe depuis longtemps?
3. Qui est au centre? Pourquoi?
4. Que fait Marion?

3 Analyse de citations

Analysez les citations suivantes en les replaçant dans leur contexte:

1. Bernard: "Elle est pas nette cette femme… Il y a quelque chose de pas net".
2. Lucas: "Que tu me négliges, moi, tant pis, j'en ai pris mon parti". Marion: "Si je te répondais, je te dirais des choses trop dures".

APPROFONDISSEMENT

1 Vocabulaire

Enrichissez votre vocabulaire!

> Le but de cette deuxième liste est d'élargir votre champ lexical. Ce vocabulaire ciblé sur des thèmes du film va vous permettre d'enrichir votre style.

Le théâtre

une comédie: *a comedy*
une tragédie: *a tragedy*
un drame: *a drama*
une farce: *a farce*
un acte: *an act*
une scène: *a scene*
l'intrigue: *the plot*
monter une pièce: *to put on a play*
une répétition: *a rehearsal*
les coulisses: *backstage*
le rideau: *the curtain*
le décor: *the scenery*

l'éclairage: *lighting*
les projecteurs: *the spotlights*
un costume: *a costume*
le maquillage: *make-up*
la générale: *the dress rehearsal*
l'entracte: *the intermission**
faire salle comble: *to be packed to capacity***
siffler: *to boo*

> *Remarquez la formation de ce mot: entre-acte (entre les actes).
> **Le théâtre a fait salle comble à chaque représentation pendant 3 mois.

Le métro

une station de métro: *a subway station*
une bouche de métro: *a subway entrance*
une ligne: *a line*
un plan: *a map*
un trajet: *a trip*
un ticket: *a ticket**
valable: *valid*
composter: *to stamp (a ticket)**

attendre: *to wait*
le quai: *the platform*
monter: *to get on***
descendre: *to get off***
un(e) passager (-ère): *a passenger*

> *Ex : Où dois-je composter mon ticket ?
> **Ex: Je suis monté(e) à (la station) Concorde et je suis descendu(e) à (la station) Châtelet.

> **A savoir**
> La première ligne du métro parisien a été inaugurée en 1900.
> On dit "un <u>ticket</u> de métro", mais "un <u>billet</u> de train / d'avion".

Mise en pratique du vocabulaire:

Ecrivez 5 phrases dans lesquelles vous utilisez au moins 10 mots de la liste ci-dessus.

2 Réflexion - Essais

> Ces questions vont vous permettre d'approfondir l'étude du film. Ecrivez un paragraphe pour chacune, en utilisant le vocabulaire du chapitre et en soignant votre expression (vérifiez votre orthographe et votre grammaire). En faisant ce travail, vous vous préparez à la prochaine composition.

1. Analysez le personnage de Lucas:
   a. Comment vit-il au jour le jour? Comment occupe-t-il son temps? Supporte-t-il bien sa captivité?

Théâtre de l'Odéon, Paris, 1936

b. Montrez comment son stratagème pour suivre la pièce lui permet de continuer à vivre.

c. Comment Lucas prend-il conscience des sentiments de sa femme pour Bernard? Fait-il une grande scène de jalousie à Marion? Pourquoi?

d. Trouvez-vous que Lucas est une victime? De qui? De quoi? Est-il la seule victime?

2. Faites le portrait de Marion:

a. Quelle impression Marion donne-t-elle au reste de la troupe de théâtre?

b. Comment voit-on que Marion commence à s'éloigner de Lucas? Analysez l'évolution dans les rapports entre eux.

c. Analysez l'évolution dans les rapports entre Marion et Bernard.

d. Le triangle amoureux est-il résolu à la fin? Marion a-t-elle choisi entre les deux hommes?

3. Décrivez Bernard. En quoi croit-il? Quelle attitude a-t-il vis-à-vis de Daxiat? Quelle attitude a-t-il avec les femmes? Quelle impression a-t-il de Marion?

4. La guerre:

a. Donnez des exemples qui montrent qu'elle est présente en permanence dans la vie quotidienne à Paris.

b. Quelles difficultés provoquées par la guerre le théâtre éprouve-t-il?

5. Analysez les personnages secondaires (leur personnalité et leur importance dans l'histoire):

a. Jean-Loup Cottins

b. Raymond

c. Arlette

d. Nadine

e. Daxiat

6. Que font les Allemands quand on les voit dans le film?

7. Comment le film présente-t-il les Français pendant la guerre?

8. Tout le monde semble avoir quelque chose à cacher dans le film. Quels secrets cachent Marion, Bernard, Arlette, Raymond et même Jacquot? Montrez comment le théâtre est un refuge.

9. Analysez le parallèle qui existe entre le théâtre et la réalité, et en particulier entre la pièce *(La disparue)* et la vie amoureuse du trio.

3 Analyse d'une scène: la cave (1:53:05 à 1:59:14)

> ## Vocabulaire spécifique à cette scène
>
> se retourner (*to turn around*) • une loge (*a box*) • un gestapiste (*a member of the gestapo*) • faire patienter qq'un (*to ask s.o. to wait*) • perquisitionner (*to search*) • stupéfait(e) (*stunned*) • faire la connaissance de qq'un (*to meet s.o.*) • l'angoisse (*fear*) • un pas (*a step*) • faire peur à qq'un (*to scare s.o.*) • éviter de faire qqch (*to avoid doing sth*)

A. Ecoutez

1. Que dit Marion, dans son rôle d'Héléna, quand elle revient sur scène et que les hommes de la Gestapo sont dans la loge? Est-ce frappant?

2. Pourquoi est-ce important que Bernard dise à Marion que les deux hommes sont de la Gestapo? Qu'est-ce qui se serait passé s'il ne l'avait pas su?

3. Quel ton Raymond a-t-il quand il descend dans la cave? Semble-t-il inquiet? Pourquoi mentionne-t-il la possibilité de brûler l'escalier? Et comment Marion parle-t-elle aux gestapistes? Montre-t-elle son angoisse?

4. Il n'y a jamais de musique de fond dans cette scène. Pourquoi à votre avis?

B. Observez

1. Quel impact la présence de la Gestapo a-t-elle sur le jeu des acteurs?

2. Pourquoi la caméra fait-elle des aller et retour entre la scène, les coulisses et les spectateurs?

3. Comment l'expression de Lucas change-t-elle quand il entend des pas?

4. Comparez l'attitude de Marion et de Lucas et Bernard quand ils se rencontrent.

5. Arrêtez-vous sur la scène où Marion dit à Lucas et Bernard qu'ils ont 5 minutes pour tout cacher. Comment les acteurs sont-ils placés et habillés?

6. Juste avant d'ouvrir la porte de la cave, Marion jette un regard vers les hommes de la Gestapo. Les hommes et les spectateurs interprètent-ils ce regard de la même façon?

7. Quel rôle Raymond a-t-il dans cette scène?

8. Qu'est-ce que Bernard remarque à la fin de la scène quand il évite de répondre à Lucas?

C. Cette scène dans l'histoire

Pourquoi cette scène est-elle importante dans l'histoire? Qu'est-ce qui fait qu'elle est unique? Qu'est-ce qu'elle change pour les personnages? Les spectateurs n'apprennent rien qu'ils ne savaient pas déjà, et pourtant elle est importante pour eux aussi. Pourquoi?

D. **Langue**

   1. **Synonymes**

   Ecoutez attentivement les dialogues de l'extrait et trouvez les
   synonymes des expressions suivantes (entre parenthèses):

   a. "J'ai la preuve que le Dr Sanders n'est pas revenu _____ (le
       jour d'après) mais _____ (le jour d'avant) de la mort de
       Charles-Henri."

   b. "_____ (emmenez)-nous à la cave!"

   c. "Mme Steiner _____ (veut) le faire elle-même."

   d. "Tout le monde peut _____ (faire une erreur)."

   e. "Je vous _____ (le dis à l'avance), ça doit être plein de rats."

   f. "Ca ne me _____ (semble) pas assez profond pour faire un
       abri ici."

   g. "Et _____ (s'il y a une) alerte?"

   h. "Elle _____ (vous aime)."

   2. **Subjonctif ou indicatif?**

   Conjuguez les verbes au subjonctif ou au temps de l'indicatif qui
   convient.

   Ex : Bien que Lucas et Bernard _____ (ne pas se connaître),
        ils réussissent à travailler ensemble pour tout cacher.
        Bien que Lucas et Bernard ne se connaissent pas, ils réussissent à
        travailler ensemble pour tout cacher.

   a. Bien que Marion _____ (avoir) très peur, elle continue à
       jouer dans la pièce.

   b. Elle va tout explique à Bernard à condition qu'il ne _____
       (poser) pas de questions.

   c. Bernard est stupéfait quand il _____ (voir) Lucas dans la
       cave.

   d. Lucas et Bernard doivent tout cacher pour que les deux hommes
       ne _____ (deviner) rien.

   e. Raymond ne peut pas emmener les deux hommes à la cave
       puisqu'il _____ (ne pas avoir) la clé.

   f. Ils descendent à la cave après que Marion _____ (changer)
       de vêtements.

   g. Marion espère que les hommes de la Gestapo ne _____
       (découvrir) rien en bas.

   h. Raymond ne pense pas qu'il _____ (être) possible de
       transformer la cave en abri.

   i. Raymond demande s'il _____ (pouvoir) brûler l'escalier.

   j. Lucas et Bernard restent cachés jusqu'à ce que les deux hommes
       _____ (partir).

3. Pronoms relatifs

Remplissez les blancs avec l'un des pronoms suivants:

> qui • que • dont • ce qui • ce que • ce dont • où

Ex : Les hommes de la Gestapo ne devinent pas _____ Marion est en train de faire.

Les hommes de la Gestapo ne devinent pas <u>ce que</u> Marion est en train de faire.

a. Marion ne savait pas _____ les deux hommes étaient très dangereux.

b. Elle a peur quand elle apprend _____ ils sont vraiment.

c. Ils sont de la Gestapo, _____ Bernard est sûr.

d. Ils veulent inspecter la cave, _____ est impossible.

e. Bernard promet _____ il ne posera pas de questions.

f. C'est le moment _____ Marion comprend _____ elle peut compter sur lui.

g. La pièce continue et les spectateurs ne devinent pas _____ se passe.

h. Raymond doit faire patienter les deux hommes, _____ il fait très bien.

i. _____ il faut, c'est transformer la cave le plus vite possible.

j. Marion demande aux deux hommes d'attendre trois minutes. C'est le temps _____ ont besoin Lucas et Bernard pour tout cacher.

k. Lucas pense que Bernard est l'homme _____ Marion est amoureuse.

E. Comparaison avec une autre scène

Comparez cette scène avec la dernière du film. Ce sont les seules scènes où les trois personnages sont ensemble. Qu'est-ce qui fait que ces deux scènes sont très différentes?

F. Sketch

Bernard et Lucas discutent après la libération, donc 2 ans après la scène de la cave. Bernard évoque sa surprise en découvrant Lucas, ils parlent de la peur, et Lucas redemande à Bernard s'il aimait Marion. Ecrivez leur dialogue et jouez-le avec vos camarades.

LE COIN DU CINEPHILE

1 Première / dernière scène

Comparez la première et la dernière scène. A quoi sert la voix off au début? Comment les personnages principaux sont-ils présentés? Que sait-on sur eux? Quelle impression donnent-ils? Qu'est-ce qui a changé à la fin? Qu'est-ce qui est filmé en gros plan? Pourquoi?

> Vous aurez peut-être besoin de revoir quelques scènes du film pour répondre en détail aux deux premières questions.

2 Archives

Quel rôle les images d'archives (prises pendant la guerre) du début du film ont-elles? Pour qui / pourquoi sont-elles importantes?

3 Les couleurs

Quelles couleurs dominent dans le film? Pourquoi?

4 La lumière

L'ombre et la lumière se succèdent dans le film. Comment sont-elles utilisées par Truffaut? Comment servent-elles l'intrigue? Qui passe de l'ombre à la lumière?

5 Sous-titres

Comparez ce dialogue entre Raymond et Daxiat et les sous-titres en anglais, puis répondez aux questions:

1	M. Daxiat, vous permettez que je vous pose une colle?	*Mr. Daxiat, is it okay to ask you a riddle?*
2	Une colle?	*A riddle?*
3	Ouais, une colle. Regardez, ça, comment vous appelez ça, vous?	*Yes, a riddle. What do you call this?*
4	Une canne à pêche.	*A fishing rod.*
5	C'est ça. Alors, on dit aussi une gaule, hein?	*But we also call it a gaulle, right?*
6	Et puis, si j'en mets une autre à côté, et voilà! Ça fait "De Gaulle"!	*Now, if we put a second one next to it, we get "Deux Gaulle!"*

a. 5ème réplique: le mot "gaulle" existe-t-il en anglais? Pourquoi est-il utilisé dans le sous-titre?

b. 6ème réplique: pourquoi "De Gaulle" est-il traduit par "Deux Gaulle"? Comment le mot "Gaulle" a-t-il changé entre la 5ème et la 6ème réplique? Cette approche est-elle adroite?

c. Les jeux de mots sont extrêmement difficiles à rendre dans un sous-titre. Pensez-vous que le sous-titreur a fait du bon travail? Le jeu de mots est-il clair pour les spectateurs non-francophones?

AFFINEZ VOTRE ESPRIT CRITIQUE

1 Titre

Comment expliquez-vous le titre?

2 Affiches

Vous allez comparer l'affiche française du *Dernier métro* et l'affiche américaine. Pour trouver l'affiche française, allez sur www. affichescinema.com, cliquez sur "Voir la collection", puis sur "D", puis sur "Dernier métro". L'affiche américaine se trouve sur www. movieposter.com. Vous pouvez agrandir et imprimer les affiches pour faciliter votre travail.[1]

1. Qu'est-ce que les affiches ont en commun?
2. Quelles informations sur le film a-t-on avec l'affiche française? Que peut-on deviner sur le film?
3. Qu'est-ce que l'affiche américaine privilégie?

3 Vision de l'Occupation

Ouvriers français partant travailler en Allemagne.
Paris, juillet 1942

L'Occupation était une période très dure et angoissante pour les Français, et en particulier pour les Parisiens (difficultés d'approvisionnement, présence des soldats allemands, bombardements). Certains critiques ont trouvé que le film était trop léger et ne montrait pas assez les problèmes quotidiens de la population et l'angoisse qu'elle ressentait. Qu'en pensez-vous? Comment peut-on expliquer que Truffaut ait fait un film aussi optimiste? Certaines scènes en particulier vous semblent-elles trop optimistes ou improbables?

4 Les critiques

1. Jacqueline Michel décrit la troupe ainsi: "Le théâtre est là, avec son petit monde fermé et complice" (*Télé 7 Jours*, 20 septembre 1980). Pouvez-vous donner des exemples pour montrer que le théâtre est un monde fermé, et aussi que les membres de la troupe sont complices?
2. Dans le magazine *Lire* de janvier 1981, Bernard Pivot commente le film en disant qu' "on passe du drame à la comédie, du rire aux larmes, de l'inquiétude au soulagement, du doute à la certitude". Pouvez-vous donner des exemples pour illustrer son propos?

---

1   Vous remarquerez que les affiches ne sont pas de très bonne qualité, surtout si vous les agrandissez. C'est la seule solution qu'ont les sites internet qui hébergent des photos et des affiches de films. La loi les autorise à le faire si les photos sont de basse résolution.

POUR ALLER PLUS LOIN

1 Parallèles avec d'autres films

1. **La Deuxième Guerre mondiale:** *Au revoir les enfants* et *Le dernier métro* se passent pendant la Deuxième Guerre mondiale. Quel éclairage chaque film apporte-t-il sur la guerre? En quelle année les films se passent-ils? Où l'intrigue a-t-elle lieu? Qui se cache et pourquoi? La guerre est-elle au centre de l'histoire ou est-ce un accessoire?

2. **Le théâtre:** Quel rôle les pièces de théâtre jouent-elles dans *L'esquive*, dans *Le dernier métro* et dans *Molière*? Qu'apportent-elles à l'histoire? Que révèlent-elles sur les personnages?

2 Scénario de Lucas

Imaginez que Lucas profite de son temps libre pour écrire le scénario d'une pièce. Il s'inspire de ce qui se passe au théâtre, sur scène, entre les acteurs, dans la cave, entre Marion et lui pour son histoire. Vous allez écrire un résumé qui présente la pièce. Le but n'est pas de raconter le film mais d'imaginer ce que Lucas pourrait écrire. Vous pouvez créer des personnages, changer leurs personnalités et les relations entre eux, inventer tout ce qui vous plaira mais vous devez garder la même période historique. Votre résumé doit présenter les personnages et raconter clairement ce qui va se passer dans la pièce écrite par Lucas.

3 Lectures

1. **Extrait du scénario**

    Marion a rejoint Lucas dans la cave du théâtre juste après la première représentation de *La disparue*. Lisez les dialogues et répondez aux questions (certaines indications sur les mouvements de caméra ne sont pas notées pour privilégier le dialogue).

Cave théâtre – intérieur nuit

Marion. Mais enfin, Lucas, c'est gagné. Je ne te comprends pas: tu as bien entendu la salle? On a gagné…

Lucas. On a gagné… on a gagné… En tout cas, c'était loin d'être parfait, je t'assure… Je te prie de croire que d'ici, on sent beaucoup mieux tout ce qui ne va pas. *(Il met ses lunettes; Marion revient par la droite; Lucas prend ses notes sur la table.)* J'ai pris des notes, je vais te les lire. Viens, assieds-toi. *(Elle s'assied.)* Eh bien, alors, d'abord…

Marion *(voyant la pile de feuilles)*. Non, mais enfin, écoute, tu es fou! Tu ne vas pas me lire tout ça? Les autres m'attendent, ils se demandent où je suis. Je peux pas rester si longtemps… *Elle se lève.*

Lucas. Alors, je veux que tu reviennes, après.

Marion. Mais après quoi? On est là-haut, tous ensemble! Ecoute, Lucas, tu sais comment c'est? Je peux pas les quitter comme ça…

Lucas enlève ses lunettes, se lève.

Lucas. Bon, alors reviens me voir cette nuit. *On[1] reste sur elle, debout, un verre à la main, devant la table sur laquelle se trouve la nappe[2] rose.*

Marion. Non, c'est impossible, écoute, sois raisonnable. Je viens te voir demain matin, avant l'arrivée de tout le monde…

Lucas. Mais au moins, emporte mes notes… Pour les étudier. *Elle boit, repose son verre derrière elle.*

Marion. D'accord. *(Elle prend les papiers.)* Non, mais écoute, regarde! Où veux-tu que je les mette? Non, garde-les, puis on les verra ensemble demain… *(Elle pose les papiers sur cette table; il la rejoint: ils sont face à face. Lui a toujours son écharpe grise autour du cou.)* Embrasse-moi… *(Il détourne le visage, boudeur;[3] elle l'embrasse sur la joue.[4] Il reprend ses notes, triste.)* A demain. *Lucas regarde ses notes.*

Germaine. J'ai bien cru que la robe de Marion allait se prendre[5] dans la porte.

Rires, bruits de voix. Lucas passe devant les colonnes cannelées,[6] reliefs[7] de décors, regarde ses notes.

Jean-Loup. Tout de même,[8] entre le deux et le trois,[9] on a gagné trente-cinq secondes dans le changement.

Lucas a l'air mélancolique.

Arlette. Bien sûr que Daxiat est une ordure,[10] après le coup qu'il a fait![11]

Nadine. Il est obligé de faire une bonne critique!

Jean-Loup. Oui, il fera une bonne critique parce qu'il a aimé, simplement. Je le connais, mais si, si, si, il aime ce genre de trucs![12] *On suit toujours Lucas qui se dirige vers son "bigophone".*

Germaine. Je l'ai vu applaudir à tout rompre.[13]

Jean-Loup. Oui, oui, oui! Aaah! *(Lucas s'arrête devant le tuyau troué,[14] pose ses papiers sur la table. Off: cris, rires, exclamations saluant la réapparition de Marion; off:)* Ben Marion, *(Lucas enlève son écharpe, la roule en boule et la fourre[15] dans le trou du tuyau; faiblement:)* où étais-tu passée? Tiens, donnez du champagne, un petit peu pour Marion… *On n'entend plus rien. Lucas reste un instant devant la boule dans le trou…*

1 the camera
2 the tablecloth
3 looking sulky
4 on the cheek
5 to get stuck
6 fluted
7 leftovers
8 *here:* anyway
9 between the second and third acts
10 *slang:* a jerk
11 after the trick he played
12 that kind of stuff
13 I saw him bringing the house down
14 the pipe with a hole in it
15 shoves it

a. Lucas est-il enthousiasmé par la représentation? Pourquoi? Y a-t-il plusieurs raisons pour expliquer ses réserves?

b. Pourquoi Marion ne peut-elle (ou ne veut-elle) pas rester?

c. Pourquoi ne veut-elle pas revenir plus tard dans la nuit?

d. Les demandes de Lucas sont-elles compréhensibles, ou le trouvez-vous trop exigeant?

e. Pourquoi n'embrasse-t-il pas Marion?

f. De quoi les autres membres de la troupe parlent-ils?

g. Jean-Loup connaît-il bien Daxiat? Celui-ci fera-t-il une bonne critique de la pièce?

h. Pourquoi Lucas bouche-t-il le trou du tuyau? Comment se sent-il?

2. **Poème**

Louis Aragon (1897-1945) est un poète qui se battait contre le nazisme pendant la guerre. Il écrivait des poèmes qui chantaient la résistance à l'ennemi, le courage, le patriotisme, l'héroïsme et la grandeur de la France. Ses poèmes étaient évidemment interdits donc il les a publiés sous de nombreux noms de plume et ils étaient diffusés clandestinement. *La Diane française* est un recueil de ses poèmes, dont "Paris", écrits pendant l'occupation.

Paris

Où fait-il bon même au cœur de l'orage
Où fait-il clair même au cœur de la nuit
L'air est alcool et le malheur courage
Carreaux[1] cassés l'espoir encore y luit[2]
Et les chansons montent des murs détruits

Jamais éteint renaissant de sa braise[3]
Perpétuel brulôt[4] de la patrie
Du Point-du-Jour jusqu'au Père Lachaise
Ce doux rosier[5] au mois d'Août refleuri
Gens de partout c'est le sang de Paris

Rien n'a l'éclat[6] de Paris dans la poudre
Rien n'est si pur que son front d'insurgé
Rien n'est si fort ni le feu ni la foudre[7]
Que mon Paris défiant les dangers
Rien n'est si beau que ce Paris que j'ai

Rien ne m'a fait jamais battre le cœur
Rien ne m'a fait ainsi rire et pleurer
Comme ce cri de mon peuple vainqueur
Rien n'est si grand qu'un linceul[8] déchiré
Paris Paris soi-même libéré

1 window panes
2 glimmers
3 embers
4 attack
5 rosebush
6 brilliance
7 thunder
8 shroud

a. Quel est le message général du poème?

b. Qu'est-ce qui est surprenant dans le deux premiers vers?

c. Relevez tout le vocabulaire relatif à la guerre.

d. Qu'est-ce qui montre que les Parisiens se battent?

e. Sachant que le Père Lachaise est le nom d'un cimetière, pourquoi Aragon a-t-il choisi ces deux lieux pour évoquer Paris?

f. Qu'est-ce que le rosier symbolise?

g. Quels sont les deux sens du mot "front" (v.12)?

h. Sept vers commencent par le mot "rien". Pourquoi?

i. Qu'est-ce qui rend la dernière strophe émouvante?

j. Pourquoi "Paris" est-il répété dans le dernier vers?

k. Aragon espère que Paris sera "soi-même libéré". Cela s'est-il passé ainsi? Les Parisiens ont-ils réussi à se libérer eux-mêmes, sans aide?

3. **Allocution du général de Gaulle à l'Hôtel de Ville le soir du 25 août 1944**

Rappel historique: la vie quotidienne des Français était très difficile pendant la guerre, notamment celle des Parisiens qui avaient de grandes difficultés à s'approvisionner. Le débarquement (le "Jour J") a eu lieu en Normandie le 6 juin 1944 et Paris a été libérée le 25 août.
Le soir même le général de Gaulle a improvisé un discours qu'il a prononcé au balcon de l'Hôtel de Ville de Paris. Lisez-le en pensant aux personnages du film.

La libération de Paris

1 grips
2 that surpass
3 broken
4 with the assistance
5 with the support
6 her duties
7 sum them up
8 is faltering
9 on our soil
10 it will not be enough
11 as it should be
12 conquerors
13 the vanguard
14 has landed
15 in the South of France
16 is marching up
17 it demands
18 we should not want anything less
19 worthy of

Pourquoi voulez-vous que nous dissimulions l'émotion qui nous étreint[1] tous, hommes et femmes, qui sommes ici, chez nous, dans Paris debout pour se libérer et qui a su le faire de ses mains. Non! Nous ne dissimulerons pas cette émotion profonde et sacrée. Il y a là des minutes qui dépassent[2] chacune de nos pauvres vies.

Paris ! Paris outragé ! Paris brisé[3] ! Paris martyrisé ! Mais Paris libéré ! Libéré par lui-même, libéré par son peuple avec le concours[4] des armées de la France, avec l'appui[5] et le concours de la France tout entière, de la France qui se bat, de la seule France, de la vraie France, de la France éternelle.

Je dis d'abord de ses devoirs,[6] et je les résumerai[7] tous en disant que, pour le moment, il s'agit de devoirs de guerre. L'ennemi chancelle[8] mais il n'est pas encore battu. Il reste sur notre sol.[9] Il ne suffira même pas[10] que nous l'ayons, avec le concours de nos chers et admirables alliés, chassé de chez nous pour que nous nous tenions pour satisfaits après ce qui s'est passé. Nous voulons entrer sur son territoire, comme il se doit,[11] en vainqueurs.[12] C'est pour cela que l'avant-garde[13] française est entrée à Paris à coups de canon. C'est pour cela que la grande armée française d'Italie a débarqué[14] dans le Midi[15] et remonte[16] rapidement la vallée du Rhône. C'est pour cela que nos braves et chères forces de l'intérieur vont s'armer d'armes modernes. C'est pour cette revanche, cette vengeance et cette justice, que nous continuerons de nous battre jusqu'au dernier jour, jusqu'au jour de la victoire totale et complète. Ce devoir de guerre, tous les hommes qui sont ici et tous ceux qui nous entendent en France savent qu'il exige[17] l'unité nationale. Nous autres, qui aurons vécu les plus grandes heures de notre Histoire, nous n'avons pas à vouloir autre chose[18] que de nous montrer jusqu'à la fin, dignes[19] de la France.

Vive la France !

a. Quelle est votre première impression de ce discours, sachant que De Gaulle n'était pas d'un tempérament extraverti? Quel est le ton dominant?

b. Que veut-il dire par "Il y a là des minutes qui dépassent chacune de nos pauvres vies"?

c. Quel effet la répétition de "Paris" a-t-elle dans "Paris ! Paris outragé ! Paris brisé ! Paris martyrisé ! Mais Paris libéré !" Est-ce habile dans un discours?

d. A votre avis, que veut-il dire par "la vraie France", "la France éternelle"?

e. La guerre est-elle finie maintenant que Paris est libérée? Que reste-t-il à faire?

f. A quoi fait-il allusion en parlant d' "unité nationale"? Fait-il référence au présent ou prépare-t-il l'après-guerre? Ou les deux?

g. Imaginez la réaction qu'auraient Marion, Lucas, Bernard et Daxiat s'ils entendaient ce discours à la radio. En quoi la libération de Paris changerait-elle leur vie?

4. **Polémique autour de l'Occupation**

En 2008 La Bibliothèque historique de la ville de Paris a organisé une exposition intitulée "Les Français sous l'Occupation" qui a suscité une très vive polémique. L'article suivant, de Danielle Birck, a été publié le 21 avril 2008 (avec une mise à jour le 29 avril 2008) sur le site de Radio France Internationale.

Les Parisiens sous l'Occupation

Quelque 250 clichés[1] en couleurs de Paris et des Parisiens pendant l'Occupation et à la Libération, entre 1941 et 1944, exposés à la Bibliothèque historique de la ville de Paris, ont déclenché une polémique.[2] Au point que la mairie de Paris a décidé le retrait[3] des affiches annonçant l'exposition sur les murs de la capitale. Si personne ne conteste la qualité des photographies en couleurs – une exception à cette époque – c'est la personnalité de leur auteur qui a semé le trouble. André Zucca travaille pour le magazine *Signal*, organe allemand de propagande dans l'Europe occupée. Grâce à la précieuse pellicule Agfacolor fournie par l'occupant qui lui a laissé apparemment une grande latitude[4] pour photographier dans la capitale, Zucca a fixé un Paris ensoleillé et des Parisiens se livrant à leurs activités ou loisirs, dans une apparente tranquillité …

Pas de "*files d'attente devant les magasins d'alimentation, de rafles[5] de Juifs, d'affiches annonçant les exécutions…* ", est-il écrit dans le texte de présentation de l'exposition sur le site de la mairie de Paris. Où l'on tient à préciser que les photographies d'André Zucca offrent "une vision" de la vie parisienne pendant l'occupation, qu'il s'agit d'un témoignage "*d'une 'certaine' vision de la vie quotidienne de 'certains' Parisiens pendant les années noires*". Une insistance sur la démarche "très personnelle" du photographe qui ne figurait pas dans la première version du texte de la mairie. Depuis le 6 avril, cet "avertissement"[6] est remis au visiteur avec son billet d'entrée et placardé noir sur blanc sur le mur à l'entrée de l'exposition.

Par ailleurs, un texte de Jean Pierre Azéma, extrait de sa préface au livre catalogue de l'exposition et initialement affiché à l'intérieur de l'exposition a été placé, lui aussi à l'entrée. L'historien y rappelle "*le statut singulier dont jouissait la France dans l'Europe occupée*", avec d'une part le gouvernement de Vichy "*certes satellite, mais autonome*", et d'autre part, le rôle dévolu à Paris par Goebbels : être la devanture d'une stratégie culturelle destinée à gagner les élites dans "l'Europe nouvelle". La musique devait jouer un rôle important, "*pour les mélomanes,[7]* écrit Pierre Azéma, *Goebbels fit venir à Paris les orchestres et les chefs les plus prestigieux du Reich (…) Pour Monsieur Tout-le-monde, chaque dimanche la musique de l'armée jouait dans les kiosques des pots-pourris de marches militaires, de chansons folkloriques et d'airs d'opérettes, qui trouvaient des auditeurs*". Comme on peut le constater sur quelques-unes des photos de Zucca.

1 photos
2 debate
3 removal
4 freedom
5 raids
6 warning
7 music lovers

Une exposition "mal accompagnée"

C'est que l'exposition de la Bibliothèque historique de la ville de Paris, ouverte au public le 20 mars dernier, a très rapidement suscité de nombreuses réactions et fait couler beaucoup d'encre. Le principal reproche adressé aux organisateurs étant de n'avoir pas eu une démarche[8] plus "pédagogique" pour éclairer le visiteur sur le caractère partiel[9] et partial[10] de la vision de l'époque présentée par les clichés de Zucca. Une *exposition mal accompagnée*", dira Christophe Gérard, premier adjoint à la culture à la mairie de Paris, avant de renchérir un peu plus tard dans le Journal du Dimanche - un des premiers à monter au créneau contre l'exposition - avec des propos plus catégoriques, allant même jusqu'à se dire favorable à l'arrêt de l'exposition, prévue pour durer jusqu'au 1er juillet.

Vue partielle ou partiale, manipulation, propagande, honte : de modérées à virulentes les critiques se sont multipliées. Des historiens se sont également élevés contre la présentation des photos de Zucca. Aurait-il fallu changer le titre de l'exposition ? Mettre en regard les aspects sombres de l'Occupation, avec éventuellement[11] d'autres photos, en noir et blanc celles-là, évoquant le rationnement, les arrestations et exécution des francs-tireurs[12] - dont les noms étaient placardés sur les murs — et les rafles de femmes et d'enfants juifs à partir de l'été 1942 ?

Le conservateur de la Bibliothèque historique de la ville de Paris, Jean Dérens, tient à préciser que le propos n'est pas d'évoquer *"Paris pendant la guerre avec des illustrations d'André Zucca*", ajoutant, *"Ce sont des documents vertigineux, fascinants. Et c'est parce qu'ils sont très frappants, très impressionnants, qu'ils ont déclenché cette polémique*". Ces documents restituent, nous font voir *"un aspect de cette période. Mais, bien évidemment, il ne s'agit pas d'une vision globale de la période*". Ces images *"sont le choix, la fantaisie du photographe*", elles ne font pas partie des reportages commandés à André Zucca. *"Elles n'étaient pas destinées à la publication*, souligne encore Jean Dérens.

Douceur de vivre ou violence de l'oppression ?

Alors, ces photos soulignent-elles *"la douceur de vivre en pays occupé*", comme l'a écrit un journaliste, ou crient-elles *"haut ce lourd silence de l'oppression*", comme l'a écrit un visiteur sur le livre d'or de l'exposition ? *"Inviter les écoles, les collèges… c'est un travail important que d'informer par la symbolique en couleur sur la violence discrète de la contrainte*",[13] indique ce même visiteur, dont le témoignage positif voisine avec une majorité d'autres.

Il est vrai que contrairement au noir et blanc habituel des clichés de cette époque, la couleur rend les scènes photographiées curieusement actuelles,[14] presque familières. Et ce qui est fascinant et déroutant[15] à la fois, c'est qu'il s'en dégage un sentiment d'étrangeté. Les drapeaux nazis d'un rouge éclatant, claquant au vent sur une rue de Rivoli quasiment vide, à l'exception de deux cyclistes en premier plan, sous un ciel bleu, rendent la présence allemande écrasante. Ou cet énorme panneau planté en haut des Champs Elysées, invitant à visiter l'exposition *Le bolchévisme contre l'Europe…*

Que Zucca en prenant ce cliché ait voulu ou non manifester son approbation à cette propagande, et fasse ou non œuvre de propagandiste (d'ailleurs ces photos n'ont pas été publiées) là n'est pas la question : ce qui importe, c'est que la vue en est tout simplement insupportable,[16] comme

8   approach
9   partial (incomplete)
10 biased
11 possibly
12 sniper
13 coercion
14 current
15 disconcerting
16 unbearable

celle des affiches appelant au travail en Allemagne, ou celles dénonçant les offensives alliées (*Lâches ! La France n'oubliera pas !*), comme les défilés de la relève de la garde, ou ceux (pire encore ?) de la Milice … La couleur met aussi en évidence l'étoile jaune, sur le manteau, à la place du cœur, sur deux passants : une femme, rue de Rivoli et un homme, rue des Rosiers. Que sont-ils devenus ? Qui ne se pose pas la question devant cette photographie ?

Deux mondes qui se croisent

Bien sûr, il y a des gens attablés aux terrasses de café, sur les Champs Elysées ou à Saint-Germain-des-Prés. Mais le regard que jette une femme en bas à gauche d'une photo sur les deux officiers allemands qui passent devant la terrasse du Colisée en dit long… Un regard plutôt rare sur ces photos, comme le souligne Jean Dérens, le conservateur en chef de la bibliothèque historique de la ville de Paris. Pour lui, ce qui est frappant dans ces clichés, "*c'est que généralement, on ne regarde pas les Allemands. Ce sont deux mondes qui se croisent… les gens regardent dans le vide (…) je suis frappé également par le vide des rues… Nos parents et grands-parents nous l'ont dit : ils sortaient le moins possible parce qu'ils avaient peur*"…

Il y a aussi les élégantes en chapeaux sur le champ de courses[17] de Longchamp (mais qui sont peut-être venues en vélo-taxi …), des enfants qui vont au Guignol,[18] jouent au cerceau[19] ou aux patins à roulettes,[20] ou visitent le zoo, tandis que des adultes font la queue devant un cinéma, se baignent dans la Seine ou prennent le soleil sur ses berges.[21] Des hommes pêchent à la ligne, d'autres jouent aux cartes au jardin du Luxembourg, tandis des femmes tricotent. Il y a des bateleurs et des camelots[22] sur les boulevards, des vendeurs de chansons (*Ah que la France est belle, Ça sent bon la France, Parlez-moi du printemps, Sombreros et mantilles…*), des amoureux, des musiciens et des manèges[23] à la foire du Trône … A la gare de Lyon, on part ou on revient, chargé. Les hivers sont rudes, la neige couvre Paris comme on ne le voit plus ; c'est très beau, mais on pense en même temps qu'avec le rationnement du charbon,[24] il était bien difficile de se chauffer. Il n'empêche : un film sorti le 16 mai 1944 s'intitule *La Vie de plaisir*…Une grande comédie mondaine, nous dit l'affiche place Pigalle…

La promenade dans les quartiers de ce Paris occupé se referme avec les images de la libération, en août 1944, la foule sur les Champs-Elysées et les drapeaux français et américains pendus aux fenêtres. Celles-là on connaît mieux.

La vie a continué

Au-delà de la polémique qu'elles ont suscitée et de la personnalité de leur auteur, ces photographies, en plus de l'indéniable originalité que leur confère la couleur, leur qualité esthétique, ont valeur de témoignage.

Un témoignage qui, tout partiel qu'il soit, rappelle que la vie a continué entre 1940 et 1944 à Paris. Avec toute l'ambigüité de la situation créée au quotidien par l'Occupation. Jean-Pierre Azéma, dans son introduction au catalogue rappelle un texte de Sartre, écrit en 1945 : "*Il faut d'abord nous débarrasser des images d'Epinal : non, les Allemands ne parcouraient pas les rues l'arme au poing*"… Mais il ajoutait "*Nous avions mauvaise conscience*". Azéma ajoute pour sa part "*Ce n'était pas la tasse de thé d'un Zucca…*"

André Zucca sera arrêté en octobre 1944, pour atteinte à la sécurité

17 racetrack
18 puppet show
19 hoop
20 roller-skates
21 banks
22 peddlers
23 merry-go-round
24 coal

extérieure de l'Etat, et laissé en liberté provisoire. Un an plus tard, son dossier sera classé. Le photographe quitte Paris en mai 1945 et ouvre sous un nom d'emprunt un magasin de photos à Dreux où il va passer vingt ans "*changeant radicalement de mode de vie, mais sans jamais cesser de photographier*", écrit Jean Baronnet dans l'introduction au livre-catalogue de l'exposition. Il mourra à paris en 1973.

Le 25 avril, la mairie de Paris a fini par trancher.[25] L'exposition n'est pas annulée mais rebaptisée. Elle s'intitule désormais *Des Parisiens sous l'Occupation* et non plus *Les Parisiens sous l'Occupation*, pour montrer qu'elle est loin de refléter la vie de l'ensemble des habitants de la capitale française à cette époque.

25 come to a decision

a.   Pourquoi l'exposition a-t-elle déclenché une polémique ?

b.   Les photos prises par Zucca étaient-elles commandées par les Allemands ?

c.   Qu'est-ce que les organisateurs auraient dû faire pour éviter cette polémique ?

d.   Qu'est-ce que Jean Dérens, le conservateur, précise ?

e.   Qu'est-ce que la polémique autour de cette exposition révèle sur la relation des Français avec l'Occupation ?

L e dîner de cons

Présentation du film

Toutes les semaines, Pierre Brochant participe à un dîner de cons. Le principe: chaque convive amène le meilleur con possible. Ce soir, François Pignon est le "con de classe mondiale", mais il provoque aussi des catastrophes partout où il passe...

Francis Huster, Jacques Villeret et Thierry Lhermitte

Carte d'identité du réalisateur

Francis Veber (né en 1937) a été journaliste, écrivain, dialoguiste et excellent scénariste avant de réaliser son premier film en 1976. Spécialiste des comédies, il a remporté de gros succès avec *La chèvre* (1981), *Les compères* (1983), *Les fugitifs* (1986), *Le dîner de cons* (1998), *Le placard* (2001) et *La doublure* (2006), *L'emmerdeur* (2008) pour lesquels il était aussi scénariste. Huit des nombreux scénarios qu'il a écrits ont fait l'objet de remakes aux Etats-Unis (il vit à Los Angeles), notamment *Dinner for Schmucks* (pour *Le dîner de cons*, 2010).

Carte d'identité des acteurs

Jacques Villeret (1951-2005) était un acteur attachant et sympathique qui, derrière ses talents de comédien, cachait une grande sensibilité. Au théâtre il a joué *Le dîner de cons* de 1993 à 1997 et au cinéma il a fait de belles prestations dans *Garçon!* (1983), *Les enfants du marais* (1999), *Les acteurs* (2000), *Effroyables jardins* (2003) et *Les âmes grises* (2005). *Le dîner de cons* est son plus grand succès.

Thierry Lhermitte (né en 1952) est principalement un acteur de comédie. Sa carrière a commencé au lycée, quand, avec ses amis, il écrivait et montait des pièces de café-théâtre. Ensemble, ils ont fondé la célèbre troupe du Splendid. La reconnaissance est venue en 1978 avec *Les bronzés* (grand succès public), puis en 1982 avec *Le père Noël est une ordure*. Il s'est aussi imposé dans *Les ripoux* (1984), *Un indien dans la ville* (1994) (qu'il a aussi produit), *Le dîner de cons* (1998), *Le placard* (2001) et *Les bronzés 3* (2006) dans lequel il a retrouvé ses amis du Splendid. Il continue d'enchaîner les comédies, notamment *Notre univers impitoyable* en 2008 et *Le siffleur* en 2010.

L'heure de gloire

Le dîner de cons a été largement récompensé aux César, fait inhabituel pour une comédie: meilleur acteur (Jacques Villeret), meilleur scénario, meilleur second rôle masculin (Daniel Prévost), nomination pour le César du meilleur réalisateur, celui du meilleur film et celui de la meilleure actrice dans un second rôle (Catherine Frot).

PREPARATION

1   Vocabulaire

Vocabulaire utile avant de voir le film:

Vous connaissez déjà certains des mots de la liste. Ils sont notés pour que vous les révisiez. Vous devez savoir ce vocabulaire par cœur, avec les genres pour les noms, les prépositions pour les verbes et les orthographes difficiles. Observez bien les exemples, ils vous aideront à vous exprimer correctement.

Les noms

un éditeur: *a publisher*
un tour de reins: *a backache*
un passe-temps: *a hobby*
une maquette: *a model*
une allumette: *a match*

un répondeur (téléphonique): *an answering machine*
une maîtresse: *a mistress**
un stratagème: *a stratagem*
un quiproquo: *a mistake / a misunderstanding*
une soirée: *an evening***

la bêtise: *stupidity*
une méprise: *a mistake*
un contrôleur fiscal: *a tax auditor*
les impôts: *taxes*
un tableau: *a painting****
un coup de théâtre: *a dramatic turn of events*
une cabine téléphonique: *a phone booth*

le vainqueur: *the winner*
l'intrigue: *the plot*

*Souvenez-vous ! "Maîtresse" veut aussi dire "school teacher"!
**Attention! En anglais on utilise souvent le mot "night" pour dire "evening", mais pas en français: une soirée ≠ une nuit.
***Pluriel : des tableaux

Les verbes

rire: *to laugh*
rire de qq'un/qqch: *to laugh at s.o./sth**
amener qq'un: *to bring s.o.*
quitter qq'un: *to leave s.o.*
annuler: *to cancel*
faire une gaffe: *to blunder***
être sur le point de + V: *to be on the verge of (doing sth)*
rendre service à qq'un: *to do s.o. a favor****
tendre un piège à qq'un: *to set a trap for s.o.*
mentir (à qq'un): *to lie (to s.o.)*
demander à qq'un de faire qqch: *to ask s.o. to do sth*****

avouer qqch: *to confess, to admit sth*
révéler qqch à qq'un: *to reveal sth to s.o.*
coucher avec qq'un: *to sleep with s.o.*
humilier qq'un: *to humiliate s.o.*
se sentir coupable: *to feel guilty*
avoir du cœur: *to have a good heart*

*Comparez: Il rit de Pignon → Il rit de lui.
Il rit de son erreur → Il en rit.
**Ex : J'ai fait une grosse gaffe !
***Ex : Il a rendu service à Brochant.
****Ex : Il a demandé à Pignon de l'aider.

Les adjectifs

hebdomadaire: *weekly*
méchant(e): *mean*
méprisant(e): *contemptuous*
dégoûté(e): *disgusted*
envahissant(e): *intrusive*

bienveillant(e): *benevolent*
hébété(e): *bewildered*
léger (-ère): *light*
divertissant(e): *entertaining*

Le saviez-vous?

Hebdomadaire vient du grec "hebdomas". On dit aussi "un hebdomadaire": a weekly (paper).

Expressions

par erreur: *by mistake***
à cause de: *because of*
à son insu: *without him/her knowing****

*Attention à l'orthographe de ce mot !
**Ex : Il a téléphoné à Marlène par erreur.
***Ex : Il a téléphoné à Christine à l'insu de Pierre / à son insu.

Traduisez!

1. It is a light and entertaining comedy, full of misunderstandings and dramatic turns of events.
2. Christine leaves Pierre because she is disgusted by his weekly hobby.
3. The publisher must cancel his dinner because of a backache.
4. He lies to the tax auditor about the paintings.

2 Repères culturels

1. Que veut dire "con"? A quel registre de langue ce mot appartient-il (littéraire/soutenu, courant, familier, vulgaire)? Pouvez-vous donner des synonymes de ce mot?

2. Le film est une comédie. Faites des recherches sur ce genre littéraire et répondez aux questions suivantes:

a. Quel est le but de la comédie?

b. Qu'est-ce qui différencie la comédie de la tragédie?

c. Quel est le grand écrivain du XVIIe siècle qui a popularisé la comédie?

d. Qu'est-ce qu'une comédie de caractères? Une comédie de mœurs? Une comédie-ballet? Une comédie musicale?

e. Le film appartient au genre du vaudeville. Quelles sont les caractéristiques du vaudeville? Attention ! Ne vous basez pas sur le sens du mot en anglais, il est différent en français.

3 Bande-annonce

Allez sur YouTube et faites une recherche pour "Le diner de cons bande-annonce". Regardez-la plusieurs fois et répondez aux questions suivantes.

1. Faites une description de Brochant (Thierry Lhermitte). Quelle impression avez-vous de lui ?

2. Que comprenez-vous sur Pignon (Jacques Villeret) ?

3. Qu'est-ce que la scène du téléphone révèle sur les deux personnages ?

4. Ecoutez la musique. Quelle ambiance met-elle ?

4 A savoir avant de visionner le film

- Durée: 1h20
- Genre: Comédie
- Notes: Le film est basé sur une pièce de théâtre du même nom créée en 1993. Villeret avait déjà le rôle de Pignon, et l'a tenu pendant 900 représentations!

  L'idée des dîners de cons, où chaque invité doit venir accompagné d'un imbécile (qui ne sait pas pourquoi il est invité), n'a pas été inventée par le réalisateur. Le film est basé sur un véritable jeu qui se pratiquait à Paris.

  Le film est drôle, mais l'humour est méchant, agressif, parfois même cruel.

  Vous remarquerez qu'il y a énormément de dialogue, ce qui n'est pas étonnant puisque c'était une pièce avant d'être un film.

A savoir

Dans *La doublure* (film de Veber de 2006), le père de François est invité à un dîner pour parler de sa collection de tire-bouchons!

PREMIERE APPROCHE

1 L'histoire

Les personnages

Pierre Brochant
(Thierry Lhermitte)

François Pignon
(Jacques Villeret)

Just Leblanc
(Francis Huster)

Christine Brochant
(Alexandra Vandernoot)

Lucien Cheval
(Daniel Prévost)

Marlène
(Catherine Frot)

1. **Pignon**
   - Pourquoi Pignon donne-t-il l'impression d'avoir toutes les qualités du con?
   - Où Pignon travaille-t-il? Pourquoi est-ce important?

2. **"Il est mignon M. Pignon, il est méchant M. Brochant !"**
   - Que pense Christine des dîners de cons? Quelles sont les relations entre Pierre et Christine?
   - Quelle impression Pignon fait-il sur Pierre Brochant au début de la soirée?
   - Que dit Christine sur le répondeur? Pignon pense-t-il qu'elle reviendra un jour?
   - Pourquoi Brochant accepte-t-il de raconter à Pignon comment il a rencontré Christine?

3. **Les méprises de Pignon**
   - Qui Pignon appelle-t-il par erreur? Que raconte-t-il au téléphone? Comment Brochant réagit-il?
   - Quelle énorme bêtise Pignon fait-il quand il rencontre Christine?

4. **Le téléphone**
   - Comment la conversation avec Just Leblanc se passe-t-elle? Quel était le stratagème? A-t-il fonctionné?
   - Quelle grande nouvelle les quatre hommes apprennent-ils en téléphonant à Meneaux?
   - Pourquoi Pignon téléphone-t-il à Christine?

5. **Les personnages secondaires**
   - Pourquoi Just Leblanc vient-il voir Brochant? Pourquoi sa présence est-elle importante?
   - Que comprend Brochant quand Pignon lui dit que son collègue Lucien Cheval est excellent? Que doit-il faire alors?
   - Pourquoi ajoute-t-il du vinaigre au vin?
   - Qu'est-ce que Marlène révèle à Pignon?

6. **La morale**
   - Qu'est-ce que Brochant a compris à la fin du film?
   - Quel est le symbolisme du boomerang de la première scène?

2 Analyse d'une photo

1. A qui Cheval parle-t-il? Quelle nouvelle vient-il d'apprendre?
2. Pourquoi Pierre et Just rient-ils?
3. Quelle est l'expression sur le visage de Pignon?

3 Analyse de citations

Analysez les citations suivantes en les replaçant dans leur contexte:

1. Pignon: "Ca va très mal. Sa femme l'a quitté […], c'est un homme brisé, le cœur, les reins, tout!"
2. Pignon: "Tiens, vous le lâchez dans un appartement comme ça, croyez-moi, il fait du dégât!"
3. Pignon: "Il a fait le ménage dans sa vie."

APPROFONDISSEMENT

1 Vocabulaire

Enrichissez votre vocabulaire!

> Le but de cette deuxième liste est d'élargir votre champ lexical. Ce vocabulaire ciblé sur des thèmes du film va vous permettre d'enrichir votre style.

Le téléphone

allô?: *hello?*

téléphoner à qq'un = appeler qq'un: *to call s.o.**

décrocher: *to pick up*

raccrocher: *to hang up*

laisser un message: *to leave a message*

rappeler: *to call back*

un coup de fil = un coup de téléphone: *a phone call*

un numéro de téléphone: *a phone number*

composer: *to dial*

la ligne est occupée: *the line is busy*

être sur la liste rouge: *to be unlisted*

les pages blanches/jaunes: *the white/yellow pages*

un portable: *a cell phone*

un abonnement : *a plan*

un SMS : *a text message*

une sonnerie : *a ring tone*

un écran : *a screen*

un clavier : *a keyboard*

> *Comparez: Je téléphone à mes amis. Je leur téléphone. J'appelle mes amis. Je les appelle.

La langue

un dialecte: *a dialect*

l'argot: *slang*

un idiome: *an idiom*

une langue
  vivante/morte: *modern/dead language*
  nationale: *national language*
  officielle: *official language*
  maternelle: *mother tongue*
  étrangère: *foreign language*
  parlée/écrite: *spoken/written language*

les registres de langue: la langue peut être...
  littéraire: *literary*
  soutenue: *formal, elevated*
  courante: *standard, everyday*
  familière: *colloquial*
  vulgaire: *vulgar*
  grossière: *coarse*
  châtiée: *polished, refined*

Mise en pratique du vocabulaire:

Ecrivez 5 phrases dans lesquelles vous utilisez au moins 10 mots de la liste ci-dessus.

2 Réflexion - Essais

> Ces questions vont vous permettre d'approfondir l'étude du film. Ecrivez un paragraphe pour chacune, en utilisant le vocabulaire du chapitre et en soignant votre expression (vérifiez votre orthographe et votre grammaire). En faisant ce travail, vous vous préparez à la prochaine composition.

1. Analysez les personnages: Que sait-on sur eux? Quel est leur caractère? Quels sont les liens entre eux? Qui est sympathique/antipathique? Qu'ont-ils en commun? Qu'est-ce qui les oppose?
2. C'est essentiellement un film d'hommes. Quel rôle ont les femmes?

3. Imaginez la suite des événements:
    a. Christine va-t-elle revenir?
    b. Brochant et Pignon vont-ils rester en contact?
    c. Brochant et Just Leblanc vont-ils redevenir amis?
    d. Comment l'inspection de l'appartement de Brochant par Cheval va-t-elle se passer?
4. Quelle importance le téléphone a-t-il dans ce film? L'histoire pourrait-elle exister sans téléphone?
5. Pignon est plusieurs fois sur le point de partir. Pourquoi reste-t-il à chaque fois?
6. Dressez la liste des bêtises et des gaffes de Pignon
7. Plusieurs personnages du *Dîner de cons* sont des victimes. De qui ou de quoi sont-ils les victimes?
8. Y a-t-il une morale dans cette histoire?

3 Analyse d'une scène: Coup de téléphone à Meneaux (1:00:25 à 1:04:49)

> ### Vocabulaire spécifique à cette scène
>
> la gestuelle (*body movements*) • avoir confiance en qq'un (*to trust s.o.*) • mépriser qq'un (*to look down on s.o.*) • voir qq'un de dos (*to see s.o. from behind*) • un haut-parleur (*a speaker phone*) • atterré(e) (*stunned / appalled*) • un rebondissement (*a sudden new development in the story*)

A. **Ecoutez**
    1. Sur quel ton Leblanc parle-t-il à Pignon?
    2. Comment Pierre traite-t-il Pignon?
    3. Quelles informations Cheval apporte-t-il?
    4. Quels commentaires Cheval fait-il sur Meneaux? Pourquoi est-ce drôle?

B. **Observez**
    1. Observez la gestuelle de Brochant et Leblanc. Qu'est-ce qu'elle nous indique sur leur relation?
    2. Où la caméra est-elle placée au moment où il est évident que Pignon est le seul à pouvoir téléphoner à Meneaux? Pourquoi?
    3. Quelle est l'expression de Pignon quand il comprend qu'il est "choisi" pour téléphoner?
    4. Comment peut-on décrire le visage de Cheval quand il apprend que sa femme est chez Meneaux?

C. **Cette scène dans l'histoire**

    Qu'est-ce que cette scène apporte à l'histoire? Qu'est-ce qu'elle nous apprend? Qu'est-ce qu'elle change? Est-ce que tout est résolu? Quelles conséquences va-t-elle avoir?

D. Langue

1. **C'est/il est**

Remplacez les tirets par "c'est" ou "il est". Choisissez aussi la préposition qui convient.

a. Quelle est la profession de Brochant? _il est_ éditeur. _il est_ un éditeur à succès.

b. _c'est_ une bonne idée (à /de) faire venir Cheval.

c. _c'est_ important (à /d') avoir une bonne excuse pour appeler Meneaux.

d. Pignon est le seul à pouvoir appeler Meneaux. _c'est_ évident.

e. Pignon a bien compris ce qu'il faut dire à Meneaux. Il trouve que _c'est_ facile (à /de) comprendre.

f. Evidemment Brochant pense que _c'est_ frustrant (à /d') expliquer tous les détails à Pignon.

g. Pour Brochant _c'est_ rassurant (à /de) savoir que sa femme n'est pas chez Meneaux. _c'est_ différent pour Cheval.

h. _c'est_ amusant (à /de) voir la tête de Cheval quand il apprend que sa femme est chez Meneaux.

2. **Pronoms relatifs**

Combinez les deux phrases en utilisant **ce qui, ce que, ce dont** ou **ce à quoi,** et faites tous les changements nécessaires. Attention aux pronoms personnels!

Ex: Cheval a trouvé les tableaux cachés. Cela inquiète Brochant
    Cheval a trouvé les tableaux cachés, <u>ce qui</u> inquiète Brochant.

a. Pignon est invité à un dîner de cons. Il ne sait pas. _ce qu'il ne sait pas_

b. Brochant se moque de Pignon. Il n'en est pas conscient. _ce à quoi il n'est pas_

c. Pignon fait des maquettes. Cela l'intéresse. _ce que il l'interesse_

d. Pignon a fait une erreur. Il en rit. _ce dont il rit_

e. Pignon ne comprend pas vite. Brochant trouve cela très pénible. _ce que Bro trouve_

f. Brochant a peur d'être humilié. Il n'est pas habitué à ça. _ce à quoi n'est pas habitué_

g. Leblanc aide Brochant. Cela prouve qu'ils sont redevenus amis. _ce qui prouve qu'ils sont red_

h. Cheval pense que Pignon n'est pas idiot. Brochant n'en est pas si sûr. _Ce à quoi Bro n'est pas si sur_

i. Mme Cheval est chez Meneaux. Son mari n'avait pas pensé à cela. _ce à quoi son mari_

j. Cheval va contrôler Brochant. Cela l'inquiète. _Ce que l'inquiete_

3. **Subjonctif ou indicatif**

Combinez les éléments proposés pour faire des phrases qui ont un lien avec le film. Vous pouvez ajouter des négations dans la deuxième partie. Faites attention à l'usage du subjonctif et aux conjugaisons!

Ex : Christine voudrait / Pierre / comprendre
    Christine voudrait que Pierre comprenne que les dîners de cons sont humiliants.

a. Christine veut / Pierre / annuler

b. Pignon aimerait / Brochant / prendre

c. Pignon s'étonne / Brochant / téléphoner

d. Brochant préfèrerait / Pignon / s'en aller

e. Brochant craint / sa femme / être

f. Pignon espère / Christine / comprendre

g. Il est douteux / Christine / pardonner

h. Il est probable / Marlène / revenir

i. Pignon pense / Cheval / être

j. Il va falloir / Brochant / expliquer

E. **Sketch**

Pignon raconte sa soirée à Louisette, sa collègue de bureau. Imaginez le dialogue: Quelles questions Louisette pose-t-elle? Est-elle amusée? Choquée? Horrifiée? Mettez-vous bien à la place de Pignon pour raconter la soirée de son point de vue. Pensez à ce qui l'a marqué, surpris, déçu, amusé.

LE COIN DU CINEPHILE

1 Première / dernière scène

Comparez la première et la dernière scène. Comment les personnages principaux sont-ils présentés au début? Qu'est-ce qu'on apprend dans cette première scène (du début du film au début du générique)? Qui est présent à la fin? Qu'est-ce qui a changé entre le début et la fin?

2 Théâtre / film

Qu'est-ce qui, dans ce film, montre que c'était une pièce de théâtre à l'origine?

3 Classement France / Etats-Unis

En France *Le dîner de cons* est considéré "Tous publics", alors qu'il est classé PG-13 aux Etats-Unis. Pensez-vous que certains aspects du film peuvent choquer un jeune public? Comment peut-on expliquer la différence de classement entre les deux pays?

4 Sous-titres

Le dialogue suivant entre Brochant et Pignon précède le coup de téléphone du "producteur belge" à Leblanc. Comparez l'original en français et les sous-titres en anglais, puis répondez aux questions:

1	Il s'appelle Just Leblanc.	*His name is Just Leblanc.*
2	Ah bon, il n'a pas de prénom?	*He has no first name?*
3	Je viens de vous le dire: Just Leblanc.	*I told you: Just Leblanc.*
4	Leblanc, c'est son nom, et c'est Just son prénom.	*Leblanc's his name, Just his first name.*
5	M. Pignon, votre prénom à vous, c'est François, c'est juste? Eh bien lui c'est pareil, c'est Just.	*Mr Pignon, your first name's François. Just think. His is Just.*
6	Bon, on a assez perdu de temps comme ça.	*We're wasting time.*
7	Ma femme a signé le roman de son nom de jeune fille, Christine Le Guirrec.	*My wife wrote under her maiden name, Le Guirrec.*
8	Ah bon, elle est bretonne?	*She's from Brittany?*
9	Je vous en prie, restez concentré.	*Please concentrate!*

Le comique de cette scène vient d'un malentendu: Pignon ne comprend pas le prénom de Leblanc (Just est un prénom rare en France) et croit entendre "juste".

   a. 4ème réplique: Qu'est-ce que Pignon croit comprendre quand Brochant dit "c'est Just son prénom"? L'idée est-elle bien rendue en anglais?

   b. 5ème réplique: La répétition "c'est juste" / "c'est Just" est-elle traduite? Le sous-titre est-il adroit?

   c. 6ème réplique: Cette réplique comporte neuf mots en français, et le sous-titre n'en a que quatre. Les trouvez-vous bien choisis? Est-ce donc un bon sous-titre?

   d. 8ème réplique: Pourquoi l'adjectif "bretonne" est-il remplacé par le nom propre "Brittany"? N'était-ce pas possible de garder un adjectif en anglais?

AFFINEZ VOTRE ESPRIT CRITIQUE

1 Titre

Comparez le titre français (*Le dîner de cons*) au titre anglais (*The Dinner Game*). Trouvez-vous que le titre anglais évoque la même idée que l'original français?

2 Succès public / critique

Les films de Francis Veber sont de très gros succès publics, mais reçoivent peu de prix. Certains, comme *Le placard*, n'en reçoivent aucun, alors qu'ils ont été très appréciés par le public. *Le dîner de cons* a reçu trois César (meilleur acteur, meilleur acteur dans un second rôle et meilleur scénario), mais il n'a rien eu pour le film ou le réalisateur. Comment peut-on expliquer ce décalage? Comment est-il possible que les spectateurs et les membres de l'Académie des César (composée de 3000 artistes et professionnels du cinéma) aient des opinions aussi différentes?

3 La fin

Certains spectateurs ont trouvé la fin décevante. Et vous, qu'en pensez-vous? Est-ce trop consensuel, trop plat, pas assez méchant? Avez-vous des idées pour finir le film autrement?

4 Les critiques

1. Jean Vallier, dans le *France-Amérique* du 10 juillet 1999, écrit que "la tentative d'humiliation de moins malin que soi qui sert de moteur principal au film de Francis Veber provoque très vite un fort sentiment de malaise". Etes-vous d'accord? Etiez-vous mal-à-l'aise pendant le film?

2. "Il faut voir Jacques Villeret, grandiose, réinventer toutes les nuances du mot "hébétude". Il parvient même, dans un ou deux moments (et gros plans) d'anthologie, à exprimer le "rien", ce vide insondable de l'imbécilité satisfaite" (Aurélien Ferenczi, *Télérama*, 22 novembre 2000). Trouvez-vous Jacques Villeret grandiose? A quels "moments d'anthologie" fait-il allusion?

POUR ALLER PLUS LOIN

1 Parallèles avec d'autres films

1. **Le théâtre:** *Cyrano de Bergerac*, *8 femmes* et *Le dîner de cons* étaient des pièces de théâtre avant d'être des films. Quels sont les éléments de théâtre que l'on retrouve dans chacun de ces films? A quelles difficultés particulières les réalisateurs ont-ils dû faire face?

2. **La moquerie:** la moquerie joue un rôle-clé dans *Ridicule*, *Le dîner de cons* et *Molière*. Est-elle traitée de la même façon? Réfléchissez à ceux qui sont moqués:

   a. Pourquoi le sont-ils?

   b. En sont-ils conscients?

   c. Quelle(s) conséquence(s) les moqueries ont-elles sur eux?

   d. Qui remporte la bataille: les moqueurs ou les moqués?

2 Lectures

1. **Interview de Francis Veber réalisée par Gilles Verdiani pour**
    Première **(octobre 1997, pendant le tournage)**

Veber joue aux cons

Francis Veber invite Villeret, Lhermitte, Huster et Prévost à la version ciné de son "Dîner de cons", énorme succès au théâtre. [...]

C'est un jeu auquel, dit-on, les surréalistes aimaient à jouer: au lieu d'apporter du vin ou le dessert, chacun arrive au dîner avec un con. L'idée a inspiré à Francis Veber une pièce où le con en question s'avère[1] plus catastrophique que prévu. Après l'énorme succès du spectacle (mis en scène[2] à sa création par Pierre Mondy), Francis Veber tourne lui-même l'adaptation ciné,[3] sous le parrainage cossu[4] de la Gaumont.[5] De la distribution[6] originale ne reste que Jacques Villeret, lesté de 900 représentations,[7] dans le rôle du con. Autour de lui, les convives[8] sont Thierry Lhermitte, Francis Huster et Daniel Prévost côté garçons; Catherine Frot et Alexandra Vandernoot chez les filles.

Si le décor d'appartement parisien construit au studio d'Épinay n'a rien de notable, de l'autre côté des murs de contreplaqué[9] s'étend une étonnante vue de Paris en miniature, avec immeubles haussmanniens[10] taille lilliput, demi-tour Eiffel en bois et métal, et immense toile[11] bleu nuit constellée de milliers de points lumineux en fibre optique. Un travail de Romain[12] qui ne sert qu'à remplir l'encadrement[13] des fenêtres et qui restera flou[14] la plupart du temps! On a voulu se donner les moyens de faire oublier l'origine théâtrale du scénario. Auteur et adaptateur, Francis Veber n'est pas novice dans l'exercice puisqu'il avait déjà écrit pour Édouard Molinaro le scénario de *La Cage aux folles* d'après Poiret et qu'il avait tiré son film *L'Emmerdeur* de sa propre pièce homonyme.

Premiere: Quand vous écriviez *Le Dîner de cons*, vous pensiez à un film?

Francis Veber : Non. Mais alors que j'étais en train de l'écrire, j'ai appelé Alain Poiré, mon producteur, pour lui lire la première partie, la seconde n'étant pas encore commencée. Il a voulu acheter les droits cinématographiques immédiatement, sans même attendre que je termine la pièce.

—Avez-vous écrit l'adaptation en cherchant à vous éloigner de la pièce?

—L'adaptation d'une pièce est un travail particulier. J'ai découvert certaines règles grâce à mes deux expériences précédentes. Contrairement à ce que l'on pense, la théâtralité ne tient[15] pas au "vase clos" avec décor unique. Elle tient au souci de ramener tout le monde en un même endroit pour des raisons arbitraires. Prenez *Spéciale première*, le film de Billy Wilder: le fait que tout le monde se retrouve dans cette salle de presse, c'est du théâtre. C'est ce que j'ai tenté d'éviter dans l'adaptation du *Dîner de cons*. J'ai essayé de changer de logique.

—Qu'est-ce qui a changé par rapport[16] à la pièce?

—J'ai enlevé 30 ou 40 mn pour accentuer l'urgence des situations. Il s'agissait essentiellement de couper des plaisanteries gratuites et d'accélérer l'action. Au théâtre, on s'installe sur 2 h, 2 h 15. Au cinéma, une comédie

1 turns out to be
2 directed
3 short for
   "cinématographique"
4 generous sponsorship
5 major French production
   company
6 cast
7 with 900 performances
   under his belt
8 the guests
9 plywood
10 in the style of the 1850s
   and 1860s when Paris
   was redeveloped by Baron
   Haussman
11 canvas backdrop
12 a Herculean task
13 the frame
14 blurred
15 doesn't depend on limited
   space with a unique set
16 in comparison with

doit faire entre 1 h 25 et 1 h 30. C'est Wilder qui disait qu'"à partir d'1 h 30, les minutes comptent double". Il faut toujours qu'il se passe quelque chose qui empêche le spectateur d'aller aux toilettes ou d'acheter du pop-corn. Le métier de scénariste, c'est d'empêcher les gens de sortir de la salle.

—Le personnage interprété par Jacques Villeret s'appelle François Pignon, comme Jacques Brel et Pierre Richard dans vos films précédents. Que représente ce personnage pour vous?

—Je suis très maladroit,[17] je me cogne[18] tout le temps. Pignon, c'est moi. C'est l'homme ridicule. Et l'autre, Campana, le costaud –Lino Ventura, Gérard Depardieu ou Jean Réno–, c'est celui que j'aurais voulu être.

—Ici, il n'y a pas de Campana?

—Non. Il y a Brochant [*l'inviteur*], un personnage que je n'aime pas beaucoup au départ, un *golden boy* qui fait des plaisanteries aussi cyniques que d'inviter des cons à dîner avec des copains qui sortent dans les clubs chic, qui sont habillés d'une certaine manière…Ça m'a fait plaisir de montrer comment il va être puni par le con pendant toute la durée du film.

—Si vous cherchez en vous le ridicule de Pignon, où croquez[19]-vous celui des autres?

—Je ne suis pas du tout le genre à me promener avec un calepin[20] et à écouter les chauffeurs de taxis, ce que faisaient les grands dialoguistes comme Audiard. Je ne saisis[21] pas la vie sur le vif. J'ai l'impression d'avoir tout emmagasiné[22] jusqu'à un certain âge, jeune d'ailleurs: au lycée, au service militaire, pendant mes trois ans de journalisme à RTL[23]…Mais à partir du moment où l'on écrit, on devient très solitaire. D'autant[24] que je vis maintenant aux États-Unis. Je suis en France pour une parenthèse courte de trois ou quatre mois, le temps de faire ce film, et je repars à Los Angeles aussitôt après, en septembre.

—Vous avez écrit *Le Dîner de cons* à Los Angeles?

—Oui, entièrement.

—Mais la pièce n'a rien d'américain…

—Non.

—Pour les films américains, de quoi vous êtes-vous nourri?

—Je me suis insuffisamment nourri. J'ai eu besoin d'adaptateurs. Je suis arrivé trop tard dans le pays pour comprendre la sensibilité[25] américaine. Si vous arrivez avant 15 ans dans un pays, vous parlez couramment. Après, vous avez un accent. D'autant qu'on arrive aux États-Unis en pensant qu'on ressemble aux Américains parce qu'on porte leurs casquettes, qu'on écoute leur musique, qu'on mange dans leurs fast-foods et qu'on voit leurs films. C'est totalement faux. […]

—Les Américains ont-ils été intéressés par *Le Dîner de cons*?

—Oui. J'ai essayé de monter[26] la pièce à Broadway. Il y avait donc une version en anglais qui circulait. Mon agent a raconté le sujet à Spielberg, qui est entré en contact avec Gaumont pour acheter les droits du remake– en tant que[27] producteur, pas réalisateur–avant même que le film ne soit fait. Sa proposition était formidable, mais Gaumont n'a pas voulu. En fait, ils ont eu peur que les marchés étrangers, sachant qu'il allait y avoir un film américain, n'achètent pas le film français. Mais si mon film est bon et s'il marche, Spielberg voudra sûrement encore acheter les droits. S'il est mauvais et qu'il fait un bide,[28] sûrement pas.

17 clumsy
18 I bump into everything
19 sketch
20 a notebook
21 I don't get my inspiration from what I see
22 accumulated
23 large French radio station
24 especially since
25 sensitivity
26 to put on
27 as a
28 a flop

a. Les décors extérieurs ont demandé énormément de travail. Y avez-vous fait attention pendant le film?

b. Pourquoi ces décors étaient-ils si importants?

c. Comprenez-vous qu'Alain Poiré ait acheté les droits sans avoir lu la seconde partie du scénario?

d. Quelle est la différence entre une pièce de théâtre et un film d'après Francis Veber?

e. Pourquoi une comédie doit-elle être courte?

f. De quoi Veber s'inspire-t-il pour écrire?

g. Pourquoi faut-il arriver dans un pays étranger avant 15 ans d'après Veber?

2. **Une comédie du XVIIe siècle:** *Les précieuses ridicules*

Dans *Les précieuses ridicules*, Molière se moque des femmes sottes et peu éduquées qui cherchent à copier le raffinement des Précieuses. Il met en scènes Magdelon et Cathos, deux cousines provinciales que leur père/oncle cherche à marier. Il a trouvé pour elles deux prétendants bourgeois, La Grange et Du Croisy, qu'elles ont rejetés pour leurs manières grossières et leur manque d'esprit. Vexés, les deux hommes ont décidé de leur jouer un tour en envoyant leur valet, Mascarille, leur faire la cour déguisé en marquis, précieux et beau parleur. Les deux femmes se pâment devant lui au lieu de reconnaître l'imposture.

> La Grange et Du Croisy sont les vrais noms des acteurs qui ont joué la pièce avec Molière en 1659!

Scène IX

Mascarille. Il est vrai qu'il est honteux de n'avoir pas des premiers tout ce qui se fait ; mais ne vous mettez pas en peine ; je veux établir chez vous une académie de beaux esprits, et je vous promets qu'il ne se fera pas un bout de vers dans Paris que vous ne sachiez par cœur avant tous les autres. Pour moi, tel que vous me voyez, je m'en escrime un peu quand je veux; et vous verrez courir de ma façon, dans les belles ruelles de Paris, deux cents chansons, autant de sonnets, quatre cents épigrammes, et plus de mille madrigaux, sans compter les énigmes et les portraits.

Magdelon. Je vous avoue que je suis furieusement pour les portraits : je ne vois rien de si galant que cela.

Mascarille. Les portraits sont difficiles, et demandent un esprit profond: vous en verrez de ma manière qui ne vous déplairont pas.

Cathos. Pour moi, j'aime terriblement les énigmes.

Mascarille. Cela exerce l'esprit, et j'en ai fait quatre encore ce matin, que je vous donnerai à deviner.

Magdelon. Les madrigaux sont agréables, quand ils sont bien tournés.

Mascarille. C'est mon talent particulier ; et je travaille à mettre en madrigaux toute l'Histoire romaine.

Magdelon. Ah ! certes, cela sera du dernier beau ; j'en retiens un exemplaire au moins, si vous le faites imprimer.

Mascarille. Je vous en promets à chacune un, et des mieux reliés. Cela est au-dessous de ma condition, mais je le fais seulement pour donner à gagner aux libraires, qui me persécutent.

> La langue de Molière est difficile. Ici le but n'est pas de comprendre chaque mot mais de comprendre l'ensemble. L'introduction et les questions vont vous aider. Lisez cet extrait plusieurs fois et répondez aux questions.

Magdelon. Je m'imagine que le plaisir est grand de se voir imprimé.

Mascarille. Sans doute. Mais à propos, il faut que je vous dise un impromptu que je fis hier chez une duchesse de mes amies que je fus visiter; car je suis diablement fort sur les impromptus.

Cathos. L'impromptu est justement la pierre de touche de l'esprit.

Mascarille. Écoutez donc.

Magdelon.. Nous y sommes de toutes nos oreilles.

Mascarille.
Oh ! oh ! je n'y prenais pas garde :
Tandis que, sans songer à mal, je vous regarde,
Votre œil en tapinois me dérobe mon cœur,
Au voleur ! au voleur ! au voleur ! au voleur !

Cathos. Ah ! mon Dieu ! voilà qui est poussé dans le dernier galant.

Mascarille. Tout ce que je fais a l'air cavalier, cela ne sent point le pédant.

Magdelon. Il en est éloigné de plus de deux mille lieues.

Mascarille. Avez-vous remarqué ce commencement, *oh, oh* ? Voilà qui est extraordinaire, *oh, oh*. Comme un homme qui s'avise tout d'un coup, *oh, oh*. La surprise, *oh, oh*.

Magdelon. Oui, je trouve ce *oh, oh*, admirable.

Mascarille. Il semble que cela ne soit rien.

Cathos. Ah, mon Dieu, que dites-vous ! Ce sont là de ces sortes de choses qui ne se peuvent payer.

Magdelon. Sans doute, et j'aimerais mieux avoir fait ce *oh, oh*, qu'un poème épique.

Mascarille. Tudieu, vous avez le goût bon.

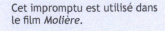

Cet impromptu est utilisé dans le film *Molière*.

    a.   Comment Molière ridiculise-t-il les deux jeunes femmes ?

    b.   Qu'est-ce que ce dialogue révèle sur Mascarille ?

    c.   Que pensez-vous de son impromptu ? Est-ce de la grande littérature ?

    d.   Pourquoi cette scène est-elle drôle pour le public ?

3.   **Une comédie du XVIIIe siècle: *Le mariage de Figaro***

    Le mariage de Figaro est une comédie de Beaumarchais écrite en 1784. Il y met en scène quatre personnages principaux: le Comte, son page Figaro, la Comtesse et sa femme de chambre Suzanne. Dans l'extrait suivant le Comte, qui craint que sa femme soit infidèle, arrive chez elle.

Une scène du *Mariage de Figaro*: le comte et la comtesse. Mise en scène Colette Roumanoff, Théâtre Fontaine, Paris 2006. Droits réservés. Avec Thomas Coux et Aurélie Bargème.

Acte II, scène XII – Le Comte, la Comtesse

Le Comte, *un peu sévère.* – Vous n'êtes pas dans l'usage de vous enfermer![1]

La Comtesse, *troublée.* – Je… Je chiffonnais[2]… oui, je chiffonnais avec Suzanne;[3] elle est passée un moment chez elle.

Le Comte *l'examine.* – Vous avez l'air et le ton bien altérés![4]

La Comtesse. – Ceci n'est pas étonnant… pas étonnant du tout… je vous assure… nous parlions de vous… elle est passée, comme je vous dis…

1 It's not like you to lock your door!
2 I was sewing.
3 her maid
4 changed

Le Comte. – Vous parliez de moi!... Je suis ramené par l'inquiétude ; en montant à cheval, un billet[5] qu'on m'a remis, mais auquel je n'ajoute aucune foi,[6] m'a… pourtant agité.

La Comtesse. – Comment, Monsieur?... quel billet?

Le Comte. – Il faut vous avouer, Madame, que vous ou moi sommes entourés d'êtres[7]… bien méchants! On me donne avis[8] que, dans la journée, quelqu'un que je crois absent doit chercher à vous entretenir.[9]

La Comtesse. – Quel que soit cet audacieux,[10] il faudra qu'il pénètre ici ; car mon projet est de ne pas quitter ma chambre de tout le jour.

Le Comte. – Ce soir, pour la noce[11] de Suzanne?

La Comtesse. – Pour rien au monde ; je suis très incommodée.[12]

Le Comte. – Heureusement le Docteur est ici. (*Le page fait tomber une chaise dans le cabinet.*[13]) Quel bruit entends-je?

La Comtesse, *plus troublée.* – Du bruit?

Le Comte. – On[14] a fait tomber un meuble.

La Comtesse. – Je… je n'ai rien entendu, pour moi.

Le Comte. – Il faut que vous soyez furieusement préoccupée!

La Comtesse. – Préoccupée! de quoi?

Le Comte. – Il y a quelqu'un dans ce cabinet, Madame.

La Comtesse. – Hé… qui voulez-vous qu'il y ait, Monsieur?

Le Comte. – C'est moi qui vous le demande ; j'arrive.

La Comtesse. – Hé mais… Suzanne apparemment qui rang.[15]

Le Comte. – Vous m'avez dit qu'elle était passée chez elle!

La Comtesse. – Passée… ou entrée là ; je ne sais lequel.

Le Comte. – Si c'est Suzanne, d'où vient le trouble où je vous vois?

La Comtesse. – Du trouble pour ma camariste?[16]

Le Comte. – Pour votre camariste, je ne sais ; mais pour du trouble, assurément.

La Comtesse. – Assurément, Monsieur, cette fille vous trouble, et vous occupe beaucoup plus que moi.

Le Comte, *en colère.* – Elle m'occupe à tel point,[17] Madame, que je veux la voir à l'instant.[18]

La Comtesse. – Je crois en effet que vous le voulez souvent ; mais voilà bien les soupçons[19] les moins fondés.[20]

5 a note
6 which I don't believe
7 people
8 I am told
9 to see you
10 whoever this daring
   person may be
11 wedding
12 unwell
13 closet
14 someone
15 tidying
16 maid
17 so much
18 right away
19 suspicion
20 groundless

a. Cette scène peut être découpée en trois parties. Comment?

b. Pourquoi le Comte est-il inquiet?

c. Quel rôle la gaffe a-t-elle dans cette scène?

d. Comment la Comtesse se défend-elle?

e. A l'avantage de qui la scène se termine-t-elle?

Index Culturel

Histoire:

XVIIe:

Arras (le siège d'): *Cyrano de Bergerac*
Duel: *Cyrano de Bergerac / Ridicule*
Louis XIII: *Cyrano de Bergerac*
Louis XIV: *Cyrano de Bergerac*
Mousquetaire: *Cyrano de Bergerac*
Richelieu: *Cyrano de Bergerac*

XVIIIe:

Déclaration des Droits de l'Homme et du Citoyen: *Ridicule*
Duel: *Cyrano de Bergerac / Ridicule*
Epée (l'Abbé de l'): *Ridicule*
Louis XVI: *Ridicule*
Lumières: *Ridicule*
Ordres: *Ridicule*
Marie-Antoinette: *Ridicule*
Révolution française: *Ridicule*

XIXe:

Carbonari: *Le hussard sur le toit*
Guillotine: *La veuve de Saint-Pierre*
Haussmann: *Les femmes du 6ᵉ étage*
Louis-Philippe: *Le hussard sur le toit*
Monarchie de Juillet: *Le hussard sur le toit*
Seconde république: *La veuve de Saint-Pierre*

XXe:

Première Guerre mondiale (f): *Joyeux Noël*
Années 20: *Jean de Florette*
Années 30: *Manon des sources*
Seconde Guerre mondiale (f): *Au revoir les enfants / Le dernier métro*
Années 50: *8 femmes*
Années 60: *Les femmes du 6ᵉ étage*
Années 70: *Inch' Allah dimanche*
Collaborateur (m): *Au revoir les enfants / Le dernier métro*
De Gaulle (général): *Le dernier métro*
Démarcation (la ligne de): *Le dernier métro*
Gestapo (f): *Au revoir les enfants / Le dernier métro*
Marché noir: *Au revoir les enfants*
Milice (f): *Au revoir les enfants / Le dernier métro*
Occupation (f): *Au revoir les enfants / Le dernier métro*
Pétain (le maréchal): *Au revoir les enfants*
Résistance (f): *Au revoir les enfants / Le dernier métro*
STO (Service du Travail Obligatoire) (m): *Au revoir les enfants*

Vichy (le Gouvernement de): *Au revoir les enfants*
Zone occupée / libre (f): *Au revoir les enfants / Le dernier métro*

Langue et littérature:

Aragon: *8 femmes / Le dernier métro*
Beaumarchais: *Le dîner de cons*
Comédie: *Molière / Le dîner de cons*
Coppée: *Le fabuleux destin d'Amélie Poulain*
Fort: *Le fabuleux destin d'Amélie Poulain*
Giono: *Le hussard sur le toit*
Illustre-Théâtre: *Molière*
Marivaux: *L'esquive*
Molière: *Molière*
Pagnol: *Jean de Florette / Manon des sources*
Préciosité: *Cyrano de Bergerac*
Roman policier: *8 femmes*
Rostand: *Cyrano de Bergerac*
Rousseau: *Ridicule*
Salons: *Molière*
Vaudeville: *Le dîner de cons*
Verlan: *L'esquive*
Voltaire: *Ridicule*

Lieux:

Aix-en-Provence: *Le hussard sur le toit*
Algérie: *Inch' Allah dimanche*
Alpes (les): *Le hussard sur le toit*
Calais: *Welcome*
Dombes (la): *Ridicule*
Enghien: *Le fabuleux destin d'Amélie Poulain*
Gascogne (la): *Cyrano de Bergerac*
Manche (la): *Welcome*
Martinique: *La veuve de Saint-Pierre*
Métropole (la): *La veuve de Saint-Pierre*
Montmartre: *Le fabuleux destin d'Amélie Poulain*
Provence (la): *Jean de Florette / Manon des sources / Le hussard sur le toit*
Saint-Pierre-et-Miquelon: *La veuve de Saint-Pierre*
Saint-Quentin: *Inch' Allah dimanche*
Versailles (le château de): *Ridicule*

Art:

Renoir, Auguste: *Le fabuleux destin d'Amélie Poulain*
Vermeer, Johannes: *Cyrano de Bergerac*

Société / politique

35 heures: *Ressources humaines*
Anticléricalisme: *Manon des sources*
Banlieues: *L'esquive*

Beurs: *L'esquive*
Bourgeoisie: *Molière / Ridicule / 8 femmes*
Chambre de bonne: *Les femmes du 6ᵉ étage*
Choléra: *Le hussard sur le toit*
Chômage: *Ressources humaines*
Cité: *L'esquive*
Divorce: *Inch' Allah dimanche / Les femmes du 6ᵉ étage*
Education: *8 femmes*
Grandes écoles: *Ressources humaines*
Grève: *Ressources humaines*
Guillotine: *La veuve de Saint-Pierre*
Immigration: *Les femmes du 6ᵉ étage / Inch' Allah dimanche / L'esquive / Welcome*

Intégration: *L'esquive*
Migrations: *Welcome*
Noblesse: *Molière / Ridicule*
Ouvriers: *Ressources humaines*
Peine de mort: *La veuve de Saint-Pierre*
Pétanque (f): *Jean de Florette*
Regroupement familial: *Inch' Allah dimanche*
Syndicats: *Ressources humaines*
Vote des femmes: *8 femmes*

Index des Acteurs

Ardant, Fanny
8 femmes
Ridicule

Arditi, Pierre
Le hussard sur le toit

Auteuil, Daniel
Jean de Florette
Manon des sources
La veuve de Saint-Pierre

Baer, Edouard
Molière

Beart, Emmanuelle
Manon des sources
8 femmes

Berling, Charles
Ridicule

Binoche, Juliette
La veuve de Saint-Pierre
Le hussard sur le toit

Brochet, Anne
Cyrano de Bergerac

Canet, Guillaume
Joyeux Noël

Darrieux, Danielle
8 femmes

Deliba, Fejria
Inch' Allah dimanche

Deneuve, Catherine
Le dernier métro
8 femmes

Depardieu, Gérard
Le dernier métro
Jean de Florette
Cyrano de Bergerac

Duris, Romain
Molière

Forestier, Sara
L'esquive

Huppert, Isabelle
8 femme

Kassovitz, Mathieu
Le fabuleux destin d'Amélie Poulain

Kiberlain, Sandrine
Les femmes du 6e étage

Kruger, Diane
Joyeux Noël

Ledoyen, Virginie
8 femmes

Lespert, Jalil
Inch' Allah dimanche
Ressources humaines

Lhermitte, Thierry
Le dîner de cons

Lindon, Vincent
Welcome

Luchini, Fabrice
Molière
Les femmes du 6e étage

Martinez, Olivier
Le hussard sur le toit

Montand, Yves
Jean de Florette
Manon des sources

Morante, Laura
Molière

Ouazani, Sabrina
L'esquive

Perez, Vincent
Cyrano de Bergerac

Richard, Firmine
8 femmes

Rochefort, Jean
Ridicule

Sagnier, Ludivine
8 femmes

Seigner, Mathilde
Inch' Allah dimanche

Soualem, Zinedine
Inch' Allah dimanche

Tautou, Audrey
Le fabuleux destin d'Amélie Poulain

Villeret, Jacques
Le dîner de cons

Credits

We have made every effort to trace the ownership of all copyrighted material and to secure permission from copyright holders. In the event of any questions arising as to the use of the material, we will be pleased to make the necessary corrections in future printings. Thanks are due to the following authors, publishers and agents for permission to use the material included.

Texts

17–19 © Cité nationale de l'histoire de l'immigration, www.histoire-immigration.fr, © 2012

35–38 Marcel Pagnol, *Jean de Florette*, © Éditions Bernard Fallois, marcel-pagnol.com

58–59 Marcel Pagnol, *La gloire de mon père*, © Éditions Bernard Fallois, marcel-pagnol.com

74–75 © L'Express / Anne Vidalie, 10 oct. 2002

76–78 © L'Express / Anne Vidalie, 8 nov. 2004

78–79 © *Le Figaro Magazine,* 24 mai 2008

79–80 © *Le Figaro Magazine* /Anne Rovan, 2 août 2012

97–98 Letter from Marcel Decobert, courtesy of CRID

99–100 © *Historia* /François Quenin , novembre 2005

114–15 Article extrait du *Journal Français*, édité par France Press, LLC, janvier 2002

115–17 Jean-Pierre Lavoignat and Michel Rebichon / *Studio Magazine*

133–34 © *Le Monde* / Cécile Blatrix, Christian Chardonnay, Ariane Desporte, Alain Gonzalez, El Mouhoub Mouhoud, Jean-Loup Salzman & Daniel Verba, 8 novembre 2005

135–36 © *L'Express* / Delphine Saubaber, 29 septembre 2005

136–37 © *Télérama*/ Isabelle Fajardo, 10 janvier 2004

139–40 © *Le Figaro* / Françoise Dargent, 23 octobre 2007

154–55 © Rémi Waterhouse, Les éditions Le Pré aux Clercs, un département de Place des éditeurs, 1996

174–77 With kind permission from Marc Cormier (www.grandcolombier.pm)

179–80 www.ladocumentationfrancaise.fr, 2001

184–85 © Cité nationale de l'histoire de l'immigration, www.histoire-immigration.fr, © 2012

196–200 © SND Films / www.cinemovies.com

217–19 © François Béguin, *Le Monde* 1 juin 2012

219–20 © Benjamin Roger and Benjamin Damade, *Le Nouvel-Observateur*, 22 avril 2012

221–23 © Matthieu Millecamps, Grotius International, Géopolitiques de l'humanitaire, 20 mai 2012

240–44 With kind permission from Yves Guiet

261, 353 © Seghers; Louis Aragon, *La Diane française* (1946)

265 © *Label-France*, 1er trimestre 2006

286–88 © *Le Figaro* and Henri Fouquier, 29 décembre 1897

289–90 © *L'Express* and René Bernard, 23 mars 1990

304–7 © Éditions Gallimard; extrait de *Le Hussard sur le toit,* Jean Giono

308–9 © *L'Express* / Gilles Médioni, 14 septembre 1995

310–11 © *Label-France* and Anne Rapin, novembre 1995

351–52 © L'Avant-Scène Cinéma

355–58 © Radio France Internationale /Danielle Birck, 21 avril 2008

371–73 © *Première* and Gilles Verdiani, octobre 1997